日本人幼稚園保姆第一号

豊田芙雄《とよだふゆ》と
草創期の幼稚園教育

執筆者代表　前村　晃

高橋清賀子
野里房代
清水陽子

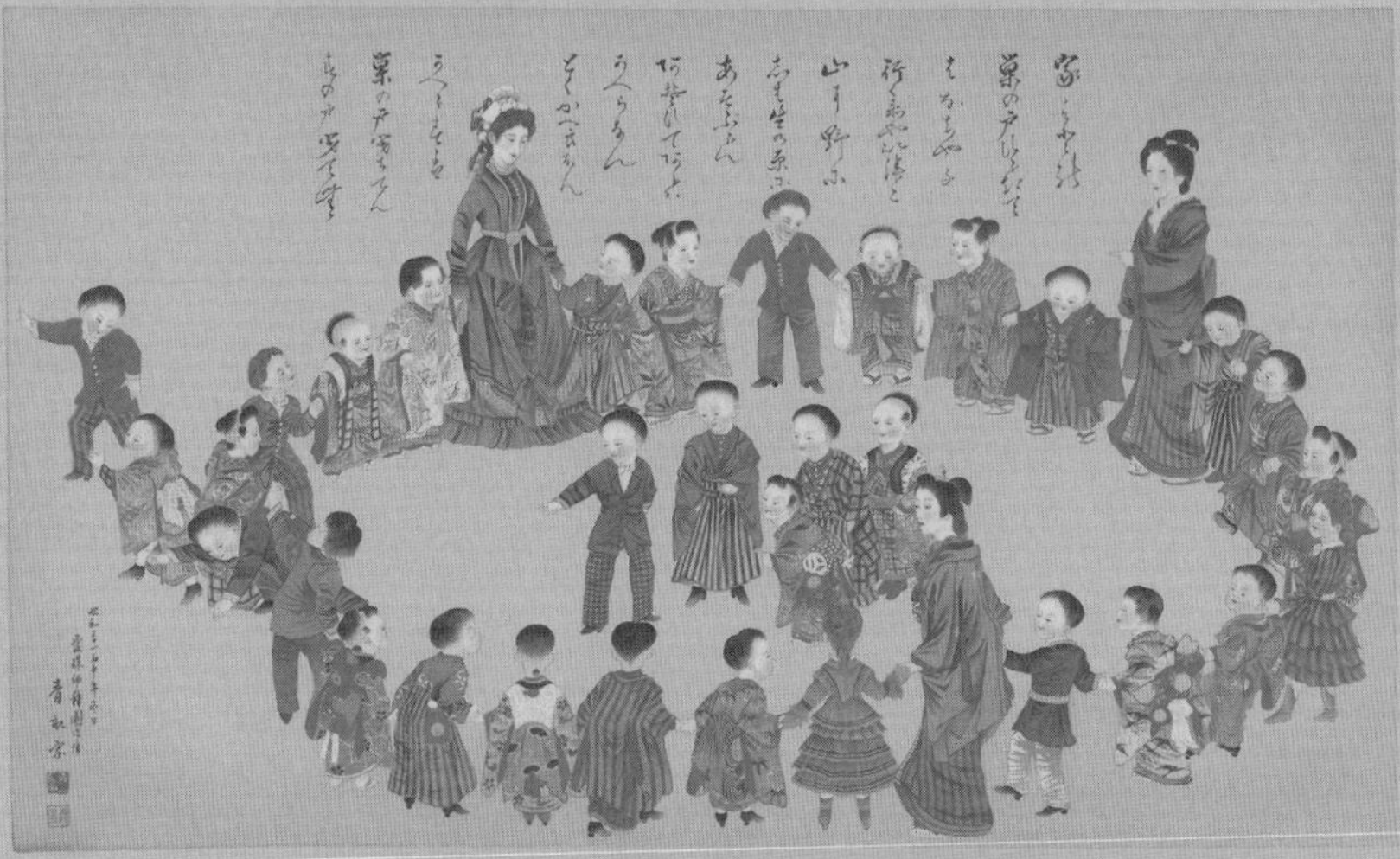

幼稚鳩巣戯戲之圖

建帛社
KENPAKUSHA

1　保姆時代の芙雄

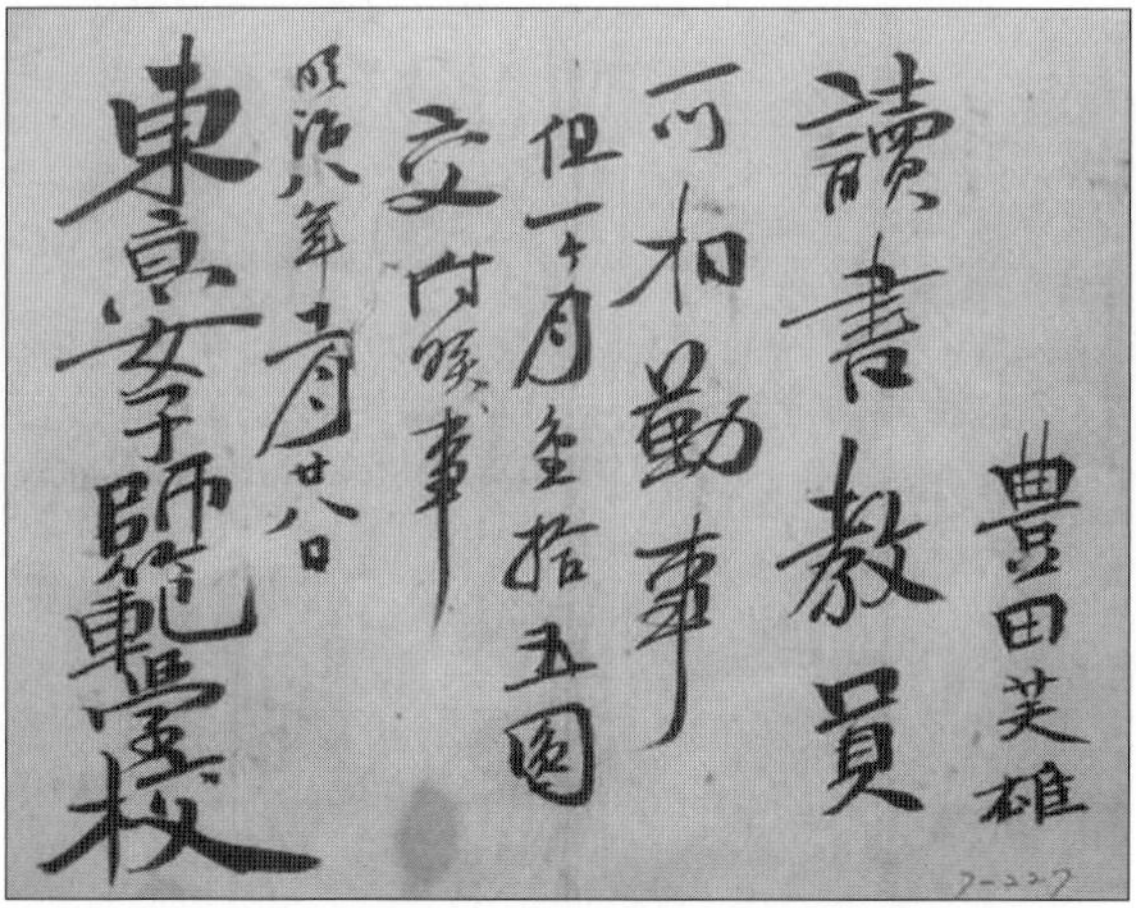

豊田芙雄

読書教員

可相勤事

但一ヶ月金拾五圓

交付候事

明治八年十一月廿八日

東京女子師範学校

2　読書教員辞令／明治８年11月28日

（1～2高橋清賀子家文書）

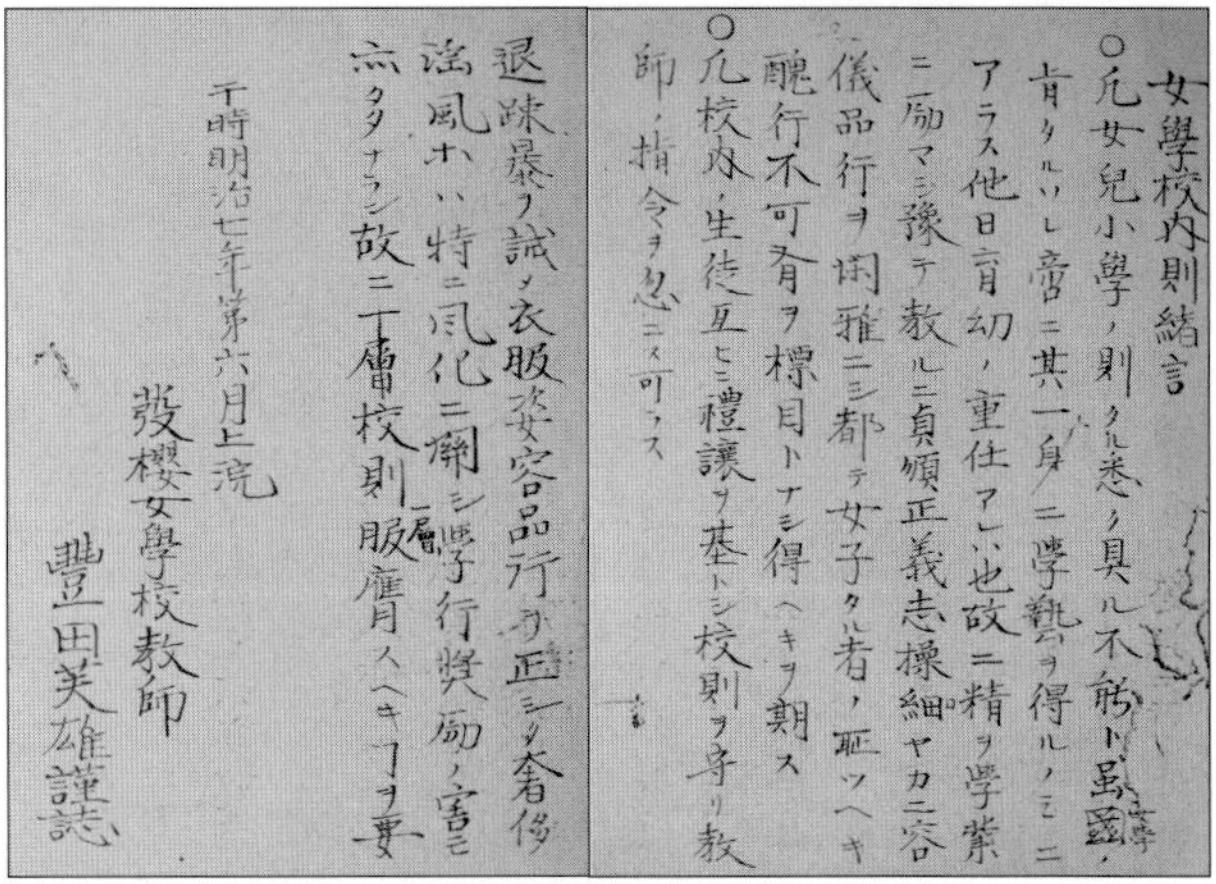
女學校内則緒言
○凡女兒小學ノ則タル基ノ具ル不能ト雖圖ノ女學
肯タルハ啻ニ其一身ノ二學藝ヲ得ルノミニ
アラス他日育幼ノ重任アレハ也故ニ精ヲ学業
ニ励マシ豫テ教ルニ貞順正義志操細ヤカニ容
儀品行ヲ閑雅ニシ都テ女子タル者ノ恥ツヘキ
醜行不可有ヲ標目トナシ得ヘキヲ期ス
○凡校内ノ生徒互ヒニ禮譲ヲ基トシ校則ヲ守リ教
師ノ指令ヲ怠ニス可ラス
退跡暴ヲ誡メ衣服姿容品行ヲ正シクシ奢侈
淫風ナルハ特ニ風化ニ關シ學行奨励ノ害ニ
成タナラン故ニ一層校則服膺スヘキコトヲ要
于時明治七年第六月上浣
發櫻女學校教師
豊田芙雄謹誌

3　發櫻女學校内則／明治７年

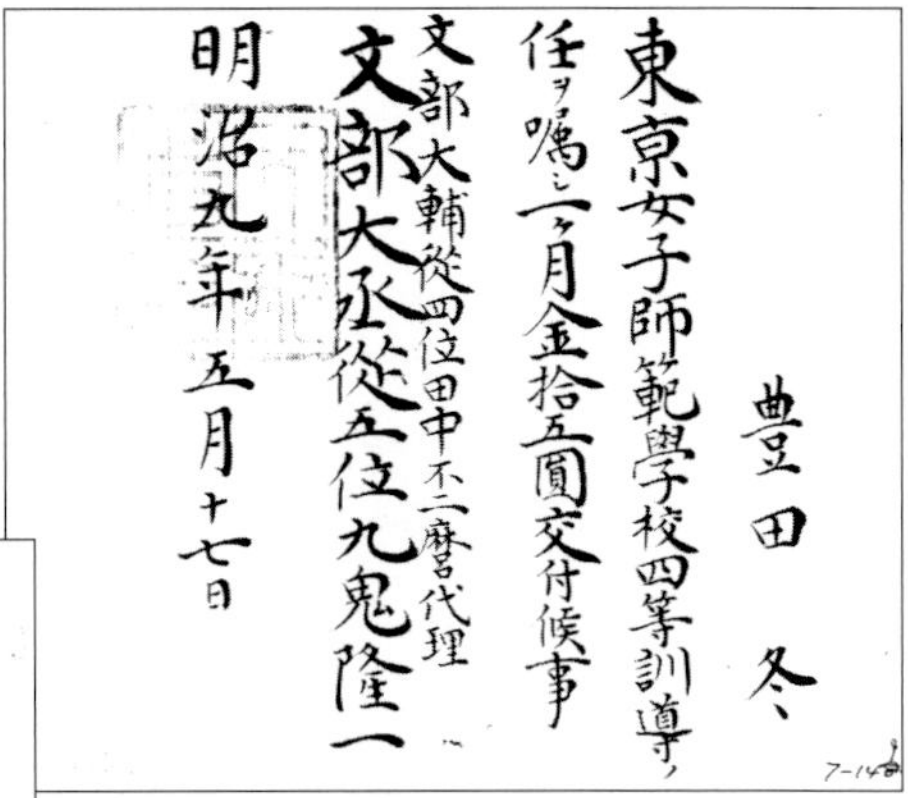
豊田　冬
東京女子師範學校四等訓導ヲ
任ヲ囑シ一ヶ月金拾五圓交付候事
文部大輔従四位田中不二麿代理
文部大丞従五位九鬼隆一
明治九年五月十七日

4　東京女子師範学校四等訓導辞令

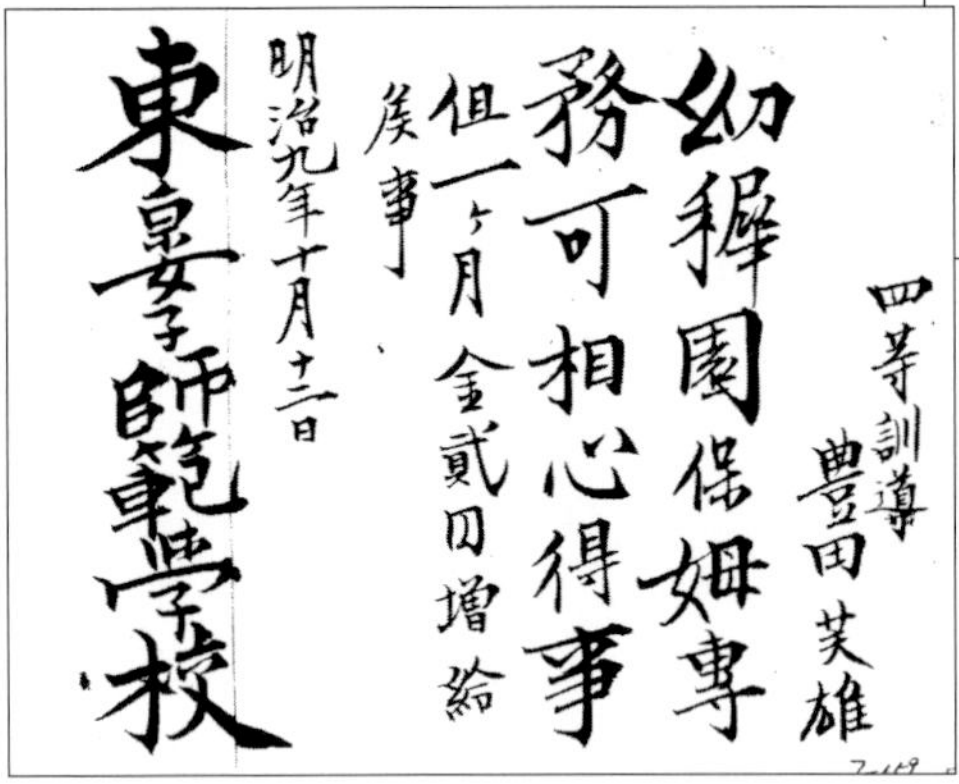
四等訓導
豊田芙雄
幼稚園保姆専
務可相心得事
但一ヶ月金貳円増給
候事
明治九年十一月十二日
東京女子師範學校

5　日本人初の幼稚園保姆辞令／明治９年

※保姆専務とあるが、実際は東京女子師範学校本校との兼務である。

（３～５高橋清賀子家文書）

6　横川楳子の保姆見習い中の折紙／明治11年

（横川楳子家文書／八王子郷土資料館）

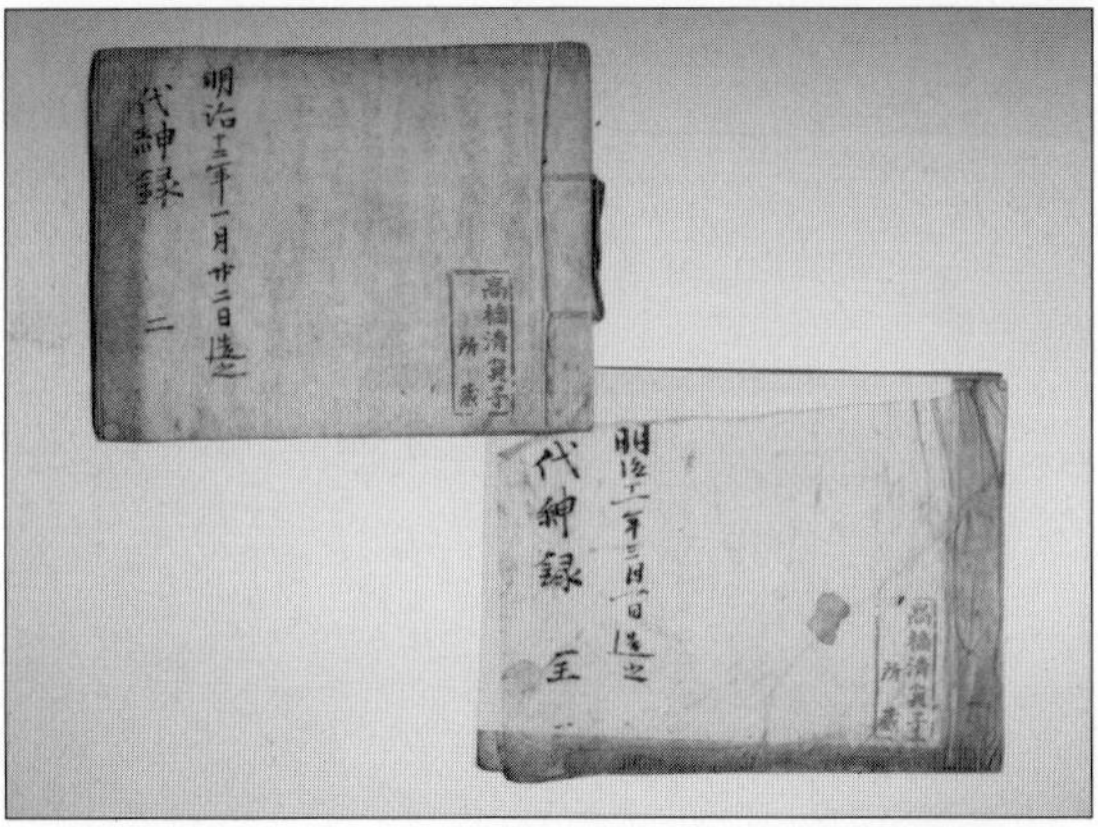

7　講義ノート「代紳録　全と二」／明治11、12年

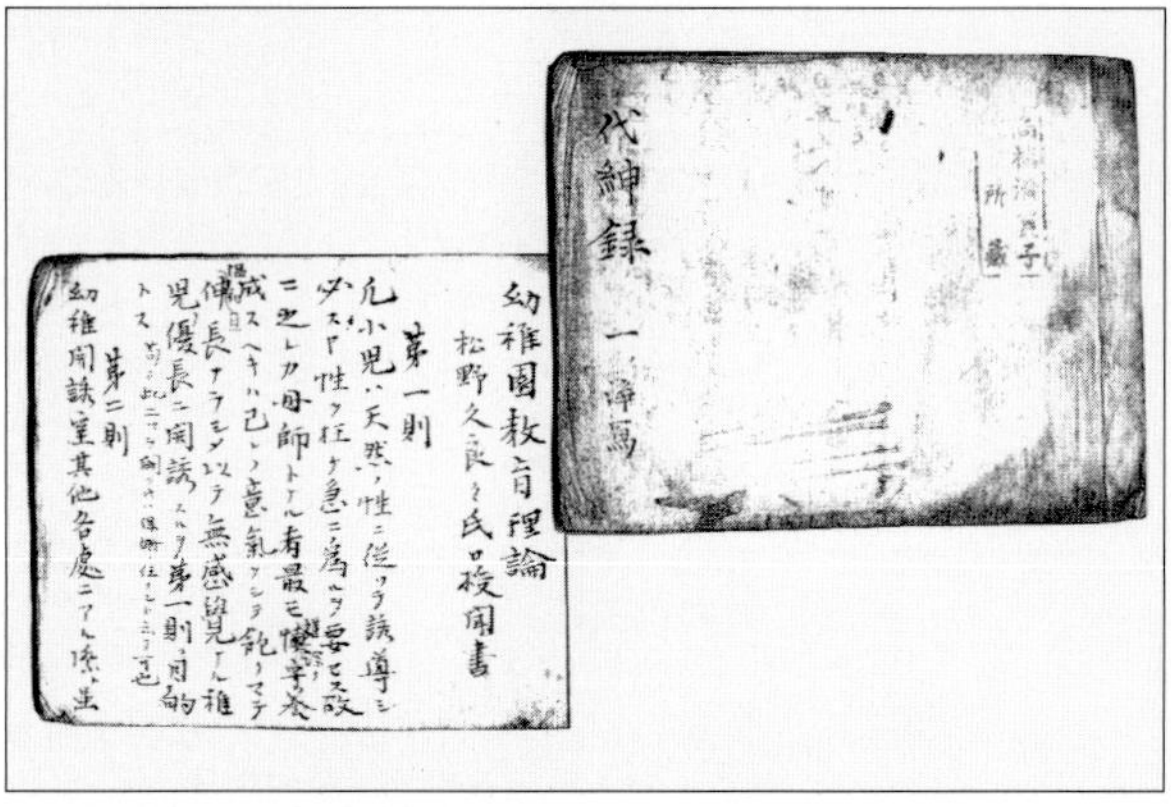

（7～8高橋清賀子家文書）

8　松野久良々口授聞書「代紳録　一　浄寫」／明治13年初頭か

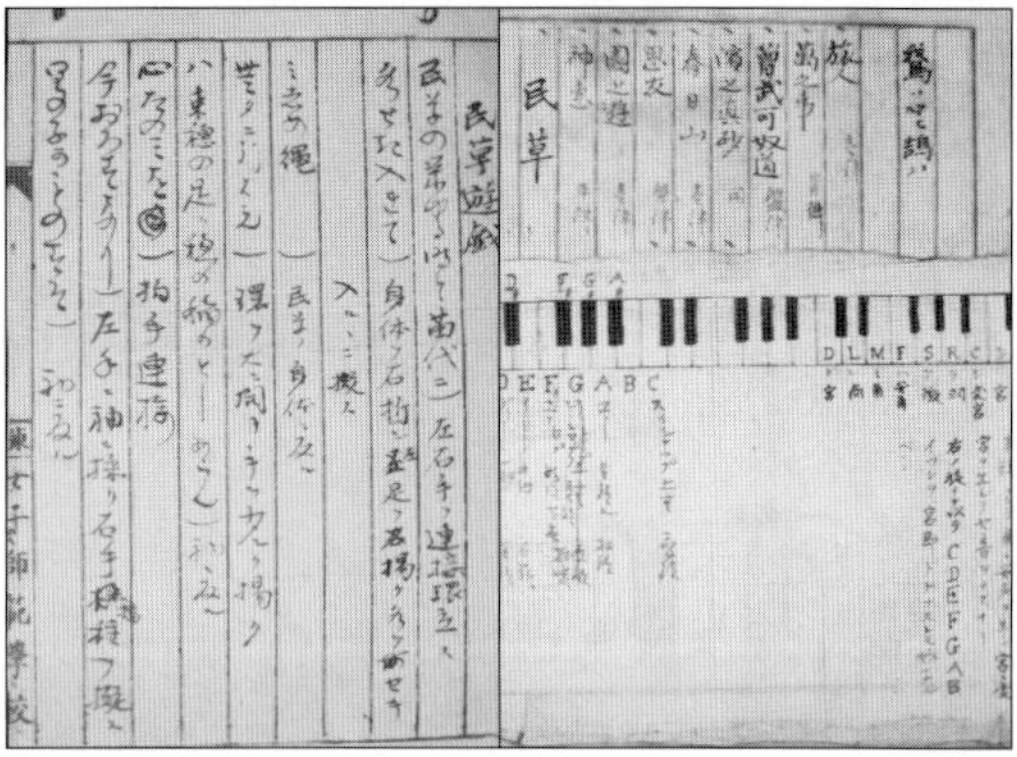

9　保育唱歌の遊戯と楽器練習用メモ／明治10年代初頭

（高橋清賀子家文書）

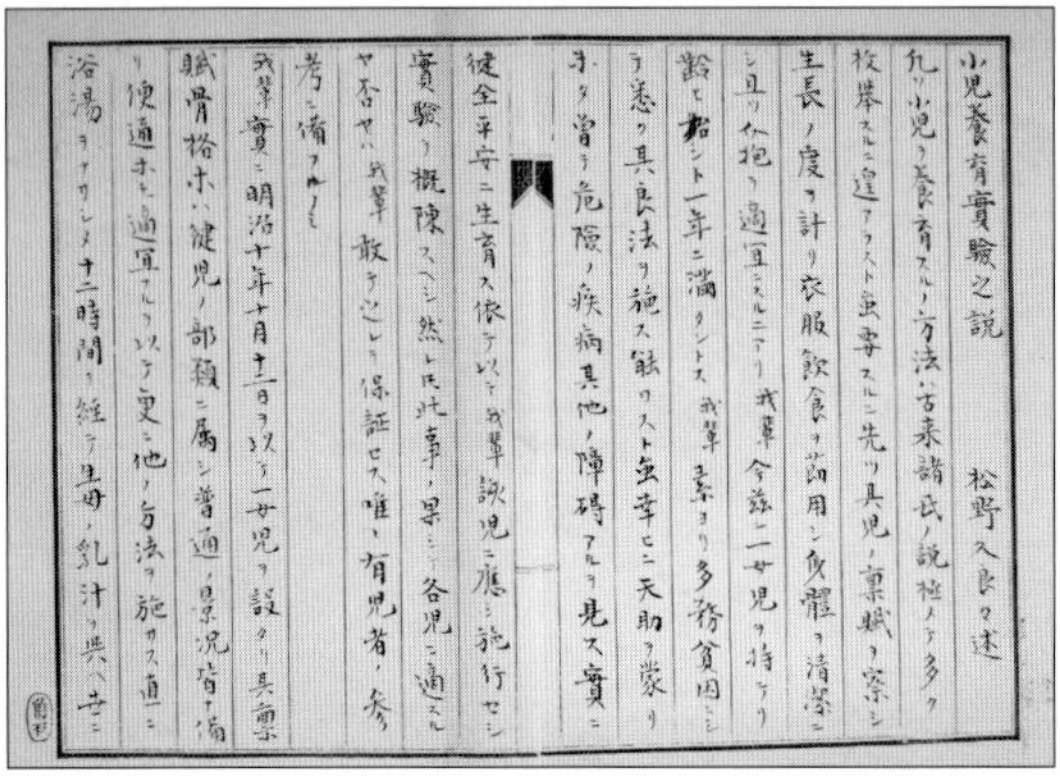

10　松野久良々手記「小児養育實驗之説」（代筆）

／明治11年　（国立国会図書館憲政資料室三條家文書）

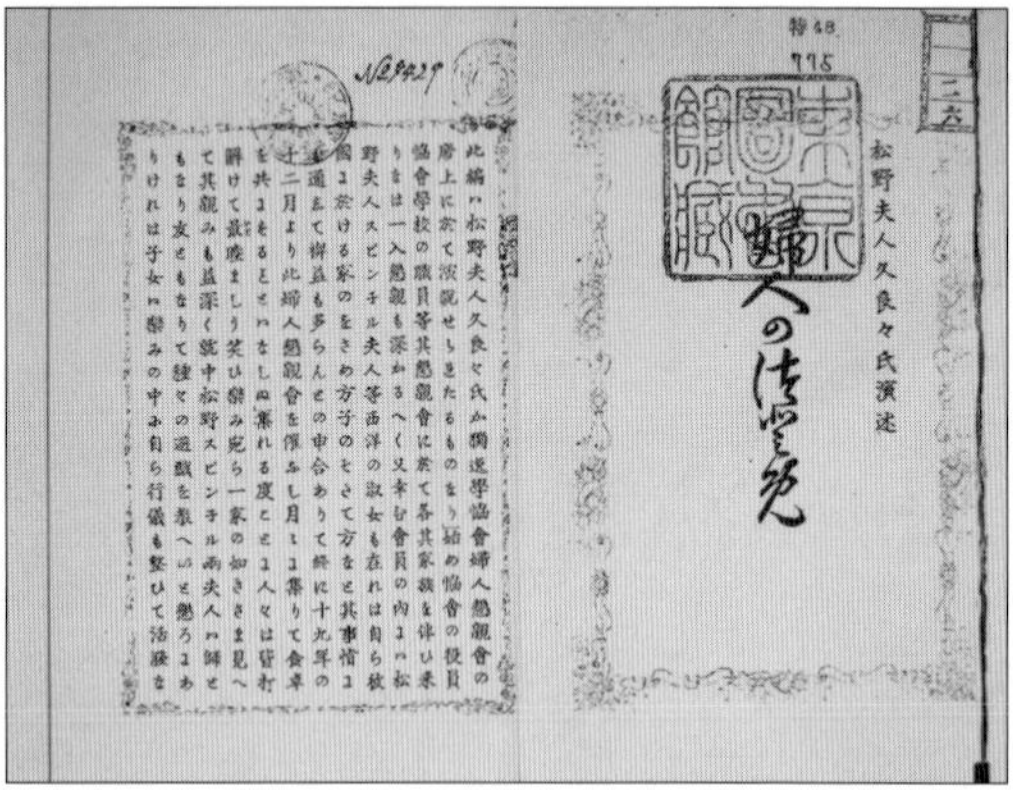

11　松野久良々講演録『婦人のつとめ』／明治21年

（国立国会図書館蔵）

12　中村正直から贈られた「愛敬歌」／明治10年頃か

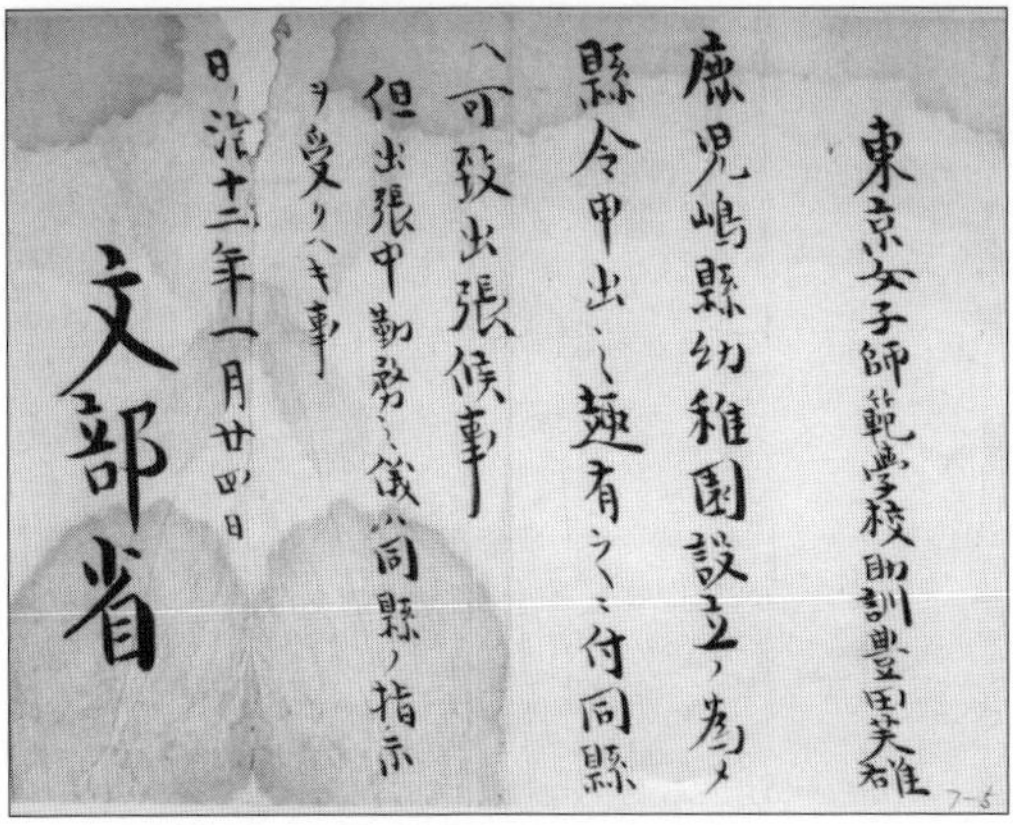

東京女子師範学校助訓豊田芙雄
鹿児嶋県幼稚園設立ノ為メ
県令申出之趣有之ニ付同県
ヘ可致出張候事
但出張中勤務之儀ハ同県ノ指示
ヲ受クヘキ事
明治十二年一月廿四日
文部省

13　鹿児島出張辞令／明治12年

（12～13高橋清賀子家文書）

14　油絵肖像画（部分）
／明治22年パリにて

15　左に鹿児島の幼稚園の門札
／明治12年３月

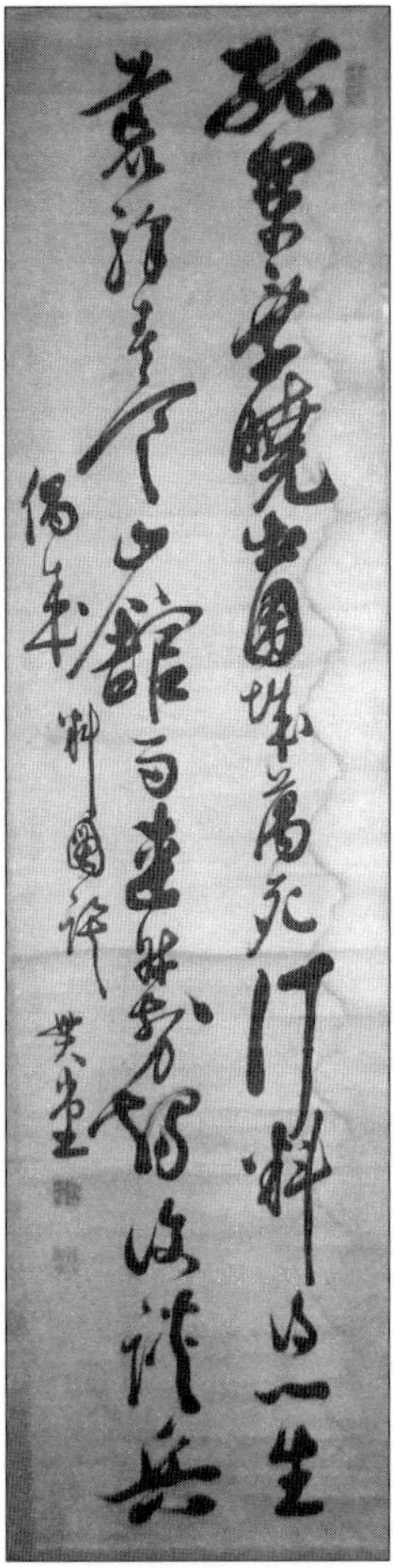

16　岩村通俊県令から贈
られた書

※岩村通俊の漢詩は、弟岩村高俊軍の佐賀城脱出を轟木宿（鳥栖市）で兵士たちが語るのを聞いてうたったもの。

（14～16高橋清賀子家文書）

17　ローマ時代の芙雄
／明治20年代初頭

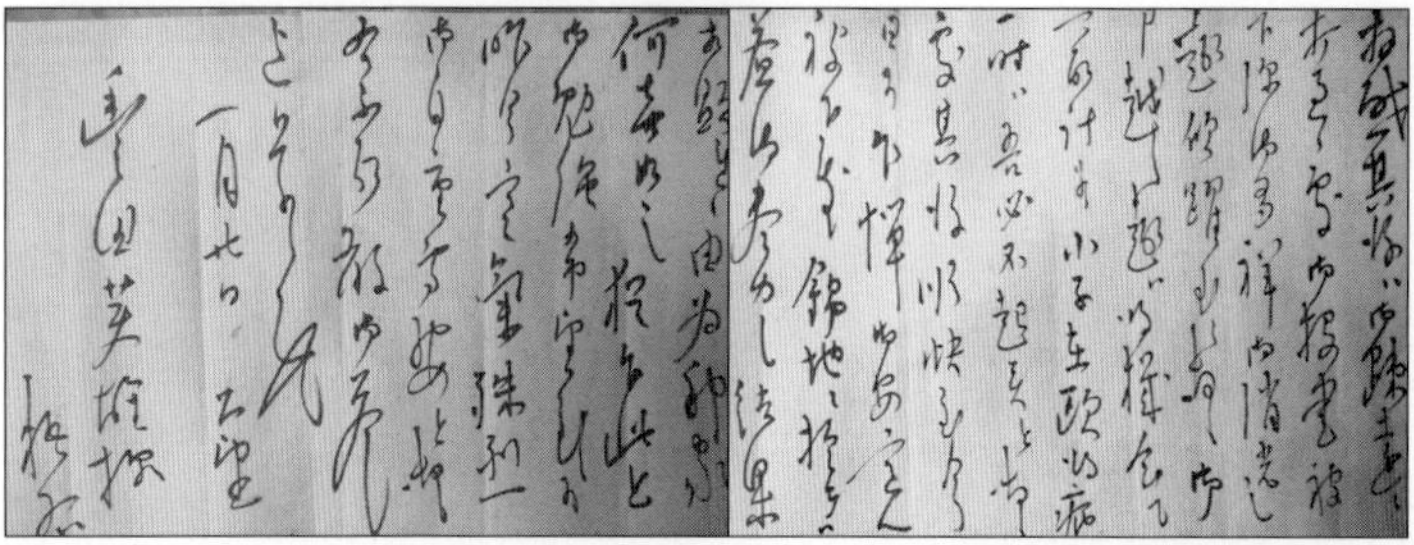

18　前文部大臣西園寺公望からの手紙／明治32年１月
（17〜18高橋清賀子家文書）

※西園寺の手紙は芙雄の何らかの依頼に対する返書。西園寺は、明治31年１月、２度目の文部大臣となるが、渡仏中の持病の再発とさらなる悪化で３ヵ月で辞任する、その経緯をも窺わせる内容。

女子家庭訓
序言
我國は今や變遷の時期にあり舊風既に廢れて新風未だ成らず而して家庭教育に於て最然りとす是余が國家將來のため常に恐歎する處にしていかで現在の女子をし又將來の良妻賢母となりて各自家庭を適切に導く指南ともなるべき一書を編せばやと年頃心意を凝らし古今風俗の異同變遷を考へ又は西洋の書を參考などして其材料を書き集め設けるもはた之を整頓するの遑なく過ぎ來しゝに今は家庭教育に關する良書も世にあまた顯れ來つれどさり迚日頃集め置きし其儘に散しおくも

豊田芙雄子謹述
女子家庭訓
東京　吉川半七藏版

19　豊田芙雄著『女子家庭訓　上・下』／明治32年
（国立国会図書館蔵）

20　水戸高等女学校、弘道館仮校舎での授業
／明治34年

21　水戸駅でヘレン・ケラーを迎える
／昭和12年

22　最晩年の芙雄

（20～22高橋清賀子家文書）

はしがき

豊田芙雄《とよだふゆ》は、明治八年（一八七五）、東京女子師範学校発足と同時に読書教員として抜擢され、翌年、附属幼稚園が設立されると、日本人幼稚園保姆第一号として幼稚園教育の兼務を命ぜられた女性である。

豊田が生まれたのは、幕末の水戸藩で、父は藩有数の武士桑原幾太郎、母は水戸学の総帥藤田東湖の妹雪子であり、冬と命名されている。冬の誕生時、すでに水戸藩の混乱は桑原家にも及んでいたが、いっぽう桑原家の家庭教育環境は特に恵まれており、冬は学問好きな少女として育っている。しかし、結婚間もなく、開国論者の夫豊田小太郎は脱藩し、京都で暗殺されている。豊田は幕末の大きな不運にも遭遇しているのである。

豊田芙雄は、同校附属幼稚園に兼務することになり、ドイツ人松野クララから実地保育の「傳習」を受けることになる。その「傳習」は、クララが英語で語り、幼稚園監事関信三が通訳するという方法をとることになった。クララによる「傳習」以外にも、豊田らの周辺には数点の翻訳書等はあったが、二十種の恩物を中心とし、唱歌、遊戯、説話、体操等を含むフレーベル主義保育は、豊田らにとってはまったく未知の世界であり、大変な苦労をしている。

しかし、豊田らの努力は、数年の内に、単に模倣だけではない、日本人保姆の創意を加味したフレーベル流の恩物中心主義保育の導入と初期定着を導き出している。ただ、二十恩物の取り扱いは比較的早期に可能となったが、問題は唱歌にあり、これに関しては最初期はまったくお手上げ状態であった。そのため、豊田らは大変な努力をして、フレーベル主義保育に用いられる唱歌を子ども向きに改訳したり、日本の古歌を取り入れたりして、雅楽課の伶人たちに作曲を委ねることになったのである。その結果、数年間をかけ、一〇〇曲ほどの「保育唱歌」が作られたが、一部を除いて、それらの歌詞は難しく、曲も雅楽調で子どもには馴染みにくいものとなった。唱歌の初期定着に関しては、アメリカの音楽教育者メーソンが来日し、洋風唱歌の指導を受けるまで待たねばならなかったのである。

また、豊田芙雄は、同校附属幼稚園に勤務するだけでなく、一年数カ月の長期出張というかたちで、西南戦争直後の鹿児島に招かれ、現地でわが国二番目の幼稚園を創設し、幼稚園の全国的展開の一典型を示すことにもなった。

その豊田も、男女師範合併のあおりで、明治十九年（一八八六）二月、幼稚園教育から切り離され女子教育に専念することになる。また、明治二十年（一八八七）には、イタリア特命全権公使として赴任する旧水戸藩当主徳川篤敬侯夫人のお相手役として、また、文部省からは欧州女子教育等の調査の命を受けて、二年余、ローマに滞在し、帰国後、直接幼稚園教育に携わることはなく、再び女子教育者の道を歩むことになる。

豊田芙雄の保姆時代の活動に光を当てることは、そのままわが国の幼稚園教育の草創期の姿を明らかにすることになり、また、幕末に生まれ、明治維新を契機に西欧文化と出会い、それと切り結びを持ちながら果敢に生き抜いた明治期女性の一典型を見ることにもなる。しかし、豊田芙雄の功績や生涯は本格的な書籍として公刊されたことはない。そのため、豊田芙雄が、女子教育とどう関わったのか、また、わが国草創期のフレーベル主義保育の導入や定着にどう関わっていったのかについては明らかでない部分も少なくない。

本書は、幸い一〇〇〇点に近い豊田芙雄に関する文書を活用することで、充実した記述が可能となったが、豊田天功、小太郎、芙雄に関する数千点に及ぶ文書は、芙雄の孫豊田健彦が大切に保存してきたものであり、昭和六十二年（一九八七）六月、健彦が亡くなると、翌年、長女高橋清賀子が「高橋清賀子家文書」として受け継いでいる。高橋清賀子は、本書の執筆者の一人であり、豊田芙雄のひ孫である。

「高橋清賀子家文書」は、高橋の友人である土浦の奥井登美子氏、石塚眞氏、茨城県教育委員会文化課長長嶺家光氏、茨城大学教授岩崎宏之氏等の支援により、平成四年（一九九二）、茨城県立歴史館が東京都多摩市乞田の高橋家に通って調査することになったが、芙雄に関する文書は、高橋清賀子の恩師、青山学院大学文学部教授、木下法也氏に相談することになった。

同文書は、平成五年（一九九三）一月、茨城県立歴史館の第一回調査を受けることになり、研究員五、六名が、泊まりがけで、七回高橋家を訪れ、全資料の整理が進められた。これと平行して、芙雄関係文書の行き先その他に関する相談のために、高橋家に数回集まった青山学院大学文学部教育学科関係者は、木下法也、森上史朗、高杉自子、野里房代、岸井慶子、渡辺英則、高杉展、大豆生田啓友、内野敦子の各氏であったが、このメンバーで、保育史研究会を名乗り、お茶の水女子大学での保育学会の折に、ポスターセッションとして高杉展（現・松山東雲大学）が主となって発表した。その後は、野里房代、岸井慶子、高橋清賀子が保育学会で発表を続け、現在九回を重ねている。

本書は、清水陽子、野里房代、高橋清賀子、前村晃四名を執筆者とする研究書であるが、保育史研究者だけでなく、日本人幼稚園保姆第一号の豊田芙雄が、どう保育をとらえ、どう保育と関わっていったかを、保育系学生、幼児教育実践家にも、関心のもてる章、読みやすい章から、ぜひ読み取っていただきたいと期待している。

最後に、本書の作成にあたって、温かいご協力をいただいた建帛社の筑紫恒男社長はじめ編集を担当してくださった影山広子様、お茶の水女子大学及び附属図書館、大阪市立愛珠幼稚園、八王子市郷土資料館、茨城県立歴史館、茨城県立図書館、鳩山会館、東京都公文書館、国立公文書館、国立国会図書館憲政資料室、佐賀大学附属図書館等の関係者のみなさま、また、資料の整理、写真撮影等で大変なご苦労をいただいた高橋操氏には執筆者一同深く謝意を表したい。

平成二十一年十二月吉日

執筆者代表　前村　晃

目次

目次

目　次

第一章　豊田芙雄の生い立ちと結婚と学問修業

一　家庭教育環境と豊田冬

（一）誕生と家庭環境

豊田芙雄《とよだふゆ》は、明治八年（一八七五）、最初期の女子教育機関である東京女子師範学校の読書教員として抜擢され、続いて翌年わが国最初の同校附属幼稚園が設立されると、日本人保姆第一号として兼任するようになる。本章では、幕末の水戸で生まれた芙雄が、女子最高学府の教師抜擢に見合う力量を、いかなる家庭教育環境や生活環境の下で身に付けていったかを探ることとする。

豊田芙雄は、弘化二年（一八四五）十月二十一日、水戸の藤坂町（現水戸市五軒町三丁目）で生まれ、ふゆ（冬）と命名されている。父は水戸藩の武士、桑原幾太郎（治兵衛）であり、母は雪子である。

なお、本書では、原則として、冬から芙雄への改名期までは「冬」を使い、それ以後のことや生涯全体に関わる記述には「芙雄」を用いることとする。

冬誕生の前年、弘化元年（一八四四）五月、水戸の徳川斉昭は幕府から隠居謹慎が命ぜられるが、この難は斉昭の無罪運動を展開する周辺の人々にまで及び、同年、藤田東湖には蟄居が申し付けられている。また、弘化二年（一八四五）三月十二日、老中に烈公の無罪を哀訴した豊田天功と桑原幾太郎は、同年三月、豊田に逼塞が、また、桑原に蟄居が申し付けられている。五軒町の桑原家の屋敷は没収され、一家は楓小路の小さな家に移り住むことになる。

また、桑原治兵衛は別に中町の方に幽閉されることになり、処罰が解除されるまで数年間、雪子や冬らは日陰者として楓小路でひっそりと暮らしている。冬はまさに幕末動乱の渦中に生まれたのである。

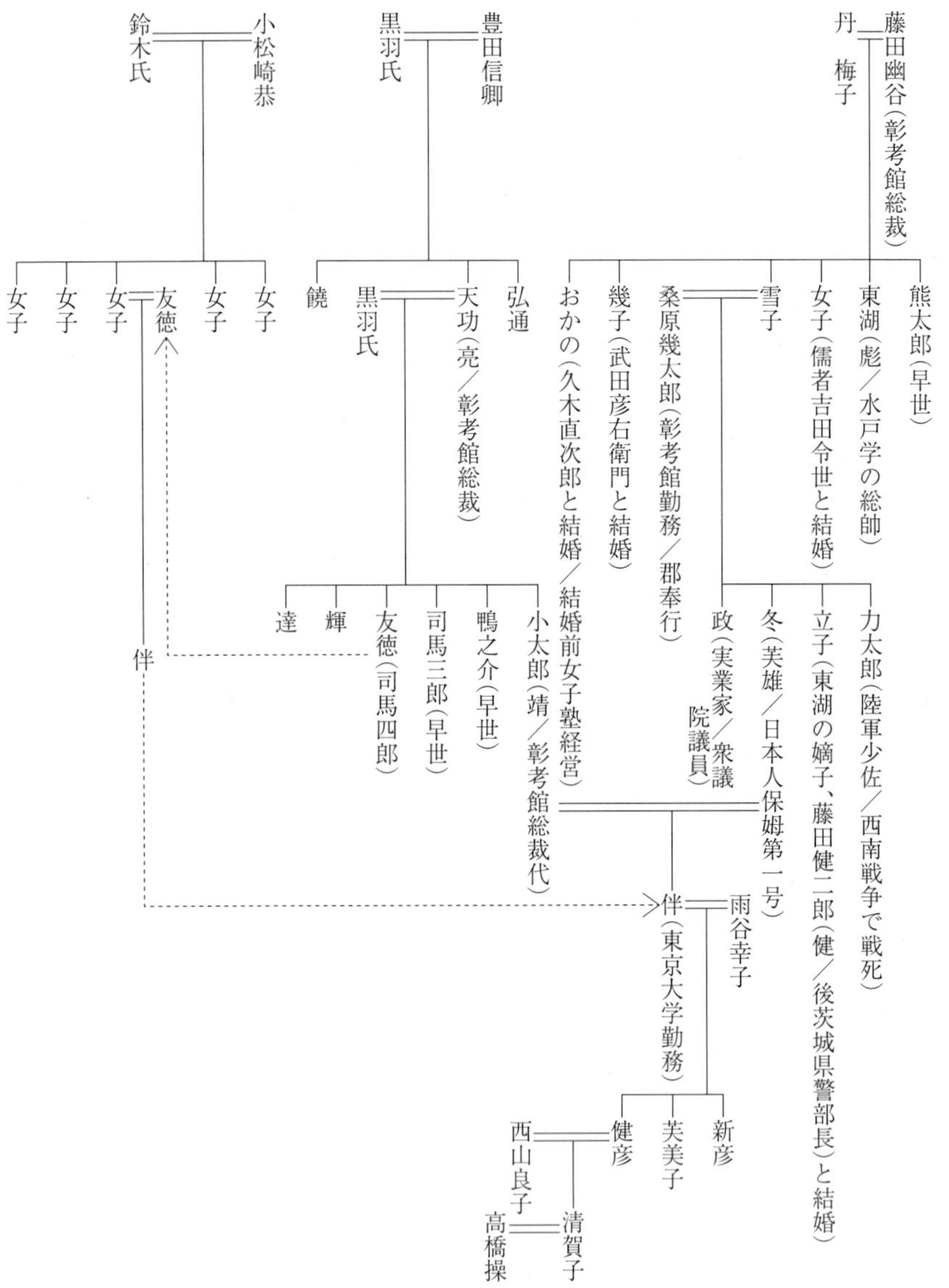

図１・１　豊田芙雄関係略系譜
（安省三の桑原家の系図(一)と茨城県歴史資料館(二)の豊田家を中心とする系譜を参考に作成）

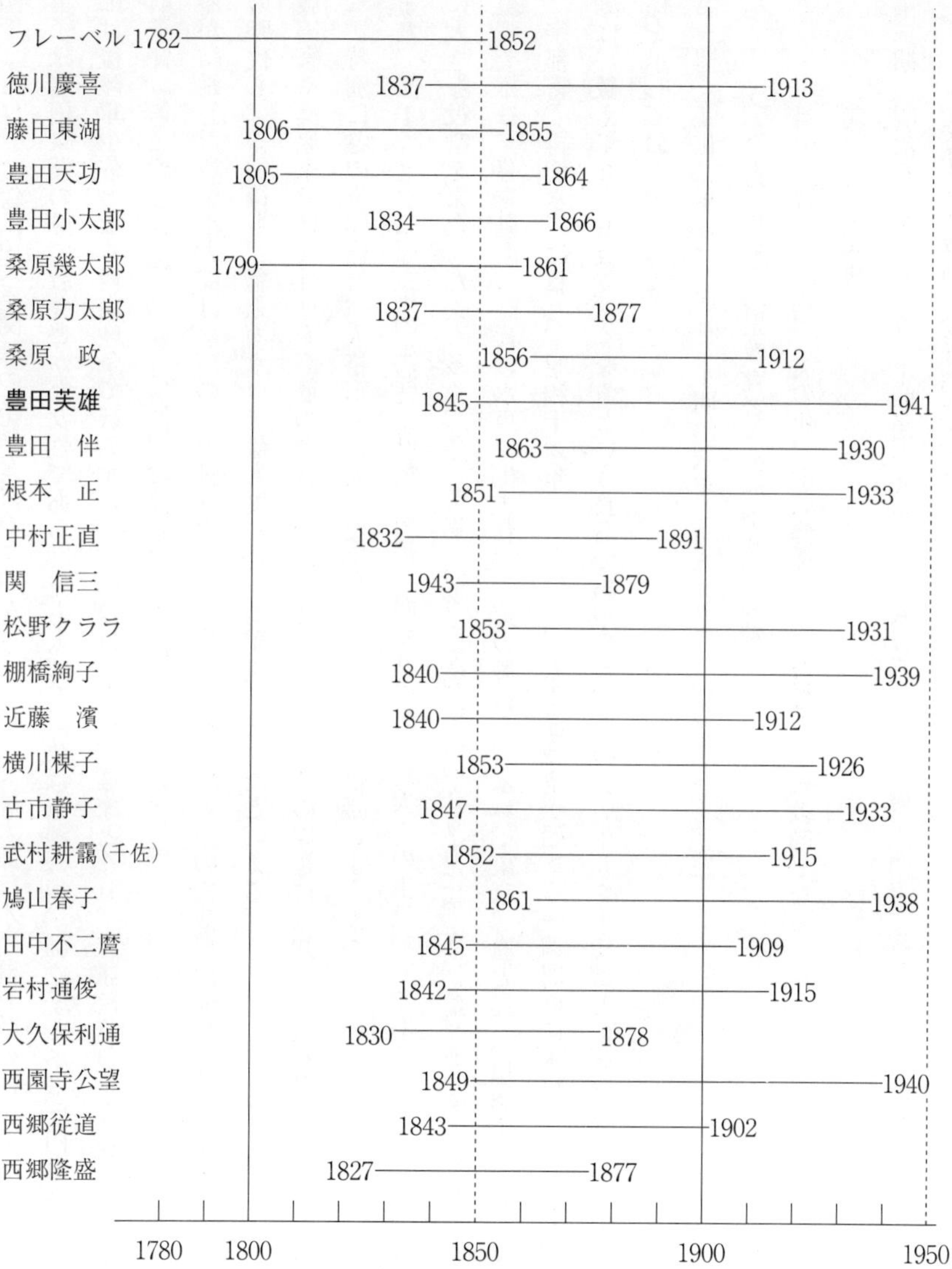
フレーベル 1782 1852
徳川慶喜 1837 1913
藤田東湖 1806 1855
豊田天功 1805 1864
豊田小太郎 1834 1866
桑原幾太郎 1799 1861
桑原力太郎 1837 1877
桑原　政 1856 1912
豊田芙雄 1845 1941
豊田　伴 1863 1930
根本　正 1851 1933
中村正直 1832 1891
関　信三 1943 1879
松野クララ 1853 1931
棚橋絢子 1840 1939
近藤　濱 1840 1912
横川楳子 1853 1926
古市静子 1847 1933
武村耕靄(千佐) 1852 1915
鳩山春子 1861 1938
田中不二麿 1845 1909
岩村通俊 1842 1915
大久保利通 1830 1878
西園寺公望 1849 1940
西郷従道 1843 1902
西郷隆盛 1827 1877
1780 1800 1850 1900 1950

図1・2　豊田芙雄関係者生没年比較表

図1・1に示した豊田芙雄関係の系譜を見るとわかるように、父幾太郎は水戸藩有数の武士で水戸学の大家であり、母雪子は藤田東湖の妹で教養豊かな女性である。兄力太郎と弟政は東湖の甥、姉立子と冬は藤田東湖の姪になる。力太郎は後陸軍少佐となり西南戦争で戦死するが、弟政は成人後実業家となり、衆議院議員となる。姉立子は藤田東湖の嫡子健（健二郎）と結婚し、冬は豊田天功の長子小太郎と結婚している。

冬が結婚した豊田小太郎は水戸の「大日本史」の編纂所である彰考館の総裁豊田天功の嫡子である。冬は、生い立ちの時代も、結婚後も、幕末の水戸で最も優れた知的環境にあったといえる。

藤田家や桑原家では女性にも高度の教育を受けさせているが、冬の周辺には知的で教養豊かな人々が数多くおり、それが特別に冬の学問修行、人格形成に大きな影響を与えたことは疑いようがない。

また、図1・2は豊田芙雄の生涯に直接、間接に関わりのあった人々の生没年表であるが、これらの人々は、歴史的に大きな役割を果たした人も多く、冬（芙雄）の考え方や生活の在り方に様々な影響を与えている。

豊田芙雄は、幕末動乱の時代の水戸に生まれ、活躍の舞台を、水戸、東京、鹿児島、再度東京、ローマ、再々度東京、宇都宮、再度水戸に移し、昭和十六年（一九四一）、太平洋戦争が始まる一週間前に水戸で亡くなっている。豊田芙雄は、数え年九十七歳で亡くなるという長命であったが、その長い生涯を事績ごとに区分し、本書の構成との対応関係を示しておくと次のようになる。

第一期〈弘化二年（一八四五）—明治八年（一八七五）／一歳—三十一歳〉

・「女子教育者・幼児教育者への準備及び始動」

・誕生、育ち、結婚、夫の死、学問修業。塾、發櫻女學校教師となる。

《第一章に記述》

第二期〈明治八年（一八七五）—明治十八年（一八八五）／三十一歳—四十一歳〉

・「女子師範教師、幼稚園保姆として活躍」

・東京女子師範学校読書教員に抜擢。附属幼稚園保姆を兼務。一時期、鹿児島幼稚園創立・経営に尽力。
《第二、第三、第四、第五、第六、第七、第八章に記述》
第三期〈明治十九年（一八八六）―明治二十七年（一八九四）／四十二歳―五十歳〉
・「幼稚園の退職と新たな女子教育者への道」
・文部省直轄の高等女学校への異動。徳川篤敬侯のイタリア特命全権公使赴任に際し、夫人の随行者兼欧州の女子教育等の調査に行く。ローマに滞在。帰国。翠芳学舎の設立。
《第二、第九、第十章に記述》
第四期〈明治二十八年（一八九五）―大正五年（一九一六）／五十一歳―七十二歳〉
・「女子教育者としての発展、充実」
・宇都宮高等女学校（栃木県尋常師範学校兼任）の立て直し。新設の水戸高等女学校（茨城県女子師範学校兼任／奏任官待遇）における女子教育の展開。退職。
《第十章に記述》
第五期〈大正六年（一九一七）―昭和十六年（一九四一）／七十三歳―九十七歳〉
・「晩年の教育との関わり」
・非常勤講師を続ける。大成女学校（現・茨城女子短期大学）の校長となる。退職。永眠。
《第十章に記述》

（二）父幾太郎と吉田松陰

冬の父治兵衛は通称を幾太郎といい、諱（いみな）が信毅、号が照顔堂であるが、前田香径氏の研究(三)によると同士との書状などに用いる隠し名としては綜、操、曾、曹、漕、宗玄、総弦、黄、黄葉、巷等多数がある。

「新聞いはらき　芙雄號（四）」において、芙雄が語るところによると、治兵衛は、水戸藩彰考館に勤め、長沼流の兵学を修め、国学に通じており、水戸藩主斉昭の側用人及び郡奉行などをつとめている。治兵衛は気根の良い人で常に筆を執り、多数の筆写物、著作物が長持に一棹ほどあったが、水戸火災で皆焼けて、たまたま妹の婚家に預けていた『武山陵考』だけが残り、「大日本史」の資料となったということである。

また芙雄は「祖父の治右衛門は烈公の御息女雪姫様の御附士として鷹司様に上り九年間京都に在りましたので父治兵衛も折々京都に赴き諸所の山陵を拝してはその荒廃を嘆きました（五）」と語り「後治兵衛亦藩命に依り雪姫様の御附士として三年間京都に勤め―注：前村による中略―殊に大和畝傍山の神武天皇御陵の荒廃については慷慨し、當時水戸彰考館總裁豊田天功と、書を往來して之が對策を講じたことがあります（六）」と語っている。

吉田松陰は水戸学を学ぶために約一か月間水戸に滞在したが、嘉永四年（一八五一）暮れから正月にかけて、豊田天功、会沢正志斎、冬の父桑原幾太郎（治兵衛）などを訪ねている。吉田松陰の「東北遊日記」によると、松陰一行は、初めて天功を訪ねた日は、天功が病気で会うことができなかったが、正月十二日、再度天功を訪ねている。その日の記述には「十二日　晴。豊田彦次郎（注：天功）を訪ふ。彦次郎は学問該博、議論痛快、人をして憮然たらしむ。其の嘗て史局に在るや、独力を以て神祇・氏族・兵制の諸志を作り、其の他の紀伝は即ち諸子に分かち任ず。（以下前村による略）（七）」とある。

松陰は正月十三日に冬の父幾太郎を訪ねており「十三日　晴。（注：前村による前略）桑原幾太郎を訪ふ。亦兵家なり（八）」と記している。

また、さらに「十六日　晴。豊田を訪ふ。酒を設けて歓語す（九）」とあり、吉田松陰と、同行の肥後藩の宮部鼎蔵、南部藩の江幡五郎（安芸五蔵）らと、天功とで酒を飲みながら歓談したことがわかる。

この時、松陰らは、水戸の両田、藤田東湖、戸田《とだ》忠敞《ただあきら》には二人が謹慎中で会えなかったと記している。

松陰は、水戸を去るにあたって、「十九日　晴。将に明旦を以て発せんとし、会沢・豊田・桑原に至りて別れを告ぐ」(十)と記し、会沢正志斎、豊田天功、桑原幾太郎に別れの挨拶に出掛けている。この時の松陰の旅は、藩の許可が遅れたため無届けで出立しており、後にこれが脱藩行為と見なされ、士籍剥奪・世禄没収の処分を受けている。嘉永五年(一八五二)正月十八日、松陰が兄杉梅太郎に宛てた書簡によると「水戸にて逢候人は皆去るもの(注:然る者)なり。永井政介・会沢憩斎(注:正志斎)・豊田彦二郎(注:彦次郎)・桑原幾太郎・宮本庄一郎。藤田虎之助・戸田銀二郎は未だ錮中にて得逢不申候」(十一)とある。他にも何名か会っているが、ここでは松陰が特に気に入った人物だけを挙げている。

松陰は、会沢、豊田らを高く評価しているが、左に記すように、桑原幾太郎との会談も非常に印象深かったようである。松陰は、ペルーの船に乗船して外国に脱出する計画を立てるが幕府に発覚し、安政元年(一八五四)十二月二十四日、長州の野山獄に入れられ、獄中囚人相手に孟子を講釈している。その後、野山獄から解放(この解放には豊田天功が密かに助力したようである)された後も、なお謹慎中であったが、親戚の者・近隣の者など数名を相手に講読会を続けている。安政三年(一八五六)四月十五日の講義では桑原幾太郎の言に触れている(傍線は前村による)(十二)。

禹以テ四海爲壑(注:がく。谷又は溝)。今吾子以隣國爲壑。

前章五覇の五命に言ることあり。云く、勿曲防と。此章丹之治水、以隣國爲壑は、乃ち防を曲るの治方なり。何ぞ大禹の水を治る、四海を以て壑とし天下共に其澤を被ると、年を同して語ることを得んや。此義萬事就て考ふべし、獨り水のみならず。聞く、肥後の靈感公の罪人を他國へ追放することを停められたるも亦此意なりと。又吾曾て水府に遊び、桑原幾太郎を訪ふ。桑原余が爲に云ふ、諸藩の士を觀るに、大抵東奥へ夷船の見へたるは、筑紫には患へず、北陸に夷人の來りたる、南海には憂へざる者多し。何ぞ自ら小にし自ら私するの甚だしきや。凡そ、神州に生まれたる者は、切にこの念を除去し、共に神州を憂ひ、四海同胞の如くあり度ことなり。況や夷虜の害、獨り東のみにして西は關らず、獨り北のみにして南は關らざるに非ず。一旦事變起らば一同の大患なり、思わざるべけんやと。余乃ち起て謝す。今にして思ふに、亦此章の義と通ずるなり。(以下前村による略)

桑原幾太郎は、若い松陰に対し、狭い視野から離れ広い視野で公益を考えるべきことを語っている。外敵が日本のどこを侵犯しても、それはその場所だけの問題ではなく神州全体の問題だと諭され、松陰は初めて海防の本質に気づいたのである。吉田松陰は、佐久間象山の弟子であるが、水戸学にも心酔しており、冬の父桑原幾太郎（治兵衛）の話は、理想主義的で熱血漢の若い松陰に深い感銘を与えたのである。

それから七年後、安政六年（一八五九）十月十七日、松陰は、安政の大獄で斬首刑となっている。松陰の場合は、実際には、死罪は免れることができたが、自ら過去の老中暗殺計画を自供し、わざわざ死罪の道を選んでいる。弟子たちに遺言を残し、敢えて維新の捨て石となることを望んだように見える。享年三十歳（満二十九歳）、独身であった。

冬の父幾太郎（治兵衛）は、常に多忙な人であったが、晩年閑職となった折りには、冬に經書等の講義をすることなどもあった。単に文章の「読み方」の指導ではなく「解釈」を交えての講義であったと思われるので、冬が父から受けた影響は小さくないはずである。松陰に話したように、冬にも、何事も部分にとらわれず全体を見る必要がある、といったことぐらいは語ったのではないかと思う。

（三）　母雪子と学問

藤田幽谷は、息子の東湖だけでなく、娘たちにも相当の学問を身に付けさせている。幽谷の長女は、国学者吉田令世に、次女は桑原治兵衛に、三女は久木直次郎に、四女は武田耕雲齋の長子彦右衛門にそれぞれ嫁している。久木に嫁した三女おかのは特に学問に優れており、御殿に上がり、紫式部の異名を取って、烈公から度々書物などを賜った、と芙雄は語っている。おかのは、久木と結婚する前、兄東湖の塾の女子塾生の指導を引き受けているが、後には東湖に「女子塾」として経営を任されている。

冬の母雪子も「女ながらも相當の學問」（十三）があり、常磐神社の小川宮司が語るところによると（十四）、和歌を善くし、筆跡も巧みで、正直快活で、質素を旨とし、子どもの教育には厳格だったとしている。芙雄の生涯にわたる言動を見ると性格的には母雪子とそっくりだったかと思える。冬はこの母の下で幼い頃から詩歌などを読み聞かされて育っている。このことによって、冬は幼児期から「やまとことば」の持つ柔らかい音の響きと格調の高さとを身に付けることができたのである。幼少期の手習いは常磐ノ小路の柴田政衛門夫人について学んでいる。冬が手習いを始めたのは五、六歳の頃かと思うが、伝えられているように、それより少し早く始めたとしてもおかしくはない。必ずしもすべての子どもが通例の六歳の六月六日を待って手習いを始めた、というわけでもないからである。

冬はやや長じて、安政五年（一八五八）十四歳の時から慶応二年（一八六六）まで深作治十夫人の筆子についてさらに裁縫、作法等を学んでいる。また、水戸の下市三丁目の鈴木長太郎に三年間薙刀を学び、後に江戸滞在時には新井源八郎の家の者から穴沢流薙刀を習ったようである。[十五]

（四）冬のきょうだい

冬のきょうだいは多かったが、早世した者を除くと、兄と姉と弟がいる。実兄力太郎は、箱館戦争時、水戸藩の一隊を率いて参戦するが、後に陸軍少佐となり、西南戦争時は、大隊長として活躍し、田原坂から南東五キロの植木・木留の戦闘で戦死している。姉立子は、冬に勝るとも劣らない教養の持ち主であったが、東湖の嫡子藤田健（健二郎）に嫁している。弟政二郎（後に政と改名）は、青山延寿《あおやまのぶとし》の塾で学んだが、山川菊栄は、政は、塾中でも指折りの秀才であった、と祖父延寿から聞いている。[十六]

政は、工部省工部大学校（東京大学工学部の前身の一）の鉱山科二期生[十七]であるが、明治十年（一八七七）一月、在籍していた工学寮が工部大学校となると、お雇い外国人ジョン・ミルン（わが国地震学の祖）の教授補となって[十八]ミルンの手助けをし、明治十三年（一八八〇）五月、卒業している。明治十五年（一八八二）八月には、『工学叢誌』（第一〇巻）に「釜石鉱山景況報告」を書き、官営高炉の失敗の原因について報告している。[十九]

工部大学校は応用工学に優れており、一期生には志田林三郎（電気・通信技術功労者）、辰野金吾（建築家）、高峰譲吉（化学者）などがいる[二十]。工部大学校の初代校長は鉱山開発に熱心だった大鳥圭介である（工部省役人と兼務）。大鳥は、いうまでもなく榎本武揚、土方歳三らと共に、箱館で官軍と戦った首謀者の一人であるが、榎本同様、大鳥は、黒田清隆（注：大鳥は、幕末、江戸の江川塾で薩摩藩の黒田了介（清隆）に砲術等を教えた先生でもある）に許され、新政府の官僚となったのである。大鳥は、後、外交官となり、清国公使、朝鮮国公使、枢密顧問官を歴任している。清国公使時代、政が鉱山技術の専門家として天津に派遣された際には、大鳥はこれを鉱山業の公的評価と見て大いに喜んでいる。

安省三は、豊田芙雄と大鳥圭介の間に縁談が持ち上がったことを記しているが、政の在学中、明治十一年（一八七八）二月四日、大鳥の先妻みち（三十九歳）が亡くなっているので、当時、そうした世話を焼こうとした人もあったのであろう。

卒業後の政は、学究畑に進まず、実業家として活躍するようになる。明治二十九年（一八九六）、九州の地方財閥の総帥安川敬一郎（実業家。炭鉱、鉄道、製鋼など手掛ける。明治専門学校（現・九州工業大学）を設立）と松本重太郎（第百三十国立銀行頭取）が明治炭坑株式会社を設立すると、桑原政は初代社長として就任するよう要請されている。

また、明治四十年（一九〇七）三月一日、大阪高等工業学校（現・大阪大学工学部）校長安長義章、機械科長鶴見正四郎らの発案で、岡実康、竹内善次郎らと共に発動機製造株式会社（現・ダイハツ）を創設している[二十一]。安長と岡は工部大学校の機械科出身であるが鉱山科の桑原政とは同期という縁である。

政は一時期、わが国初の建設コンサルタント事務所といえる桑原政工業事務所を立ち上げるが、社員には、入社前、官立の学校建築を多数手掛け、後に旧兵庫県庁（現・県公館）を設計した山口半六がおり、山口の配下には、後に初代通天閣を設計する、設楽貞雄《しだらさだお》がいる。豊田芙雄が近代女子教育者、幼児教育者の魁として教育界に貢献したように、実弟政もわが国近代工業の黎明期に大きく貢献しているのである[二十二]。桑原政の娘しげると結婚した村山令蔵も発動機製造株式会社の取締役をしており、後に、桑原商会の社長をし、さらに後には、対露輸出組合常任理事となり、日露貿易の発展に寄与している[二十三]。

実業家の一方で、政は、明治三十一年（一八九八）三月十五日、水戸地区の衆議院議員選挙に立候補し当選している[二十四]。

同年八月の選挙では落選するが、明治三十五年（一九〇二）八月の選挙で返り咲き、明治三十六年（一九〇三）三月の選挙でも当選を果たしている。（二十五）政の当選は通算三回である。特に、明治三十六年（一九〇三）の「奉答文事件」では、国会が紛糾するが、桑原政は中正党三三名の代表として異義申し立てをしている。（二十六）

母雪子は、政を生んだその年の安政三年（一八五六）八月十九日に亡くなっている。冬十二歳の時である。母を失った生まれたばかりの政二郎を冬がどういうまなざしで見ていたかは不明である。父治兵衛も、文久元年（一八六一）十月十日、冬十七歳の時に、六十二歳で亡くなっている。冬は十代で両親を失っている。

（五）武家の少女と学問

冬の手習い時代は良くわからないが、山川菊栄の母青山千世（青山延寿の娘・東京女子師範学校一期生）は、水戸藩内の女の子の塾の手習いの様子について次のように紹介している。冬の場合も手習いは同様であったはずである。（二十七）

（お師匠さんは）お手本を書いてあてがい、娘たちは真黒な草紙に手習いして、ときどき御清書を出す。それでよければまた次のお手本をあてがわれるのでした。ここも夏冬ともに朝は早く、弁当持ちで、昼過ぎまで手習い、手習い、手習いの一方です。遊び時間もなければ唱歌も体操もなく、大きい子も小さい子も同じように手習いばかりしていることは男の子の塾と同じこと。飽きれば勝手に休んだり、遊んだりしてまた始めるという調子。

女の子の習うものは大体きまっていまして、まずいろはを習い、それから百人一首、女今川、女大学、女庭訓《ていきん》、女孝経といったような―これらを一まとめに和論語といいました―まずよみ方を、それからそういうものを書いたお師匠さんのお手本を習い、次々にあげていくのです。もちろん平仮名ばかり。平仮名も変体仮名が多く、続け字で、読みにくい上に、言葉の中身も七、八ツの子に分かるはずのないものですが、ただ夢中で習いました。中には東海道五十三次の宿の名を歌のように綴ったもの、また「大名づくし」といって大名の苗字を並べたものをお手本で習いました。

また、手習いを終えた武家や大商人の娘などは十二、三歳になると、裁縫、作法などを習うことになるが、藤田幽谷家や桑原家などではこれらの他にさらに深い和漢学の学問を習得する機会を与えている。安省三は冬の学問の内容を次のように述べている。(二十八)

先生は元来読書がすきであった。大学中庸論語等は照顔斉（父治兵衛の号）に学び、孟子あたりは独り読みをした。経書や日本外史、太平記など殊に面白く読み、更に史記、漢書等もよんだというから相当なものである。古事記、日本書紀、続日本書紀は勿論、古今集などはそらんじた。之は決して誇張ではない。千べんから繰返してそらんじたという。今の人の努力とは話にならない。之は外祖父に当る幽谷の教育思想に思い当るのであって、幽谷の暗誦を重んじた教育の影響であろう。

また、世の中がいくらか落ち着いてきた時期の芙雄の学びぶりについて安省三は次のようにも記述している。(二十九)

管政友先生には時に面接して読書の不審を正したり、学者という学者には意見の交換をして自己の研鑽につとめた。世が改まるにつれ福沢諭吉の西洋事情、学問のすすめ、なども借り読みをするという工合で、当時文明の先端を進むことを怠らなかった。

冬は優れた家庭教育環境下に生まれ、両親の理解もあって、早くから教育の機会を得ることができたが、本人の優れた資質もあいまって特別に学問好きな少女となる。もちろん、冬の前半生は決して平坦な道程ではなかったが、学問研鑽を積んだことによって、維新後の新時代と果敢に切り結ぶ女性に育ち、当時の第一級の政治家、思想家、教育者らと出会うことにもなるのである。芙雄が出会い、芙雄の人生に何らかの影響を与えた人々は次のようである。

・西園寺公望（政友会総裁、首相。文部大臣等。元老）

・徳川篤敬《とくがわあつよし》（水戸徳川家十二代当主。イタリア特命全権公使。侯爵）
・西郷従道（軍人、政治家。海相、内相。陸軍大将、元帥）
・岩村通俊《いわむらみちとし》（鹿児島県令、農商務大臣等。政治家の林有造、岩村高俊は兄弟）
・田中不二麿（明治初期を代表する文部行政官）
・中村正直（昌平坂学問所教員。『自由之理』、『西国立志編』の翻訳者。東京女子師範学校摂理）
・根本正《ねもとしょう》（豊田家家僕。米国留学。衆議院議員）
・関信三（元太政官スパイ・幼稚園草創期功労者）
・宮川保全（数学者。東京女子師範学校教員。現・共立女子大学創立者）
・浅岡一（教育者。東京女子師範学校教員。信濃教育会功労者）
・棚橋絢子（女子教育者。東京女子師範学校創設時教員）
・松本荻江（女子教育者。東京女子師範学校創設時教員）
・武村耕靄《たけむらこうあい》（東京女子師範学校初期教員。閨秀画家）
・永井久一郎（永井荷風の父。東京女子師範学校監事）
・那珂通世（東洋史学者。東京女子師範学校長）
・松野クララ（ドイツ人。林学者松野磵妻。幼児教育者。東京女子師範学校附属幼稚園主席保姆。ピアノ奏者）
・近藤濱（幼児教育者。東京女子師範学校附属幼稚園創設時保姆）
・横川楳子《よこがわうめこ》（幼児教育者。東京女子師範学校附属幼稚園初期保姆。女子教育者）
・荻原吟子（東京女子師範学校一期生。日本人女性初の医師国家試験合格者）
・青山千世《あおやまちせ》（旧水戸藩。東京女子師範学校一期生）
・鳩山春子（東京女子師範学校卒業生。同校教員。現・共立女子大学創立者の一人。鳩山一郎の母）

特に、松本、武村、近藤、横川、荻原、青山、鳩山ら女性陣は、冬と同じように、幕末に生まれるが、少女時代から学問が好きで、芙雄と似たような人生を歩んでいる。

もちろん、こうした学問好きな少女たちもごく幼い時期には勉強ばかりしていたわけではない。山川菊栄によると、幕末の水戸地方の幼少期の女の子の遊びとしては「ままごと、お手玉、手まり、おはじき、羽根つき、鬼ごっこ、かくれんぼ、草履かくし、お山のお山のおこんさん、子を取ろとろ」(三十)などがあり、他に手まり歌、数え歌、姉さま人形作り、かるた取り、お祭りの踊りのまねごとなどがあったようで、遊びの種類は多くはないが、子どもには子ども特有の世界もあったのである。

二　幕末の騒乱と豊田冬

（一）　伯父藤田東湖

水戸藩徳川斉昭の側近藤田東湖は、幕末の水戸藩の指導者の一人で水戸藩内の保守派、革新派の対立の調停役を買って出ていたが、冬が十一歳の時、安政の大地震で亡くなっている。

母雪子が東湖の妹であるという関係から、当然のことながら、冬は幼少期に東湖をしばしば見かけている。戦前の『サンデー毎日』のシリーズ「生きてゐる歴史」担当の記者の質問に芙雄は次のように答えている(三十一)。

なにしろ遠い昔のことですから、伯父の東湖についてもくはしくはおぼえてをりませんが、今でも目に残つてゐるのは、そのころ伯父が開いていた私塾、不息軒と申しましたが、その塾へ袴を穿いて肩をいからして入つて行く姿でございます。

伯父は二〇貫、身長は五尺五六寸もあらうかと思われる大男で、色は黒く、頬は厚肉で、角ばつた顔でした。眉尻が少し上がつて、左の眉のつけ根にほくろが一つございました。普通前こごみだつたといはれてゐますが、なかなか、さうではございません。りゆうとした姿勢で、眼光人を射ると申しますか、伯父の眼はよく光る恐ろしい眼でございました。私のおぼえてゐる伯父はいつも總髪で、總髪は隱居か醫者でない限り普通の人間はやらないものですが伯父もこれを好んでやつてゐたとは思へません。何かわけがあつたのでございませう。

記者は、東湖が私塾を開いていたのは、東湖の謹慎中のことで、そのため總髪にしていたのだろうと推測しているが、芙雄は東湖についてさらに次のようにも語っている。(三十二)

伯父はよくお酒を飲み、始終、碁を打つてゐました。その相手には川崎六郎といふ宿屋の主人がよく出入りしてをりました。またいつのころでしたか伯父が父とお酒を飲んでゐる時、私が障子の隙間から中をのぞいたら伯父が、即座に指を目にあてて、あの光る目でアカンベをしたことをおぼえてをります。私が驚いて逃げると、伯父は大聲に笑つてをりました。

おそらくこれは冬の幼児期の出来事であろうが、後に芙雄は「藤田東湖の姪」ということで人々に関心を持たれ、特に鹿児島への長期出張時代には「東湖の姪」として畏敬の念を持って人々から仰ぎ見られることになる。

(二)　西郷隆盛と藤田東湖・桑原幾太郎

西郷隆盛は、島津斉彬の参勤交代に従って薩摩を発ち、安政元年（一八五四）三月六日、江戸に到着している。同年四月十日、西郷は同藩の樺山三円（資之）、有村俊斉（海江田信義）に連れられて、小石川の水戸藩邸に行き、勤王派の巨星藤田東湖に会っている。

安政元年（一八五四）七月二十九日付で、西郷は鹿児島の叔父椎原与右衛門・同権兵衛宛に次のような手紙を送っ(三十三)

ている（注：傍線部は前村による）。

（注：前村による前半略）扨先間便に差し下し候字（注：東湖の書）は痛みなく相届き候や、自然御披見下され候わん。其の時共は余程面白き次第にて、東湖先生も至極丁寧成る事にて、彼の宅へ差し越し候と清水に浴し候塩梅にて、心中一点の雲霞なく、唯情浄なる心に相成り、帰路を忘れ候次第に御座候。御遠察下さるべく候。桜任蔵（注：東湖の弟子。天功、幾太郎らの同士。芙雄設立の翠芳学舎の教員根本とく子の祖父）にも追々差し越し候処、是も豪傑疑いなく、廉傑の人物、其の上博識に御座候。彼の方の学問（注：水戸学）は終始忠義を主とし、武士となるの仕立にて、学者風とは大いに違い申し候。自画自讃にて人には申さず候得共、東湖も心に悪まれ候向きにては御座なく、毎も丈夫と呼ばれ、過分の至りに御座候（注：前村により後半略）

東湖を訪ねると、清水で浴したような清々しい気持になると、西郷は書いている。西郷は東湖に心酔していたのである。東湖も、一目で西郷を気に入っており、会う度に「丈夫」と呼んでいたが、西郷にとってはそのことが「過分の至りに御座候」というほど嬉しかったのである。西郷二十八歳、東湖四十九歳の時のことである。

その後も、西郷はしばしば東湖に会いに出かけている。また、東湖と会ったことをきっかけに、水戸藩の戸田蓬軒、桜任蔵、原田八兵衛などとも交流を持つようになるが、同じ頃、豊田彦次郎（天功）の書を貰ったので表装して妹婿市来正之丞に贈る云々という手紙などもあることから、天功にも会ったようである。

東湖の教えを受けるようになって、一年半後、安政二年（一八五五）十月二日、関東地方を襲った安政大地震で東湖は圧死する。西郷の悲しみは大きく、二日後の十月四日、その頃鹿児島に帰っていた樺山三円宛に、次のような手紙を出している。(三十四)

（注：前村による前半略）扨去る二日の大地震には、誠に天下の大変にて、水戸の両田（注：藤田東湖と戸田忠敞）もゆい打ち（注：『西郷隆盛全集　第一巻』では不意打ちか、としている。「ふ」と「ゆ」の誤読か）に逢われ、何とも申し訳なき次第に御座候。頓と此

の限りにて何も申す口は御座なく候。御遙察下さるべく候（注：前村による以下略）

西郷にとって、東湖の死は「天下の大変」であり、悲嘆にくれるばかりで「何も申す口は御座なく候」という状態だったのである。西郷と東湖との交流は長くはなかったが、西郷は東湖に会ったことで、「薩摩の西郷」から「日本の西郷」へと脱皮していったのである。

東湖の『正気歌《せいきのうた》』や『常陸帯』は幕末の志士たちの間で密かに回し読みされ、愛唱されている。藤田東湖はいわば尊王攘夷派の教祖的存在だったといえよう。西郷は「先輩では藤田東湖を推し、同輩では橋本景岳（注：左内）に服す」と語っている。

安政大地震時、桑原幾太郎（治兵衛）は江戸滞在中で、父の身を案じた力太郎はすぐに江戸に向かっている。幸い父治兵衛は無事であった。しかし、力太郎は、叔父東湖が小石川の藩邸で梁の下敷きになって圧死したことを知り、その亡骸を長持に入れて水戸まで持ち帰っている。芙雄は語っている。(三十五)

その時伯父の母（幽谷夫人）梅子も一緒に藩邸にゐたのですが、地震で一旦逃げ出したものの、部屋の火を消して來なくてはと、また引返さうとするのを「お母さん、危ぶない、私が代りに行かう」と伯父が抱きとめたその時、梁が落ちて來たのだと聞いてをります

東湖の死は、水戸藩の人々を悲しませただけでなく、尊王攘夷派の志士たちに大きな衝撃を与えたが、母の身代わりとなって死んだということは、後々まで人々の間で語り継がれている。

東湖の死後も、原田八兵衛を接点に、西郷と水戸藩士との交流は続いている。安政三年五月四日付けの大山正円（綱良）宛の以下のような手紙がある。(三十六)

（注：前村による前略）水府の一条甚以て難題到来仕り、苦心此の事に御座候（一橋慶喜の将軍擁立の相談）。武田（注：彦九郎。耕雲斎）・桑原（注：治兵衛。幾太郎）・原田（注：善右衛門）・安島（注：帯刀。通称弥次郎）へも面会、水義党の者共一向君公（注：斉彬のこと）を仰ぎ奉り居り、何かとお願い申し上ぐる儀にて御座候（注：以下前村による略）

将軍継嗣問題では、もともと斉彬は一橋慶喜擁立派であるが、水戸藩重臣は慶喜擁立を決め、武田彦九郎はじめ、芙雄の父桑原幾太郎（治兵衛）らは、斉彬の側近西郷隆盛と相談し、斉彬の助力を依頼したのである。

芙雄の母雪子は、西郷が心酔した東湖の妹であり、冬の父桑原幾太郎は、一橋慶喜擁立の一件で西郷と面談し、兄力太郎は、西南戦争で西郷軍と闘って戦死し、芙雄は、鹿児島の戦後復興のために現地で我が国二番目の幼稚園を創立している。水戸の桑原家と薩摩の西郷とは、三重、四重に歴史的絡みを持っているのである。芙雄は鹿児島で幼稚園作りをするが、東湖の姪ということで、鹿児島の人々に大事に扱われたという一面もある。

（三）　従兄弟藤田小四郎と筑波挙兵

冬の幼少期、東湖の子の大三郎や小四郎は里子夫人に連れられてよく桑原家に泊まりに来たようである。小四郎は冬より二歳上であったが「鬼ごっこなどをしても、井戸の中へ隠れ込んだりして、随分危ないことをする人でした」（三十七）と芙雄は語っており、さらに次のように述べている。（三十八）

色は白く、キビキビと、大膽で、いわば才子です。天狗騒動の少し前でした。藤田の家から小四さんをあづかつて呉れとたのまれましたが、宅（注：豊田家）ではあづからず、私の生家桑原家であづかつたことがございました。これも多分、藤田で小四さんを持てあましたからではないかと思います

幕末の水戸では、家老の市川三左衛門を首領とする保守門閥派の諸生党と、斉昭の藩政改革を支持する改革派があ

り、両者は幕末から維新直後まで凄惨な闘争を繰り返している。筑波山で挙兵する小四郎などは改革派の中でも激派と呼ばれる「過激派」のリーダーである。

東湖の死後、改革派は穏健改革派と激派に別れたのである。加藤木賞三、桑原治兵衛、豊田小太郎、桑原力太郎などは、見方によっては相応に過激であるが穏健改革派に属し、筑波山で挙兵する、藤田小四郎や田丸稲右衛門らを指導者と仰ぐ一派は激派といえよう。

ただ、両派とも、根は同じで近い関係にあり、藤田小四郎は、幕府の攘夷延期を不服とする天狗党の仲間を糾合し、元治元年（一八六四）三月二十七日、筑波山で挙兵するが、その直前まで、冬の実家桑原家に居候しており、芙雄は「そのころ小四郎さんは桑原の家から毎日辯當持ちで彰考館へ通つてをりましたが、そのうち暇乞ひもせずに出奔して筑波山に立て籠ったのでした(三十九)」と語っている。

同年八月には、水戸城下でも騒乱が波及することになり、芙雄は「その時水戸は大変な騒ぎでした、私達の家にもあんな弾丸（注：床の間に置かれた大小の弾丸を指さして）が飛び込んで來る始末です(四十)」と語り、さらに次のように述べている(四十一)。

危険ですから、姑と幼い弟を連れて弘道館宿舎へ避難いたしました。その時嫁入道具の一つとして持つて來た薙刀をかついで逃げたことをおぼえてをります。騒動は約一年たらずでをさまりましたが、随分恐ろしい目を見ました

冬らもまさに幕末動乱の渦中に身を置かざるを得なかったのである。水戸での騒乱は、同年八月、藩主慶篤の名代として宍戸侯松平大炊頭《まつだいらおおいのかみ》が水戸城に向かうが、軍勢の中に武田耕雲齋一党がいるということで、水戸城にいた市川、朝比奈など門閥派が拒否し、水戸城下でも戦闘が開始されたことを指している。この戦いは十月にはようやく鎮まり、弘道館宿舎の小松崎家に避難していた冬の家族は再び七軒町の家へ戻っている。

図１・３　手前から３人の子ども・幾子・彦右衛門の墓
（高橋操氏撮影）

しかし、豊田家は、同年十一月二日、豊田家から小松崎家の養子となり、弘道館に勤務していた、小太郎の弟司馬四郎がハシカのこじれで亡くなり、同年同月二十三日、姑が腸チフスで亡くなるという二重の悲劇に見舞われている。

天狗党は、京都にいた徳川慶喜を通して、心事を朝聞に達すべくいわゆる「長征」を企てるが、慶喜を「我が方」に動かすことはなく、元治元年（一八六五）十二月十七日、敦賀で加賀藩に投降する。幕府は首謀者の武田耕雲齋、田丸稲右衛門、藤田小四郎を処刑するだけでなく三〇〇人以上を斬首している。また、耕雲齋らの首級は塩漬けで水戸に送られ、四月二十日（旧暦三月二十五日）から三日間水戸城下を引き回され、その後那珂湊で晒されている。

このことは水戸の住民や天狗党関係者に大きな衝撃を与えた。芙雄は、武田耕雲齋の息子彦右衛門に嫁し、この事件に否応なく巻き込まれた、叔母幾子とその子どもらの悲劇については次のように語っている。(四十二)

この騒動で殊に哀れなのは叔母の幾子（注：東湖の妹）でした。夫武田彦右衛門は耕雲齋の長男で、そのため捕へられて刑死されました。その時幾子叔母は姑や弟妹達と一緒にとらへられましたが、叔母だけが他姓であるからといふので命は許されるはずでしたが目前姑や弟妹を見殺しには出來ないと、自ら斷食をして牢死いたしました。

この幾子については、入牢中、三人の幼い子どもに論語を教えたという逸話が残っている。(四十三) 三人中一人くらいは命を助けられるかもしれない、その時学問がなかったら困るだろうということで論語を教えたのだが、結局、子どもは三人共処刑されてしまう。幕末から明治維新直後まで水戸では報復が報復を呼ぶ凄惨な殺し合いが繰り返されるのである。子どもらの処刑から六か月後、慶応元年（一八六五）九月二十四日、幾子は牢死する。

三　結婚と夫の遭難、暗殺

（一）彰考館総裁、豊田天功と冬

芙雄が語るところによると、(四十四)冬が結婚したのは、父治兵衛が亡くなった翌年の文久二年（一八六二）六月二十八日である。冬が十八歳、小太郎が二十九歳の時である。存命中の父桑原治兵衛と豊田天功との間で、冬と小太郎を結婚させる約束ができていたのである。媒酌人は東湖の妹婿久木直次郎である。

豊田の家族は、小太郎の結婚前は彰考館官舎に住んでいたが、婚礼を挙げるために大町山野邉邸を借りて住み、文久三年（一八六三）暮れには下市七軒町に移っている。

冬が舅天功に仕えたのは一年半余りの短い期間である。天功は最晩年胃癌を患いながらも決して病態を見せず、「大日本史」の原稿を夜遅くまで精力的に書き続け、冬がいつ目を覚ましても水洟をすすりつつせっせと筆を運んでいた。(四十五)豊田家とは遠縁の根本正《ねもとしょう》が天功の家僕となったのもこの頃のことである。

豊田天功は、名が天功、諱が亮、通称が彦次郎、号は松岡あるいは晩翠と称している。天功は文化二年（一八〇五）久慈郡坂野上村（現里見町）の庄屋豊田清三郎信卿の次男として生まれている。文政元年（一八一八）、十四歳の時藤田幽谷の門人となり、翌年東湖と江戸に出、儒学を亀田鵬斉と太田錦城に、剣術を岡田十松に学んでいる。(四十六)

　また、芙雄が言うように（四十七）、天功は天保十二年（一八四二）に水戸藩に仕えるようになり、後、彰考館に勤務し、安政三年（一八五六）には彰考館総裁となっている。天功は「仏事志」、「兵志」、「刑志」、「食貨志」などを仕上げている。また、「北島志」、「北虜志」、「靖海全書」などもあり、「靖海全書」の中には「海防新策」、「合衆国考」の付載等もある。天功の仕事は精力的であったが、彰考館の館員の待遇は必ずしも良くなく、弘道館の館員にも劣るといって、天功は藩に対して待遇改善を求めている。しかし、いっぽう彰考館の館員に対しては、議論ばかりに熱中して本業が疎かになっているという苦情を呈している。

　天功は儒学者であり、日本史家であるが、その視野は海外にまで及んでおり、一時、蘭学の独学も試み、勉学が過ぎて体調を崩したりしている。ともかく、豊田天功は幕末水戸藩を代表する指導者の一人であり、学者であるが、斉昭は天功を「国の宝」と称している。

　冬は結婚後も優れて知的な環境に身を置くことができたのである。天功と冬の間には次のような歌のやりとりがある（四十八）。

　　杖つくもいかぬもわれは思ひきや六十路の坂を今日越えんとは

　　君のつく六十路の杖は千代の坂かねて越ゆへきためしなるらむ

　病状の進んでいた天功は、この歌を詠んだ翌年、元治元年（一八六四）一月二十一日、亡くなっている。天功は亡くなる直前小太郎を枕元に呼び「まだまだ学問が足りない。さらに研鑽をせよ」と言い残している。同年三月十五日、家督は長子小太郎が継ぎ一五〇石が与えられている。同年六月一日には、小太郎は大番組となり彰考館総裁代を兼ねるようになる。

高橋清賀子が指摘しているように、(四十九) 天功の学問に対する情熱はその子小太郎とその妻芙雄に受け継がれていくのである。

(二) 結婚と夫豊田小太郎

冬の夫小太郎は豊田天功の子として天保五年(一八三四)三月一日に生まれている。小太郎は天功の子だけに幼少の頃からその俊才ぶりが知られていたが、冬が結婚した頃には、国事に関わりながらも彰考館の仕事にも精を出し、著作物なども手掛けていた。

小太郎は政治的には過激派ではなく穏健改革派に属していたといわれているが、藤田小四郎などのような激派に比べれば穏健改革派といわれるだけで、若い頃からかなり激しく政治的活動にも関わり続けている。

冬との結婚生活は四年余りで短いが、冬の生涯に決定的な影響を与えたのは小太郎である。その略歴については以下のようである。(五十)

小太郎は天功の長子として天保五年(一八三四)に生まれた。名は靖、香窓、十竹舎を号した。小太郎は通称である。父天功を助けて『大日本史』の史料収集や外国事情の調査に努め、藩命により蘭学を学んだ。万延元年(一八六〇)彰考館に入り、『大日本史』編集を命ぜられ、元治元年(一八六四)三月には父の跡を継いで一五〇石を賜い、同年六月には彰考館総裁代となった。彼は、偏狭な攘夷を排して開国を主張し、それがため慶応二年(一八六六)九月、京都で暗殺された。時に三十三歳。

小太郎は、武術についても、水戸の小沢寅吉に北辰一刀流を習い、福地政次郎に砲術を学んでいる。また、豊田伴編『豊田香窓先生年譜略、完』から追記すると、安政元年(一八五四)五月から南部藩士大島高任《おおしまたかとう》について蘭学を学ぶことが命ぜられている。大島は、嘉永六年(一八五三)、水戸藩に招かれ、大砲鋳造用反射炉の建設を依頼されたが、安政三年（一八五六）三月四日、銑鉄溶解に成功し、同月、水戸藩で初の臼砲を作っている。

幕末には、徳川家、佐賀藩、薩摩藩などが製鉄に挑戦し、薩摩藩はわが国最初の洋式高炉を建設するが、連続銑鉄がうまくいかず、わが国では、安政四年（一八五七）十二月一日、大島が釜石の大橋で連続出銑に成功したことをもって、洋式近代製鉄業の始まりとしている。小太郎は「日本の近代製鉄業の父」に蘭学の手ほどきを受けたわけである。さらに安政二年（一八五五）八月からは、豊田天功、桑原幾太郎の進言で藩主慶篤が水戸に招いた、安芸の人、下間良弼（緒方洪庵の適塾に学ぶ）に就いて蘭学修業をすることが命ぜられている。（五十一）

下間良弼が去ると、安政三年（一八五六）二月、栗原唯一に就いて豊田小太郎、鈴木大らは江戸で蘭学を習うようになる。栗原は、大村益次郎、福沢諭吉、長与専斎らと同様、数少ない適塾の塾頭経験者であり、京都の町医者である。

栗原唯一の力を借りて、小太郎は『航海要録』の翻訳を完成し、安政四年（一八六一）六月、天功がそれを前藩主の斉昭に奉呈すると、斉昭は天功に「倅航海録よろしく出來令感心候、倅も中々才子と存じ候」と「お誉めの言葉（書簡）」を与えている。

安政三年（一八六〇）六月二十六日、小太郎は御床几廻りを命ぜられ、同日鈴木と共に洋学世話掛を命ぜられている。安政四年（一八五七）六月十日には大日本史志類中の天文音楽取り調べの命を受け京都に上っている。彰考館に資金がないため、音楽の取り調べにはかなり苦労したようであるが、当時、わが国では開港条約を巡って紛糾しており、小太郎は密かに池内大学を頼り、青蓮院宮と三條公に対し「姑息なる和議を排し戦闘の覺悟を以て彼に對せねばならぬ」という内容の建白書を呈している。

上京に際し、烈公から過激な行動は慎めとの命を受け、父天功からも、同年八月十四日付の手紙で、天文志料調査に精励するよう諭されていたが、若い小太郎は時代の動乱を黙って見過ごすことができなかったのである。小太郎は、同年十月、水戸に帰るが、在京時の行為は、若輩後進の身で不束なりということで、一か月の謹慎が命ぜられている。小太郎二十四歳の時である。

（三）小太郎と過激派志士との交流

小太郎はこの時は京都に四か月間滞在しているが、史料収集の傍ら、勤皇の僧月性（薩摩潟に西郷と身を投じた僧月照とは一字違いの別人。吉田松陰と深い交流がある）、梁川星巖《やながわせいがん》、頼三樹三郎《らいみきさぶろう》ら、最も過激な勤王派の志士たちと交流をしている。

月性は勤王の志士たちに愛唱された次の詩を作ったことであまりにも有名である。詩と読み下し文は以下のとおりである。

男児立志出郷関
学若無成不復還
埋骨何期墳墓地
人間到処有青山

男児《だんじ》志《こころざし》を立てて郷関を出づ
学、もし成るなくんば、また還らず
骨を埋《うず》む、何ぞ期せん墳墓の地
人間《じんかん》到る処青山《せいざん》あり

月性は、安政四年（一八五七）閏五月二十八日、入江九一（別名杉蔵）宛の書簡で豊田小太郎に触れている。入江は、高杉晋作、久坂玄瑞、吉田栄太郎と共に松下村塾の四天王の一人であり、弟と共に松陰に最も信頼された弟子である。入江は禁門の変の際に、鷹司邸で自刃するが、弟は後に内務大臣となる野村靖である。月性は、水戸の豊田小太郎が清水某（注：清水蔵之允）と上京来訪し、議論相磨いたと述べ、追伸で、豊田小太郎は一人物である、「御賢弟」にもこのことを伝えるようにと書いている。

京都大学附属図書館 維新資料画像データベースの「資料 #〇一二六九〇〇の参考引用文献」（出典『尊攘聚英解説』）（五十二）頁の手紙部分の全文は次のとおりである（傍線部分前村）。

拝啓今日より入暑ニ候へとも、御満堂皆々様益御多祥可被奉賀候。一二狂生無事過ル十五日歸國御免の一紙下り、追々歸装モ出来、いよ〱來ル朔日頃より下坂と相決候。此頃ハ藤森翁姫路より歸路過京滞留、野田笛浦モ滞京、日々二翁ニ周旋致居、水戸豊田小太郎モ同藩清水某と同來京、是モ度來訪被致、議論相磨候。大津の出生矢野義太郎ト申ス天朝家モ、此間已來三度ハカリ來訪、大ニ論し候。外ニ肥後の松田某モ兩度來遊、是ハ御賢弟知己の由ナレトモ、其爲人スコシ可怪様ニモ相見へ候。明日者關白殿下諸太夫白井何某より被招、本山家老同伴ニ而參候筈ニ候。扨而一變事ハ蝦夷地方箱ダテ近傍五〇万ツボ、本山ヨリ開田人ヲ種え、寺ヲ建候様ニ幕府免許有之、此節松井中務ナド其カ、リニ相成り、使僧四人の内え狂禿ヲ加へ申出ニ相成り候由、兩三日中ニ其詮議相決候へハ、歸國をヤメ直ニ北地へ飛錫セズテハ不相濟ト、只今松井方より内移り候。此事又々御報知申上候。執三四日中ニ其命下り候ハ、、又々可申上候へとも、ちよと一口申上置候。先ハ此變申上度、早々頓首後五月廿八日　月性

杉賢契　侍史

明日午後ハ三樹、月並樓ニ而頼宗匠梅田巽池内、其外諸儒先生、狂生ヲ飲餞ト申ス約アリ、西歸の別酒か北遊の別レニナリソヲニ相成り、水戸豊田小太郎ハ一人物ナリ、御賢弟へ御傳へ可被下候。藤森播州大當り士氣ヲ鼓作候由。

この手紙は追伸で頼三樹三郎、梅田雲濱《うめだうんぴん》、池内大學など、幕末の勤王派の重要人物の名前も挙がっており、幕末の志士たちの動きの一端を知る上で重要な資料の一つである。

月性は周防國妙圓寺の本願寺派の僧であるが、勤皇の志厚く、同じ志を持つ志士・文人と広い交遊があった。この書簡の解説の後半部は以下のように綴られている（傍線部は前村による）。(五十三)

月性は上京以來志士・文人との交遊益廣く、盛んに國事を慷慨し、詞章の論を闘はした。而して此の書状に依っても亦、斯かる志士・文人の動静の一斑を察知することが出來る。藤森翁とは藤森大雅、肥後の松田某とは松田重助を指し、追書には頼三樹三郎・梅田雲濱・池内大學等が月性の為に送別の宴を張らんとする旨を記してゐる。又野田笛浦は丹後の人にして古賀精里に學び、詩文の名聲頓に顯はれ、安政六年七月、六十一歳を以て没した。豊田小太郎は水戸藩の儒者豊田天功の長子にして、幼時家學を修め、更に文武兩道に勵んで識見を擴め、安政四年京都に赴いて修史資料の天文・音樂に關する事項の

蒐集・調査に當つてゐた。月性は九一に對して小太郎の人物を稱揚し、更に九一の弟野村靖に其の事を傳ふべしと囑したのである。

月性は北海道に赴くことはなく、安政四年（一八五七）秋、周防に帰っていたが、本願寺の招きにより再び上京する途次、安政五年（一八五八）五月、病気で急死している。

小太郎が交流していた頼三樹三郎、梅田雲濱、梁川星巌、池内大学は幕閣からは「悪謀の四天王」と呼ばれており、梅田雲濱は安政の大獄の最初の逮捕者となり、安政六年（一八五九）九月十四日、幽囚中、病死する。享年四十五歳。頼山陽の三男、頼三樹三郎は逮捕され、安政六年（一八五九）十月七日、江戸小塚原刑場で斬首される。享年三十四歳。池内大学は公家の子弟の教育係を努めたことから、公家方とも交流があり、徳川斉昭とも親しく、斉昭の攘夷運動にも協力している。大獄の際、直弼に自首したことにより軽い刑で済むが、後にそのことが因で、「人斬り以藏」ことに岡田以藏に大阪で殺害される。享年五十歳。

この手紙にはたまたま登場していない「四天王」の一人梁川星巌は、逮捕三日前、コレラで死去している。享年七十歳。梁川は詩人でもあったことから巷では「死（詩）にじょうず」と評されている。小太郎は、水戸では穏健改革派とされているが、京都では最も過激な面々と親しく交流していたのである。

この後も小太郎は水戸と江戸を度々往復したり、安政六年（一八五九）三月十四日には仙台藩で開成丸を見たり、文久元年（一八六一）には江戸の箕作塾、昌平黌などにも出入りしたりと行動的である。

ただ、体はあまり丈夫でなく、結婚の翌年、文久三年（一八六三）一月二十六日には、江戸へ赴き、徳川家に招かれていた緒方洪庵の治療を受け、同年三月二十二日、水戸へ戻っている。また、慶応元年（一八六五）には病気療養のため伊豆、信濃に出かけている。

（四）小太郎の脱藩と暗殺

元治元年（一八六四）六月二十四日、小太郎は戸田忠則、藤田健らと藩政改革のため、嘆願書を持って江戸へ行くが、彼らの願望がかなうことはなかった。慶応二年（一八六六）には、同志の萩野谷富三郎に密書を託して江戸に向かわせたが、萩野谷が途中で捕らえられて密計が暴露し、冬の兄桑原力太郎、三田寺善太郎は捕らえられ幽閉されている。

蘭学を学び、箕作阮甫などから世界の情報を得ていた小太郎は、単なる攘夷論から「変通論（注：臨機応変の立場）」を唱え、尊王開国論に進み、「若し西洋を夷狄とするならば漢土も亦夷狄でなければならぬ。然し例え夷狄たろうともその長ずる所を採つて我の大を成すに何の不思議あらん」[五十四]と言い、さらに「開國進取の大計を定め以て我國を世界競争場裡に立たしめ、遂には我が國をして世界の京師たらしめねばならぬ」[五十五]と主張するようになる。

慶応二年（一八六六）六月九日、ついに小太郎は渡井量蔵、加藤木賞三（芙雄の弟政は、後、加藤木の五女直子と結婚する）、関直之介らと共に脱藩し江戸に逃走する。脱藩に際し、小太郎が冬に残した最後の言葉は「心を鬼にしておれよ」である。おそらく、どんなことがあろうと凜としておれ、というほどの意味を含んでいるのであろうが、いくら武家の女性とはいえ一人取り残される二十二歳の若妻には辛い言葉である。七月には小太郎らは江戸から京へ上っている。

小太郎の脱藩上京の目的は尊王開国の主義を貫くことと京都本圀寺（注：当時西本願寺の北側に位置した日蓮宗四本山の大寺。昭和四十四年（一九六九）、山科に移る）に駐屯している水戸藩士らと連携して藩政改革を図ることであった。また、水戸の門閥派に襲われる危険性が迫っていてそれを避ける、という事情もあったのである。

しかし、小太郎が上京した慶応二年（一八六六）前後は、最も不穏な時期であり、佐幕派、公武合体派、尊王攘夷派、尊王討幕派、尊王開国派など、思想的状況は混乱を極めており、相互対立による暗殺、諸藩による尊攘派の処刑などは日常茶飯事のように行われていた。「幕末維新年表」[五十六]などを見ると、同年だけでも、一月二十四日、寺田屋で坂本龍馬が伏見奉行所の捕方に襲撃されて負傷、四月一日、新撰組七番隊頭谷三十郎の暗殺、八月一日、小倉藩兵、勤王僧六名処刑、九月八日、新撰組武田観柳斎暗殺、九月十二日、土佐藩士と新撰組が戦闘、土佐藩士安藤鎌次、藤崎吉五郎死亡、十月十一日、豊後の医師志士長愛次郎獄死など、思想的対立による悲惨な事件は次から次へと起こっている。

本圀寺党と称される水戸藩士たちは、京都に水戸派の一大勢力を築くことを目指した、天狗党に連なる一派である。本圀寺党は尊王攘夷を旗印とするが、水戸藩出身の新撰組の初代局長芹沢鴨なども元天狗党で、新撰組にあっても熱烈な尊王攘夷の思想を持ち続けており、本圀寺党との繋がりも完全に切れているわけではなかった。

芹沢は、文久三年（一八六三）九月十六日、新撰組の仲間の手によって殺されるが、一説によると、乱暴狼藉をその理由とするのは表向きで、京都守護職の松平容保《まつだいらかたもり》や、佐幕派の近藤勇らにとって、芹沢は尊攘思想に傾き過ぎた厄介な人物であった、ということを殺害の真の理由としている。つまり、芹沢は政治的理由による内ゲバで殺されたということであるが、ともかく新撰組の身内から芹沢及び水戸藩絡みの一派を消すことによって、近藤ら、テロリスト集団の新撰組は、佐幕派として純度を高めることに成功するのである。

京都では、小太郎は以前蘭学を学んだことのある栗原唯一宅に身を寄せていたが、この機会にも再び青蓮院宮に上書をしたり、志士たちとの交流をしている。慶応二年（一八六六）九月二日、本圀寺へ出かけるという小太郎に、栗原は「到底天狗黨に尊皇開國論を説いたところで無駄だから本圀寺へ行くのはよせ」(五十七)と言って引き留めるが、忠告を聞かずに生真面目な小太郎は本圀寺へと向かう。栗原の言うとおり、本圀寺党の面々は、小太郎の尊王開国論を理解できるはずもなく、小太郎は佐幕派と曲解され、本圀寺脇堀川通りの四つ角で暗殺される。

水戸藩は優秀な人材をまた一人抹殺したのである。小太郎を殺害したのは一人であったか、二人であったか、あるいはそれ以上であったかは不明であるが、「京都大学附属図書館　維新資料画像データベース」の資料によると、水戸藩郷士某は豊田小太郎殺害の嫌疑で捕縛され、水戸の獄に入れられるが、後に特赦によって許され、明治四年（一九七一）二月、六十二歳で没した、とある。小太郎暗殺の凶報は、すぐには水戸に届かなかったようである。(五十八)

水戸の山の方に蒟蒻を作るところがありますが、そこの蒟蒻屋が京都まで商ひに行つて京都でこの話を聞いて、知らせてくれたのだそうです。しかし家の者は私にだけはこの話を随分長い間隠してをりました。私の落膽するのを案じたためでせう（注：蒟蒻芋を粉末化することで京、大阪にも販路を拡大していた）。

夫の安否が分からないまま、慶応二年（一八六六）十二月十二日には夫の弟輝（二十二歳）が、翌年の三月一日には末弟の達（十七歳）が共にチフスで亡くなっている。小太郎の死は、藩にいつ届け出られたかは不明であるが、豊田家では、この時点で、跡目相続をする者が完全にいない状態になったのである。

小太郎からは、音信不通の状態が続いていたために、冬も夫の身に何かあったのではないかということは薄々気づいていたようである。冬は、夫の死からおよそ一年後、慶応三年（一八六七）九月二十七日、夫小太郎を追悼する「七尺六寸」の長文を書いているが、おそらくその頃、豊田家の跡目相続問題もあって、兄力太郎あるいは姉立子が暗殺の事実を伝えたのであろう。

冬は、上市裡五軒町の豊田家にただ一人となり、五軒町の実家桑原家（現在の水戸芸術館付近）に移り住んだと語っているが、この時、豊田家の屋敷は没収されたものと考える。

豊田家の存続については、水戸徳川家の計らいもあって、小太郎の弟友徳（司馬四郎）の子伴（数え年五歳）を冬が引き取り嗣子とすることで解決する。このことはまた芙雄と小児養育との出会いともなる。

四　学問研鑽と教育者への道

（一）　芙雄の覚悟

先の『生きてゐる歴史』では、夫の死後、冬は芙雄という名前を用いるようになったとしている。後年には男子と間違われやすいため芙雄子や冬子を名乗ったりしたことはあるが、この時期わざわざ芙雄を名乗るようになったのはもちろん夫の遺志を継ぐという覚悟を表すためである。

新しい国づくりに奔走し、ついには暗殺されてしまった亡夫の遺志を、二十代前半の寡婦が継ぐというのだから、並の覚悟ではない。しかし、この時点で、芙雄には、将来、どういう分野で活躍するかという具体的な考えがあったわけではない。ただ、藤田東湖の妹で叔母のおかのが、若い頃、女子塾を経営していたことを聞いていたであろうから、いずれ自分も家塾を開くことくらいは想定していたかもしれない。

夫の非業の死は、豊田芙雄の人生の転換点となり、将来のことは未確定のままであったが学問研鑽に打ち込むことになる。当時のことを、芙雄は「私は慶應三年から明治初年にかけ孤獨の寂しさと亂世の怖ろしさにあるかなきかの思ひで暮らしました」(五十九)と語っているが、芙雄の芙雄たる所以はこれに続く以下の口述が示している。(六十)

斯くてあるべきにもあらず、殊に夫小太郎の報國の念燃ゆるが如きも中途にして斃れたので私は女ながらも、これを紹がねばならじと、實家の父より受けた四書五経や、和書を繰返し、桑原家に同居してからは實兄力太郎にも就いてひたすら勉學いたしました

また、学問修業に関する芙雄の覚悟が尋常ではないことは、次の述懐にも良く表れている。(六十一)

私は明治元年の末頃から向井町片町の川崎巖といふ人の家塾に通ひ漢籍を學びましたが、當時未だ亂世の餘燼さめぬ折でしたから、私は毎夜懐剣を帯にたばさみ、提灯はわざと持たずに、通つたのでした、これが前後三年も續きました。無論當時は再婚を勧める者が數多ありましたが、私は女子の本分はそんなことには無いと思いまして始めから悉くを拒はりました

芙雄は知性と美貌の持ち主であり、志操堅固であったことから、夫の死後いい縁談も数多くあったが、それらをすべて断り、九十七歳で死ぬまで寡婦を通している。夫小太郎の死後、芙雄は、独り立つ、という第二の人生を歩み始めている。芙雄の第二期以降の人生を決定付けたのは夫小太郎の死だったのである。

明治維新が成り、版籍奉還がなされると秩録処分が始まり、中級、上級の武家の家計も、生計を営まなければならなくなった。武家階層の崩壊は、芙雄にとっても、かなりこたえたようで「その為の心的心労物質的苦痛は到底現時の若い方々にはお解りになりますまい。その間にか弱い寡婦としての私の苦痛は皆様の御察しにお任せ致します(六十二)」と語っている。

水戸でも、一時金を手にした、旧武家階層は、いわゆる武士の商法に手を出して失敗したり、遊興費で使い尽くしたりで、生計が立たず完全な失業者となった者も少なくないのである。

(二)　教育者となる

芙雄は、明治三年(一八七一)三月、近隣の子女を集め和書や漢学の初学を教えるようになり、寺子屋(私塾)の経営者、指導者となる。

芙雄の私塾は、数年もすると、生徒の数が二、三〇名ほどになったが、以前に没収された豊田家の跡地に、明治六

年（一九七三）十一月、茨城県立發櫻女學校（女子小学校）が創設されると、芙雄は、教師として採用されることになり、塾の生徒を引き連れてこの学校に移っている。

茨城県の最初の女性教師は、明治五年（一八七二）五月一日、自らの寺子屋に錫高野小学校を設け、同校教師となった黒沢《くろさわ》登幾《とき》（水戸藩勤王の烈女）とされている。しかし、豊田芙雄も黒沢に僅か一年数か月遅れただけであるから、茨城県内の最初期の女教師の一人といえる。

「發櫻」という名称は、東湖の漢詩「正気歌」中の「発《ひら》いては万朶《ばんだ》の桜」からとったようである。(六十三) 芙雄にとっては、学校の場所も、名称も、縁の深いものだったのである。この学校の教師となったことで豊田芙雄は東京女子師範学校教師として抜擢される因を作ったことになる。高橋清賀子家文書の中には發櫻女學校時代の「發櫻女學校内則（緒言）」が残っている。これは当時の女子小学校に関する貴重な資料であるが、東京女子師範学校教師となる前の芙雄の教育観を垣間見る手掛かりとなるので、以下、緒言を取り上げることにする。(六十四)

女學校内則緒言

○凡女児小學ノ則タル悉ク具ル不能ト虽女學ノ嘻タルソレ啻ニ其一身ニ學藝ヲ得ルノミニアラス他日育幼ノ重任アレハ也故ニ精を學業ニ励マシ豫テ教ルニ貞順正義志操濃ヤカニ容儀品行ヲ閑雅ニシ都テ女子タル者ノ耻ツヘキ醜行不可有ヲ標目トナシ得ヘキヲ期ス

○凡校内ノ生徒互ヒニ禮讓ヲ基トシ校則ヲ守リ教師ノ指令ヲ忽ニス可ラス退踈暴ヲ誡メ衣服姿容品行ヲ正シク奢侈淫ホハ特ニ風化ニ關シ學行奨励ノ害モ亦多ナラン故ニ校則一層服膺スヘキヿヲ要

干時明治七年第六月上浣

發櫻女學校教師

豊田芙雄謹誌

当時の状況からいって、在学生の年齢幅は大きかったであろうが、「發櫻女學校」は、後の中等学校としての女学校ではなく、芙雄が緒言冒頭でいうように女児小学校である。芙雄は、女子小学の本来的な趣旨を「啻ニ其一身ニ學藝ヲ得ルノミニアラス他日育幼ノ重任アレハ也」ということに置いており、おそらく、当時の女学校の先進校の資料なども入手し参考としたであろうが、いわゆる良妻賢母育成型の教育を考えている。

今だから簡単に良妻賢母育成型の教育は古いといえるが、当時の先端的知識人でも女子教育の目的を「良妻賢母養成」に置いている例は多く、東京女子師範学校設立の趣旨などもこの線に沿っており、明治七年（一八七四）の時点で、女子教育の必要性をここまで明確にとらえていることはむしろ注目すべきである。

芙雄が、中村正直や関信三のように、男女同権を語り、女性の社会的進出を唱える人々に出会うのは、東京女子師範学校教師として抜擢され、東京に住むようになってからである。

倉橋惣三は、昭和三年（一九二八）、水戸の豊田芙雄宅を訪れ、各種の史料の提供を受けており、芙雄の辞令類（全て高橋清賀子家文書）を『幼児の教育』に掲載しているが（六十五）、それによると、明治八年（一八七五）十一月六日、芙雄は、次のような辞職願いを茨城県側に提出している。

辭職之儀願

發櫻女學校教員　豊田芙雄

今般私儀少訓導試補拜命難有仕合ニ奉存候然處萬般未熟其任ニ兼堪候間斷然御免相願度此段御聞濟可然偏ニ奉懇願候也

明治八年第十一月六日

豊田芙雄㊞

茨城縣權令中山信安殿

この辞職願いに対し、十一月九日、茨城県は芙雄に対して次のような回答を与えている。

願之趣難届聞候條勉勵致事

明治八年十一月九日

茨城縣

芙雄の辞職願いは却下されたのである。ただ、東京女子師範学校の教師採用の件で、事前に、文部省から県に打診に類するものが全くなかったとは考えにくい。發櫻女學校での芙雄の月給は四円であったが、同年十一月二日、突然、茨城県は芙雄に対し「小學少訓導試補」を申し付け「月給十四円」を給するとしている。当時の県レベルでは女教師としては破格の待遇である。

これに対して、芙雄は身に余ることであるからといって、辞職の願いを出すわけである。茨城県の辞令は、芙雄の引き留め策であったともいえるが、転出する前に「小學少訓導試補」の経歴をつけてやる処置だったかとも思える。しかし、その後、東京女子師範学校側の強い働きかけもあって、十一月二十日、ようやく次のような辞職許可が出ている。

豊田伴母

豊田冬

東京女子師範學校ニ於テ雇入相成為ニ付至急同所出頭可致事

明治八年十一月

茨城縣印

發櫻女學校の後任には久貝みえ（注：久貝は後に東京で教員となり学校設立などに関わっている）が迎えられることになり、芙雄は教え子たちに最後の訓示を与え、晴れて上京することになる。

東京女子師範学校の創設期の読書教員として抜擢された棚橋絢子《たなはしあやこ》の場合も、愛知県の対応は茨城県とまったく同様である。『傳記棚橋絢子刀自』(六十六)によると、当時、棚橋は名古屋の明倫校女子部の桃夭女学校（女子小学校）で校長兼教師をしていたが、絢子は、夫大作を介して、愛知県の師範学校長伊澤修二と知己があり、小学校教師の傍ら伊澤夫人に学問を教授していた。伊澤は、かねてから絢子に東京に上ることを勧めていたが、自身が東京に戻ると、棚橋を開校予定の東京女子師範学校教師として推薦している。

文部省は、愛知県知事に棚橋を採用したい旨連絡し、同意を求めるが知事は棚橋には何の連絡もせずこれを拒絶する。このことを知った、これまた夫を介しての知己、名古屋の官立外国語学校長吉川泰次郎はカンカンに怒り、知事と直談判をする。一旦断りが入っているため手続き上の問題はあったが、東京女子師範学校長の小杉恒太郎と吉川が旧松本藩の出身ということもあって調整の上、棚橋の採用も本決まりとなる。(六十七)

茨城県も、愛知県も、抜擢人事を邪魔しているようにも見えるが、県側としては得難い人材を手放したくなかったのである。当時は、男子教員でさえ得ることが難しかったが、女子教員となると至難の業だったからである。いずれにしろ、小学校の一女性教師の人事に知事が直接介入している時代の話である。

天功の家僕で、天功の死後は小太郎の学僕となった根本正（後、アメリカ留学。衆議院議員）(六十八)は、少年時代に二十歳前後の冬を間近に見た人でその冬評は的確である。根本は冬について次のように語っている。

> 余は豊田小太郎先生の令夫人として二十歳なりし當時より、其の家に仕へたるを以て女史が非凡の性質を有し、能く其の賢母に孝道を盡され、當時妙齢に在りたる時に於いても夜は深更まで燈火を剔りて讀書勉學せしを知れるなり其等は今を去る六十有餘年の昔なり

女史の英敏篤學は天性たりしと雖も、女史を奬勵したるものは、その血族が皆學識卓見の名家たるが故なり。藤田幽谷先生は女史の祖父なり。女史の母君は東湖先生の妹なり。其の他吉田、久木の兩叔母君は何れも東湖先生の姉妹にして亦母君の姉妹なり。女史は幼少の時より此等の人々と詩歌文章の交換を為し、余は其の書簡の使者として、恰も今日の郵便配達夫の役をも勤めたり。

豊田芙雄の前半生は、想像を絶するほどの試練に満ち、波乱に満ちたものである。芙雄は度重なる不幸に遭遇しながらもそれを一つ一つ乗り越えている。芙雄は優れた天性の資質を両親から受け継いでいるが、優れた家庭教育環境の中で、生来の努力家ぶりを発揮し、「女に学問はいらない」とされた時代に、学問の楽しさに目覚めている。さらに、夫の不幸な死後は、夫の遺志を継ぐという覚悟を決め、学問研鑽を通して自らを鍛え、自らを成長させて、後にすばらしい女子教育者及び幼児教育者となるための素地作りをなしている。

〔注〕

一　安省三『豊田芙雄先生の生涯』茨城県幼稚園長会　昭和三十二年　二頁

二　茨城県立歴史館編集『東京都多摩市高橋清賀子家文書目録―豊田天功・小太郎関係文書―』一九九五年　一二二～一二三頁

三　同右（前田香径著『烈公の神発仮名と幕末志士の隠し名に就いて』昭和十五年）一二〇頁

四　「新聞いはらき　芙雄號」いはらき新聞社　大正十四年十二月十七日

五　同右

六　同右

七　吉田松陰「東北遊日記」『吉田松陰 日本思想体系五四』岩波書店　一九七八年　四六五頁

八　同右　四六五頁

九　同右　四六五頁
十　同右　四六六頁
十一　同右　吉田松陰書簡　六三頁
十二　吉田松陰『講孟余話』岩波文庫　昭和四十五年第九刷（昭和十一年初刷）一八四〜一八五頁
十三　前掲「新聞いはらき　芙雄號」
十四　同右
十五　同右
十六　山川菊栄『山川菊栄集　一〇』岩波書店　一九八一年　七〜八頁
十七　晩年の賞三　http://www.katogi.com/history/shozo12ng.htm　2008.11.15
十八　学問のアルケオロジー　http://www.um.u-tokyo.ac.jp/publish_db/1997Archaeology/03/31000.htmel　2008.11.15
十九　官営高炉の失敗原因について　http://www.d｜.dion.ne.jp/~o_hideki/docfile/bc5.htm　2008.11.15
二十　工部大学校資料　http://www.geocities.jp/irisio/bakumatu/ice/ice_icestudents.htm　2008.11.15
二十一　ダイハツディーゼル株式会社　http://www.dhtd.co.jp/ie/c4_40.html　2008.12.3
二十二　設楽貞雄とは　http://www.weblio.jp/content/設楽貞雄　2008.12.3
二十三　村山令蔵　http://www.nogami.gr.jp/rekisi/sanda_sizoku/21_murayama/murayama.html　2008.12.3
二十四　茨城一区第六回衆議院議員選挙—ザ・選挙—　http://www.senkyo.janjan.jp/electin/189⁸⁄₉9/008391/0008391_20782.html　2009.1.15
二十五　茨城県水戸市区第八回衆議院議員選挙—ザ・選挙—　http://www.senkyo.janjan.jp/electin/1903/99/0083931/00008393_21135.html　2009.1.15
二十六　奉答文事件　http://ja.wikipedia.org/wiki/奉答文事件　2009.1.15
二十七　前掲　山川菊栄　二五頁
二十八　前掲　安省三　三頁
二十九　同右　八頁

三十　前掲　山川菊栄　七八～九三頁
三十一　サンデー毎日編輯部『生きてゐる歴史』教材社　昭和十五年　二頁
三十二　同右　二頁
三十三　西郷隆盛全集編集委員会『西郷隆盛全集　第一巻』大和書房　昭和五十一年　三一～三二頁
三十四　同右　五五頁
三十五　前掲　サンデー毎日編輯部　三頁
三十六　前掲『西郷隆盛全集　第一巻』五八頁
三十七　前掲　サンデー毎日編輯部　四頁
三十八　同右　四～五頁
三十九　同右　五頁
四十　同右　五頁
四十一　同右　五頁
四十二　同右　四～五頁
四十三　前掲　山川菊栄　二八頁
四十四　前掲「新聞いはらき　芙雄號」
四十五　同右
四十六　前掲　茨城県立歴史館編集　一〇九～一一一頁
四十七　前掲「新聞いはらき　芙雄號」
四十八　高橋清賀子編（稿）「豊田芙雄先生略年譜」渡辺宏編集『日本の保姆第一号　豊田芙雄子先生と保育資料』（非売品）嵩書房　昭和五十一年　二四頁
四十九　高橋清賀子「豊田天功　香窓　芙雄三人の業績」『広報ひたちおおた十二月号』所収　常陸太田市役所　二〇〇七年　七～八頁
五十　前掲　茨城県立歴史館編集　一一一頁

五十一　豊田伴編『豊田香窓先生年譜略』大正十四年
五十二　月性書簡／資料 #012690の参考引用文献（出典『尊攘聚英解読』）／京都大学附属図書館維新資料画像データベース／http://edb.kulib.kyoto-u.ac.jp/exhibit/ishin/kanren/do...　2008.7.12
五十三　同右
五十四　前掲「新聞いはらき　芙雄號」
五十五　同右
五十六　幕末維新年表　http://www.netlaputa.ne.jp/˜kitsch/isin/1853-67.htm　2009.4.14
五十七　前掲　サンデー毎日編輯部　六～七頁
五十八　同右　七頁
五十九　前掲「新聞いはらき　芙雄號」
六十　同右
六十一　同右
六十二　同右
六十三　島津利幸編集「藝文風土記　日本の保姆第一号　豊田芙雄と水戸」『常陽藝文』（三月号財団法人　常陽藝文センター　平成五年　二頁
六十四　發櫻女學校内則　高橋清賀子家文書　明治七年
六十五　倉橋惣三「豊田芙雄女史御慰安會に列して―併せて　貴重な幼稚園史資料の數々―」『幼児の教育』（第四一巻 第二號）昭和十六年二月
六十六　中村武羅夫『傳記棚橋絢子刀自』婦女界社　昭和十三年
六十七　前掲「新聞いはらき　芙雄號」
六十八　同右

〈前村　晃〉

第二章　豊田芙雄と明治前半期の女子教育

一　東京女子師範学校創設までの背景

本書は、豊田芙雄と幼稚園教育の導入及び初期定着期の様相を明確化することに焦点を当てているが、豊田芙雄は、最初は東京女子師範学校の読書教員として抜擢され、当校の女子教育を担当するが、同校に幼稚園ができると女子教育と幼児教育の両方を兼任するようになる。

（一）明治前期教育の三つの節目

また、明治十八年（一八八五）八月、東京の男女師範学校が合併した際には、附属の高等女学校は分離され、文部省直轄となるが、合併劇の結果、芙雄は、明治十九年（一八八六）二月、同僚数名と同校に移ることになり、幼稚園とは直接の関係はなくなる。また明治二十二年（一八八九）、二年余のイタリア滞在から帰国後は豊田は専ら女子教育に従事している。豊田芙雄が女子教育に関わった期間は、幼児教育に関係した期間よりもはるかに長いのである。また、東京女子師範学校や後の各地の高等女学校は、共通に女子教育と育児とを分離せず総体的に捉えている、という特徴を持っている。したがって、ここではやや「広角レンズ」で豊田芙雄と明治前半期の女子教育との関わりについて見ておくこととする。

維新を遂げた明治新政府は、わが国が西欧列強に追いつき、追い越すために富国強兵策をとる。新政府はわが国の近代化を進めるために、殖産興業の振興、普通教育の確立、戸籍の整備、徴兵制の施行を急ぐのである。

明治前半の教育の大きな節目は、明治五年（一八七二）前後と、明治十三年（一八八〇）前後、明治十九年（一八八六）前後の三回訪れている、と考える。

第一の節目についていえば、教育の近代化への着手である。文教行政の要である文部省は、明治四年（一八七一）七月十八日に設置されている。また、明治四年（一八七一）十一月には、条約改正の予備交渉と欧米の政治、殖産、教育、文化等の視察を目的とする、岩倉具視遣外使節団が派遣されている。さらに、何といっても、明治五年（一八七二）には「学制」が頒布されている。

また、明治六年（一八七三）、森有礼が主唱して福沢諭吉、中村正直、箕作麟祥ら当時の先進的文化人を横断する結社「明六社」を設立している。また、政治上では、征韓論の対立から、西郷隆盛、江藤新平、副島種臣、板垣退助らが下野するという「明治六年の政変」があり、一つは士族の反乱を引き起こし、一つは自由民権運動を引き起こす因となる。第一の節目から第二の節目の間は、教育は個人主義的、自由主義的である。

第二の節目は、明治十三年（一八八〇）前後であるが、政治、教育、文化の世界で守旧派が顕在化する時代である。田中不二麿主導による明治十二年（一八七九）九月二十九日の「教育令」は大きな反発を買うことになる。「教育令」は、アメリカの教育制度を参考にして、「学制」を改正し、より自由主義的で、地方分権的であり、学区制を廃止し、小学校の設立経営を町村の自由裁量とし、義務教育年限を短縮する。しかし、就学率の低下と学力の低下を理由に復古主義派の政治家、儒学者らから、文部行政批判が沸き起こり、明治十三年（一八八〇）初頭、九州を学事巡視中、田中は電報で東京に呼び戻され、明治十三年（一八八〇）三月には、文部大輔を解任され、司法卿へ転出する。一応栄転に見えるが事実上の文部大輔解任である。

田中主導の「教育令」は、新任の文部卿河野敏鎌《こうのとがま》によって直ちに改正され、明治十三年（一八八〇）十二月二十八日、中央集権的な「改正教育令」として布告されている。

こうした動きは東京女子師範学校等においても無関係ではない。明治十三年（一八八〇）五月、中村正直が摂理を辞め、東京大学に転じると、その後任には福羽美静が送り込まれることになる。福羽は、平田派の国学者の中では、比較的開化主義的であり、女子教育の必要性も強調するが、福羽のいう女子教育は、女性の社会的進出に繋がるものではなく、むしろ女性を家庭に閉じ込めようとする古い教育観である。このことは、当時、同校の生徒で、豊田芙雄と同じ旧水戸藩出身の青山千世（山川菊栄の母）の発言が分かりやすいので引用する。（一）

中村先生も同時に学校を去り、そのあとに福羽美静氏が校長としてのりこみました。この人は播州小野藩の草履取りから出て子爵にまでなった立志伝的人物ですが、平田派の国学者で—注：前村による中略—日本の天皇が世界を征服する日が遠くないと信じ、日清戦争のときも、日露戦争のときも、これは神代の昔からきまっていたことで、いよいよ日本が地球の上に君臨する日が来たと信じていた人でした。反動化した明治政府が中村先生のあとにこの人をもってきたのは偶然でなく、きのうまでの「男女同権」、「独立自立」のスローガンは「女は女らしく」ときりかえられ、『西国立志編』は『女大学』に変り、生徒に小倉袴をぬがせて大きな帯をしょわせ、高島田、薄化粧で礼式のけいこをさせるようになり、創立当時の趣意とは逆の方向に梶がとられました。

青山千世にとって、この学校の変化は我慢できないほどの変わりようだったのである。また、明治十四年（一八八一）には、大隈重信が政府部内で国会の開設、憲法の制定について急進的な発言をしたということで免官になるという、「明治十四年の政変」も発生している。明治十三年（一八八〇）頃を境に、政治上だけでなく、教育、文化など各側面においても欧化主義と国粋主義が、相対立し、絡み合いながら進行することになる。

第三の節目は、明治十九年（一八八六）、初代文部大臣森有礼の主導によって「諸学校令」が作られ、国家主義的教育が確立された時期である。この時も、東京女子師範学校は、この流れに無関係ではなく、男子の東京師範学校と合併させられるという事態を招いている。

（二）　女学校群の設立

明治初期の女学校は、女子小学校を意味する場合と、中等学校を意味する女学校とが混在している。豊田芙雄が勤務した水戸の發櫻女學校や、棚橋絢子が教えていた名古屋の桃夭女学校、多賀春子（鳩山春子）が通っていた松本の成安寺女学校（開智小学校の前身）などは女子小学校と呼ぶべきものである。

　東京女子師範学校が設立される明治八年（一八七五）頃までの女子教育の学校としては『東京の女子教育』[一]を参考にすると、官立、公立、私立を含めた次のようなものがある。

・A六番女学校（明三、築地居留地内、ミッション系）
・芳英女塾（明四、斎藤女学校）
・東京女学校（明五、官立）
・開拓使女学校（明五、開拓使庁）
・女学校（明五・四、京都）
・水交女塾（明五）
・上田女学校（明五）
・B六番女学校（明六、築地居留地）
・女子小学校（明七、築地居留地、ミッション系、津田仙絡む）
・知新塾（明八・一）
・喜田英和女学校（明八、ミッション系、森有礼邸敷地）
・女紅学舎（明八）
・三浦女学校（明八）
・石川県第一女子師範学校（明八・五）
・跡見女学校（明八・十一）

これらの学校の教育内容は、漢学と習字を教えるところから、漢学と英学を中心とするところ、英学を中心とするところ、漢学、英学、算数、理科、裁縫など諸教科に力を入れているところなど様々である。

（三）官立東京女学校の設立

特に、この頃の官立系としては、一つには、明治五年（一八七二）二月、東京女子師範学校より一足早く創設された官立女学校（当初、共立学校とも称される）がある。設立の前年、明治四年（一八七一）十二月、文部省は開校予定の官立女学校の入学志願者に、募集の趣意を伝えるために、次に掲げるような文部省布令を出している。（三）

> 人々ソノ家業ヲ昌ンニシ是ヲヨク保ツ所以ノモノハ男女ヲ論セス各ソノ職分ヲ知ルニヨレリ今男子ノ学校ハ設ケアレドモ女子ノ教ハ未ダ備ラズ故ニ今般西洋ノ女教師ヲ雇ヒ共立ノ女学校相開き華族ヨリ平民ニ至ルマデ授業料《ツケトドケ》ヲ出シ候ハ、入校サシ許シ候間志願ノモノハ向フ申正月十五日マデ当省ヘ願ヒ出ベキ事

授業料を「ツケトドケ」と読ませるあたりに時代を感じさせるが、この学校は、明治五年（一八七二）十一月、竹平町に移り官立東京女学校（通称竹橋女学校）と改称している。当初は入学者年齢を八歳から十五歳とし、修業年限を六年としており、八歳でも入学可能ということではあるが、全体としては一応中等学校の体裁を保持している。

この学校では、外国人教師三名が雇われており、英語を学課の中心に置いていたが、動物、植物、金石、生理、物理、化学、歴史、文法、作文、地理などの教科があった。

明治八年（一八七五）には規則の改正がなされ、入学者年齢を十四歳以上から十七歳以下とし、修業年限を六年としている。教科は讀物（地理書・歴史・物理・修身學・養生書・經濟學・化學・法律書・雜書）・數學（算術・幾何）・記簿法・習字・作文・英學・手藝・唱歌・體操等で中等学校のレベルとなっている。ここで初めてこの学校は実質的に女子中

等教育機関のかたちを整えたことになる。ただ、修了時の年齢が二十歳から二十三歳になるという点からいえば、現在の中学校、高等学校相当というよりは、短大あるいは大学の教養課程までを含んだ学校をイメージした方が適切かもしれない。

この学校は、明治十年（一八七七）二月、経済的理由で廃校となり、生徒の内希望者は東京女子師範学校に設けた特別英学科に吸収されることになる。

官立東京女学校の入学者には、当時のエリート層に属する女性が多かったが、多賀春子によると、春子は明治七年（一八七四）三月か四月、この官立東京女学校に入学している。春子は、文久元年（一八六一）三月二十三日、信州の松本城下に生まれるが、父親の渡辺（多賀）努は維新後松本藩の大参事（地方長官に次ぐ役職）や、石巻の大参事を勤めた官吏である。多賀（鳩山）春子はいうまでもなく、鳩山一郎の母であり、鳩山威一郎の祖母であり、鳩山由紀夫、鳩山邦夫の曾祖母である。

春子は、幼少の頃から学問に興味を持ち、十二歳前後の明治五年（一八七二）頃には、論語や孟子の勉強をはかどらせるために一日に三つの塾を掛け持ちしたことなどを記している。また、少女時代の勉強ぶりについて次のように述べている。(四)

朝未だ暗い中に起床し、朝飯前に漢文の先生の所へ参り、門の開くのを待って居りました。その中に男児の人々が大勢参ります。女といえば私がたった一人でありましたが、少しもそんなことは怪しみませんでした。みな到着順に教えて下さるので、私は第一番に教えて貰いました。春夏秋冬いつでも第一番は私でありました。

向学心の旺盛な春子は、勉学のため、当時父親が住んでいた東京で二人で暮らすようになる。多賀努は娘の学校を探すために、同郷の文部省役人辻新次（文部省高級官僚、学制取調掛の一人）宅を訪ねるが、辻はたまたま居合わせていた、これも同郷の八等出仕で官立東京女学校長小杉恒太郎（東京女子師範学校の設立準備期の初代校長を兼務）と相談させる。その結果、春子は、無試験で翌日から官立東京女学校の最下級に入れることになる。四、五日後には、小杉は簡単な試問をし、春子をもう少し上の級に入れるよう教師たちに指示する。春子数え年十三歳の時である。

　春子は最初は英語の学習に戸惑うが、この官立女学校の空気がすっかり気に入り、勉学に勤しんでいる。官立東京女学校が、突然廃校となった後には、その受け皿として設けられた東京女子師範学校の特別英学科に入り、さらに同校本科に入り直している。

（四）開拓使仮女学校の設立

　東京女子師範学校設立前の官立系の女学校にはもう一つ開拓使仮女学校がある。北海道開拓使次官の黒田清隆は、明治四年（一八七一）一月から五月まで、開拓事業調査のため欧米を旅行するが、同郷の森有礼の示唆を得て、女子教育の必要性について認識を深めるようになる。同年十一月十二日には、岩倉具視遣外使節団が横浜港を出港するが、この使節団には五〇名の留学生も同行しており、留学生の中には開拓使枠の留学生男子七名、女子五名も含まれていた。

　黒田は、一〇年間全て官費を条件に、女子留学生を募集するが第一次は応募者ゼロで、第二次募集をすることになる。第二次募集で選ばれたのが吉益亮子（十五歳、東京府士族秋田県役人吉益正雄娘）、上田悌子（十五歳、外務省役人上田畯娘）、山川捨松（十二歳、青森県士族山川与七郎娘）、永井繁子（九歳、静岡県士族永井久太郎娘）、津田梅子（八歳、東京府士族津田仙娘）らである。

　年長の吉益と上田はホームシックに罹り、渡米後一年も経たずに帰国するが、山川捨松（注：後、大山巌と結婚）、永井繁子（注：後、音楽取調掛、東京音楽学校でピアノを、女高師で英語を指導。海軍大将、男爵となる瓜生外吉と結婚。瓜生繁子）、津田梅子（注：後、津田塾創設）は留学を順調に続けている。

　明治五年（一八七二）五月二十一日、黒田清隆は北海道大学の前身となる、開拓使仮学校（官費及び私費）を東京芝増上寺敷地内に開校し、同年九月には、仮学校女学校（全て官費）を設立する。ただ、黒田は女性解放のレベルまで理解があったわけではない。黒田が女性に対する古い観念から抜け切っていないことは開校後すぐに露呈する。明治八年（一八七五）八月、男女両校とも札幌に移転するが、女性にとっては、卒業しても当時の札幌には適当な仕事もなく、存続意義が薄れ、翌年には、女学校は廃校となる。以下は森本貞子の『女の海溝』を参考にこの女学校について要約したものである。（五）

同女学校の第一期生は定員五〇名のところ四四名が入学する。仮学校女学校の入学者は、校長荒井郁之助の娘の荒井常、大鳥圭介の娘、大鳥品と雪、箱館の願成寺住職の娘の堀川トネ、旧旗本の娘広瀬阿常（常）などがいる。

この学校は、設立半年後、突然校則改正をする。中途で退学する者は入校中の学費を月八円ずつ返還すること、病気退学の場合も同じであること、卒業後は五年間開拓使の仕事に就き、結婚は北海道在籍の者とすること、などである。当然、女生徒たちは反発し、阿常、トネらを中心に数日間授業拒否いわゆるストライキをするが、結局、うやむやの内に終わる。

この時、四名は校則を不服とし、退学金を払って学校を辞めるが、校則を了解して入学する者一〇名が補充されて総員五〇名となる。しかし、いよいよ札幌移転が具体化すると、新たに一五名が退学金を払って学校を辞めるが、トネのように貧乏寺の娘は辞めるに辞められず、神経を病み、札幌移転後退学させられている（トネは豊田芙雄の弟政の先生ジョン・ミルンと出会い結婚する）。小林兼は一三〇円払って退学するが、大鳥圭介の二人の娘の場合は、二人で六二〇円九一銭払って退学している。

結婚相手まで条件をつけたあたりには黒田の女性理解の底の浅さが見られる。また、開拓使関係は、ほとんど薩摩閥で固めており、開拓使仮女学校は、開拓使官員である旧薩摩武士のための官費による「花嫁養成所」だったともいえる。

しかも、明治八年（一八七五）二月六日、森有礼と結婚する広瀬阿常の場合はなぜか学費返還が特別免除となり、さらに森の提言で学費の返還義務の校則そのものが改正される。まさに官吏の御都合主義の典型である。札幌に移った男子校は札幌農学校と称し北海道大学の前身となる。仮女学校は移転後札幌女学校と称するが、明治九年（一八七六）五月、廃校が決定されている。開拓使仮女学校は、早期の女子教育の試みではあるが、問題点の多い女学校の一例である。

（五）同人社女子塾の設立

当時、水戸にいながら、早く上京して英語を習い、外国へ留学したいと夢見ていた少女がいる。(六) 既述の青山千世である。千世は、廃藩置県をきっかけに父青山延寿《あおやまのぶとし》が東京府の役人となり、明治五年（一八七二）、家族で上京すると、官立東京女学校を志願するが、定員オーバーで入れず、明治五年（一八七二）十月三十日、私立の上田女学校（外務省中録上田畯の学校）に入学する。

上田女学校は生徒一〇人ばかりの小さな学校であったが、英語を教える外国人教師カローザル夫人の他に英語の訳や洋算を教える日本人教師もいた。生徒は外務卿寺島宗則（旧薩摩藩出身）の娘、侍医岩佐純（学制取調掛の一人）の娘、司法小輔島本仲道（旧土佐藩出身）の娘二人、陸軍少佐宮木某（旧長州藩出身）の妻の信（お信さん）などがいた。

上田学校には何か問題があったらしく、千世は、明治六年（一八七三）二月、こんな学校にいてはいけないという「お信さん」の勧めで、島本司法小輔の姉妹二人と共に報国学舎（有馬学校・男女共学）に移り、寄宿舎生活をしながら、英語の基礎、訳、漢学、洋算などの勉強に打ち込んでいる。しかし、明治七年（一八七四）春、報国学舎の監督が亡くなり、その後会計係が金の使い込みをしたことによって報国学舎は廃校となる。

当時は、新しい学校がいくつも生まれるが、短期間の内に廃校、閉校となる例は少なくない。報国学舎がつぶれ、千世が勉強の場所を失ったので、父青山延寿は、昌平黌時代の友人中村正直に相談しに行く。中村は女学校ができるまで、つなぎとして、千世に自分の塾で学んだらどうかと提案する（同年一月二十日には、東京女子師範学校創設の建議が認可されているが、未開校であった）(七)。

イギリスに留学中、女子教育の重要さを切に感じ、維新後、帰国以来女学校開設を熱心に政府に進言し、大臣の無理解でおくれているが、あと一、二年のうちにはできよう。自分のところでも小さな女学校を開くから、官立ができるまでの間、そこへきていてはどうか。

中村の言にしたがって千世は中村邸の二階にできた女子塾に通うことになる。ここも最初は一〇人足らずの生徒でスタートしたようである。中村は、明治六年（一八七三）二月、家塾同人社を興し、数年後には、安政五年（一八五八）、福沢諭吉が創設した慶応義塾、明治二年（一八六九）、近藤真琴が開いた攻玉舎などと肩を並べるようになるが、女子教育に理解のあった中村は同人社女子塾（後の同人社女学校）を設けたのである。当時、男子部には十歳前後の徳川家《いえ》達《さと》も通っており、同塾の英語教師であるカナダ人夫妻の家で行われたクリスマスパーティーには、千世ら女子部に交じって男子部の家達らも招かれている。

明治初年には、ミッション系の女学校もいくつか設立されており、また、女学校という名称は使わなくても、鹿児島の森有礼の英語塾のように、明治維新後は女性に英語を教える塾なども都市部には各所にあった。もちろん、こうした動きは東京のような大都市や、地方でもその地域の中核都市に限られたことであって、都会であれ田舎であれ、大半の親たちは、相変わらず「女に学問はいらない」という封建時代の考えの持ち主であった。

（六）　学制の頒布

再び話を明治四年（一八七一）に戻すと、同年十二月には、文部省は「学制取調掛一二名（箕作麟祥、岩佐　純、内田正雄、長《ちょう》　炗《ひかる》、瓜生　寅、木村正辞、杉山孝敏、辻　新次、長谷川泰、西潟《にしがた》　訥《いたる》、織田尚種、河津祐之）（八）」を任命している。

明治五年（一八七二）八月三日、文部省は「學制」を「學制序文（學事奬勵ニ關スル被仰出書）」（太政官布告第二百十四號）と共に全国に頒布している。学制序文（被仰出書）では、国民皆学、学問・実学の重要性、立身出世主義を謳っているが、

その出だしは次のとおりである。[九]

人々自ら其身を立て其産を治め其業を昌にして以て其生を遂るゆゑんのものは他なし身を修め智を開き才藝を長するによるなり而て其身を脩め智を開き才藝を長するは學にあらざれば能はず是れ學校の設あるゆゑんにして日用常行言語書算を初め士官農商百工技藝及び法律政治天文醫療等に至る迄凡人の營むところの事學あらさるはなし人能く其才のある所に應じ勉勵して之に從事ししかして後初て生を治め産を興し業を昌にするを得べしされは學問は身を立るの財本ともいふべきものにして人たるもの誰か學はずして可ならんや夫の道路に迷ひ飢餓に陥り家を破り身を喪の徒の如きは畢竟不學よりしてかゝる過ちを生ずるなり

学制序文（學事奬勵ニ關スル被仰出書）は文中で「自今以後一般の人民 華士族卒農工商及婦女子 必す邑に不學の戸なく家に不學の人なからしめん事を期す人の父兄たる者宜しく此意を體認し其愛育の情を厚くし其子弟をして必ず學に從事せしめざるべからざるものなり 高上の學に至ては其人の材能に任かすといへども幼童の子弟は男女の別なく小學に從事せしめざるものは其父兄の越度たるべき事」（注：小字の部分は文部省が原案に追記したもの）と記述し、出自、職業、性別を問わず全ての子どもに教育を受けさせるべきだと宣言している。保護者に子どもの教育の「義務」を負わせたのである。

学制は、全国を八大学区に分け、各大学区を三二中学区に分け、各中学区を二一〇の小学区に分け、大学区八、中学区二五六、小学区五三、七六〇という壮大な教育制度計画であった。しかし、この学制による教育計画はうまくいったわけではない。ちなみに、当時の小学校の男女別の就学率を文部省の『学制百年史』から見ると表2・1のようである。[十]

表2・1　学齢児童の就学率

（明治6年～12年）

年次	男	女	平均
%	%	%	%
明治6	39.9	15.1	28.1
7	46.2	17.2	32.3
8	50.8	18.7	35.4
9	54.2	21.0	38.3
10	56.0	22.5	39.9
11	57.6	23.5	41.3
12	58.2	22.6	41.2

学校作りも遅々としていたし、就学率も低調のままであった。失敗の理由としては『日本教育史』(十一)では、①教育費の負担が大き過ぎたこと、②教育内容が日常生活と遊離していたこと、③教員の絶対数が不足していたこと、④学校教育に対する理解が不足していたこと、⑤児童が家計を支える労働力であったこと、の五点をあげている。また、こうした教育不振の理由はずっと後まで引きずられることになる。

この時代、特に女子の就学率が低く、やっと二〇％を越えるのが明治九年（一八七六）である。しかし、これも全国平均の数値であって地域間格差には著しいものがある。明治十四年の女子就学率も二四・七％でこの表の十二年と大差はないが、この年の女子就学率を地域間で比較すると東京三七・九％、大阪四九・七％、福岡一四・一％、熊本二四・六％、鹿児島八・五％である。福岡や鹿児島などは非常に低い数値であるが、これも県の平均であって、県内の地域間格差は大きく、地域によっては惨憺たる数値となるのである。しかも、これが十年後の数値でもいくらか上がった地域はあるが、大阪のように逆に低下した地域もあり、ほとんど大きな変化はない。鹿児島などは明治二十三年になっても女子の就学率は八・九％で一割にも満たないのである。(十二)

（七）女子教育と田中不二麿

明治初年の文部行政を担った中心人物は田中不二麿である。田中は弘化二年六月十二日（一八四五）、徳川御三家の一つ尾張藩に生まれるが、熱心な尊王攘夷論者である。田中は、一時官軍に属するが、明治二年（一八六九）、大学御用掛となり、文部行政に関わるようになる。

また、明治四年（一八七一）十一月には、岩倉遣外使節団に欧米の教育事情を調査する理事官として随行する。田中は教育調査部門の代表者であるが、田中の下には五名の官員がついており、それぞれ米・英、ドイツ、フランス等役割が分担されていた。この五名の他に、欧米の教育事情調査に同行し、協力した者に、箱館から密航して当時アメリカに滞在していた、新島襄がいる。新島を田中に紹介したのは森有礼である。新島は持病のリュウマチに悩まされながらも田中のために報告書を作成するが、大越哲仁は「新島が執筆したこの報告書は、田中文部理事官の復命報告書である『理事功程』の主要な部分の草稿となり、後に『文部省理事功程』として刊行。実際に広く利用されて、わが国の「学制」以後の米欧型教育制度の確立・改革のための基礎資料となった。(十三)」と記している。

田中らの目的は、簡単にいえば欧米諸国の教育規則、国民教育の方法、諸学校の体裁と現況を詳しく調査し、わが国の教育施策の参考とすることであった。また、森有礼にアメリカで見出された、デビット・マレー（モルレー）は、明治六年（一八七三）八月、文部省督務官（翌年十月学監と改称）として就任するが、マレーは女子教育の必要性について力説する人でもあった。マレーは田中不二麿を中心とする東京女子師範学校の創設にも大きな後ろ盾となるのである。

明治六年（一八七三）十二月末日、マレーは文部小輔田中不二麿に提出した意見書で「女子教育ニ於ル、其要勝（前村注：読みは「あげ」）テ言フ可ラズ。児童ノ幼稚ニシテ心志移リ易キノ時ニ当テ、之ヲヨク教育スルハ必ズ婦人ニ在リ(十四)」といい「欧米諸国ニ於テハ、女子ハ常ニ児童ヲ教授スル最良ノ教師ナレバ希クハ日本ニ於テモ亦、女子ヲ以テ教育進歩ノ媒ト為サンコトヲ(十五)」といって、わが国における女子教育の振興について進言している。

二　東京女子師範学校の創設と展開

（一）　東京女子師範学校の創設

明治七年（一八七四）一月、文部小輔田中不二麿は太政大臣三條實美に女子師範学校設立の建議書を提出する。建議書の内容は以下のとおりである。(十六)

學制御頒布以降就學ノ徒稍旺盛ニ赴キ候處獨女子ノ教育ニ於ケル因襲ノ久シキ或ハ之ヲ惣略ニ附シ遂ニ日用常行ノ際男子ト相軒輊スルモノアルニ至ル殊ニ缺點トスル處ニ候今ヤ闔國人民ヲシテ漸次開明ノ域ニ臻ラシメント欲スル女子師範學校ヲ設クルヲ以テ一大要務トナス蓋シ女子ノ性質啻ニヨク其教科ヲ講習スルヲ得ルノミナラズ向來幼穉ヲ撫養スルノ任アレバナリ仍テ先ズ東京府下ニ一個ノ女子師範學校ヲ設ケ根柢ヲ培益シ結果ヲ他日ニ期スベクト存ジ候尤徑費ノ儀ハ常省定額内ヨリ辨給可致候條至急御裁可有之度此相伺候也

明治七年一月四日

文部小輔田中不二麿

太政大臣三條實美殿

田中の建議書にはマレーの進言が強く投映されている。一応、良妻賢母型の教育路線である。この学校は、当初、教師に就くことを義務づけなかったが、師範学校である以上、卒業後、教師となる者は多く、女子の社会的進出を果たす機関となるのである。良妻賢母路線を謳ったのは、進歩派、守旧派の混在する当時の政府に女子学校設立を認めさせるための「戦略」でもあったかと思う。

明治七年（一八七四）一月二十日、女子師範学校の設置が認可され、男子師範学校の西隣の神田区湯島三丁目（JRお茶の水駅北、現・東京医科歯科大学の地）に創設されることになる。ちなみにこの地は懸崖の上に位置し、懸崖の下の湧水を名水として将軍家がお茶の水に用いたということから、人々はこの一帯の湧水の流れを「お茶の水」と称していた。しかし、湯島の昌平坂学問所の漢学者らは、お茶の水では漢詩にもならないということから「茗渓」と呼ぶようになったのである。場所は移っても「お茶の水女子大学」や「茗渓会」は旧地にちなんだ名称である。

明治七年（一八七四）四月十日、文部省八等出仕の小杉恒太郎東京女学校長は女子師範学校長を兼務することになり、開設準備を進める。明治八年（一八七五）二月二日、皇后は女子師範学校の設立を喜び、文部大輔田中不二麿を宮中に呼び、五千円を下賜している。同月十日、田中は次のような訓示を発している。（十七）

女教ノ振興セサル可カラサル方今ニ在リテ一大要務トス故ニ東京府下ニ於テ女子師範學校設立ノ擧アリ此擧ヤ夙ニ皇后陛下ノ嘉尚セラル、所トナリ本月第二日田中不二麿ヲ宮中ニ召シ
　女學ハ幼稚教育ノ基礎ニシテ忽略ニスヘカラサルモノナリ聞ク頃者女子師範學校設立ノ擧アリト我甚是ヲ悦ヒ内庫金五千圓ヲ下賜セン
トノ親諭アリ嗚呼世ノ婦女子ヲ勸メテ教育ノ根柢ヲ培植セラル、特慮ノ懇ナル我國人民ノタメニ祝賀セサル可ンヤ庶幾ハ其父母タルモノ心ヲ傾ケ此盛意ヲ體認シ女子ヲシテ此ニ從事セシメ其業日ニ就リ月ニ將ミ更ニ得ル處ヲ推擴シ遂ニ幼稚ノ教育ヲ善美ニシ以テ天賦ノ幸福ヲ完了セン事ヲ

先の建議書には「幼穉の撫養」、この訓示には皇后の言葉として「幼稚教育」、田中の「幼稚ノ教育」の文言が見られることは注目できる。女子師範学校であるから、附属小学校を設けるのは当然であるが、教育は幼児からという認識は高く、同校設置時に附属幼稚園設置も想定内にあったことが推測できる。

東京女子師範学校の開校時に摂理となる中村正直は木村譲編『敬宇中村先生演説集』（明治二十一）によると、明治七年（一八七四）、明六社において「人民ノ性質ヲ改造スル説」という講演をしており、その続編のようなかたちで「善良ナル母ヲ造ル説」という講演をしている。これを見ると、中村正直は、女子教育に関してマレーや田中不二麿とほとんど同じかあるいはより以上の理解を示していることがわかる。

中村は「人民ノ性質ヲ改造スル説」において、教育には「モーラルレリヂヲスエヂユケーシヨン（修身及ヒ敬神ノ教育）」と「アートサイエンス（技藝及ヒ學術ノ教育）」とがあって、「人民ノ心ヲ一新シ高度ノ度ニ進マシムル」ためにはこの二つは不可欠であるとするが、前者が「本原」であり、後者は「末流」であるとしている。すなわち、末流である「技藝」の教育は「童子五六歳智識漸ク開クル時ヨリ之ヲ始ムルトモ遅シトハイフヘカラス」とし、いっぽう「本原」である前者については次のように述べている。

修身敬神ノ教養ニ至リテハ胎教尤モ肝腎ナリ生レシ始メヨリソノ耳目ニ濡染シ身體ヲ圍繞スルモノ嘉言善行ニ非ルハナク絶好ノ儀範ニ非ルハ無シ然ルトキハ小兒ノ智識ノ漸ク開ケル以前ニ知ラス覺エスモーラル及びレリヂヲス（修身ノ教ヘ天道ノ教）先入ノ主トナルナリ身體強弱ヲ以テ之ヲ喩ヘンニ母胎ニ居ル内ニ其母強健ナル時ハ（其子生ル、後當然ナル養育ヲ受レハ）必ス強健ノ人トナル若シ先天ノ滋養タラザレハ生マレシ後何程養生ヲ為シ及ヒ良醫ノ治ヲ受ルトモソノ先天ノ時ノモノヲ當然ニ發生モシムル丈ノ事ニテ別ニ加ヘ益ストコロ有ルヿ能ハス身體上ニ經驗シテ理確然疑ガフベキナシコレヲ精神心術ニ經驗シテ更ニ驚クヘキ感化効驗ヲ顕ハセリ蓋シソノ子ノ精神心術ノ善悪ハ大抵ソノ母ニ似ルモノナリソノ子後来ノ嗜好癖習ニ至ルマテソノ母ニ似ルモノ多シ然ルトキハ人民ヲシテ善キ情態風俗ニ變シ開明ノ域ニ進マシメンニハ善キ母ヲ得サルヘカラス絶好ノ母ヲ得レハ絶好ノ子ヲ得べク後来吾輩ノ雲仍ニ至ラハ日本ハ絶好ノ國トナルヘク修身敬神ノ教モ受クル人民トナルヘク技藝學術ノ教モ受クル人民トナルヘク智識上進、心術善良、品行高尚ナル人民トナルヘシ

「修身敬神ノ教」は母親の胎内にある時から始まり、子どもの精神心術の善悪から後天的な嗜好癖習に至るまで、母の影響は絶大であるといっている。善き人民を得、善き社会を形成するには、善き母を得ることが肝要だというのである。また、「善良ナル母ヲ造ル」ためには、女子の教育が不可欠であることを主張している。

善キ母ヲ造ランニハ女子ヲ教ルニ如カス女子ヲシテモーラル　エンド　レリヂヲス　エヂユケーシヨン（修身及ヒ敬神ノ教）ヲ受シメ男子ニ嫁シテ子ヲ生ミタランニハソノ子ハ胎孕（注：たいよう）セシ前ヨリ健康ナル道理、旺盛ナル精神、充満シ、善徳ノ空氣ヲスヒ天道ノ日光ヲ沐浴スルモノカラ眼目ヲ以テ智識ノ門戸トナシ心思ヲ以テ無形ノ妙體ニ及ホシ、他日剛強勇果、勤勉忍耐ノ諸徳トナル基本、既ニ揺藍《クレードル》ニ戯ムレ乳養ヲ受ル間ニ、備リ立ツトイフモ誇大ノ言ニハ非ルナリ、男女同權ノ弊ヲ氣遣フハ教育ノナキ婦人ノ亭主ヲ尻ニシクヲ怕ル、ニ過ス天道ヲ畏レ眞神ヲ敬シ技藝ヲ好ミ學術ヲ嗜ミソノ夫ノ輔助トナリ相愛シ相敬スルヤウニナリタラハ此等ノ心配ナカルヘシサテ又男女ノ教養ハ同一ナルヘシ、二種ナルヘカラス苟クモ人類總體ヲシテ極高極浄ノ地位ヲ保タシメント欲セハ宜シク男子婦人共ニ皆一様ナル修養ヲ受シメ其ヲシテ同等ニ進歩ヲナサシムベシ純情ナル婦人ハ純情ナル男子ニ伴ナハサルべカラス蓋シ善徳ノ律法ハ男子婦人ノ差別ナク共に遵用スヘキハ勿論ナリ善徳多クアル中ニソノ最モ主要ナルハ愛の徳なり

「善き母を造る」方法は教育以外にないといい、そのことは、育児にも決定的な影響力を持つと強調している。また、中村は「男女ノ教養ハ同一ナルヘシ、二種ナルヘカラス」とまで言い切っている。もちろん、中村の言にも時代的限界はあろうが、当時、これほどの炯眼の持ち主を女子教育の現場に迎えることができたことは、東京女子師範学校における教育のレールを敷くにあたって幸いなことであった。

同校では、明治八年（一八七五）七月二十九日、学科が定められ、同年八月九日、校舎が落成し、同年八月十三日、生徒入学心得書が定められている。また、明治八年（一八七五）八月十五日には、次のような四條からなる教則が定められている。(十八)

東京女子師範學校教則

第一條　女子師範學校ハ育幼ノ責ニ任スル者ヲ養成スル所ナリ
第二條　生徒在校修業ノ期ヲ五年トシ教科ヲ十級ニ別チ各級六箇月ノ課程ニシテ一日四時半ノ課業トス
第三條　毎級卒業ノ上試驗ヲ行ヒ昇級セシム若シ昇級ス可ラサルモノハ猶元級ニアルヲ法トス
第四條　全科卒業ノ上試驗ヲ行ヒ學力ヲ判シ卒業證書ヲ與フ

教則の第一條では「育幼ノ責ニ任スル者ヲ養成スル」を謳っている。入学心得で年齢を「大約十四歳以上二十歳以下」としているから卒業時は十九歳前後から二十五歳前後となる。年齢的にいえば中等学校以上の女子エリート校の誕生である。

当校では入学定員を一〇〇名とし、生徒募集をしたが、応募者が一九三名あり、明治八年（一八七五）八月二十日から二十七日まで試験をし、七一名が合格している。同年十二月二日、病気、事故等で受験できなかった者のために追試験が行われ三名を追加合格としている。

第一期生の中には優秀な学生も含まれていたが、すでに洋算を習っていた青山千世等を除けば、数学などは、やっと数字が書けるという学生が大半であり、すべての学生が文句のつけようのないオールラウンドな学力を有していたわけではない。

（二）初期教員と豊田芙雄の関わり

① 開校期教員の担当科目と給与

開校準備にあたって最も難しかったのは教員人事である。文法（文法、作文、習字）、地理学、史学、数学（算術、代数、幾何初歩）、物理学、博物学（動植物ノ大意、金石ノ大意）、生物学大意（無気体化学ノ大意）、化学、修身学、経済学大意、記簿法、画学初歩、手芸、唱歌、授業法（小学教科）附教育論旨、附属小学実地授業、体操などを担当し得る人材を探さなければならなかったのである。しかも、一定数の女子教員を採用するというのであるから、当時の状況からすれば、かなりの困難があったはずである。

豊田芙雄が「新聞いはらき　芙雄號」で述べている記憶に残る初期教員には、宮川保全（算術）、棚橋絢子（読書）、浅岡一（理学）、坪内墨遷（注：墨泉のこと。書道）、松本荻江（漢学）、植村花亭（書法）、武村耕靄（絵画と英語）がおり、これに豊田芙雄（読書）自身が加わることになる。

発足当初は、教師の予定の者が生徒になったり、生徒の予定の者が教師になったりとちぐはぐな現象すら起きている。松本荻江は実際は受験生であったが、あまりにも成績が良いので、急遽、開校前日に教員として抜擢されている。

いっぽうでは、棚橋の伝記にあるように「紀州から來た多田といふ婦人は、実際にやつてみると、案外出來ない。教師としての資格も難しい—注：前村による中略—多田といふ婦人も暢氣な人で、それなら、どうぞ私は生徒に入れてくれといふことで、生徒になつてしまった」といったこともあった。（十九）「多田」は、辞令まで貰いながら教員になれなかった多田つねのことである。

芙雄が記憶する教員の中で、宮川、棚橋、浅岡、坪内、松本、豊田の六名は創設時の教員であるが、武村は明治九年（一八七六）五月、植村は明治十一年（一八七八）七月の採用である。

東京女子師範学校の明治九年（一八七六）三月三十一日付けの第一年報では、教員は摂理一、教員男二、女五の合計八となっている。男子教員二人がそれぞれ月給三〇円、女子教員は三人が月給一五円、一人が一〇円、一人が六円となっている。

本書の執筆者の一人高橋清賀子が調べた開校当時の「教員」と「担当科目」と「月給」は次のとおりである。(二十)

宮川保全	算術	二十五円	松本荻江	読書	十五円	近藤すわ	裁縫	六円
多田つね	読書	十五円	塚本墨泉	習字	十円	豊田芙雄	読書	十五円
浅岡　一	理学	二十五円	棚橋　絢	読書	十五円			

宮川は、明治八年（一八七五）十月七日、「算術教授掛申付候事　但一カ月金貳拾五圓拂渡候事」の辞令を貰っているが、翌月の十一月二十八日には、「東京女子師範學校五等教諭ノ任ヲ委囑シ一カ月金参拾圓ヲ交付候事」という辞令を貰って、三〇円に昇給している。(二十一)おそらく浅岡の場合も同様の処置がとられたと考える。多田つねが辞令を貰ってすぐに学生に転じたとすれば、女子教員の月給一五円の三人は松本、棚橋、豊田であり、月給一〇円が塚本、月給六円が近藤で、摂理の中村を入れるとちょうど八人となる。ちなみに明治十三年（一八八〇）の職員俸給記録で見ると、摂理の中村正直二〇〇円、訓導兼教場監事兼幼稚園監事の神津専三郎八〇円、首席保姆の松野クララ五〇円、保姆の近藤濱一七円、同横川楳子一三円となっている。なお、この年鹿児島出張中の豊田芙雄（東京で二〇円。鹿児島で五〇円）は本校の記録には載っていない。

東京女子師範学校の初期教員の来歴等は各種資料からある程度は調べることができた。以下、初期教員の個々について記述する。

②　中村正直

明治八年（一八七五）十一月十八日、兼務の小杉恒太郎校長が退職し、中村正直が摂理（校長）となる。中村正直の来歴は、中村の伝記[二十二]によると次のようである。

中村正直は、天保三年（一八三二）五月二十六日、江戸の下級武士の家に生まれている。中村の父は学問所の門番であったが、聖人と呼ばれた人物であり、母も教養豊かであった。中村は神童といわれ、三歳の時に、句読を葛馬茂右衛門に習い、書法を藍田龍潭に学んでいる。六歳の時には、病気快癒を謝し、法華経を書写して本伝寺に奉納する、という早熟ぶりである。弘化二年（一八四五）頃、十六歳前後には漢学だけでなく蘭学の勉強を始めている。安政二年（一八五五）五月、学問所教授出役、青年を教える役目に就く。また、文久二年（一八六二）正月前後、初めて英書を手にし箕作塾で英語を習い始める。

文久三年（一八六三）三月四日、将軍家茂の上洛に同行し、京都滞在中はしばしば佐久間象山を訪ねている。象山は、翌年の元治元年（一八六四）七月十一日、暗殺されるが、中村も身の危険を感じながらの付き合いであった。

慶応二年（一八六六）、幕府は一二名の少年を選抜してイギリスに留学させるが、中村正直、川路太郎を監督として同行させることにする。一行は、同年十月十六日、横浜を出港している。日本では大儒学者の中村も、ロンドンでは若い留学生に混じって小学校に入学し、三十六歳の小学生となるのである。

薩摩藩は、慶応元年（一八六五）四月十七日、通訳を含めた使節団四名と一五名の英国留学生を串木野港から送り出している。もちろん、幕府には内密の行為であるが、慶応三年（一八六七）一月二日、ロンドンで中村は薩摩藩留学生森有礼と会っている。中村も森も留学中に女子教育の必要性に目覚めており、後に女子教育、幼稚園教育に影響を与えることになる。

中村ら幕府の留学生は、滞欧中、資金の頼みとしていた幕府そのものが瓦解したため、留学を一年半で切り上げることになる。ロンドンを去る日、友人フリーランドは中村に前年出版された『セルフヘルプ』を贈っている。これが超ベストセラーとなる翻訳書『西国立志編』の原書である。

帰国後の中村は、明治三年（一八七〇）、ミルの『自由之理』を翻訳し、自由民権論者に大きな影響を与え、明治四年（一八七二）、スマイルズの『西国立志編』を翻訳、出版して若者たちの自立心を刺激し、立身出世の気風を高めることになる。

中村は、女子教育について深い理解があり、文部当局に女学校を設立することを強く要請していたが、自ら女子師範学校長に就くことには消極的であった。『西国立志編』が超ベストセラーとなって経済的にも恵まれており、同人社も盛況となり多忙だったからであるが、最終的には摂理就任を承諾している。中村の摂理就任時の年齢は四十三歳である。

豊田芙雄を東京女子師範学校教員に抜擢したのは中村正直で間違いないと思うが、中村は、豊田を信頼していたようで、巻頭写真（五頁）に掲載している「愛敬歌」という長い漢詩を与えている。中村の「愛敬歌」の書は現在でも幾つか残っているようである。「愛敬」の意味は「心から敬うこと」であるが、さらに「人（国）を愛し神（天）を敬う」ことであり、中村が度々書にした「敬天愛人」に通じる意味を持つと言える。中村は漢詩の中にソクラテスの妻の例なども引いている点などこの人らしくて面白いが、基本的には人と人の関係の基盤に「愛敬」を置くべきだということを強調しており、同僚の豊田芙雄などにもそうしたことを期待しながら書いたものと思われる。また、芙雄は鹿児島出張に際し「拝神之辞」を書き、中村に添削を依頼している。

後に、中村は、明治二十三年（一八九〇）三月二十六日、元老院議官のまま再び女子高等師範学校長を兼務するが、明治二十四年（一八九一）六月七日、在職中に死去する。

③　宮川保全

宮川保全（算術）は、嘉永五年（一八五二）、幕臣山崎幸之助の子として江戸に生まれるが、後に、姓を宮川と改めている。宮川は、徳川家が、明治元年（一八六八）に設立したフランス式の沼津兵学校（頭取は西周）に、明治三年（一八七〇）、十八歳の時資業生として入学している。沼津兵学校では英仏の語学、天文学、数学等が特に重視されていたが、宮川が学んだ数学科ではこの学校の規定にある代数、幾何、三角、実地測量のトランシット（天鏡儀）、セキスタント（六分儀）

まで学んだかと思う。

明治五年（一八七二）、兵学校が閉鎖されると、宮川は陸軍教導団工兵科（士官養成機関）に編入されるが、翌年病気のため除隊する。明治七年（一八七四）三月三日、「補文部省十三等出仕　長崎師範学校在勤可致事」の辞令を受けるが、宮川はいわば内部の人であるから、小杉恒太郎ら文部省サイドが、宮川の人柄、専門的力量共に女子師範学校の教師としてふさわしいと判断するのは容易で、明治八年（一八七五）九月七日、長崎の方は免任官となり、東京に呼び戻されている。新たな辞令は既述のとおりである。

宮川は、明治九年（一八七六）に、共訳『幾何新論』を、明治十二年（一八七九）に、単訳『三角新論』を出版している。『幾何新論』は、明治十九年（一八八六）、文部省によって各府県師範学校教科書に指定されており、『三角新論』は、明治十八年（一八八五）、当時、全国から注目されていた官立大阪中学校の教科書となっている。

明治八年（一八七五）、東京に戻った宮川は、女子師範学校の開設までの一時期官立東京女学校で教えており、生徒に多賀春子がいる。後、宮川は共立女子職業学校を創設、勤務し、教科書を扱う大日本図書株式会社の取締役を兼ね、共立の校長となる。宮川の採用時の年齢は二十三歳である。

開校直後、教師にも数学は必要ということで、豊田らは宮川から数学の講習を受けている。また、明治十九年（一八八六）、宮川、渡辺を中心とする共立女子職業学校設立時には、豊田芙雄も他の旧女子師範学校の同僚と一緒に発起人となっている。

④　浅岡一

浅岡一（理学）の場合も宮川と良く似ている。浅岡は、嘉永四年（一八五一）一月八日、二本松藩士の武器奉行浅岡段介の五男として生まれている。浅岡は十五歳の時藩主の前で御前講義をしたという秀才であるが、戊辰の役時、十六歳で鉄砲組に入って官軍と戦いながら一八回も転戦している。

明治五年（一八七二）、浅岡は上京し、文部省高級官僚の辻新次の書生となる。次いで文部省に出仕し、広島師範に勤務する。浅岡と理学の結び付きは不明であるが、明治七年（一八七四）二月、汎愛軒から出版された浅岡一著（榊原芳野校）『女子修身道のしをり』は、この浅岡の著書かと思われる。

浅岡も内部の人であるから、文部省側で女子師範教師の候補者として、浅岡の名前が浮上するのに、時間は要しなかったはずである。浅岡は後に長野県師範学校長となり、実兄と共に、信濃教育会の基盤作りに功労のあった人物である。浅岡の採用時の年齢は二十四歳である。

⑤ 棚橋絢子

棚橋絢子（読書）は、豊田芙雄と良く似た経歴を持つが、棚橋の伝記(二十三)をもとに紹介すると次のようになる。

> 絢子は天保十年（一八三九）二月二十四日、牛尾田庄右衛門の長女として生まれ、幼名は貞といっている。祖父與曾兵衛は変わり者で、稼業にあまり熱心でなく、学問風流の道を好み、儒者越高洲に漢籍を、有賀長隣に和歌を、森祖仙に畫を学んでいる。父庄右衛門も学問好きで祖父と同じ師の越高洲の門人となるが、庄右衛門は商売の方も熱心であった。
>
> 庄右衛門は「女に学問はいらない」という自説の持ち主であったが、六歳になった娘が優れた資質を持っていることを知ると、深夜密かに絢子に学問を教えることになる。絢子は十四、五歳になる頃には四書五経をほぼ読み終えていたようである。
>
> また、安政元年（一八五四）十六歳の時、うわべは実弟善之助の付き添いというかたちで儒者奥野小山の門に入って学び、同時に三瓶信庵について書を学んでいる。
>
> 絢子は、安政四年（一八五七）十九歳の時、奥野小山を媒酌人として、二本松藩の大阪蔵屋敷留守居役の棚橋新吾衛門の長子大作と結婚することになる。棚橋大作は大阪でも名前の知られた優秀な学者であったが、十七歳の頃から目を患い、二十五歳の時には完全に失明していた。絢子は大作の読み、書きの手伝いをしながら、学問の世界に身を置き続けられるとの思いから自ら進んで棚橋大作と結婚している。

絢子は、その後、棚橋家が没落し、大変な苦労をすることになるが、名古屋の明倫校女子部桃夭女学校の教師兼校長となり、東京女子師範学校教師として抜擢されることになる。その経緯については前章に記述のとおりである。棚橋は就任時三十六歳である。

棚橋は、豊田より五歳年上で、同じ読書教員でも年齢的には先輩格として、豊田は棚橋に一目置いていたと思われる。しかし、経歴も、学問背景も良く似ていたことから実際にはライバル関係にあったと考えられるが、後述のように棚橋は着任後半年ほどで本校教員を辞めている。一時期、縁のある名古屋の地で女学校の校長に就任するが、ほとんどの期間東京で女子教育に従事しており、明治時代後半、社会的には豊田芙雄よりも、東京にいる棚橋絢子の名前の方が女子教育者として広範に知られていたようである。

⑥ 松本荻江

松本荻江（漢学）については、先に述べたように受験生が先生になってしまったという経緯があったが、荻江は嘉永四年（一八五一）六月、武蔵国秩父郡大宮郷の松本万年（医師・漢学者・後東京師範学校教授）の娘として生まれている。一度結婚するが子どもの夭折を機に、書を読み耽るようになり、そのことを理由に離縁が申し渡されている。

荻江は父が開いた塾で漢学を学ぶが、父の門下生である八歳年下の荻野吟子（東京女子師範学校一期生。寮で古市静子と同室。後、女性初の医師試験合格者）と意気投合し、義姉妹の契りを結んでいる。吟子も一度結婚しているが、夫から淋病をうつされ、そのこともあって離縁している。そうした自身の経験から、吟子は女性には女性の医師が必要だと考え、女性医師となることを決意し、後、それを実現したのである。

荻江は、明治十八年（一八八五）、秋田県女子師範学校三等教諭として赴任するが、翌年には、これを辞め在野の教育者となる。後、洗礼を受け、下田歌子の帝国婦人協会の理事をし、下田の実践女学校創設を支援するが、各地を遊説して回り女子教育の必要性を訴えている。荻江の採用時の年齢は二十四歳である。

⑦ 塚本墨泉（坪内墨泉）[二十四]

塚本墨泉は、青山千世によると、坪内みつ子と記されているが、墨泉は号であろう。明治十年（一八七七）年六月の『官員録』では坪内墨泉の名前で掲載されている。坪内は旗本の娘である。坪内は子どもの頃から字を書くことが好きだったが、女が漢字を書くと非難されるというので、深夜家人が寝静まってから行灯に着物をかけ、光が漏れないようにして、その下で漢字の練習をした、と同校の女生徒たちに語っている。坪内墨泉、武村耕靄、豊田芙雄は特に仲が良かったようである。

明治十一年（一八七八）当時の『官員録』(二十五)を見ると、五月まではその在職を確認できるが、同年七月には植村花亭と入れ替わっている。おそらく、坪内はその頃亡くなったのである。坪内の採用時の年齢は正確には分からないが、青山千世は、千世の在学中、坪内は三十余りの独身女性だった、と記している。

⑧ 近藤すわ

開校時の教員の中で近藤すわ（裁縫）については資料が皆無であり、採用の経緯や人物像はまったく不明である。

⑨ 武村耕靄《こうあい》（武村ちさ・武村千佐）

開校初期の同僚中、豊田と最も親しいのは、七歳年下の武村である。武村の日記には豊田の名前がしばしば出てくるし、豊田の鹿児島長期出張に際しては「親友豊田女史」の送別会をし、詩と絵を贈ったことを、明治十二年（一八七九）二月三日の日記に書いている（この時の詩は第八章において清水陽子が記しているので参照されたい(二十六)）。

また、二月六日の日記には「女教員数名と豊田氏の別杯を催す」と書いているが、この日、女性教員だけによる有志の送別会をしたものかと思う。二月十三日には東京女子師範学校の第一回卒業証書授与式があり、これを終えた後、二月十六日、同僚全体による送別会が行われたようである。

ちなみに、これより三〇年後、武村耕靄は『名媛と筆蹟』の著者中村秋人との会話の中で、この時の下書きが残っていることを物語っている(二十七)。

今此處に彼の有名な藤田東湖氏の姪である豊田芙雄女史と共に女子高等師範學校にあって、益々親交を温めてゐた頃、芙雄女史は鹿兒島に赴任しなければならん事となつたので、耕靄女史も別れを惜しみ、紀念の為めに一筆を振つて、是れに自詠の詩を添えて送った其下書がある（注：この下書は印刷の都合で製版掲載はされていない旨記されている）。

豊田の鹿児島行は、武村にとって、三〇年経っても印象に残る「別離」だったのである。武村は日記に親友と書いているが、七歳年上の豊田は武村にとっては、むしろ姉のような存在だったのではないかと思う。武村の養子忠によると「人に對して義理堅く、誠實でありまして、約束をたがへる様なことなど特にきらひで御座いました」[二十八]とあるので、豊田と武村は相互に性格的にも呼応するところがあったのであろう。

豊田の遺品を網羅する高橋清賀子家文書中には、武村の絵画小品が数点継承されている。また、筆者も、たまたま弟子の絵画修業の手本として作成したかと思われる、武村耕靄の明治二十九年（一八九六）制作の画帖を入手している。

武村耕靄（絵画と英語）は、開業より約半年遅れの明治九年（一八七六）五月十七日に採用されている。子息忠（養子・宮内省勤務）編の『耕靄集　下』[二十九]（私家版・非売品）によると、ちさは、嘉永五年（一八五二）十一月二十五日、武村仁左衛門（帛翁）の子として江戸芝口の仙台藩邸に生まれるが、六歳の時に生みの母を亡くしている。生母は、俳人・歌人・歌学論者の松永貞徳の末裔である。

八、九歳頃から絵を狩野探逸に習い、ついで狩野一信に習うが、師が亡くなったため、山本琴谷に就いて習うようになる。この師も京都に去るため、十三歳頃には春木南溟に入門している。戊辰の役時は父と共に国元の仙台に移るが、維新後は、再び東京に戻っている。

元々武村家は下級武士であるが、維新後は他の元武家同様、生活に困窮し、ちさは老いた父をいたわりながら輸出用の扇面画を描き、生活の資を得ている。そのこともあって、ちさは婚期を逸してしまった、と養子忠は書いている。

中村正直が出入りしていた横浜の「亜米利加婦人教授所」は設置翌年の明治五年（一八七二）十二月には「日本婦女英学校」となるが、明治六、七年頃、ちさはこの流れをくむ「横浜共立女学校」で英語を学んだといわれている。わざわざ横浜に住んだのは輸出用の扇面画を描くのにも都合が良かったのであろう。明治八年（一八七五）、ちさは英

図２・１　武村耕靄作の生徒用お手本

語並びに絵画の助教として工部省製作寮に勤めるようになる。ちさの苦労がやっと報われたのである。また、武村ちさ（耕靄）は日本画家であるが、この頃、川上冬涯に就いて洋画を勉強しており、図2・1[三十]で見るように洋風描写にも相当の力量を示している。これらの絵は解説に「明治十四・五年頃東京女子師範學校に於て鉛筆畫を教授の際手頃な手本がなくて困りましたので自らの寫生をもと、して作圖をなし石版にして生徒に與へたのであります[三十一]」とあり、子息忠は「その頃未だ何等教授法の備はらなかつた時代でありましたので母は圖畫教育の為めに随分苦心もいたし相當の盡力をしたように思われます[三十二]」と述べている。武村耕靄は中等学校における美術教育の創業者の苦労も担うことになったのである。ちなみに、美術教育の関わりでいえば、武村は、明治三十二年（一八九九）、高等女学校及び師範学校女子部用の教科書『女子画帖（八巻）』（翌年文部省検定済）、明治三十四年（一九〇一）、文部省検定済教科書『小學女子書帖[三十三]』を著している。

明治九年（一八七六）には、工部省製作寮が廃止となり、武村ちさはせっかくの職を失ってしまう。しかし、ちさは英語力も絵画力も持った貴重な存在であったから、東京女子師範学校が放っておくはずはなかった。ちさは、東京女子師範学校の英語と絵画の教師として採用されるのである。

東京女子師範学校の創業期の教師採用の経緯をヴィヴィッドに描写しているのは、唯一、明治九年（一八七六）の武村耕靄の日記である（三十四）。

三月十七日　平岡君より書状來り、三時より妻戀町へ行く事。田中君（注：田中不二麿のことか）よりの御用話伺う事。
三月十八日　午前第七時小石川江戸川町十七番地中村正直君へ行く事、同氏に面會の事。　同午後四時平岡君へ行く事。
三月二十九日　　關信三君より使に付午後三時より出張の處、同氏留守に付歸宅の事。
四月五日　關氏へ行く事。歸路に平岡氏へ行く事。
四月六日　中村氏へ行く事。東京女子師範學校より三時頃御用状來る事。
四月七日　十時に師範學校へ出づる事、英學手傳仰付けらる事。
五月九日　ヘリイ學校へ來り、通辯致す事。摂理君（注：中村正直）より寫物竝に翻譯仰付けらる事。
五月十日　寫物出來、持参の事。
五月十一日　翻譯出來の事。
五月十六日　午後文部省より御呼出の状來る事。
五月十七日　午前十時豊田君（注：芙雄）、坪内君（注：墨泉）、私三人文部省に於て拝命仰付けらる事（注：三人訓導の辞令を受ける）。歸後學校へ行き、歸りに中村先生へ行く事。

以上が、武村が訓導の辞令を受けるまでの日記であるが、様々な人々が絡んだ人事の手続きの進行の様子が良くわかる。豊田芙雄、坪内墨泉は前年教員の辞令を受けていたが、五月十七日は、新たに訓導の辞令を受けに文部省へ出掛けたのである（この日の辞令は本書の巻頭写真頁に掲載している）。

武村の日記には、引き続き、朝鮮国公使の来校、日本国婦人之会議での講演会、三條太政大臣等の来校のことなど、武村採用直後の重要な学校行事等の記述（三十五）をしているので引用を続ける。

五月十九日　　大雨　　午後四時頃岩倉殿の家扶香渡殿御出の事、左大臣より團扇の畫仰付けらる事。
六月十四日　　朝鮮國の公使學校へ來入し、生徒等の諸術を見る事。松本君（注：荻江）日本外史書取、豊田君十八史略、坪内君習字、近藤君算術、武村與地史略（注：與地誌略）、竝に地圖柴田君講義の事。坪内君、武村書畫を送る事、畫梅に山水也。（注：『東京女子高等師範学校六十年史』にはこの日の記述はなされていない）
六月二十一日　　女子師範學校に於て日本國婦人之會議初めて行はれる事。始座は關氏の講義、第二は柴田氏、次は松本老翁、其の次は津田君、終わりに中村先生なり、諸先生方講義の事。此の日集會せる婦人の數凡百五十人餘也。坪内、武村書畫の事。
七月三日　　太政大臣三條實美公、諸参議、文部大輔代理（注：田中不二麿米国出張中）九鬼氏竝に辻氏、外諸官員合せて二十人程學校へ御入來、生徒等の修業御一覧の事、午後二時半過より始まる事。松本先生七級十八史略、豊田先生、淺岡氏、關氏、宮川氏、坪内先生、武村、近藤氏教場へ出づる事。生徒の内青山、古市、坂田三人講堂に於て講義の事。坪内君、武村席上書畫 畫は菊に山水なり の事。五時頃御出校の事。（注：『東京女子高等師範学校六十年史』にはこの日の記述はない）
七月十日　　生徒退出に付講堂にていとま乞の事、當日より休業（注：土用休み＝夏休み）の事。二時頃松本君、豊田君、坪内君と一同三井にて寫眞を寫す事。
九月二十五日月曜日
午前第九時東京女子師範學校へ
皇后の宮行啓被為在。教員等生徒をひきゐて庭門迄御迎にいづ。而して第一番第六級生十八史略講義松本氏、第二番第七級算術宮川氏、第三番理学淺岡氏、第四番裁縫近藤氏、第五番習字坪内氏、第六番英語關氏、第七番通學甲組與地史略（注：與地誌略）豊田氏、第八番乙組勸善訓蒙武村。是等の授業御一覧終わりて後、講堂に於て水野、田中講義、次に師岡、佐方、青山、古市等文章を讀む。
皇后の宮の御言葉を辱す。
　今や開業の後日尚淺しといへども生徒の學業既に進歩の効あることをみる誠に喜ぶべし
　猶教育の善く導くと生徒の善く勉むるとを以て倍其上達をいたさんことを望む所なり
中村校長御受を奉り、次に豊田氏一文章を奉る。（注：『東京女子高等師範学校六十年史』には「次に豊田氏一文章を奉る。」は省かれている）

武村は、明治二十九年（一八九六）五月十八日、皇后行啓時に図画の授業者として名前があげられていることからもわかるように、(三十六) 東京高等女学校を経て、女子高等師範学校に戻り、明治三十一年（一八九八）まで二二年間、東京女子師範学校及びその関係の学校に勤務している。発足時期の教員としては、東京女子師範学校（女子高等師範学校）に最も長く勤務した人である。明治三十五年（一九〇二）、女子美術学校の創設時には日本画の教授として参画している。明治四十二年（一九〇九）には東洋高等女學校の嘱託となっている。

江戸期にも閨秀画家はいたが、明治以降、絵画を職業とする初期の著名な画家には奥原晴湖がいる。武村は奥原に少し遅れるとはいえ両者は活躍期の重なり合う閨秀画家である。武村耕靄は、大正四年（一九一五）十一月二十五日、六十二歳で没している。武村の採用時の年齢は二十四歳である。

⑩ 植村花亭

植村花亭（書道）は明治十一年（一八八一）七月の採用である。創設時からは少し外れるが、芙雄が名前を挙げているのでついでに述べる。(三十七) 植村は、明治十四年（一八八一）五月二十四日には、皇后行啓時に、書法の授業をしている。また、明治十九年（一八八六）、東京女子師範学校の附属高等女学校が東京高等女学校となった時には、兼務として名を連ねているが、同年、『高等小学　女子習字本』を出版している。植村は共立女子職業学校の習字嘱託教員として明治三十一年（一八九八）頃まで勤務しているが、東京女子師範学校採用時の年齢は不明である。

⑪ 関信三

イギリスから帰国していた関信三（英語・後幼稚園監事）は、最初は、課外の英語の非常勤講師として採用されている。関は、幕末から明治初年にかけて、長崎、横浜でキリスト教の動きを探っていた本願寺派の元スパイで、偽装洗礼まで受け、横浜の亜米利加婦人教授所に出入りしていた中村正直らの動向にも目を光らせていた。しかし、中村は、関が元スパイであったことは知らないまま、ともかく英語のできる男ということで雇ったかと思う。

関については、国吉栄が詳しく著述しているが、その著『関 信三と近代日本の黎明』(三十八) によると、関は、天保十四年（一八四三）一月二十日、三河国幡豆郡一色村の真宗大谷派の安休寺に生まれ、大谷派の京都高倉学寮で学び、さらに広瀬淡窓の咸宜園で研鑽し、幕末には安藤劉太郎の変名でキリスト教諜者となり、維新後も引き続き太政官のスパイとして活動している。

明治九年（一八七六）十一月、関は、東京女子師範学校附属幼稚園の初代監事となり、墓石によると明治十二年（一八七九）十一月四日（竹村耕靄日記や同校年報では同年十一月五日となっている。『日本幼稚園史』では翌年四月十二日逝去とあるがこれは明らかなミスである）には亡くなるが、短い期間に幼稚園教育に関する翻訳書、著書などを精力的に出版している。

また、関は、豊田芙雄、近藤濱、保姆助手二人に対する、松野クララの「英語による保育法の伝習」の通訳として関わっており、芙雄らと共にわが国にフレーベル主義保育を導入し、定着させた最高の功労者の一人といえる。

しかし、関の「暗い過去」は常に「負い目」となっていたような節もある。また、病弱であったということもあろうが、自分の限界を良くわきまえており、保育実践の開拓だけでなく、保育者養成、園の運営などについても、かなりの部分を豊田芙雄らに委ねている。皇后の宮などの幼稚園訪問時のスケジュール作成、保育法の講義の一端、唱歌の改訳や作詞、恩物資料の作成など豊田が担わされた仕事は大量であったが、病弱な関にとって、豊田は面倒な仕事も確実にこなす「頼りがいのある女性」であったはずである。

主席保姆松野クララは、日本語はほとんど話すことができず、実質上の主席保姆は豊田がせざるを得なかったのである。関信三の逝去時、豊田は鹿児島滞在中であり、鹿児島からお悔やみ文を送っている。

関信三は、野球にたとえると、実地の経験はなかったが、名監督であったかと思う。松野クララは実地のルールを良く知る外国人助っ人でありコーチ兼プレーヤーであるが、やはりスタープレーヤーは豊田芙雄であり、近藤濱である。中村正直は総監督、田中不二麿はオーナーといったところである。関は、監事就任時、三十三歳である。

⑫ 近藤濱

明治九年（一八七六）十一月、豊田と共に附属幼稚園の保姆として採用される近藤濱は、東京都に残る履歴書によると、本校開校の時点では、女子師範学校寄宿舎の舎長（注：寄宿舎監事―副監―舎長の順になる）として雇われている。近藤は、天保十年（一八三九）二月、江戸松前藩邸で生まれている。近藤は舎長として採用された時、三十六歳で、弘化二年（一八四五）生まれの豊田芙雄より六歳年上である。

楽器の扱いなどは、芙雄以上に才があったようで「保育唱歌」の中には近藤が作曲したものも含まれている。幼稚園を設立した際に東京府に提出した近藤の履歴は、あっさりしたもので、ごく簡単にしか記していない。(三十九)

園長兼保姆履歴書
和　歌　　村田春野就業
英　学　　ションシェームス就業
洋　算　　河井　藏就業
漢　籍　　松山章就業
右就学仕候　　（東京女子師範学校創設ヨリ舎長拝命　以下略）

ただ、近藤は、英学、洋算まで勉強しており、当時としてはかなりの教養の持ち主だったことがわかる。棚橋や豊田のように採用以前に教師経験はなかったようで書かれていない。

豊田は、本校と幼稚園を兼務し、近藤は幼稚園の専任となるが、六歳年上の近藤は、常に豊田の後塵を拝する立場にあったことをどう感じていたかは不明であるが、優しく面倒見のいい女性だったようである。幼児教育者として、十二分な力量を身に付けた近藤は、明治十四年（一八八一）、同校附属幼稚園を退職し、明治十六年（一八八三）、華族松平忠恕など五名連名で共立幼稚園を設立している。また、明治四十五年（一九一二）四月、死去するまで、後述するように生涯幼稚園教育に携わりながら保姆養成にも大きな足跡を残している。

⑬　豊田芙雄

肝心の豊田芙雄抜擢の背景については、中村正直が芙雄の優れた人柄と教養の深さを買って採用した、ということになっている。確定的な資料があるわけではないが、当時の芙雄の人的ネットワークの中では、水戸に住む豊田芙雄を、東京女子師範学校の教師として文部省に推薦できそうな人物は、中村以外に見当たらない、というのも事実である。

中村正直が摂理（校長）に就任するのは、同年十一月十八日であるが、中村に対してはそれ以前から、文部省サイドから校長に就任して欲しい旨、度々強い要請がなされており、中村が摂理就任を承諾したのは、就任日より溯るのは当然である。また、摂理就任前であっても、伊澤が棚橋を推したように、早くから文部省に女学校を新設するよう要請していた中村正直が芙雄を同校教師として推薦してもおかしくはない。

芙雄抜擢の背景にいるキー・パーソンは根本正である。根本は、明治五年（一八七二）、同人社の開始直前から中村に師事し、塾僕となり、二年間塾に住み込み、中村には特に目をかけられていた男である。根本は、入門に際し、彰考館総裁の豊田天功の遠縁で家僕をしていたこと、天功没後は、天功の子で彰考館総裁代の小太郎の学僕となったこと、その後、小太郎は京都で暗殺されたが、残された「東湖の姪」豊田芙雄は学識豊かな女性で家塾を開いていること、などを中村に伝えたはずである。根本が中村にこうした自身の来歴を語らないで入門することは考えられないからである。むしろ、豊田家に仕え、また、天功の計らいで特別に弘道館の講義を聴くことができたことなどは、根本には自慢出来る来歴だったはずである。

また、高橋清賀子が指摘するように、小太郎は中村が勤務する昌平坂学問所を訪問したり、中村と同時期に箕作塾にも出入りしており、中村正直と豊田小太郎が直接出会っていた可能性もないわけではない[四十]。中村にしても、当時、全国的に名声の高かった豊田天功の子息が身辺にいたら、関心を持たないはずはないからである。

中村自身、幕末には、洋学を学んでいるというかどで、身辺に天誅の張り紙が貼られ、刺客につけ狙われたという経験があることから、根本の話は、強い関心を持って聞いたはずである。

また、第二のキー・パーソンとしては青山延寿《あおやまのぶとし》がいる。先述のように、明治七年の春頃、旧水戸藩の儒者青山延寿は、娘千世の教育の相談のため中村正直を訪れている。青山家は元々水戸藩の学者一家で、延寿の父青山延于《あおやまのぶゆき》は彰考館総裁及び弘道館教授初代頭取を勤め、長兄延光《のぶみつ》も彰考館総裁代及び弘道館教授頭取を勤めている。

延寿と小太郎は同時期に弘道館に勤めたこともあり、慶応二年（一八六六）五月に小太郎が彰考館総裁心得となり、翌月には延寿が彰考館総裁心得となるなど、二人は常に近い関係にいた。また、延寿は家塾で豊田芙雄の弟政を教えている。延寿は豊田家と桑原家のことを熟知しており、豊田家を良く知る延寿と、元豊田家の家僕根本正の面倒を見ていた中村正直とが、天功、小太郎、芙雄のことを話題にしない方がむしろ不自然であろう。豊田芙雄の名前が中村の頭にインプットされる可能性は何度かあったのである。

また、豊田芙雄は、明治七年（一八七四）、その頃神戸の郵便局に勤務していた根本正と、立川弘毅に、仮葬の夫の亡骸を京都本圀寺支院に改葬することを依頼している。根本と豊田家の繋がりは切れていない。

いずれにしろ、田中や小杉や中村にとって、芙雄は「藤田東湖の姪」というだけでも注目に値する存在であり、しかも学問教養豊かで志操堅固な女性であるということから、女子師範の教師として最適の女性と判断されたはずである。

芙雄は、明治八年（一八七五）十一月二十日、茨城県より辞職承認を得るとすぐに上京し、十一月二十五日、東京女子師範学校出校の通知を受け取り、十一月二十七日、同校で教員採用試験を受けている。翌日、合格が告げられ、「読書教員」に任命され、漢学・歴史・地理を受け持つことになる。実に開校前日の任命である。茨城では月給四円であったが（辞職直前に一四円になっている）、東京では月給一五円である。この時期の豊田芙雄の辞令には「芙雄」と「冬」が混在している。芙雄は、採用時、三十一歳である。

図2・2　東京女子師範学校教員集合写真（高橋清賀子家文書）

（三）　東京女子師範学校教員の集合写真

高橋清賀子家文書中に、明治十四年（一八八一）秋頃から二十年前後までの間に撮影されたものと思われる、東京女子師範学校教員の貴重な集合写真（図2・2）がある。[四十二]ただ、現在のところ、裏書きがないため、いつ撮影されたのか、写っている人物が誰であるのかを正確に特定することは困難である。

人物で明確なのは、前列中央の外国人女性が松野クララ、その向かって右隣りが豊田芙雄、クララの左隣りが武村耕靄（千佐）の三人である。また、後列中央の髭の男性は、顔の骨格、髭の生え具合からいって小西信八（注：のぶはち）で間違いないし、後列左端は風貌から見て数学の宮川保全、前列右端の男性は裁縫の渡辺辰五郎（注：後、東京女子専門学校、現・東京家政大学の創設者）でいいと思う。前列左端の女性は、後年の写真の顔の輪郭、表情等から見て松本荻江でいいだろう。

若い男性陣については、まったく手掛かりがないが、芙雄の向かって右隣りの若い女性は、富士額、目、鼻、口、顔の輪郭など中年期の鳩山春子に良く似ていると思うが確信はない。東京の鳩山会館を訪問し、種々写真を見せてもらい、丁寧に話も伺う機会も持ったが、これに類似する写真は同館にはない。また、明治二十年（一八八七）前後の春子の写真も見ることができたが、実際の春子はもっと精悍な顔付きであることから、現時点では、集合写真の女性を鳩山春子と同定することは難しいように思う。

撮影時期についても明確な答えはない。ただ、メンバーの就任、辞任の時期を参考にすることである程度のことはいえる。

小西、渡辺共に千葉師範学校長那珂通世が同校で採用した人物であるが、那珂は東京女子師範学校に移ると、二人を東京に呼び寄せている。小西は明治十三年（一八八〇）九月に就任し、明治十九年（一八八六）一月に辞任して訓唖院校長となる。渡辺は、明治十四年（一八八一）五月に同校に就任するが、東京師範学校と東京女子師範学校の合併劇に際し、宮川と共に明治十九年（一八八六）二月、辞任している。

クララは、明治十三年（一八八〇）二月、幼稚園を辞め、三月からは員外保姆となって、幼稚園には、時々、顔を出す程度になる。東京女子師範学校年報によると、松本は、明治十七年（一八八四）八月、秋田県女子師範学校三等教諭として移るが、明治十八年（一八八五）には秋田を辞め、フリーの教育者となったとされている。

この写真には、近藤濱と横川楳子らしい人物は写っていない。近藤は十四年（一八八一）十月辞職し、横川は、十七年（一八八四）十二月辞職して八王子に帰っている。

わかっている範囲で最も採用の遅い渡辺の採用年月からいえば、明治十四年（一八八一）五月以降の写真ということになる。また、この写真は何かの行事等時の記念写真であろうから、現職の者が写っていないこともあるし、退職した者が写っていても問題はない。ただ、諸氏の年格好からいって、十四年からそんなに大きくは下らないと思う。

あくまでも「推測」であるが、豊田芙雄が洋装をし、中央に収まっていることから、鹿鳴館時代の写真か、明治二十年（一八八七）秋、洋行する芙雄の壮行会時の写真か、あるいは、明治二十二年（一八八九）一月、ヨーロッパから帰ってきた時の歓迎会の写真とすることも可能ではある。

いずれにしろ、この写真は、明治初期に東京女子師範学校を支えた人々の雰囲気を伝える非常に貴重なものであることだけは間違いない。

（四）同校教員の社会的地位

当時の東京女子師範学校教員の社会的地位は相当高いものである。日暮忠誠編『官員録』（拡隆社）の明治十年（一八七七）六月版で見ると、文部省の項で、掲載されている学校は、東京大学はじめ九校だけであり、教員は、それぞれ綜理（注：東大各学部長のこと。学長はいない）や校長を含め、東京大学（予備門含む）二六名、東京外国語学校一四名、東京師範学校六名、東京女子師範学校七名、大阪英語学校二名、大阪師範学校三名、長崎師範学校五名、宮城師範学校五名の名前だけが掲載されている。

全国の官立の学校七〇名弱の教員しか掲載されていないのである。東京大学などは、数年もしない内に学部学科の新設、合併を重ねて、大きく膨張していくが、当時、これらの学校の教員として抜擢されたのは大変な名誉だったのである。これらの人々の他にも、それぞれの学校に「雇い」の教員や助手、事務員等の職員もいたのであるが、そういう人々はこの時期の官員録には掲載されていない。

東京女子師範学校では、摂理中村正直、三等教諭永井久一郎、五等教諭宮川保全、四等訓導松本荻江女、同豊田芙雄女、五等訓導坪内墨泉、同武村千佐女の名前が掲載されているが、これらの教員はエリート校のエリート教員だったのである。

後には『官員録』に、幼稚園、附属学校教員等も掲載されているが、この年はまだ本校の正規教員しか掲載されていないため、附属幼稚園の関信三、松野クララ、近藤濱の名前はない。

三　東京女子師範学校の教育の実際

（一）授業内容の実相

表2・2は、明治十三年（一八七九）七月、規則改正で示された本科課程表である。創業期の授業科目は、規則の改正毎に、内容的には徐々に整備されていったようである。

明治八年（一八七五）十一月二十九日、東京女子師範学校は、「育幼ノ責ニ任スル者ヲ養成スル」ことを謳い、「修業ノ期ヲ五年トシ教科ヲ十級ニ別チ各級六箇月ノ課程ニシテ一日四時半ノ課業トス」として教育活動を始めるが、一年半後の明治十年（一八七七）五月には、目的を「小學の師範たるべき女子を養成する」と明確化し、修業年限を一年半短縮して三箇年半としている。また、それからおよそ二年後の明治十二年（一八七九）七月には修業年限を半年短縮して三箇年に修正している。当初、五年の修業年限が設立三年半後には三年となったのだから、大きな変わりようではある。

さらに、福羽美静が摂理となって、明治十三年（一八八〇）七月、規則が改正され、小学校教員として必要な学科に加え、表2・2にも見られるように幼児保育術を課程の中に取り込み、小学校教師の養成と併せて幼稚園教員の養成をも目的とすることになった。

そのため、明治十一年（一八七八）六月二十七日、本校にできたばかりの保姆練習科は明治十三年（一八八〇）八月をもって廃止となる。本科生が小学校教員の資格と共に保姆の資格を得られるようにしたのは、一見、前進のようにも見えるが、卒業生は条件のよりいい小学校へと流れ、最初から幼稚園保姆を目指す者はそれほど多くはなかった。

表2・2　本科課程表(四十三)

本科課程表

各級課程ノ下ニ記セル數字ハ一週間内ノ課數ヲ示ス

學年	學期	等級／學科	脩身	家政學	格物	數學	文學	圖畫	裁縫	音樂	体操	教育
第一年	前期	第六級	脩身學・禮節 三		化學 四／動物學 四	算術 四／簿記 二	元明清史略 四／文法 二／作文 一	臨畫 二	單物類 二	唱歌 三	徒手・器械演習 三	
第一年	後期	第五級	脩身學・禮節 三		化學 三／植物學 四	算術 二／代數學 二／幾何學 二	元明清史略・古今和文 五／作文 一	臨畫 一	袷類 二	唱歌 三／彈琴 二	同上 三	
第二年	前期	第四級	脩身學・禮節 二	家政學 一	物理學 四／生理學 四	代數學 三／幾何學 二	文章軌範・古今和文 五／作文 一	實物畫・臨畫 二	綿入類 二	唱歌 三／彈琴 二	同上 三	
第二年	後期	第三級	脩身學 一	家政學 二	物理學 三／鑛物學 二／地文學 四	代數學 三／幾何學 二	文章軌範・名家文粹 四／作文 一	幾何圖法・透視圖法 二	羽織袴帯 二	唱歌 三／彈琴 二	同上 三	
第三年	前期	第二級	脩身學 一		物理學 三	三角學 二	名家文粹 二／作文 一			唱歌 三	同上 三	教育論 六／小學教授術 一〇／幼稚保育術 三
第三年	後期	第一級										小學實地教授／幼稚園實地保育

ただ、東京女子師範学校は、この課程表にあるように、修業年限は短縮しても、中等学校と同等の水準を保ちながら、教養豊かな教員を養成していこうとする姿勢は保っている。

明治十二年（一八七九）二月十三日、同校は第一回卒業式を挙行するが、卒業したのは第一期入学者七四名中一五名である。明治十二年七月には、第二回卒業式が行われ、第一期入学者の一八名が卒業している。二回の卒業式を合わせても入学者の半数以下しか卒業できていない。卒業がさらに遅れる者や、病気や学力不足等で退学する者も少なくなかったのである。

二月半ば過ぎに鹿児島へ赴く豊田芙雄も最初の卒業式には出席しているはずである（東京女子高等師範学校史でも同月同日が第一回卒業式となっている。武村耕靄の日誌で二月十二日とあるのは印刷上のミスであろう。武村の日誌によると当日は晴天である）。

創業時代の東京女子師範学校の教育の生々しい様子については、制度史などでは知る由もないが、当時の教師や生徒の筆記や述懐などで窺い知ることが可能である。開校時の教師の一人である豊田芙雄は「新聞いはらき　芙雄號」において当時の状況を率直に語っている。

芙雄によると、採用された教師は、深い漢学の素養があったり、英学を身に付けていたものはあったが、芙雄自身を含め、数字の書き方、計算の仕方などについては、勉強する機会がなかった者もいたのである。(四十二)

　當時の教諭の中に宮川保全といふ方が數學を教へたのでしたが、教師も算數の智識が必要だといふので男女教員とも授業の余暇に數學を教はりました、私など數字の書き方から習ふ騒ぎです、棚橋さんは當時珠算を知つてゐて大威張りでした先生が習ふなんて今から見ればをかしいが、何もかも創業時代の事ですから變つたことのみ多いのです

棚橋は商家の出であるから珠算なども当たり前のものとして勉強したものと思われるが、一部の人を除けば、当時

の一般の武士やその娘たちが珠算や洋算を習うことはほとんどなかったようである。

（二）芙雄の授業内容の一端

豊田芙雄は、東京女子師範学校開業当時の芙雄自身の授業について次のように述べている。(四十四)

私は、漢學と歴史、地理を受持つたのですが教科書なく、種々の古典を用いましたが、初年の頃皇后陛下が行啓になつて御前教授の時に私は蒙求を教授した（注：開業後四年間に六度の皇后の行啓がある）のを記憶していますから、そんなものを用ひたらしいのです。先哲叢談抔も用ひました、また一般讀書の方では輿地誌略を教授しましたが、教へる私が教へつゝ自らも世界の廣きに驚異の目を見張りつゝ智見を廣めるといつた具合です

芙雄は、女子師範学校用の既製の教科書はないので、『蒙求《もうぎゅう》』、『先哲叢談』、『輿地誌略』、『十八史略』などを教科書代わりに使っている。これらは同校特有の教科というわけではなく男子の師範学校等に倣ったものである。

『蒙求《もうぎゅう》』(四十五)は史書・経書・子書中の故実を児童に習わせるために、唐時代、七四六年、李瀚が成立させた三巻からなる初学者向けの書である。内容は、上古から南北朝時代までの有名人の言行を四字句の韻語五九六句に織り込んだものので、わが国には平安時代初期に入ってきたとされている。この書は広範に読まれ、さまざまな注釈本がある。ただ、子ども向きの書といっても、子ども時代に十分理解できるわけでもなく、大人になって読み返すこともあり、『枕草子』、『源氏物語』、江戸時代の文学作品などに与えた影響も大きいといわれている。

『蒙求』はいわば有名人のエピソード集であるが、卒業式歌「蛍の光」に由来する「孫康映雪車胤聚蛍」、夏目漱石の名前に由来する「孫楚漱石」、あるいは「孟母三遷」のように、巷間広く知られているものも多い。漢学を学ぶ者にとっては必要な基礎情報が盛られている。芙雄にとって『蒙求』を材料にした講義はたやすいものだったであろう。ただ、『蒙

求』をすでに習い終えている、という一部の女生徒をいかに満足させながら講義をするかは悩みどころであったかもしれない。

『先哲叢談』[四十六]は、原念斎が漢文で江戸前期、江戸中期の儒学者七二名について書き記したものであるが、近世儒学を知る上で貴重な一書といわれている。旧来の学問がまだ相当重視されていた時代のことであるが、取り上げられている代表的な儒者には次のような人々がいる。

・藤原惺窩（注：朱子学者。京学派。仏教との融和を心がけ、神道と朱子学の一致を説いたとされる。林羅山は弟子）
・林羅山（注：朱子学者。江戸期官学の基礎を築く。上野の学問所・先聖殿は後昌平黌となる）
・中江藤樹（注：初め朱子学を学ぶが、晩年わが国陽明学の祖となる）
・伊藤仁斎（注：古義学者。朱子学に疑問を抱き、直接古典の真義をつかみ仁義の実践をすべきだとの考えを持つ。門弟は三千余人に及んだ）
・新井白石（注：朱子学者。教学と政治の一致を理念とし、幕政を補佐。朝廷と幕府の関係改善、金銀貨の改良、外国貿易の制限などをしている）
・荻生徂徠（注：初め朱子学を学び、後、古文辞学を提唱。古典主義。政治と文芸を重視）

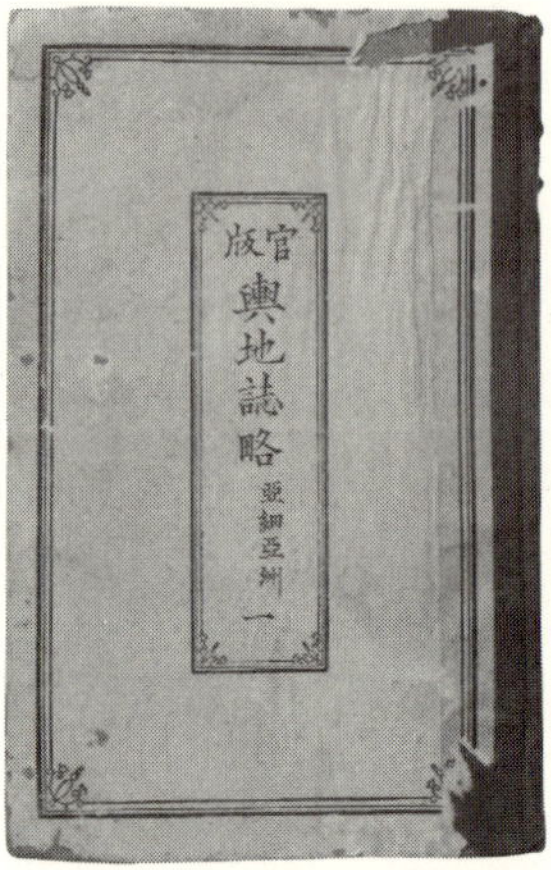

図2・3　『官版　輿地誌略』巻一の亜細亜編の表紙

儒学を学んでいた芙雄にとって、『先哲叢談』を使った講義もそれほど苦労なくできたと思われる。

『輿地誌略』は、明治四年（一八七一）、内田正雄が大学南校から出版したものが最初であるが、福沢諭吉の『学問ノススメ』、中村

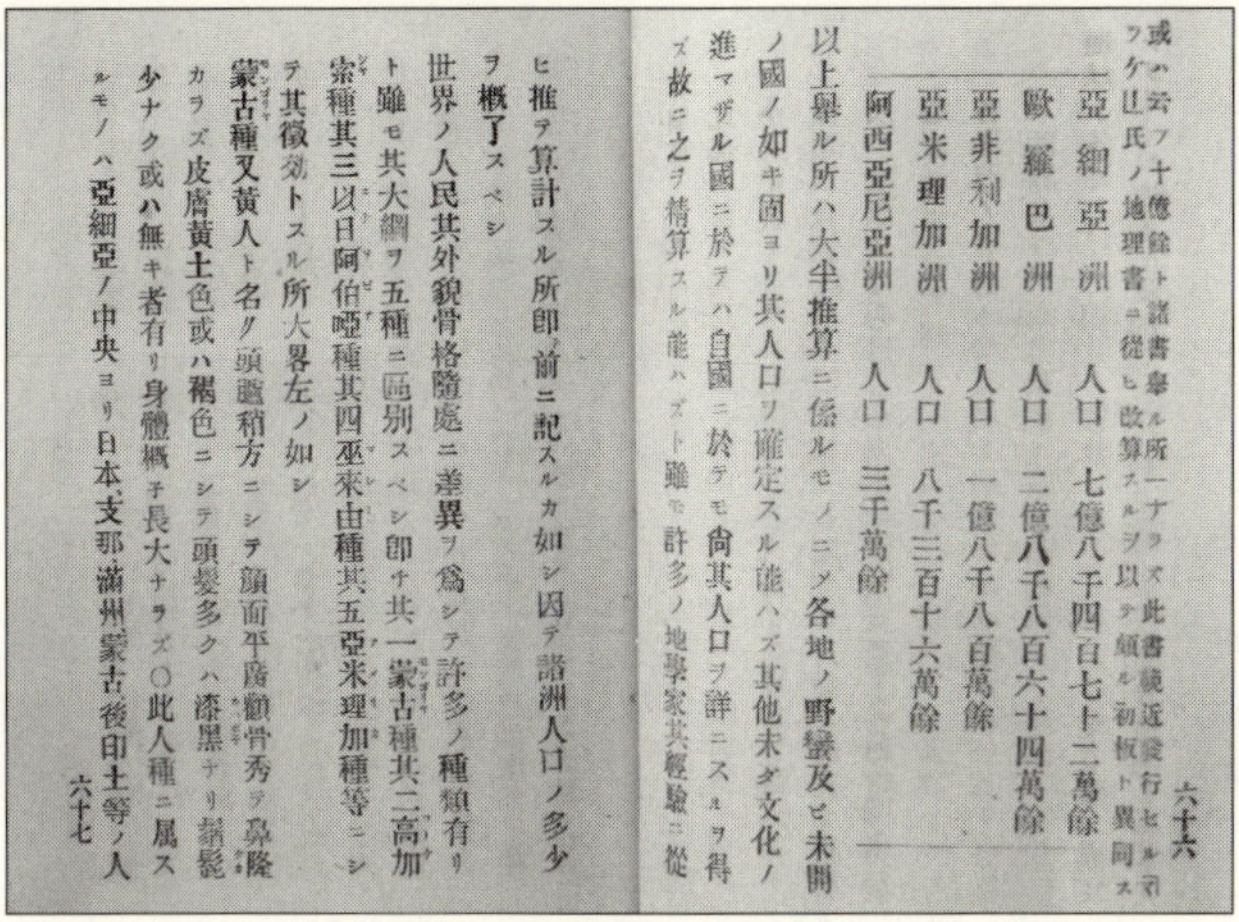

或ハ云フ十億餘ト諸書擧ル所一ナラズ此書頃近發行セル
フケ旦氏ノ地理書ニ従ヒ改算スルヲ以テ頗ル初板ト異同ス

亞細亞洲	人口	七億八千四百七十二萬餘
歐羅巴洲	人口	二億八千八百六十四萬餘
亞非利加洲	人口	一億八千八百萬餘
亞米理加洲	人口	八千三百十六萬餘
阿西亞尼亞洲	人口	三千萬餘

以上擧ル所ハ大半推算ニ係ルモノニメ各地ノ野蠻及ヒ未開ノ國ノ如キ固ヨリ其人口ヲ確定スル能ハズ其他未ダ文化ノ進マザル國ニ於テハ自國ニ於テモ尚其人口ヲ詳ニスルヲ得ズ故ニ之ヲ精算スル能ハズト雖モ許多ノ地學家其經驗ニ從

六十六

ヒ推テ算計スル所即チ前ニ記スルカ如シ因テ諸洲人口ノ多少ヲ概了スベシ

世界ノ人民其外貌骨格隨處ニ差異ヲ爲シテ許多ノ種類有リト雖モ其大綱ヲ五種ニ區別スベシ即チ其一蒙古種其二高加索種其三以日阿伯啞種其四巫來由種其五亞米理加種等ニシテ其徵效トスル所大畧左ノ如シ

蒙古種又黄人ト名ク頭顱稍方ニシテ顔面平廣顴骨秀テ鼻隆カラズ皮膚黄土色或ハ褐色ニシテ頭髪多クハ漆黑ナリ鬚髯少ナク或ハ無キ者有リ身體概子長大ナラズ○此人種ニ屬スルモノハ亞細亞ノ中央ヨリ日本、支那、滿州、蒙古、後印土等ノ人

六十七

図2・4　亜細亜編の説明部分

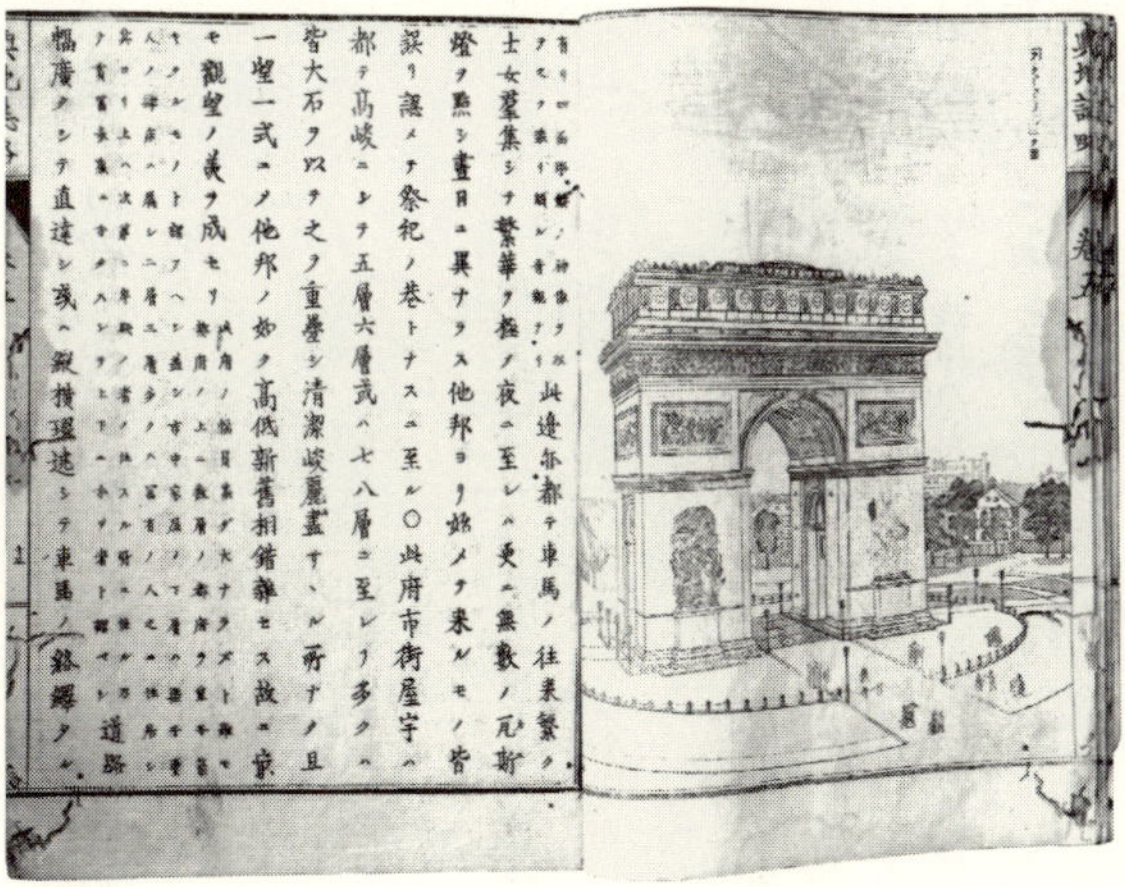

図2・5　巻三の欧州編部分

正直の『西国立志編』などと共に、明治初年の大ベストセラーの一つである。

豊田芙雄らが、明治四年（一八七一）の大学南校版を使ったか、あるいは明治七年（一八七四）の官版を使ったかは不明であるが、図2・3、2・4、2・5は、それぞれ筆者所有の『官版　輿地誌略』巻一の亜細亜編の表紙（四十七）と説明部分（四十八）、巻三の欧州編（四十九）の一頁を写したものである。

『輿地誌略』は世界地誌あるいは世界地理教科書というべきもので、先の二書が江戸時代から引き継がれた古風な「教養」であるのに対し、こちらは新しい時代の新風の「教養」である。したがって、教師にとっても、生徒にとっても新鮮で知的欲求を満たすものであったかと思う。

（三）　青山千世の述懐

山川菊栄の母青山千世は、同校第一期生の中でも最優等生の一人であるが、山川菊栄の母青山千世からの聞き書きには当時の生徒の真っ正直な感想が綴られている。（五十）

> 中村先生のほかにも、先生がたの中に当時知名の士が多く、学者として、詩人として聞こえた永井荷風氏の父君は教頭（注：監事）でもあり、実際に授業もされました。数学は幕末洋算家三人と称えられた一人宮川保全（注：宮川は維新時、十五歳。明治初期洋算家三人というべきか）という人に習い、四則、幾何、三角の初歩などをやりましたが、この先生は後に共立女子職業学校の創立者となりました。習字には坪内みつ子という三十余りの独身の先生があり、男にも珍しい漢字の能書で、その人の書いたお手本を見て千世の父が「へえ、これが女かい。女が唐様（からよう）を書くのかい」とびっくりしたほどでした。女の手習い師匠はいくらもありましたが、「からよう」でお手本の書けた人は前後にこの人ひとりだったでしょう。

第一期生も、千世など一部の生徒を例外に、数学については素養のない生徒が大半であった。ただ、数学を除けば第一期生には優秀な生徒が揃っており、良くいえば自信満々の生徒たちであり、悪くいえば「生意気な」生徒たちで

もあった。次のように、千世の言葉には、女性教師の学力不足に対する十代の少女の不満があふれ出ている。(五十一)

ことに第一期生は粒揃いといわれたそうで、棚橋さんの手に余った様子。生徒の方では女史はできないくせにできるふりをする、人間がいやみで鼻もちがならぬと嫌い、女史の方では質問を嫌って、夫に習ってきたことを機械的におしえるだけ。いつも質問にその場で答えられず、いちおうごまかしておいて、次のときに夫から習ってきて訂正するという調子でした。しまいには学校当局にたいし、生徒がなまいきで教師たる自分を侮り、わざと意地のわるい質問をすると訴えて抑えようとしたので、ますますバカにされ、他の教師との折りあいもわるく、欲が深いという非難もあり、早く辞職しました。

ここでは徹底的に教師を批判しているが、これは好き嫌いの激しい十代の少女から見た教師像であって、必ずしも棚橋の実力や人柄を正確に把握したものとは思えない。しかし、棚橋にもこの年頃の生徒の扱いに不慣れで対応のまずいところもあったのかと思われる。

ともかく、難しい年頃の生徒たちではあるが、同郷の大先輩でもある芙雄に対しては千世の見方もやや異なっている。(五十二)

も一人の女教師、豊田芙雄さんは水戸藩の人、大日本史編修、弘道館教授として功のあった豊田天功の息子小太郎の妻でした。小太郎は藩命で長崎に留学、蘭学や工業技術を学び（注：長崎留学は未確認）、烈公の信任厚かった人ですが、開国派というので京都で攘夷党に暗殺され、新婚まもない芙雄さんは十代（注：二十代初め）の若後家となって維新を迎えました。母は藤田東湖の妹、父も水戸藩知名の士桑原力太郎（注：幾太郎のこと。力太郎は兄）で小石川御殿のお長屋で育ち、同じ長屋にすむ先生の所に通って史記や漢書を習ったそうでした。晩年の芙雄さんは私にお茶の水の昔話をして、「私も先生をやめて生徒になりたかったのですがね。家庭の事情が許さないのでやむをえず先生をしていましたよ、できないのにね」と無邪気な高笑いをしましたが、こんなふうにこの人は至ってあけっ放しの、さらっとした性格でいやみがなく、わからないことは正直にわからないといい、「ほかの先生にうかがって見て」と正直にいって、次の機会にそれを報告するので生徒に好かれたそうです。

棚橋絢子が教師として採用されて半年ほどで辞めたのは事実である。上京後、夫大作は東京の学者たちと盛んに交流していたが、その中の一人に福沢諭吉がいた。福沢は慶応義塾に通っている某華族家の姫君に英語を教えていたが、他の学問を教えたり、生活を監督できる人を探していて、絢子に直接会って、人物を見定めた上でその役を依頼することになったのである。

棚橋は学校に迷惑をかけてまで辞めるつもりはなかったが、摂理の中村正直に相談したところ、「あなたに、今、止められることは、女子師範學校としても、困るのだが…」(五十三)と言いながら熟考の上、「あなたに、今、止されることは、學校としては困るのだが、しかし、折角、そんな結構な話があるものを、學校の都合のために、みすみす斷はつてしまふわけには行かない。あなたの身のためも考へなければならない。こゝに務めてゐるよりは、その話の口の方が、あなたのために、どうも好さそうに思へるから、行くことにしたらいいだらう」(五十四)ということになったのである。中村の判断には棚橋が生徒との関係で困り抜いているという事情もあるいは織り込まれていたのかもしれない。棚橋と某華族家との約束は三年であったが、姫君側の「とある事情」で約束は一年半で自然消滅し、その後、棚橋は学習院の教師となっている。

生徒たちが最も持て余した教科は理科系だったようである。(五十五)理科の漢文訳の教科書の文字は読めても内容の理解は困難だったのである。青山千世は次のような事件を物語っている。

そんなことも原因だったのでしょう。ある教科書がむずかしすぎると教室で生徒の中からこぼす声の出たことがあります。すると先生の方では、男子の師範でも同じものを使っているが、そんな泣言をいうものはひとりもない。そういう声が出るのは本気に勉強する気がないからだ。あなた方は学問する気でこの学校にはいったのか、嫁入り前のおけいこごとのつもりではいったのか、ときびしく叱りつけられました。その後苦情も出ず、せっせと勉強していたところ、休暇がすんで新学期を迎え、元気いっぱいで学校にいってみると、あにはからんや、問題の教科書が変ってばかにやさしいのになっているではありませんか。生徒は憤慨し、千世らクラスの代表数名が学校当局へ交渉に送られました。学校では前の教科書はむずかしすぎるというからやさしいのに変えたのに何が不平か、といいます。生徒の方では、あの本をむずかしいというのは私たちの心がけが悪いと先生から教えられたから、一生懸命勉強して二度と変えてくださいとは願わなかった。それを生徒に無断で変えられては困る。こんどの教科書ならわざわざ学校へ来て勉強する必要はない。勉強するはりあいがないからもう一度前のに返していただきたい、と頼みました。学校側では、なにしろあなた方はわがままだ、生徒の分際で学校のすることにいちいち口を出すのはまちがっている。みなさんの希望はこちらでも考えてみるが、今日のところはこのまま部屋へ帰っておとなしく勉強しなさい、ということで要領をえずに帰りましたが、まもなく教科書はもとのに返ったので生徒は大満足。それきり何につけてもむずかしいの、できないのと弱音をはくものはなくなりました。

ともかく教師にとって扱いにくい生徒たちではあったが、徐々に、難しい教科についてもやる気を出すようになっていった様子である。豊田芙雄も、明治八年（一八七五）からこうした女生徒を相手に授業をし、幼稚園創立後は幼稚園を兼務しながら、本校でも授業を継続したのである。

（四）多賀春子（鳩山春子）の述懐

先にも触れた多賀春子は、青山千世ら第一期生に約三年遅れて東京女子師範学校本科に入学している。春子は、突然、官立東京女学校が廃校となったため、やむなく該校生徒の受け皿として急遽東京女子師範学校に付設された特別英学科に入学し、明治十一年（一八七八）七月、同科を首席で卒業し、同年九月、試験を受けて本科に入学したのである。春子は、官立東京女学校と東京女子師範学校の双方を経験しているため、両者の違いを比較しながら貴重な述懐をしている。(五十六)

私は入学後漸次級を飛び越し、三年目に英語も最上級に編入された時、楽しい私等学生の身の上に一大不幸が落ちて来たのです。それは忘れもせぬ十年三月の事です。多くのお友達が蛍雪の功を積みつつ有ったこの学校が廃校になったのでありました。原因は解らなかったが、兎に角生来初めての学問上の悲哀を感じたのです。折角今まで計画を立てつつ勉強して来たものが、ここにぱったり道を失って途方に暮れたというかたちでありますから、私の失望は到底言葉にも尽されません。同窓の友は文部省で私等の為に新に設けられた師範学校中の特別英学科に移りましたので、私も兎に角これに入りましたが、西洋人の教師はなし、実につまらぬものなので同志と等しく途方にくれたのでした。廃校になった事は後に困難に遭遇の場合の忍耐と、人間万事塞翁の馬であるとを教えられた体験のひとつでありました。

官立東京女学校の廃止の決定は明治十年二月二日のことであり、その理由を西南戦争勃発に伴う経済的理由にあるとする説もあるが、私学校生徒が鹿児島で政府の火薬庫を襲撃するのは、同年一月二十九日のことであり、西南戦争の事実上の始まりは二月十五日のことである。

したがって、いかに火急のこととはいえ、一官立学校の廃校が突然決定されたとするのは理解しにくい。経済的理由があったにせよ、廃止という政策立案、成立、実行のプロセスには一定の時間を要するはずである。おそらく、政府部内に東京に官立の女学校が二つもいらない、といった意見があったのであろう。いずれにしろ、このことは春子の学問上の第一回の悲劇となり、その落胆は非常に大きかったが、東京女子師範学校の特別英語科を経て、あまり気乗りもしないまま本科の読書、算術、作文等の一次試験を受けてパスし、二次の口頭試問を受けている。(五十七)

最初のは日本外史後北条氏の外史氏論文でした―中略：中略は前村による―私は先ず外史氏という意味から説いて完全に説明したので、中村先生は感心されてか「十八史略の試験は必要なし」とて省かれ、且つ帰途途中幹事の永井先生から「初級より一級上に入れます」と宣告されましたので、非常に満足を感じてそれを帰宅後父に告げました。その嬉しさは未だに忘れません。斯くして十一年九月に師範科本科に入学し、二月に入学した人と同じ級に入ることを得たのであります。この時分入学と卒業は二月と七月、二回であったと覚えております。

竹橋女学校と師範学校とは生徒の種類が全く異っています。前者の方は、当時の元老議官とか、その他高位高官または紳商などの令嬢等が多いものですから如何にも悠暢に出来ています。それで月謝も高ければ、生徒の扱いも良いという風です。服装は一般に華美で、何処までも姫様的に出来上がっておるという有様でした―中略：前村による中略―これに反して師範学校の方では全然入る者の気分が異い、服装からして質素であります。

春子は優秀であったから飛び級も当然であったが、服装からして官立女学校は華美で女子師範は質素であったと述べている。家庭の経済的レベルや生徒の目的意識も異なっていたのであるから、服装の華美と質素の違いも生まれるべくして生まれたのである。

また、この頃、女子師範では全員寄宿舎に入り、官費で一カ月四円五〇銭ですべてを賄ったと春子は記している。書物もすべて学校が貸与したので殆ど小遣いはいらなかったとも述べている。また、勉強の中身については少々長いが次のように記述している。(五十八)

師範学校に入学して段々と日の経つにつれ、私の深く感じて来たことは、この学校の学科の中には暗記物の多いことです。竹橋女学校（注：官立東京女学校のこと）の暗記は英語を覚ゆる為と思えば面白かったが、日本語の暗記はつまらぬ様に思われました。それは少しも実力養成という方面には力を尽さないで、機械的に覚え込むような気がしたからであります。竹橋女学校の時分は英語の力がつくと思って一生懸命でしたが、日本語でしかも地理にしても何国の産物だとか、場所の位置名称だとか、又は金石等はその比重だとか、動植物学はその分類だとか、化学の如きも何々の製造という風に矢張無意識の暗誦のものが多く、且つ先生方が皆勉強家で専門的に沢山教えて下さるので暗記するのが随分困難でありました。漢文、歴史、理科、作文、経済、教育及び教授法等は私の好きな学科とて別段に苦しみも致しませんでしたが、画学は不得手で先生が奨励されるものですから無拠勉強したものです。それに数学にしても幾何、代数、三角まで教わりましたが、その中代数の式題が頗る面倒なものでよく計算を間違えて困り、一度の宿題にしても式題の多い時は約二百題位宛課せられたものなんです。それを正直に皆勉強すると随分時間を要しますので、つい自分の好きなものを余計に勉強して、嫌いなものは遅れがちになり、後から後からと追駆けられて居る様な次第でありました。この数学の問題ばかりだとよいのですが、何様すべての先生が少しも余計に注入せんと試みらるるのですから、生徒の脳力の負担と申すものはそれは莫大なものでありました。あらゆる便宜を与えられて勉強の出来た竹橋女学校時代とは、雲泥の差異があったと申しても敢て間違いではないでしょう。こういう訳ですから、生徒の中には随分勉強家が多くて、何誰でも一生懸命に唯日も足らぬという具合に励まされたものです。

とにかく機械的にしろ、暗記的にしろ、それを教えるという教師の熱心さも大したものであったし、生徒にも勉強家が多かった故にこの学校は一方から考えると余程私に益したかとも思われます。周囲のお友達が盛んに勉強されるものですから、私も好まぬものでも勉強することになる。もちろん竹橋女学校時代は盛んに勉強は致しましたが、それでも自由に便宜の良い様にして、自ら好んで楽しく勉強したものですが、ここではそうはゆきませんでした。

東京女子師範学校では、官立東京女学校（竹橋女学校）に比べると、先生も生徒もまじめで、知識の暗記や計算の練習などに追われていた様子が良くわかるが、春子は閉口しながらも、周りの生徒の刺激もあって、そうした勉強にも自分なりに取り組んでいったようである。

（五）　多賀春子らの幻の米国留学

多賀春子は女子師範学校の生徒時代に「幻の米国留学」事件に遭遇することになる。春子の学問上の第二回目の悲劇である。

明治十二年（一八七九）四月末頃、数学の授業中に春子は摂理室に呼ばれ、米国留学の話を初めて聞いた。留学者は多賀春子（米国女子師範）と丸橋光子（米国女子師範）と加藤錦子（米国幼稚園）の三人で、春子は、同年五月十三日、文部大輔田中不二麿から「女子師範学科修業ノ為米国へ差遣候事但シフィラデルフィア女子師範学校へ入学致スベキ事」の辞令を受けている。

出発は七月二十日と決まっていたので、春子らは三カ月弱学校を休んで準備に取り掛かっていたが、七月になって、突然、洋行中止の命令を受けるのである。豊田芙雄は鹿児島滞在中の出来事である。(五十九)

如何なる理由で中止されたのかはよく分かりませんが、何でも閣僚の中に「女子が米国の教育に深入りするのは我国風に適しないだろう」ということを強く主張される人があったので、遂に中止になったものらしいのであります。

春子は、竹橋女学校が潰れた時よりもさらに深いショックを受けることになったが、政界における守旧派から横槍が入った、というのが事の真相である。三人の身を気の毒がった文部省は準備に要した費用の弁償を申し出、学校はそれぞれの級を一級昇級することを申し出たが、こんなことで三人の失望を拭い去ることができるはずもなかった。この時代は、女子の留学、女子の社会的進出を奨励する新勢力と、それを頭から押さえ付けようとする旧勢力があったのである。

（六）芙雄と読書教員の立場

東京女子師範学校では、数学、理科、書、図画といった領域ではすでに高度な専門家が教師として送り込まれており、その力量は生徒が短期間で越えられるようなレベルではなかった。

しかし、芙雄らのように「読書教員」というのは位置付けが微妙である。もちろん、読書教員といっても、いわゆる「読書」の教員ではなく、講読を通して漢学や歴史や地理の教育を担当する教員のことである。設立当初は、読書教員には、漢文、歴史、地理など、多様な範疇のものが課されることになり、漢学の古典や欧米の翻訳書の講読をすることによって、幅広い教養を教授することが意図された。教員の定数が不十分な当時、「読書教員」に幅広い教科を担当させることは、学校側にとって好都合だったという理由もある。

講読は、現代の大学でも一つの勉強法として残っているが、それぞれの専門領域を専攻した教師が育ってくると、読書教員も自らの専門の領域を明瞭にしていかなければ、名実共に女子の最高学府の教員の地位は不安定になる。もちろん、豊田芙雄ほどの力量があれば「漢学」あるいは「家政学」などの教科の専門家として立つことは十分可能であった。

しかし、芙雄の場合は、本校の教師として籍を残しながら、東京女子師範学校附属幼稚園の保姆を兼務したことで、わが国ではまだ専門家が皆無の保育法の世界で専門家となることができたと同時に、わが国に幼稚園教育の一粒の種を蒔き、それを育て上げていったという、幼稚園教育のパイオニアとしての歴史的役割を果たすことにもなったのである。

したがって、中村正直の勧奨であったとは思われるが、芙雄が幼稚園教育の世界へ入っていったことは、芙雄の人生にとっても、わが国の保育史においても幸運な転進だったというべきである。また、芙雄は、明治十八年（一八八五）三月二十五日、文部省より「女子師範学校幼稚園保育法及び家政科教員免許状」を受けている。ある意味では、この日、芙雄の専門が初めてオーソライズされたといえよう。

四　共立女子職業学校の設立と東京女子師範学校の教師たち

（一）　多賀春子の結婚

多賀春子は、明治十三年（一八八一）七月十三日、二十歳で東京女子師範学校を卒業している。八月、母校の附属女児小学校の教師となるが、十一月、鳩山和夫と結婚することになり退職する。鳩山に春子を紹介したのは、留学中の友人で、本校監事で関信三の没後、幼稚園監事を兼任した神津専三郎（注：伊澤と共に洋風唱歌を導入する。作曲家神津善之の先祖）である。

鳩山和夫は若い頃は東大講師をしていたが、舌禍事件で退職し、後に、弁護士となり、再び東大に戻って教授となる。また、早大校長、衆議院議長などを歴任している。春子らの結婚披露宴には、春子の学生時代の友人らと、福羽美静女子師範学校長はじめ同僚たちも呼ばれている。豊田芙雄も当然披露宴に出席したはずである。結婚後、鳩山春子は、明治十七年（一八八四）、再び母校の教壇に立つようになる。

（二）鹿鳴館時代と東京女子師範学校

鹿鳴館は明治十六年（一八八三）十一月に落成した。鹿鳴館では毎夜のように夜会が催されるようになった。わが国における「にわか作りの社交界」の登場である。上流階層の人々は競って外国人について社交ダンスを習い、洋装をするようになった。

こうした風潮は、堅実な校風の東京女子師範学校にも影響を及ぼし、校内において舞踏演習会が催されるようになり、生徒の髪型、服装が変わり、学科の中に社交ダンスが導入されるということになった。鹿鳴館時代は、日本語の廃止や、人種改良まで唱えられるというあり様で、行き過ぎた欧化主義に対しては、国粋主義者だけでなく、自由民権運動家も批判的であったとされている。

しかし、日本画家で東京女子師範学校教師の武村も洋服を発注し、クララに洋服の着付けのことを習い、鹿鳴館と関わっていることが明治十八年（一八八五）の日記に窺える。(六十)

五月一日　金曜日　晴
本日より女子師範學校に於て舞踏演習會始まる。鍋島直大君を始め貴顯の男女客参られ舞踏せらる。
七月三日　金曜日　晴
洋服出來、田中より送付。午後七時半より舞踏會始まる、來賓あまたにて盛會なり、夜十一時散會。（注：以下前村による略）
七月四日　土曜日
午後一時より鹿鳴館へ行く、婦人慈善會の相談會なり。（注：以下前村による略）

豊田芙雄が、鹿鳴館時代を歓迎していたのか、批判的に見ていたのかは不明であるが、芙雄はわが国における鹿鳴館の良否云々を越えて、明治二十年（一八八七）十一月、自身が欧州へ旅立つことになる。

（三）　国家主義教育の進行と男女師範学校の合併

明治十八年（一八八五）八月、参議院議官兼文部省御用掛森有礼は、東京師範学校の監督となって、東京師範学校と東京女子師範学校を合併させ、東京女子師範学校は東京師範学校女子部とした。『東京女子高等師範学校六〇年史』には「時に高嶺秀夫が東京師範学校長で、本校校長那珂通世は合併と共に東京師範学校教諭となった。(六十一)」ときわめて抑制的に記述されている。

しかし、合併前に那珂校長は「ひら」に降格され、男子の東京師範学校の高峰校長が女子師範の教頭を兼ねることになった。この合併は、対等合併などではなく明らかに吸収合併である。自ら望む吸収合併ならば何も問題は残らないが、突然、天から降ってきたようなこの合併案に対しては、東京女子師範学校の校長以下すべての教員が猛反発をしたのである。鳩山春子の第三回目の学問上の試練がこれである。武村はこの日のことを次のように日記に記している（傍線部は前村による）。(六十二)

八月二十七日

（注：前村による前文略）母上一封持來り給ふ、いづくよりと燈火にかざして見るに舊東京女子師範學校よりとあり、いといぶかしき事ぞかしと中押開き見るに、今般女子師範學校を東京師範學校に合併せられしに付舊校長より告諭の旨に付明日出頭すべきよしなり。舊女子師範學校とあり、千佐いと驚きていかなればいまの頃にしてかくはなりつるとさらにいぶかしさ晴れず。抑も同校は設立より茲に十一年、司びと教師等の心盡しと生徒の勉強いみじきより年ましに學事も進み、世の人も女子の兒持たらんは其校に入れ學ばせばやと望をかく程になんありにしものをと惜しくもあり、又一つには文部省にて學事にいかなる便利かおはして斯くはなし給ふらんとおし量りかね、夢心地其夜はすぎこし方を思ひいで夢もいとよふむすばざりけり。（注：前村による以下略）

武村らにとって、合併劇は突然のことで、寝耳に水、晴天の霹靂というべき驚愕であった、と同時に、無念千万なる出来事でもあった。武村は翌日の日記に次のように記述している。[六十三]

八月二十八日

出校す。午後二時舊校長、教員及職員一同を招かれて、本校合併の趣を告諭せらる。次いで森監督（注：森有礼）よりの書状を一統に示さる（注：この書状には教職員の身の振り方については最大限配慮するが、職を失う人もあり得る、ということが書かれている）。

明治十九年（一八八六）二月、幹部教員の宮川保全と、裁縫では全国的に名前が知られていた渡辺辰五郎は辞職する。二人は男の「意地」を見せたのである。

森有礼は、一方で鹿鳴館時代を演出し、一方では国家主義教育の完成を急ぐが、森のアンチノミー的な言動は誤解を生むことになり、明治二十二年（一八八九）二月十一日、大日本帝国憲法が発布され、国内が祝賀ムードに満ちている最中に、国粋主義者の手によって殺害されている。祝賀ムードに水を差すということで、この日は、森の死は秘されている。

明治十九年（一八八六）二月、東京女子師範学校附属高等女学校は、文部大臣官房附属の東京高等女学校となるが、豊田芙雄、武村千佐（耕靄）、鳩山春子、丸橋光子は同校に移り、植村花亭子と愛知すみ子が兼任として名を連ねている。

この日のことは『耕靄集』の日記（抄）にはないので、『共立学園六十年史』に掲載されている武村耕靄の日記から引用すると、武村は次のように記述している。[六十四]

二月二十日土曜日

文部省より御用在に付　午前十時本省へ出頭す　依願免官の御書付賜り　更に高等女學校掛主任仰付らる　給料元の如し豊田氏丸橋氏等同様免官の上高等女学校掛仰付らる　鮫島氏は舊校へ轉任　帰りに師範學校へ参り書籍等調べる

この附属高等女学校の変転について、もっと正確に述べると、短期間に目まぐるしい動きをしている。

明治十八年（一八八五）八月　東京女子師範学校附属高等女学校から、東京師範学校附属高等女学校となる。

明治十九年（一八八六）二月十八日　文部大臣官房所属となる。上野公園内の音楽取調掛構内に移り、単に高等女学校と称する。

明治十九年（一八八六）四月（六日　箕作佳吉、主幹）　授業を開始する。

明治十九年（一八八六）六月十九日　東京高等女学校と称する。

明治十九年（一八八六）九月七日　神田区一橋通町二番地の旧体操伝習所跡に移転する。

明治二十年（一八八七）十月四日（箕作佳吉校長）　文部省直轄となる（高等中学校、高等商業学校、東京職工学校、東京美術学校、東京音楽学校、東京盲唖学校等と同格の学校）。

明治二十三年（一八九〇）三月二十五日　女子高等師範学校の附属校となる。

豊田、武村、鳩山、丸橋らも東京師範学校と東京女子師範学校の合併騒動から免れることはできなかった。しかし、春子は先の官立東京女学校の突然の廃校、幻に終わった米国留学という二度の悲劇においては、ただ茫然自失として、一人悶々とするしかなかったが、今回は東京女子師範学校の教員仲間と、私立の女子職業学校を設立する、という戦いに共同戦線を張ることになる。

（四）　共立女子職業学校の設立

明治十九年（一八八六）四月、宮川、渡辺の呼びかけで、二九名の発起人の名前を付して共立女子職業学校の「設立趣旨」が発表されている。発起人の名前は次のとおりであるが、ほとんどが東京女子師範学校の関係者である。

永井久一郎	那珂　通世	中川謙二郎	植村花亭子	鳩山　春子	渡邊辰五郎
三田　葆光	鮫島　晉	宮川　保全	松岡登波子	安香　烈子	三守　益子
小西　信八	秋山　四郎	武村千佐子	藤村　晴子	愛知すみ子	奥　好義
豊田芙雄子	松本荻江子	上野　銀子	柴田　直記	山川二葉子	安達　安子
丸橋　光子	佐方　鎮子	合原　琴子	後閑菊野子	加藤　米子	

また、設立願いを出すまでに、手島精一、服部一三、矢野二郎、富田鉄之助、山岡次郎の五名が加わり、発起人は総勢三四名となる。同校の『第一学年報告書』(六十五)に開校年の教員としては次のような人々があげられているが、専任以外の講師もかなりの人数が協力したはずである。

校長 服部一三、補佐 手島精一、幹事 宮川保全、学科 加藤栄、術科 渡邊辰五郎（裁縫科）、結城正明（刺繍科）、
跡見玉枝（図画科）、舎監 豊田芙雄（嘱託）

豊田芙雄についていえば、明治二十七年（一八九四）、芙雄が「翠芳学舎」を設置した際に、東京府に提出した履歴書には「一　同十九年七月公務ノ余暇発起人数名ニテ共立職業学校ヲ創設シ該校ノ学科ヲ受ケ持チ側ラ寄宿生徒ヲ監督ス」(六十六)とある。この履歴書にあるように、同校で芙雄は授業も担当しているのである。東京女子高等女学校の勤務の余暇に講義を担当したことは鳩山春子の伝記などにも同様の記述がある。設立の趣意書の冒頭には次のように書かれている(六十七)。

つらつら我國婦女の世を渡る有様を視るに、概其父兄良人に便りて、其衣食を仰ぐのみにして、自ら生業を營むことを知れる者甚少なし、一朝其杖柱と頼める父兄良人の不幸にあるにあへば、忽身を処するたつき（注：生活の手段）を失ひて、俄に貧苦に陥り、徒に人を怨み、世を嘆《かこ》（前村注：託）ちて、せんすべを知らざるに至る者あり、その惨ましさいはん方なし、か、

る有様に至るゆゑんを推究むるに、女子の教育いまだ遍からずして、實業を授くるの道行はれざるに由るなり、近頃女子學校の設世に乏しからざれども、其授くる學科は、或は閑雅優美に流れ、或は高尚深遠に趨り、概文字章句の末に拘り、實業に疎くして、日用に適せず、竟に小學以上の學校教育は專ら中人以上の師弟に行はれて廣く世の女子に及ぼすを得ざるに至れり、吾ら窃にこれを憂ひ、同志の者相謀りて、女子の職業學校を設け、專女子に適する諸の職業を授け、併せて、修身和漢文、英語、習字、算術の如き日用必需の學科を教授せんとするなり、然るに世の人或は職業としいへば、賤しき業として厭ふ者あれども、そは大なる謬なり（注：以下前村による略）

メンバーの中には、普通の高等女学校を設置する意見もあったが、多くの女子に自立の道を拓く職業教育学校を創設したい、とする宮川保全の強い意見に集約されたのである。

教科としては、甲乙の二科に分かれ、甲科は裁縫、編物、刺繍、造花、押繪、組絲、圖畫等があり、乙科は裁縫、編物、刺繍、造花、押繪、組絲、紙細工、藁細工、玩具、洗濯等があり、甲乙科とも其中一二を修めることを義務づけている。また、甲科生は讀書、習字、算術、家事、理科の五学科を必修とし、英語を随意に兼修できることにし、乙科生は讀書、習字、算術の三学科を兼修させている。修業年限は甲科が三年、乙科が半年あるいは一年としている。入学資格は甲科が小学校卒業者もしくは同等の学力を有する者、乙科が年齢十五歳以上である程度読み書きができる者としている。まさに設立趣意書にあるとおりの「實學中心」の課程である。春子は、明治三十二年（一八九九）、共立女子職業学校の商議員となり、明治四十五年（一九一二）、新設の家庭科の主任となって修身科等を担当し、大正五年（一九一六）、校長補となり、大正十一年（一九二二）には、第六代校長に就任し、共立女子職業学校の顔となる。

しかし、芙雄は、この学校と深く関わることはなく、清水陽子と高橋清賀子が後述するように、翌年、明治二十年（一八八七）十月、イタリア全権公使として派遣される徳川篤敬侯夫人の随行者として選ばれ、文部省からは欧州の女子教育の実情調査報告が命ぜられ、併せて女子職業教育、幼児教育調査をするために、欧州に向け旅立つことになる。

この女子職業学校の設置運動は、芙雄の欧州での女子職業教育調査の役目と重なるところがあり、帰国後、芙雄自身の手による私立学校設置の伏線ともなっている。

〔注〕

一　山川菊栄『女二代の記』平凡社　昭和五十年初版第四刷（昭和四十一年　初版第一刷）五八頁
二　東京都編兼発行『東京の女子教育』東京都　昭和三十六年　二八～二九頁
三　名倉英三郎『日本教育史』八千代出版　昭和六十年　二刷（昭和五十九年 初版）一二五頁
四　鳩山春子『鳩山春子　我が自叙伝』日本図書センター　一九九七　三三～三四頁
五　森本貞子『女の海溝　トネ・ミルンの青春』文芸春秋社　昭和五十六年
六　前掲　山川菊栄　一七頁
七　同右　二八頁
八　前掲　名倉英三郎　七八頁
九　堀松武一『日本近代教育史―明治国家と教育―』理想社　昭和四十七年　第五版　四三～四四頁
十　文部省『学制百年史』http://www.next.go.jp/b-menu/hakusyo/html/hpbz...　二〇〇八年十月八日
十一　前掲　名倉英三郎　八三～八四頁
十二　吉井和子『薩摩おごじょ 女たちの夜明け』春苑堂出版　平成五年　七五頁
十三　大越哲二「最初の私費留学生―新島　襄と岩倉使節団　そしてヴィーズバーデン―」同志社大学人文科学研究所・社史資料室『新島研究』九十号及び九十一号　一九九九年及び二〇〇〇年
十四　前掲　東京都『東京の女子教育』九頁
十五　同右　一〇頁
十六　東京女子師範学校編『東京女子師範学校六十年史』（日本教育史文献集成）第一書房　昭和五十六年（復刻）一六頁
十七　同右　二三～二四頁
十八　同右　二九頁

十九　中村武羅夫『傳記　棚橋絢子刀自』婦女界社　昭和十三年　一〇八頁
二十　高橋清賀子「今日の幼児教育に語りかける　日本の幼稚園草創期の事々―豊田芙雄の文書から―」（No. 七八）一九九七　一四頁
二十一　共立女子学園百年史編纂委員会『共立女子学園百年史』（非売品）ぎょうせい　昭和六十一年　二八七頁
二十二　中村正直・石井民司『自叙 千字文／中村正直伝』（伝記叢書）大空社　昭和六十二年
二十三　前掲　中村武羅夫
二十四　前掲　山川菊栄　三八～三九頁
二十五　日暮忠誠編『官員録　明治十年六月―十一年七月』（明治十年七月　明治十一年四月分欠）拡隆社　明治十―十一年
二十六　武村忠編兼発行『耕靄集 下』（非売品）昭和六年　三〇～三一頁
二十七　中村秋人『名媛と筆蹟』博文館　明治四十二年　一〇〇頁
二十八　前掲　武村『耕靄集 下』一九四頁
二十九　同右　一九〇～一九一頁
三十　武村忠編兼発行『耕靄集 上』（非売品）昭和六年　第五図
三十一　同右　第五図解説
三十二　前掲　武村『耕靄集 下』一九二頁
三十三　武村耕靄女史『小學女子畫帖』興文社　明治三十四年
三十四　前掲　武村『耕靄集 下』二七～二八頁
三十五　同右　二八～三〇頁
三十六　前掲　東京女子師範学校編　七九頁
三十七　同右　四五頁
三十八　国吉　栄『日本幼稚園序説　関 信三と近代日本の黎明』新読書社　二〇〇五年
三十九　東京都編兼発行『東京の幼稚園』東京都　昭和四一年　八八頁
四十　前掲　高橋清賀子　一八頁

四十一　高橋清賀子家文書　写真「東京女子師範学校教員集合写真」明治十四年頃から明治二十年頃
四十二「新聞いはらき　芙雄號」大正十四年十二月十七日
四十三　東京女子高等師範學校『東京女子高等師範學校第六年報　自明治十二年九月 至明治十三年八月』明治十三年　一八頁
四十四　前掲「新聞いはらき　芙雄號」
四十五　西播　岡白駒先生校註・長門　佐佐木向陽標疏『箋註蒙求校本』西京書肆　五書堂　江戸期
四十六　原善（前編）・東條　耕（後編）『先哲叢談』（前編・後編合本）明治四十四年十六版（明治二十五年初版）
四十七　内田正雄纂輯『官版　與地誌略』（一　總論〇亜細亜洲）文部省　明治七年
四十八　同右　一二八頁
四十九　同右　巻五　歐羅巴洲之部二　一二頁
五十　前掲　山川菊栄　三八頁
五十一　同右　三九頁
五十二　同右　四〇頁
五十三　前掲　中村武羅夫　一一二頁
五十四　同右　一一三頁
五十五　前掲　山川菊栄　四四～四五頁
五十六　前掲　鳩山春子　五九～六〇頁
五十七　同右　六六～六七頁
五十八　同右　六八～六九頁
五十九　同右　七二～七三頁
六十　前掲　武村『耕靄集 下』五四頁
六十一　前掲　東京女子高等師範學校　五一頁
六十二　前掲　武村忠編　五八頁
六十三　同右　五八～五九頁

六十四　前掲　共立女子学園百年史編纂委員会　二六頁
六十五　同右　一二頁
六十六　前掲　東京都『東京の幼稚園』四〇頁
六十七　前掲　共立女子学園百年史編纂委員会　二〜三頁

〈前村　晃〉

第三章　豊田芙雄と恩物保育の受容と初期定着期の実相

一　幼稚園の創設とフレーベル主義保育の初期情報

（一）幼稚園の創設

東京女子師範学校は、明治八年（一八七五）十一月二十九日、開業するが、本校開業の四カ月前の明治八年（一八七五）七月七日に、田中不二麿は太政大臣三條實美宛に、同校に附属幼稚園を設置したいとの伺いを立てている。(一)

幼稚園開設之儀
方今小學校の設立漸に加はり學齢子女就學の途相開け、授業の方法稍端緒に就き候得共獨學齢未滿の幼稚に至っては、誘導の方其宜を得ざるが如く、教育の本旨に副はず頗る缺典と存候、因て這回東京女子師範學校内に於て幼稚園を創置し、茲に幼穉の子女凡百人を入れ看護扶育以て異日就學の楷梯と致度尤右費用は當省定額金を以て措辨可致候條別段仰裁可候也

これに対する回答は「伺之趣難聞届候事」(二)であった。設立願いは却下されたのである。そのため、同年八月二十五日、次のような「再應伺」を出している。

本年七月七日附を以幼稚園開設の儀相伺候處同八月二日附を以伺之趣難聞届候段御指令相成然處右幼稚園の儀は兒輩の爲め良教師をして專ら扶育誘導せしめ遊戲中不知不知就學の楷梯に就かしむるものにして教育の基礎全く茲に立つべく遂次學事擴張の際先づ於當省實地此雛形を設け漸々其方法に因らしめんことを欲する旨趣にして即今不可缺之急務速に施段相成度尤女子師範學校内建家兼用致し當分之内費等該校補助金を以辨償可致候條開設之儀御允許相成度此段更に相伺候也

教育の基礎は幼児教育にあるとし、学事の拡張のためにも、幼稚園設置は急務である。また、費用に関しては改めて要求するものでない。費用は当校内で措置するので、ぜひとも設置認可をいただきたいという内容である。これに対し、同年九月十三日、太政大臣三條實美から「伺之趣聞届候事」との設置認可の回答があり、九月十五日、文部省は幼稚園設置の布達を出している。

文部省の指示を受けて桑田親五訳・稲垣千頴《いながきちかい》校那珂通高《なかみちたか》訂『幼稚園《をさなごのその》　上』（三）が刊行されたのは明治九年（一八七六）一月である。幼稚園設置認可の三カ月後のことである。翻訳に一定の時間を要することは当然のことであるが、この翻訳が設置認可前に指示されたか、設置認可後に指示されたかは不明である。いずれにしろ、文部省はフレーベル流の幼稚園教育の導入に向けて早くから手を打っているのである。

桑田は、幼稚園第一總論（序）において、新しい幼児教育の必要性について次のように述べている（注：原文によるルビは一部のみ付している）。

> 古より六歳以上の　童を教へ育つる方法《しかた》に於ては代々に意《こころ》を用ゐさせられ殊に（注：「御一新」の言葉を用いたため行が変えられている）
> 御一新以来其道大に開け學校の設盛《まうけさかり》にしてかく文明の世とハ成りたれども五歳以下の幼稚《をさな》き時に其能力《はたらき》を導く方法《しかた》に於てハなほいまだ備らす人の幼《いとけな》き時ハ事物に感ずる事深き故にすべて見聞くことも心に止りてながく忘れぬものなれば其六歳以上になるを待ちて始て教ふるよりハ其最も幼き時より教を以て大いに効《しるし》ありとす今世上の母乳母《ははうば》などの子を遊ばするを見るに其室《へや》は學問の助となる様に道理を籠めたる品《しな》もなくして只商賣に用ゐる物か或ハ既に形の成り上りたる玩器《てあそびもの》等を授くるのミなれバいかで其子の智を開くことを得んや是誠に惜しむべしよりて今世上の稚児を何もミな同じく接遇《とりあつかひ》て其智を開かしむる方法をこゝに示さんとす

わが国では伝統的に、六歳の六月六日に手習いを始めることが慣例とされ、ペスタロッチも乳幼児からの教育は考えていない点で共通するが、フレーベルは生まれた時から、あるいは生まれる前から教育は始まると考えている。桑田もフレーベルの説に共感したものと見える。原書は岡田正章の研究[四]によってロンジ夫妻の共著であることが明らかにされているが、桑田は、すでに、明治七年（一八七四）三月、五六〇頁からなるグードリッチ著『合衆国小史』を翻訳し、また明治十六年（一八八三）四月には、惹穏（ゼボン）著『論理説約』を翻訳するなど、外国通であったが後に判事となっている。桑田の翻訳出版は早かったが、幼稚園設置の実際の準備はやや遅れ、明治九年（一八七六）六月一日、ようやく保育の方法、建築の意匠等の議定をなし、土木、建築の業を起こし、同年十一月六日に園舎が竣工している。[五]十一月十四日付で文部省は次のような幼稚園開設の儀を一般に布達している。

文部省記録事
第五號
東京女子師範學校内ニ於テ幼穉園開設候條此旨布達候事
文部大輔田中不二麿代理
文部大丞　九鬼隆一

明治九年（一八七六）十一月十六日、わが国における初めての「幼稚園」が開業となる。もちろん、開業に合わせて、監事（園長）関信三、主席保姆松野クララ、保姆豊田芙雄、同近藤濱が任命されるが、保育史研究会の資料[六]によると、助手として十二月上旬に大塚某、一月に山田里佳が加わっている。同年十月十二日、芙雄は本校訓導のまま幼稚園保姆の辞令を受け、二円が増給され、月俸一七円となる。

開業の日は特別盛大な行事等はなかった。後に、芙雄は倉橋惣三の質問に応じて「當時開業式と申す程のことなく、唯々五、六〇人ばかりの富豪或は貴顕家の愛兒を、夫々お附女中のごとき方附添來り、長方形なる講堂（遊戯室）に集合し、風車、蝶々などのうたをうたひて、幼稚にうたわせ、暫くして園兒も慣れ、保姆もなれたる頃、皇后様の行啓を仰ぎ、總て御臺覧遊ばされました」(七)と答えている。

ただ、芙雄がいうように「開業日」には特別な行事はなかったが、十一月十六日も簡単な儀式はあったようで、米国フィラデルフィア万博出張中の田中文部大輔の代わりに文部大輔代理九鬼隆一以下数名が来園し、祝意を表している。また、「風車」など、最初の保育唱歌三曲が雅楽課に上申されたのは翌年十一月十三日のことであり、園児らが歌をうたうのは、話の後段にある、皇后、皇太后の行啓を伴う一年後の「正規の開園式」の際のものである。「開業式」の日の入園者は七五人であったが学年末には約二倍の一五八名に膨れ上がっている。

（二）　中村正直の幼稚園教育翻訳稿

ヒューマニスト中村正直は、明治四年（一八七二）、混血の幼児救済と教育のために、横浜に設立された「亜米利加婦人教授所」の趣意に賛同し、宣伝文まで書いた人物であるが、幼稚園教育について人々を啓発する意味もあって、明治九年（一八七六）五月、文部省の『教育雑誌』に　次のような「ドゥアイ氏幼稚園論の概旨」(八)という翻訳稿を発表している。

中村正直訳稿　ドゥアイ氏幼稚園論の概旨　一個の幼稚園に五〇人、乃至一〇〇人を入るべし　師範校の生徒は　一人の教師を助け　併せて幼稚を実事に教ふるの機を得しめ　他日入校の時学問と歓愉と同時に合一ならしめ　又心思の食物を授けて　心思を養ひ長ずること恰も滋味の身体を長養するが如くならしむ　又同時に修身教養を施すことを得べし　これ小児を歓喜せしむるに由て得らるべし　内外交養して規則順序の立つやうになるべし

第一　小児同群相交はらしめ、真実にして偽詐なき人に養成するなり

第二　集会場の結構は、人意を喜樂せしめ小児の性情に適することを旨とすべし　園に傍（注：読みは「そい」）て一の大屋を起し　高敝（注：読みは「こうへい」）にしてよく空気を流通せしむべし　園には草を布き花を栽え又噴泉を造らば更に好し　美麗なる画図を備ふべし　室内に腰をかくべき座を設け　又小児の為に矮登あるべし　又低きテーブル　又体操及び遊戯

奔走すべき場所寛くあるべし　広室には花を以て飾り画図其他心目を喜ばしむ物を備へ　置くべし　種々の旗をも立つべし
第三　フレーベル氏の幼稚園の事を了解する婦女を得ること最肝要なり　この婦人は　考思する習慣を有つべし　気根善かるべし　快活の心あるべし　中心に発する内外合一の品行あるべし
小児を真正に愛する心あるべし　普通学を学ぶものなるべし　教育の理と教育の実事とを知り経練するものなるべし　この婦人は声の清く且つ大にして又音楽を解するものなるべし　ピアノも大衆会の時には入用たるべし
第四　善き玩物を備ふべし　善き遊戯を倣さしむべし　遊戯と快楽とは身体と心思を強壮ならしむるに欠くべからざるものなり　小児の年齢に随て玩物遊戯を別にすべし　甲の物に厭きたらば、乙の物を以て之に換ふべし

翻訳稿ではあるが、短い文章の中に、幼稚園とは、適切な建物と庭のある「園」に幼児を集め、屋内外の環境を整え、フレーベル主義教育を良く理解する善き教師の下で、遊戯を通して善き教育をするところであることが、要領良く説明してある。

特に幼児の保育の任にあたる婦人の条件として「この婦人は　考思する習慣を有つべし　気根善かるべし　快活の心あるべし　中心に発する内外合一の品行あるべし　小児を真正に愛する心あるべし　普通学を学ぶものなるべし　教育の理と教育の実事とを知り経練するものなるべし　この婦人は声の清く且つ大にして又音楽を解するものなるべし　ピアノも大衆会の時には入用たるべし」としているが、豊田芙雄などはピアノの件を除けば最適の人物であったかと思う。

幼稚園開業直前の十一月十三日には、女子師範学校で第二回日本国婦人之会議が開かれるが、婦人向けの講演会で、すでに同校を辞めていた棚橋絢子の「當今の学問の方法」、幼稚園監事となる関信三の「幼稚園の説」、幼稚園保姆を兼務する豊田芙雄子の「母親の心得」、飛び入りの星豊寿の「一家の経済」、同校摂理の中村敬宇（正直）の「講義」が披露されている。十一月十四日付の讀賣新聞によると聴衆は「凡五百人あまり」とある。この日、棚橋、豊田、星はわが国初の女性講演者となった。

豊田芙雄の演題「母親の心得」であるが、芙雄には実子こそなかったが、豊田家の嗣子として、夫の弟の遺児伴を数え年五歳で引き取って養育している。講演時には、伴の養育に関わるようになって一〇年近くが過ぎており、芙雄は母親業も十分経験済みだった。

また、芙雄は東京女子師範学校に抜擢されるまで、家塾と女子小学校で多くの子どもたちと接しており、母親業とは何か、子育てとは何かについてしかるべき識見を持っていた。

中村正直は幼稚園開業直後にも、今度は新聞紙上において、フレーベルの幼稚園論に関する次のような翻訳稿を発表している（九）。また、十一月二十八日の日日新聞雑報には、幼稚園監事となったばかりの関信三の「幼稚園」と題する記事も掲載されているが、ここでも中村のものを紹介する。

九年十一月　四日　日日新聞雑報

フレーベル氏幼稚園論の概旨

中村正直譯稿

小兒は人の苗なれば、善く教養してその自然の性を自由に發達せしむべし、而して小兒をして、その天性を發する便利遭際を得せしむべし、これが爲に遊園を開き、一の建物を設け、花木を愛する性を發出せしめ觀察を善する人と成のみならず、又種藝を能する人に成立せしむべし。しかれどもフレーベル氏この場を學校と稱するを嫌へり、その故は學校教育前の事業と見做すことなればなり、起立の意は、三歳より七歳に至る迄の小兒を遊ばしめ、小學校に入る前の年月を曠（注：読みは「むな」）しうせざらしめ、學問をする前事業を成し置しめんとするなり、小兒の天性に相當したる感化を被らしめんと欲するなり、その身體の力を強くせしめ、その五官の用を働らき出さしめ、十分に天地萬物の世界と、人類の世界とに通融なさしめ、その心思精神を當然の方位に指南し、萬生の根元に導き、造物主と合して一とならしめんと欲す。

フレーベル氏「ヲン、ゼ、エヂュケーション、ヲブ、メン」を著し、三歳前小兒教育の事を説けり、フレーベル氏の説に、三歳を經たる幼稚は、幼稚園の保傅に委ぬべし。

ペスタロヂ氏の説に、母は小兒の為に天授の教師なり、六七歳までは母の教養を受べし。

ペスタロヂ氏の説を行へば、小兒の教養は家内に限り各その母の經驗に拘束せらるべし。

フレーベル氏曰く、母たるもの必ずしも善師ならねば小兒の教養は永く一家中に限るべからず、小兒の自然の才、天然の能を發せしめる好機會を與ふるには小兒を會し一所に群をなさしむべし。小兒群をなす時は、相互の作用を發し、甲より働き出し、又乙より働き返し、勢力を出し敏速快活なる事に慣るべし、且つ小兒相會するは、他年人間社會に入る前表にして、社會の萌芽の景象を現はすなり。人となりては喜怒憤發高興憂痛想願あることなり、この園に會する小兒は、これらの性を十分に顕さしむる目的もこゝに在り、機會もこゝにあり、この園にありて、許多の珍異なる事物を見聞するに由て、これが為に感動勤勵せられ、或は模擬せんと欲し、一時に朋友同群に鼓舞せられ、身體の力を強壮にし、多く言語を用ふるの機會を得せしむるなり。

ここではフレーベルの自然主義的な「自動成長論」や「児童中心主義」が良く紹介されており、子どもの五感（五官）の働きを重視し、遊戯（行為）によって学ぶというフレーベル主義保育の根幹に触れており、人と人との関わり合い、人と物との関わり合いという相互作用（経験）の重要性についても語られている。

新しいものを前向きに受け止めようとする人々にとっては、これは非常に新鮮な説だったと思われるが「造物主と合して一とならしめん」といった言葉は、フレーベル主義の幼稚園なら当然の表現であるが、これは当時の守旧派に「幼稚園とは耶蘇教を布教するところか」という誤解を与える恐れも十分にあったと思う。こうした微妙な部分の訳出には、中村も相応の神経を使ったはずであるが、やや大らかではある。

（三）最初期の「假定規則及保育時間割表」

東京女子師範学校附属幼稚園が発足当初どのような状況でスタートしたか、実はこのことはそれほど明らかではない。

現在、広く知られている同幼稚園の初期の規則及び保育時間表は、明治十年（一八七七）の規約改正時のものであるが、湯川嘉津美も『日本幼稚園成立史の研究』（風間書房）に記しているように、同園の発足当初の「假定之規則及保育時間割表」が東京府側の資料に残っている。おそらくこれは「假定」のものであったために正規の記録に残りにくかったのであろうが、これは発足当初の同幼稚園において、中村、関、松野、豊田、近藤らが、どのような保育を目指していたかを知る上できわめて重要な資料と考える。

明治九年（一八七六）十一月十六日、同園開業の日、東京府学務課及び庶務課は文部省宛に、東京府においても幼稚園設置の構想（目論見）を持っているので、参考のために東京女子師範学校附属幼稚園の規則書を一部下付を要望する、次のような照会文を送っている。(十)

明治九年十一月十六日　　八等出仕　秋山則白

知事　書記官　　學務課　庶務課

東京女子師範校内ニ於テ幼穉園開設之旨文部省ヨリ御布達有之候處當府ニ於テハ大傳馬町舊囚獄所小華園之如キハ市街之中央ニ當リ上等小學校建設候ニ非類ノ場所ト被存候間小華園ヲ幼穉園ニ轉用シ傍ヘ上等小學校建設相成候ハ、可然被存候依而左之通文部省ヘ照會仕度相伺候也　地所轉用之義ハ追取調相伺可申被存候也

文部省御中　　東京府學務課

本年第五號ヲ以御布達有之候幼穉園開設之義ニ付而ハ兼而御當府モ目論見中ニ有之候間爲參考規則書壹部御下府相成度此段及御照會候也

東京府では天馬町の獄舎跡に幼稚園を設置したいという構想まで持っていたようであるが、府の要請に対し、文部省学務課は、府側の要望を了解するがまだ幼稚園は試行の状態であって規則等も不完全であるので、それを承知の上で仮定の規則及び時間割表を受け取って欲しい旨次のような返事をしている。(十一)

東京女子師範學校附屬幼穉園規則御入用之趣承了然ル處即今試ミノ爲小兒等集居候得共未タ開業候程之運ニ至兼候ニ付規則トテモ素ヨリ不十全之者ニ候條此旨御了知有之度依而別紙假定之規則及時間割表寫及御廻付候御落手有之度候也

明治九年十一月廿八日　　文部省学務課

明治十年（一八七七）六月二十七日改定の規則では、幼稚園の趣旨から休業日まで十二条に分けて書かれているが、当初の規則では、幼稚園規則と保育規則に大別され、幼稚園規則においては、第一章で幼稚園の趣旨が述べられ、第二章通則で第一條から第五條まで諸規則が記述され、保育規則で第一條から第三條があり、仮定の保育時間割表が付されている。

幼稚園の趣旨に関して、明治九年（一八七六）十一月の規則と明治十年（一八七七）六月の規則で比較すると次のようである。

第一章　幼稚園ノ趣旨

本園ハ學齢未満ノ小兒ヲシテ天賦ノ知覺ヲ發達シ固有ノ良心ヲ啓發セシムルト身體ヲ自由ニ運動シ強固健全ナラシムルト慈母教保ノ及ヒ難キ所ヲ補綴シ不良ノ習慣ニ浸染セシメザルト此三要目ヲ目的トス（明治九年十一月）

第一條　幼稚園開設ノ主旨ハ学齢未満ノ小兒ヲシテ天賦ノ知覚ヲ開達シ固有ノ心思ヲ啓発シ身体ノ健全ヲ滋補シ交際ノ情誼ヲ暁知シ善良ノ言行ヲ慣熟セシムルニアリ（明治十年六月／「文部省年報」、文部省『幼稚園教育百年史』所収分による）

明治十年（一八七七）六月分がいくらか文章が整理され、文言にも多少の違いはあるが、いずれも中村正直翻訳の「フレーベル氏幼稚園論の概旨」等を要約した内容で大きな違いはない。同園は、明治九年（一八七六）十一月、発足の時点でフレーベルの幼稚園教育の目標はしっかり押さえているといえる。

第二章以下及び保育規則でも、年齢、募集告知、入園願書、保証状、種痘及び天然痘、付添人、保育料、クラス分け等が記され、これらについては両者に大きな違いがあるわけではない。

ただ、保育料の項に関しては、明治九年（一八七六）の分では、末尾に「但開園ノ始數月間ハ諸事未タ周全ナラサルニ付保育料ヲ納メサルベシ」とあり、開業数カ月間は保育料はとらなかったことがわかる。また、在園時間は、当初のものでは、およそ六時間とし、但し当分は都合により（早めに）帰宅しても構わないとしているが、改定分では、六月一日より九月十五日までは午前八時から正午十二時まで、九月十六日より五月三十一日までは午前九時より午後二時までと明記している。

また、当初のものには、休業日の項がないが、改定のものには、休園日として、日曜日、祭日、七月十六日より八月三十一日までの夏期休業、十二月二十五日より一月七日までの冬期休業が明示されている。

両者の最も重要な違いとしては、保育科目に関する事項であるが、発足当初のものには、「遊戯・運動・談話・唱歌・開誘」が掲げられ、実際の保育活動は保育時間割表からいくらかが読み取れるに過ぎないが、改定分では、保育科目が第一物品科、第二美麗科、第三知識科の三科に分かれ、三科に含まれる子目として、まず一九種の恩物類（五彩球ノ遊ヒ、三形物ノ理解、貝ノ遊ヒ、鎖ノ連接、形体ノ積ミ方、形体ノ置キ方、木箸ノ置キ方、環ノ置キ方、剪紙、剪紙貼付、針画、縫画、石盤図画、織紙、畳紙、木箸細工、粘土細工、木片ノ組ミ方、紙片ノ組ミ方）が示され、計数、博物理解、唱歌、説話、体操、遊戯が加えられている。この部分では両者の違いは大きく、明治九年（一八七六）十一月から数カ月間は、あくまでもフレーベル主義保育の試行の段階であったといわざるを得ない。

文部省が東京府の要請に応じて仮定規則を送った際の仮定の保育時間割表は表3・1のようなものである。

この保育時間割表で「同」としている部分は説明がないので良くわからないが、当分の間は前期も後期も同じ時間割とするという意味であったか、あるいはどのクラスも同じ時間割とする意味であったかもしれない。

保育の科目については、一応、恩物の一部も導入しているが、種類は少ないし、フレーベル主義の年長児の保育としては建方（積み方）等の時間も少ない。とりあえず、何とかできそうなものから取り入れていったものと思われるが、幼稚園保姆の経験がなかったとしても、豊田芙雄にとっても、近藤濱にとっても、「數ヘ方」、「話シ」、「畫解キ」、「詩ノ誦（ソラヨミ）」、「修身ノ話シ」、「紙織」、「紙畳ミ（折り紙）」、「針畫」、「繍モノ（ヌヒモノ）」、「畫」及び簡単な「建方」

表３・１　仮定の保育時間表

明治九年十月假定（十二）

時間	九時ヨリ九時半迄	九時半ヨリ十時迄	十時ヨリ十一時迄	十一時ヨリ十二時迄	十二時ヨリ一時迄
月	揃ヒ	數ヘ方	建方	遊戯運動	保姆授業
同	同	同	同	同	同
火	揃ヒ	話シ	畫	遊戯運動	保姆授業
同	同	同	同	同	同
水	揃ヒ	唱歌	箸細工	遊戯運動	保姆授業
同	同	同	同	同	同
木	揃ヒ	畫解キ	紙織	遊戯運動	保姆授業
同	同	同	同	同	同
金	揃ヒ	詩ノ誦	紙畳ミ	遊戯運動	保姆授業
同	同	同	同	同	同
土	揃ヒ	修身ノ話シ	針畫 繍モノ	遊戯運動	保姆授業

東京女子師範學校

などを実施することはそれほど難しかったとは思えない。ただ、特に唱歌など、伶人との協力で保育唱歌が作成されるのは一年後のことであり、実際に全体の保育がこの時間割通りに行われたかどうかは怪しいが、最初期においても、この程度のフレーベル主義保育の導入を目指そうとしたのであろう。

特に、水曜日の二コマ目に「唱歌」とあるが、どういう歌をどううたわせたのか、あるいはうたわせようとしたのか興味深い。また、遊戯においても唱歌を伴うものがあり得たと思われるが、この点についても詳しくはわからない。日本の「わらべうた」などを取り入れた可能性はあるし、クララが仮に遊戯唱歌を紹介した可能性もないではない。

この時間割表で注目されることの一つは「十二時ヨリ一時迄」の「保姆授業」である。これは松野クララが英語で語り（読み）、それを関信三が通訳した「保育傳習」のことであろうが、保育時間割表に「保姆授業」が組み込まれていることなどは、幼稚園創業時ならではのものである。

（四）　初期の保育理解の実際

豊田芙雄や近藤濱らは、フレーベル主義の保育に関しては無知に等しかった。したがって、中村や関の翻訳稿や桑田親五の『幼稚園』における記述を一日でも早く消化、吸収すべくただひたすらに熟読含味したはずである。明治十年代初期の芙雄の「挨拶稿」や「手記」などを見ると中村の翻訳稿に見られるような考え方に相当影響を受けていることがわかる。フレーベル流の保育を一日でも早く理解し、定着させようとする立場の者としては当然といえば当然のことでもある。

アジア州の片隅に蒔かれた、たった一粒の種である幼稚園では、日々、泥縄式に保育の「傳習」が実施され、試行錯誤による保育の「実践」が行われたのである。しかし、いかなる新しいものでも、驚異的なスピードで「わがものとする」のは、古くから日本人のお家芸でもある。

豊田芙雄や近藤濱の理解力、実践力は並ではない。中村、関、松野、豊田、近藤らの努力もあって、わが国におけるフレーベル主義保育の初期定着はかなり早い時期に求められるのではないかと考える。筆者は恩物中心保育の大方の初期定着は、明治十一年（一八七八）秋頃と考えているし、洋風唱歌を含めた唱歌だけはやや遅れて明治十四年（一八八〇）秋から明治十五年（一八八二）初め頃には初期定着が見られると考えている。

ついでに述べておくと、当時の保育に対しては、「思想は抜きにして方法の吸収ばかりに汲々としていた」という指摘がある。もちろん、一応妥当な見解ではあるが、それは一般教育の世界でも、学問の世界でも、美術の世界でも、音楽の世界でも皆同様であり、ひとり保育だけの問題ではない。これはわが国における文化摂取に付随する共通の欠陥なのである。

こうした指摘は、保育界の発展のためにも必要であるが、ただ、発展途上期においては、避けることの難しい「時代的限界」が付きまとうことも理解しておくべきである。欧米に追いつき、追い越していくために、また、「目の前の子どもたちのために」、先ずは学校の設置、先ずは幼稚園の設置を先行させたのである。

また、中村、関、松野、豊田、近藤らの幼稚園教育の摂取は「方法」に片寄っていたといわれているが、これらの人々はフレーベルの教育思想の根幹である「五感の重視」「遊戯（行為）による教育」「相互作用（経験）の原理」「想像力の育成」「創造性の開発」などは最初期から相応に理解しているのである。思想抜きの方法の摂取云々よりも、フレーベル主義保育の問題は、むしろ、当時、アメリカあたりでもすでに形式主義、秘儀主義に堕していた、「方法そのもの」にあったがこれは後述する。

豊田、近藤らは、開園後しばらくすると、大方の恩物の使用法については理解し、実践の中でこなしていった。しかし、「豆工法」や、「摺紙法（注：読みは「しょうしほう」。折り畳むこと。折り紙）」における「紙の選定」と「染め」の問題など、一部の恩物の使用法や、また、特に「唱歌」については最初はまったくお手上げ状態であったが、二人が優れているのは「ないものは創る」という保育の姿勢を持っていたということである。

当時の保育については、種々問題はあったとしても、二人は目の前の課題に果敢に挑戦し、実際、「ないものは創った」のである。

中村の訳稿には「その身體の力を強くせしめ、その五官の用を働らき出さしめ、十分に天地萬物の世界と、人類の世界とに通融なさしめ、その心思精神を當然の方位に指南し、萬生の根元に導き、造物主と合して一とならしめんと欲す」とあり、フレーベルの究極の教育目標が簡潔に紹介されているが、フレーベルの宗教観や哲学などとからめてこれを理解するのは現代でも至難のことである。

（五）幼稚園の正規開園式と西南戦争

幼稚園創設の時代といえば、開業三カ月後の明治十年（一八七七）二月十五日には、九州で西南戦争が勃発し、同年九月二十四日に終結するまで引きずるが、いっぽう、西南戦争の最中にもかかわらず、明治十年（一八七七）八月二十一日から十一月三十日まで、上野では第一回勧業博覧会が催されている。

こうした事情は、幼稚園の正規の開園式にも影響を与えている。政治家も、官僚も、軍人も、産業人も、新興国らしい慌ただしい日々を過ごしており、正規の開園式も延び延びになるのである。

豊田芙雄個人にとっても西南戦争は無縁ではない。明治九年（一八七六）には大尉で東京鎮台の参謀を務めていた、実兄の陸軍少佐桑原力太郎が、明治十年（一八七七）四月六日、田原坂の南方五キロの木留の戦闘で戦死するからである。

郵便報知の従軍記者犬養毅は、三月二十六日の戦報で「六日昧爽（注：読みは「まいそう」。夜明け）、復た軍を進め、木留村の域外に於て大に劇戰し、漸く前日失ひたる砲臺を都べて殘りなく取り戻したり。この戰には、我が左翼の将桑原某が最も勇戰せりと云ふ。」[十三]と書いているが、桑原少佐の置かれた状況から見て「将桑原某」は桑原力太郎かと思う。また、陸上自衛隊の戦史は桑原力太郎が戦死する明治十年（一八七七）四月六日の戦闘について次のように記している。[十四]

この日は非常に霧が深く、薩軍は突如として霧の中より出撃し、縦横に夾撃し疾風の様に荒れ回るので官軍は到る処で襲撃を受け、後方連絡を断たれた小部隊は僅かに死体の下にもぐつたりして敵弾を避けたといわれている。

また稲村少佐麾下の官軍右翼隊四コ中隊も半高山の守地から南下して辺田野の薩軍を攻めたが遂に利あらず、中央、左翼の諸隊と軌を同じくして一五、〇〇頃兵を守線に収めた。一般状勢は次のとおりである。
一、征討総督は滴水の砲台に至り戦況を視察された。
二、本戦斗において勝利を収め熊本に進撃できると確信していた官軍は、駄馬五〇〇頭の輜重を滴水の旅団司令部附近に準備したが攻撃の不成功に伴い目的を果たさなかつた。
三、本戦斗の死傷者は桑原少佐（Ⅱ／8i長）以下二二五名であった。
四、この日八代方面は萩原に、山鹿口は鬼塚にて交戦した。

桑原少佐は、官軍と薩軍の激しい戦闘の中で戦死している。こうした身内の戦死の報を受けながらも、芙雄は幼稚園教育の受容と定着のための闘いを続けなければならなかったのである。

二　松野クララと豊田芙雄らへの保育法の伝習

（一）　クララの来日と結婚

フランスの郵船タナイス号の乗客のひとり、クララ・チーテルマンは、明治九年（一八七六）八月十四日、横浜港で下船している。(十五) クララはドイツに留学し帰国していた林学研究者松野磵《はざま》と結婚するために来日したのである。

松野は、弘化四年（一八四七）、長州藩に生まれるが、幕末、脱藩し、東京で開成学校のスイス人講師カドリールやドイツ人公使館通訳のケンペルマンらにドイツ語を学んでいる。林学研究者の記述(十六)によると、松野は、明治三年（一八七〇）、プロイセンに留学する北白川伏見満宮の従者として選ばれ渡欧するが、その後、松野自身も留学生の身分を得て、林学を専攻し、ベルリン郊外のエーベルスワルド官立アカデミーに入学している。

遣外使節団の岩倉具視、木戸孝允、大久保利通らは留学生の実態調査も行っていたが、林学という専攻に関心を抱いた一行は、留学生の松野を呼び、林業・林学について語らせるが、松野の話を聞いた大久保は机を叩いて大いに同調し、たいそう満足したと伝えられている。松野は、明治八年（一九七五）八月八日、単独で日本に帰っている。

クララは、松野との結婚を遂げるために、松野が帰国しておよそ一年後に来日したのである。しかし、手続き上の問題で、結婚を遅延せざるを得ない、という事情が発生したことを、中村理平はその著書(十七)に記している。

困り抜いた松野とクララは、ドイツ留学仲間の青木周三、品川弥次郎に相談し、彼らの口添えもあって、長州閥の総帥木戸孝允のもとへ相談に行くことになるが、この辺の事情については、音楽史研究者中村理平が、木戸の日記を紹介しながら『洋楽導入者の軌跡』(十八)において詳しく説明している。

中村は、松野とクララの結婚をめぐる経緯に関する一〇通を越える文書が、東京都公文書館の『回議録』（外国関係　明治九年自至十年　庶務課戸籍掛）に残っていると記しているが、東京府は書類一切（写し）を、国に提出し、結婚許可の指令を仰いでおり、関連文書すべてが国立公文書館にも残っている。それによると松野からの申請書類はじめ、ドイツ政府やドイツ国領事代による二人の結婚に問題ない旨の書類（翻訳）や、クララの母の結婚承知の書類（翻訳）、東京府知事楠本正隆から内務卿大久保利通宛ての書類などがあって、最終的には、明治九年（一八七六）十一月三十日、太政大臣の三條、参議の大久保、大隈、伊藤、寺嶋らの署名によって「婚姻取結度旨出願之儀審査候處願之通結婚御差許相成可然存候」という裁可がおりている。日本人と外国人との結婚について制度が未だ不整備だったのである。

中村によると、松野磵とクララは、明治九年（一八七六）十二月十七日、精養軒で結婚披露宴をし、同日中に、入籍を済ませている。二人の結婚披露宴には木戸孝允一家、ドイツ人某、野村靖、品川弥次郎一家、長松幹一家など、ドイツ人某を除けば長州の関係者一二名が出席している。

ちなみに、出席者の一人野村靖は、後に内務大臣となるが、野村は、幕末、勤王僧月性が入江久一（杉蔵）に宛てた手紙で、豊田小太郎の人物を称揚し、御賢弟にもこのことを伝えるように、と書いたがその「御賢弟」が野村靖である。小太郎を間接的に知る男が、当時、芙雄の保育法の先生をしていたクララの結婚披露宴に出席しているのである。

松野礀は、帰国後、大久保の世話で官吏となるが、西郷従道が農商務卿に就任した折り、山林学校設立の提案をし、明治十五年（一八八二）、東京山林学校が設立されると、同時に、初代校長・教授に就任している。後、東京農林学校、帝国大学農科大学で教鞭をとるが、その後、再び森林関係の官吏の仕事に戻っている。松野はわが国林学の祖である。

（二）クララの主席保姆就任と保育法の伝習

松野とクララが結婚するまでの間、木戸は、クララを木戸邸内に仮住まいさせるが、クララが英語に堪能であることを知ると、「明治九年（一八七六）九月二十六日より翌年一月まで、月一〇〇円」の条件で、東京女子師範学校の英語講師の口を紹介する（クララは関信三の下で働いたわけである）。

しかし、クララは間もなく、同年十一月十六日に開設予定の東京女子師範学校附属幼稚園の主席保姆として採用されることになる。豊田芙雄、近藤濱らに対するクララの保育法の伝習は、幼稚園開業前の十一月六日には開始されている。

したがって、ドイツから来日して一カ月余の女性を英語講師として採用してみたら、フレーベル流の保姆養成校で学んだ外国人だということがわかって、来日三カ月目には、東京女子師範学校の幼稚園主席保姆として採用した、ということになる。わが国の幼稚園教育は普通にはあり得ない「幸運な星の下にスタートした」ということになる。しかし、これではあまりにも話が出来過ぎている。

中村理平は、クララの来日前に、クララ（あるいは礀）と文部省関係者との間で何らかの約束があったのではないかという推測をしている。しかし、中村はクララの経歴に若干の疑念を抱いており、筆者自身も同じ思いがある。もっというならば、クララが本国で受けたという保姆養成課程は半年だったのか、一年だったのか、修了証明書の類いは持参していたのか、持参していなかったのか、クララは幼稚園保姆の経験があったのか、なかったのか、あるいは、クララは本当に保姆養成学校で学んだのか、学ばなかったのか、重要な情報はすべて謎のままなのである。

はっきりしているのは、ドイツ人クララは、日本語はほとんどできなかったが英語は堪能であったこと、子ども好きであったこと、幼稚園教育では重要な楽器ピアノをかなりの程度弾けたということである。

ともかく、クララはわが国で初めて開設された幼稚園の主席保姆という歴史的役割を演じることになる。

東京女子師範学校附属幼稚園の開業は、明治九年（一八七六）十一月十六日であるが、保姆の豊田、近藤、保育助手の山田、大塚らに対する、クララが英語で語り、関が通訳するというかたちの保育法の「傳習」は、先にも書くとおり幼稚園開業前の十一月六日には始まっている。「傳習」の月日、回数等については高橋清賀子の論文に詳しいので以下引用する。(十九)

保育の実際を組み立てて行く作業の日々の様子は、芙雄の自筆になる「幼稚園日録」のなかに見ることができます。「幼稚園日録」とは、豊田芙雄が明治九年十一月六日～明治十年三月十七日までの五カ月間、松野クララから受けた伝習の毛筆による記録です。
日録の内容は、
一　伝習の行われた場所
二　その日の天候と温度
三　来訪者の名前
四　伝習を受けた者の名前
など、事務的な記述のみで、保育内容そのものは一切記されていません。伝習を受けたものとして、豊田芙雄、近藤浜、山田、大塚の四名が記述されています。

来訪者として、摂理中村正直、太政大臣三条実美など。

伝習の回数を整理してみると、

十一月……十七回
十二月……十四回
一月　……十二回
二月　……十四回
三月　……　四回

伝習はおおよそ、一日おきの頻度でおこなわれていたことになりますが、はたしてドイツ人松野クララからどのように伝習をうけていたのでしょうか。その伝習はドイツ語ではなく、英語でおこなわれていました。通訳は関信三、中村正直の娘たか子、勝海舟の娘目賀田夫人等が務めたといわれています。英語でおこなわれた様子は日録の欄外に記されている「サルスデー thursday」「wednesday」「ソンデー休み」等によって窺い知ることができます。

（注：前村による中略）

伝習の内容がどのようなものであったかを窺い知る資料として、「幼稚園伝習聞書稿」なるものが残されています。英語の通訳を通して聞きとったものを毛筆で書き留めたものですが、明治九年十一月二十五日のものだけでも、何回か書き換えられ、文言が微妙に変えられています。

四カ月余の間に実に六一回の伝習を行っているのである（すべて通訳であるから内容は日本語による講義の三〇回相当である）。その内容は、高橋清賀子家文書中の「幼稚園伝習聞書稿」、手記「代紳録　一　浄寫　幼稚園教育理論　松野久良々氏口授聞書」（現存分の浄書完成は鹿児島出張時の明治十三(二十)年中か）、お茶の水女子大学図書館蔵の豊田芙雄手記「恩物大意」、同手記「幼稚園」（これは「代紳録　一」の前半を記述するもの）に残されている。確かに、高橋がいうように「恩物大意」など豊田芙雄の文書は度々書き直しがなされているが、豊田は原意を大切にする人で、その修正は語句の言い換えや言い回しの手直しといったことが主でほとんど原意を曲げるようなことはしていない。また、書体は、同一時期でも、走り書きと清書ではかなり異なっているという特徴がある。

芙雄は、通訳に必然的に付随する曖昧な語句や座りの悪い言い回しについては納得いくまで推敲に次ぐ推敲を重ねている。

豊田芙雄の知性と学問的素養は、相当高度なものであり、クララの講義を編集し、保姆養成に使いやすいテキストとして、「代紳録　全」、「代紳録　二」（いずれも高橋清賀子家文書）、「代紳録　三」（鹿児島で作成したもの）を作成するくらいはできたのである。

三　松野クララの乳幼児保育観

（一）クララの手記「小児養育實験之説」における乳児保育論

松野クララが伝習した保育法の内容については、豊田芙雄が残している数種の「代紳録」（高橋清賀子家文書）や豊田の手記「恩物大意」（お茶の水女子大学図書館）などから窺い知ることが可能である。

しかし、クララの講義は、関信三が選んだ英文のテキストを読み上げ、関が通訳したものであって、クララの自前の保育論ではないし、関の自前の保育論でもない。また、『日本幼稚園史』はじめ各種の文献で、クララはフレーベルの直弟子である、という誤った説が伝えられているが、そうした事実はない。クララ誕生の前年にフレーベルは亡くなっているからである（クララの生年月日は、結婚関係の文書に、一八五三年八月二日生、と明記されている）。クララは、あくまでも「フレーベル流の保姆養成校で学んだとされている」ドイツのうら若き一女性なのである。

ただ、わが国のフレーベル主義保育の導入と初期定着期に、重要な役割を果たしたクララが、どういう保育観を持っていたのか、もっと正確にいえば、自前の保育観にプラスして、日本での保育の講義や実践を通して、どのような保育観を築いたのかを知ることは重要である。豊田や近藤は、桑田親五訳の『幼稚園』、関信三訳の『幼稚園記』、関信三著の『幼稚園創立法』を読み、クララによる「英文テキスト」の講義を聞き、保育の実際についてクララに質問することができたのであるから、一、二年もすれば、音楽を除けば、三者の保育理解は同レベルになったと思われるからである。本場仕込みとはいえ、クララは、保姆養成学校で半年か一年学んだだけで、フレーベル主義保育の専門家でも研究者でもないのである。

　クララに詳しい中村も、クララの実像がいまいちわかりにくいのは、クララ自身の書簡、論稿等が残されていないためである、と記している。実際、これまでクララ自身が残した文献は皆無と見なされてきたが、もちろん、すべて代筆ではあるが、筆者はクララ自身による文献が少なくとも三件は残されていることを確認している。[二十一]一つは明治十一年（一八七八）九月頃に書いたと思われる「小児養育實驗之説」（三條家文書）であり、もう一つは明治二十年（一八八七）中、独逸学協会婦人懇親会の席上における四回の講演のまとめ「婦人の徒登免（注：読みは「ふじんのつとめ」）」（発行は明治二十一年）[二十二]である。また、高橋清賀子家文書中にはクララが豊田芙雄に宛てた書簡一通[二十三]が残されている。

　まず、「小児養育實驗之説」の「實驗」であるが、これは自然科学の「實驗」とは異なり「実際の経験」といったほどの意味である。文書の内容は、明治十年（一八七七）十月十二日に生まれた、クララの子ども「文《ふみ》」のおよそ一年間に渡る乳児養育の経験と、おそらくドイツ語や英語による子育て書などを参考にしながらまとめたものを、代筆者が毛筆で綴ったものである。この文書の冒頭は次のとおりである。

> 凢ソ小児ノ養育スルノ方法ハ古来諸氏ノ説極メテ多ク枚舉スルニ遑（注：読みは「いとま」）アラスト虽要スルニ先ツ其児ノ稟賦ヲ察シ生長ノ度ヲ計リ衣服飲食ヲ節用（注：読みは「せつよう」。費用や労力を節約すること）シ身體ヲ清潔ニシ且ツ介抱ヲ適宜ニスルニアリ我輩今茲ニ一女児ヲ持テリ齢ヒ殆ント一年ニ滿タントス我輩素ヨリ多務貧困ニシテ悉ク其良法を施ス能ワスト

虽幸ヒ二天助ヲ蒙リ未ダ曽テ危険ノ疾病其他ノ障碍アルヲ見ス健（注：健の異体字）全平安ニ生育ス依テ以テ我輩該児ニ應シ施行セシ實驗ヲ概陳スヘシ然レ圧此事ノ果シテ各児ニ適スルヤ否ヤハ我輩敢テ之レヲ保証セス唯々有児者ノ参考ニ備フルノミ

クララは、小児養育に古来諸説があるとしながら、小児養育は「要スルニ其児ノ禀賦ヲ察シ生長ノ度ヲ計リ衣服飲食ヲ節用シ身體ヲ清潔ニシ且ツ介抱ヲ適宜ニスルニアリ」としている。その子の素質（個性）を見て取り、発達の状態を見極めながら保育にあたるべきだとしていることを読む限り、クララはフレーベリアンとして幼児教育の基礎をしっかり踏まえているといえる。また、自分の子どもが「殆ント一年ニ満タントス」といってることから、この文書は、明治十一年（一八七八）八月か九月頃に書かれたものであることがわかる。

ただ、「我輩多務貧困ニシテ」のくだりは、幼稚園に勤務しながら育児をしなければならないクララが多忙であることは理解できるが、クララ自身、当時、東京の小学校教師や警察官が月給七、八円の時代に、執筆の時点で、月給四〇円か五〇円を貰っており、また、夫松野礀[二十四]も留学帰りのエリート官僚であり、クララが手記を書き上げる二カ月前の、明治十一年（一八七八）七月の『官員録』の冊子によると、地理局御用掛准判の身分で月給六〇円を貰っている（礀は、明治十四年、山林局勤務時には月給九〇円になっている。また、明治十五年には、官立の東京山林学校長となっているからもっと多額になっているはずである）。

クララのこの文書の執筆当時、夫婦で月約一〇〇円の収入であるから松野家は「貧困家庭」などではない。もちろん、当時の附属幼稚園園児の家庭のように「大富豪」クラスではないが、大多数の日本人家庭から比べたら経済的に余裕のある暮らしである。クララのいう「我輩多務貧困ニシテ」はあくまでもクララなりの「謙遜」なのである。クララは続けて次のように述べている。

我輩實ニ明治十年十月十二日ヲ以テ一女児ヲ設タリ其禀賦骨格ホハ健児ノ部類ニ属シ普通ノ景況皆備リ便通ホモ適宜ナルヲ以テ更ニ他ノ方法ヲ施サス直ニ浴場ヲナサシメ十二時間ヲ經テ生母ノ乳汁ヲ與ヘ否ニ所謂「マクリ」ナルモノハ用ヒシコトナシ何トナレハ生母分娩マデ停滞セル乳汁ヲ以テ之レニ與フレハ自カラ便通ヲ促シ汚物ヲ泄スノ功アリ是レ天然ノ良剤ナリトノ説アルヲ以テナリ

一　食餌ハ生後二三ケ月ノ間ハ一日一時間毎トニ五分乃至七分時間生母ノ乳汁ヲ與ヘ夜間ハ寝後大概三回宛四五ケ月ニ至リ漸ク其度ヲ減シ其量ヲ増シ凡ソ一日八回時間ハ七分乃至十分夜分ハ仝前六カ月ニ至リテ初メテ牛乳ヲ一度ニ五夕（注：読みは「せき」。単位勺のこと）ヘ清水二小匕（注：読みは「さじ」）ヲ混和シ一日三度母乳ヲ五回トス七ケ月頃ヨリ徐々ニ母乳ノ量ヲ減シ九カ月目ニ至テハ少シク不快ナルカ若シクハ他ノ事故アラサレハ夜間ノ外ハ母乳ヲ與ヘス（注：以下前村による省略）

クララにとっては、外国での出産、育児であるから、苦労も多かったと思われるが、事細かな知識はドイツ語かあるいは英語の育児書などを参考にできたであろうし、もちろん母親や姉からのアドバイス等も得ていたと思われる。以下もかなり詳細に育児法を述べている。

一　出生以来未タ一日モ浴湯ヲ怠リシヿナシ夏季炎熱ノ際ハ朝夕両度其余ハ一日一回華氏ノ九十度内外ノ温湯ニ入レ全身浴施シ且白布ヲ以テ口中及ヒ舌上ヲ洗濯シ小児ノ腸胃ヲ損シ且ツ嘔吐ホヲ催スハ多ク□（注：判読できず）ニ因ルト云平素ト虽便ノ通スル毎トニ必ス海綿ニ微温湯ヲ含マセ下部ヲ洗除シ能ク拭ヒ拎（注：読みは「かわか」。乾の異体字）シテ天花粉（注：天瓜粉とも書く。キカラスウリ、シナカラスウリなどから作る。吸湿性が良いことから江戸時代から乳児のあせも予防などに用いられている）ヲ摩擦シ置キ務メテ身体ヲ清浄ニスルヲ要ス

一　衣服ハ時季ニ應シテ差別アリト虽必ス膚着ハ常ニ白布ヲ用ヒ白「フラ子ル」ノ幅二寸五ア（注：分のことか）丈ケ壱尺五寸ナルモノヲ以テ腹部ヲ巻キ膚ニ白布ノ濡袢（注：襦袢、ジュバンのこと）ヲ着セ白「フラ子ル」ノ長着袖ナキモノヲ穿タシメ上ニ白ノ紋金巾ニテ製シタル筒袖ノ短衣ヲハオリ腰下ハ例ノ襁（注：読みは「むつき」）ヲ當テ又二尺四方ノ「フラ子ル」ヲ以テ密包シ又冬季ニ至レハ外套ヲ「フラ子ル」ニ換ヘ稍暖気ヲ催スニ随ヒ衣ヲ薄クシ夏時ハ全ク「フラ子ル」ヲ除去シ金巾若シクハ麻製ノモノヲ用ユ但シ足袋ハ夜分寝ル𪜈ノ外敢テ脱セシメス

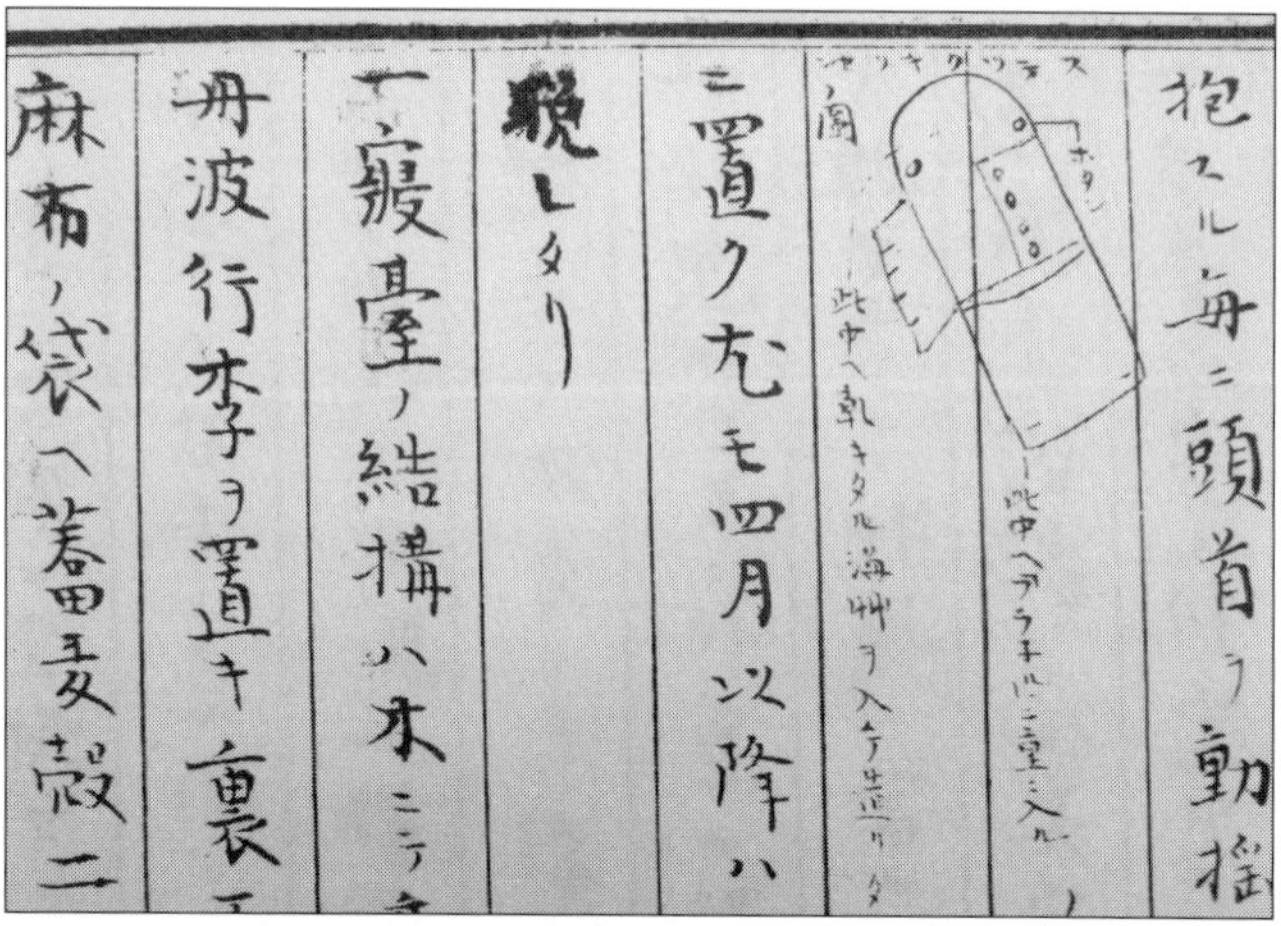

図3・1　「小児養育實驗之説」の一部と「ステックキッセン」の図

一　嬰児二三ケ月ノ間ハ未タ筋骨頗ル軟弱ニシテ携抱スル毎ニ頭首ヲ動揺スルヲ以テ常ニ「ステックキッセン」トテ圖（注：図3・1参照）ノ如キモノニ入レ持扱ヒ児ノ眠ムル𪜈ハ静カニ其儘之レヲ寝臺ニ置ク尤モ四月以降ハ首筋漸ク堅固ナリ故ニ此器を脱シタリ

一　寝臺ノ結構ハ木ニテ高サ一尺許ノ臺ヲ造リ上ニ極大ノ丹波行李ヲ置キ裏面ヲ白布ニテ包ミ敷蒲團ノ代リニ麻布ノ袋ヘ蕎麦殻二三寸ノ厚サニ盛リ行李底ニ敷キ白布一重ヲ掩ヒ其上ニ臥（注：臥の異体字）セシム（注：以下中略）蕎麦殻ヲ以テスレハ之レヲ洗浄シ易ク且ツ之レヲ取換ヘルモ容易ナルノミナラス該殻タル軟硬適宜ノ質アッテ小児ノ脊骨曲成スルノ憂ナカラシムト云フ

一　冬季冱寒（注：読みは「ごかん」。極寒のこと）ノ室中暖ムルニ華氏ノ六十三度ヲ以テ適度トシ浴湯モ亦其室中ニ於テ行ヒ浴後ハ必ス頭髪ノ拎ケルマテ外風ニ當ルヲ禁ス

一　小児ハ白日ノ外氣ニ觸ル、ハ頗ル健康ニ益アリト虽夜氣ハ甚タ不良ナリ殊ニ戸隙及ヒ渡リ風ホハ大イニ害アルヲ覺フ（注：以下この項省略するが、これが我児の目脂の因となったことなどを述べている）。

クララがここで紹介している「ステックキッセン」は図3・1に見られるようなものであるが「ドイツ版おくるみ」といったところである。

ちなみに、諸文献で見られる文を抱いたクララの写真は、鼻が高く、目が鋭く、やや怖い外国人女性という印象を与えているが、中村理平が南雲元女から借りて『洋楽導入者の軌跡』に掲載している数枚の写真（二十五）の中には、やや若い時期のものがあって、これらの写真では、怖い印象はなく、温厚で誠実そうな若い女性の表情である。

巌谷小波は少年時代にクララにドイツ語を習っているが「尤もあの高い鼻、一寸こはいような目付だけは、今でも眼に殘つて居ます。そのくせ至つてやさしい、親切な婦人でした。あの頃、私がいつそ今三四年幼なかつたら、それこそキンダアガアテンに入って、ほんとに可愛がってもらへましたらうにと、今更惜しい様な氣がします[二十六]」と述懐している。

豊田芙雄は、最晩年になって、倉橋惣三に会った際にクララのことを尋ねられて「ドイツの人ですが、自分の子も連れて來て、手をたゝきながら、日本語で唱歌をうたつた。記憶のいゝ人でした。娘さんはおふみさん。松野磵さんがなくなられてから、ドイツへ歸られて、その後消息が無かつた。どうされたか。立たれる時には、どこ迄だか送つて行つたが、どこ迄じやつたか忘れました。[二十七]」と答えている。

松野磵が亡くなるのは明治四十一年（一九〇八）五月十四日のことである。大正二年（一九一三）のある日、水戸にいた芙雄も、ドイツに帰るクララを東京あるいは横浜まで見送りに行ったのである（本章注末参照）。

再び「小児養育實驗之説」に戻ると、クララは細心の注意を持って育児にあたるべきだと述べているが、クララの子どもを見る目は大らかであり、決して神経質的なそれではない。

一　一説ニ吉（注：世の異体字）人小児の啼クヲ見テハ飢タリト憶測シ直ニ乳房ヲ含マシム是レ甚タ誤ナリ小児未タ言語不適ノ際ハ諸事ヲ訴フルニ啼號スルヲ以テ常トス猥リニ乳房ヲ用テ之レヲ静止スレハ後チ習慣トナリテ乳房ヲ以テ翫物トナシ遂ニ制限ナキニ至ル宜シク他ノ手段ヲ以テ之レヲ静ムヘシ又小児ノ適宜ニ発声シ啼呼スルハ却テ運動ノ代リトナリ自カラ消化力ヲ助クルモノナリト故ニ我輩児ノ微（注：微の異体字）啼スルハ更ニ意トセス其時至ラサレハ飲食ヲ與ヘス

小児は泣くことによって様々なものを訴えているのであって、泣くからといって、みだりに乳房を含ませるようなことをしていたら悪習慣が身に付くだけだ、と忠告し、「小児ノ適宜に発声シ啼呼スルハ却テ運動ノ代リトナリ自カラ消化力ヲ助クルモノナリ」というように、適宜に泣くのは運動になり消化も助けるというのであるから大らかである。また、幼稚園保姆の心掛けとオーバーラップするものとして次のような記述もある。

一　或説ニ云ク苟モ慈母又ハ看護者ノ如キ其児ニ近接スル者ハ児ノ天賦及ヒ容皃（注：貌の異体字）ヲ了知シ且ツ慣習動止ニ注意シ聊カ不例ノ徴候アルヲ見ハ速ニ療養スヘキハ言ヲ竢タス預メ未発ニ防クヲ肝要トス我児生来壮健ナリト本年四月中少シク発熱セシ𠅘アリシカ初歯発出ノ際ナレハ速ニ脚湯ヲ施シ汗ヲ取リ食餌ヲ節減セシメタルヲ以テ幸ヒニ危険ニ陥ラスシテ連々容易ニ発歯シタリ又六月ノ末ニ時季ノ感冒ニ因テ微下痢ヲ催セシ𠅘アリキ依テ當度モ迅速ニ発汗セシメ而シテ頓ニ牛乳ヲ廃シ母乳ヲ與ヘント欲レ𪜈如何セン其量寡キヲ以テ牛乳へ「カルキ」水三分ノ一和シ之レヲ與ヘ是レ池田侍医ノ處方ニ因ル後チ乳母ヲ雇フテ養ハシメタレハ速ニ全快スルヲ得タリ

特に「苟モ慈母又ハ看護者ノ如キ其児ニ近接スル者ハ児ノ天賦及ヒ容皃ヲ了知シ且ツ慣習動止ニ注意シ聊カ不例ノ徴候アルヲ見ハ速ニ療養スヘキハ言ヲ竢タス預メ未発ニ防クヲ肝要トス」と言い、「慈母又ハ看護者」をそのまま「保育者」に置き換えても通じる文意である。子どもを養育する者は、その子の天賦の質や容貌を察知し、かつ、日頃の習慣、動作の変化に注意し、変わった徴候があれば即座に対処すべきである、また、何よりも予防こそが肝心である、と述べている。

ただし、このことはそう簡単なことではない。母親や保育者は、日頃から、感受性を磨き、観察眼を鋭くし、様々な事態に対応できる対処法を身につける努力を続けなければならない、ということが前提となるからである。また、クララは次のような内容を付け加えた後、「小児養育實驗之説」を結んでいる。

一　一医師ノ云ク乳母ヲ雇ハヽ其質ノ健全無病ナルハ勿論大概其児ノ出生同時ナルモノヲ撰フヘシ然ラサレハ其乳養児ニ適セサルノミナラス間々害ヲ来ス𠅘多シト我輩本年七月中豆洲热海（注：热は熱の異体字）ニ旅テ一ノ乳母ヲ雇ヒ一日四囬宛如

何トナレバ前條ニ述ル如ク我児ノ下痢後少シク疲労ノ体アルガ故也我児ヲ乳養セシメタリキ該乳母タル其質ハ健剛無疾ナリト虽其児ハ客年五月ノ出生ナルヲ以テ我児ト其生時ハ不同ナリ然ルニ更ニ其害アルヲ見ス却テ下痢後ノ疲労ノ快覆シ全ク健壮ニ至リタル覺ユ但シ同時ナルヲ撰フハ肝要ナルヘシ以上略述スルハ我輩親シク我児ニ就テ實施經驗セル所ニ係ル故ニ未タ小児養育ノ全備セルモノニハアラスト虽我輩ハ尚今後先學ノ教ニ則トリ慎テ天賜ノ愛児ヲ保育セン寸ヲ務ムヘシ古諺曰人ノ父母トシテ慈愛ノ心ナキモノアラスト虽慈愛ニ溺レテ天則ニ悖（注：読みは「もと」。もとる）ルハ却テ慈愛ノ心ナキカ如シト宜哉此言ヤ

クララは最後に「諺曰人ノ父母トシテ慈愛ノ心ナキモノアラスト虽慈愛ニ溺レテ天則ニ悖ルハ却テ慈愛ノ心ナキカ如シ」と「慈愛」と「溺愛」の違いについて語っている。

こうした細々とした子育てに関する情報が、当時の日本人に向けて発信されたならば、相応の影響もあったと思われるが、この文書がどう使われたかは明確ではない。

いずれにしろ、三條家文書に残されたこうした文書を、クララはなぜ書いたのか、なぜ書かなければならなかったのかも謎である。考えられるのは、主席保姆として採用されたクララではあるが、その業績（力量）を証明するものが何もなかったからではないか、ということである。いくら当時であっても、その地位に相応する学業終了証明書とか、採用試験の点数とか、その業に関する一定以上の経験年数とか、あるいは水準以上の具体的な業績物が求められたかと思う。

いずれにしろ、この文書は、わが国の幼児教育史上最も重要な位置にある人物の一人である松野クララの文献として、文部科学省の明治初期の教育史や幼児教育史においても記録しておくべき文献であろう。この文書が斯界においてなかなか見出されなかったのは筆名が「松野久良々」となっていたからである。その点は『婦人の徒登免』も同じである。

（二）　クララの『婦人の徒登免』と芙雄の著述等との関係

クララのもう一つの文献は、明治二十一年（一八八八）一月、益森英亮を著作者兼発行者として出版された講演記録『婦人の徒登免』である。

明治二十年（一八八七）二月第二火曜日の第一回目の講演では、乳児の教育がテーマであり、クララは「子供を教え育てるには、大概の人が、五歳か六歳ばかりになりて、始めて學校へ參ります時からの様に思ひますが、決して左様なものではございません。最早生れて母親の手にある時から、始まらなければなりません」と切り出した後、続けて次のようにフレーベルの紹介をしている。

今より、百六年前ほどに、フリードリヒ、フリョーベルと申す人がございました。此人は子供の育方について、いろいろ心を用ひまして、そして其事について規則を立てました。一体此人はたいそう子供を愛しまして、殊に生まれたちの赤兒を最も愛しました。終に一生そのことばかりに力を盡しました。其規則に從ひますれば、子供は遊びながら、自然と物を習い覺へるように、その母親が子供の遊びに能く氣を附けて、成丈善き方に導き、悪い方に傾かないやうにしなければなりません。其の目的からして、フリョーベルは、幼穉園といふものを拵へました。幼穉園といふものは、子供の花園といふ意味でございまして、花園の花をよく咲しますには、植木屋が枯た枝や悪ひ葉は剪（注：読みは「はさ」）みとり、肥料を與へたり、又あらい雨風や雪霜のために傷められないやうに、いろいろ手當をいたし、丹精しなければなりますまい。その花にたとへたる子供を善く教へ育てるにも、矢張これと同じような理でございまして、その枯た枝や悪ひ葉を取り除るように、悪ひ事に傾く時は早く矯正し、また常に悪ひ方に傾かせぬ為めに心を用いて、假初にも教になることを擇まなければなりません。

幼稚園の「園」すなわちドイツ語の Garten は庭園、菜園、果樹園のことであるが、クララは幼稚園は幼児を育てる「花園」であるとしている。フレーベルは幼稚園の幼児を草木になぞらえ、保育者を庭師になぞらえている。こうした見方は豊田芙雄の手記等にもしばしば繰り返されているところであり、フレーベル、クララ、関、豊田、近藤らが基本

的に共有する世界である。フレーベルはこのことを自著『人間の教育　上』の中で情熱をこめて語っている。[二十八]

> 若い動植物に休息を与え、それへの無理な、干渉がましい働きかけを避けようとするのも、無理に干渉すれば、動植物の純粋な発育と健全な生長が妨げられるのを知っているからである。しかるに、人々は、若い人間を、欲するままにこねあげることのできる蝋か粘土の塊とみている。（注：前村による中略）園丁が、剪定にさいし、全く受動的に、注意深く、葡萄の樹の本性に従うのでなければ、剪定によって、たとえそれが多分に善意から出たものであるにせよ、葡萄の樹は、全く枯れてしまうかもしれない。少なくとも、実を結び、生み出す力は、破壊されてしまうだろう。自然物およびその処理の場合は、われわれはきわめてしばしば正しい道をとる。しかるに、人間の場合は、全く誤った道を歩む。しかも、自然と人間のなかには、一つの源から発し、同一の法則に従って働くもろもろの力が働いているのである。それゆえ、自然の注視と観察は、この面からも、人間にとってきわめて重要である。

豊田は、保姆見習科の修了式の挨拶の中で「夫レ植物モ之ヲ耕鋤シ、之ヲ培養シテ益々力ヲ用ヰザレバ鬱衍播茂シテ良果ヲ結ブ事能ハズ、人類ノ教育亦何ゾ之ニ異ナラン、（注：前村による中略）今彼霄々（注：読みは「しょうしょう」）トシテ雲聳（注：読みは「うんしょう」）スル巨樹モ其雙芽（注：読みは「そうが」。双芽）ナルニ当テ或ハ之ガ賦性ヲ屈撓スル事アレバ、何ゾ茲ニ至ルヲ得ンヤ、幼稚教育ノ理亦之ニ等シ」[二十九]と調子高く語っており、また、その手記「代紳録全」においては「芙雄曰小児ヲ養成スルハ五穀農業種藝ノ道ト異ナルヿ更ニナシ故ニフレヘル氏ハ樹木學より來リシ是其證明ナリ」[三十]と書いている。

松野クララや豊田芙雄らはフレーベルの保育の根幹をしっかりと受け止め自分のものとしているのである。

クララは、乳児が椅子や座布団の上に座ることができないような時期には、フレーベルの第一恩物球の遊びが有効であると語っている。クララは次のような例を説明している。

（子どもを）寝台の上か或は坐敷の敷物の上に轉ばし、上から一ツの赤き鞠を子供の目より一尺ばかりへだて、胸のあたりにむかいて釣下げ、何か調子の正しき小歌をうたいながら、その鞠をあちらこちらへ振動します。然（注：読みは「そう」）しますると子供が直に氣を付けまして、鞠の動く方を見ますから、自然と目の機能（注：「はたらき」と読ませている）が鋭敏（注：「するどく」と読ませている）なり又一ツの目的を視定めることになれます。歌を聞いては調子を感じ、そのあいだ自然と樂しみて退屈を忘れます。（注：前村による中略）そこで段々子供が大きくなるに從ひて、其鞠を自分で取ろうと試み、度々試みるうちに、腕や足に力を入れますから、次第にその筋や骨も丈夫になり、なみの抱きか、へして育てたる子供よりは早く這い、又立つことも出来ますものでございます。身体のつよくなるばかりではございません。性質も自然と活潑になります。何故なれば早くより自分で獨立（注：「ひとりたつ」と読ませている）ことを習ひ試み、又獨（注：「ひとり」と読ませている）でその目的（注：「めど」と読ませている）に達したゆへでございます。

元々、第一恩物は乳児向きとされているが、豊田もその著書『女子家庭訓　上』（明治三十四年（一九〇一）発行）の中で、小児も生まれて二三カ月も経過すれば「小兒のため手に一握ほどなる、糸製の球を造りて與へ、又他に害無き玩具を與へて、其心を慰ましむべし」（三十一）と述べている。また、後述することになるが、芙雄は保姆時代の早い時期に「六色からなる球」それぞれの歌の訳詞（改訳）をしている。クララも、芙雄も、それぞれ、明治二十年代、明治三十年代になっても、フレーベリアンなのである。また、ここにある内容は明治十年（一八七七）前後に「傳習」済みのものである。

クララは「明治廿年四月第二日曜日婦人懇親會」の講演では、生後一年以降の子供の育て方について語るが、子どもには個人差があるため、機械的な適用はできないと断りを入れた上で次のようなことを述べている。

小兒を能く教へ育るには、第一にその小兒の行ひに氣をつけて其性質を知（注：「しら」と読ませている）なければなりません。（注：前村による中略）小兒は只遊ぶと飲むと喰ふと寝とにて、外のことはいたしません。小兒の遊びは小兒の世わたり生活でございますから、小兒はすべて世の中の物事を遊びと思ひ、目に見ゆるものや耳に聞くものや身体に觸ることも、みんな己の為の遊びと思ひます。（注：前村による中略）小兒の一ばん始めての學問は遊びでございます。そして其小兒の周囲にあるものや、見（注：「あら」と読ませている）はれる事柄は小兒の為めの教師ともなり、又手本ともなるものでござります。

幼児にとって、遊びは生活そのものであり、遊びは学習そのものであるという論であるが、現代の大方の幼児の遊び理解とまったく同一である、というよりは、こうした子ども理解は現代にまで脈々と受け継がれてきた考え方なのである。豊田芙雄も「保育の栞」の中で「開誘（注：保育）の仕事は皆遊戯と心得たらんには大なる誤ちなかるべし。」と述べている。

クララは「明治廿年六月第四水曜日婦人懇親會」の席では、前回の講演を承けて、遊びの「模様」と「要用」について語っている。

小兒が極く小さく十分言葉が通じないときには、其の父母や或は教師の教ゆることが、どふいふ働きを小兒の心にあたへるかを知ることは甚だ六かしきものでござります。併し小兒の遊びかたによりて其の心の底は知らるるものでござりまして、すべて小兒は三つの仕方に於て其の性質を著はすものでござります。三つの仕方と申すは顔つきと言葉とそして行ひでござります。この三つは小兒の遊びの内に常に著れまして、そこで父母や教師がたとへ其の小兒の遊びがいくら不器用または不十分に見へても、決して其の仕方上邊計りに眼を着けないで、必ず其の行ひに就きて心の働き、即ち小兒といふものは大人から見れば甚だ不十分の遊道具を持ちて世の中の満足したものの真似を致すものでござります。假令は二つ位の小兒は父親の杖を横にして其の上に乗り、ボッチャンは腰を掛ける抔といひ、又紙切れを持ちては、新聞紙や書物抔を讀むといひ、砂糖か菓子を貰ひ、まんまんごとをいたし、即ち料理の真似をし、また時としては、むすこと娘兄弟て遊ぶ時にはよく夫婦となりた真似をしますが、その時は夫婦喧嘩の真似や父親が母親を叱る真似などいたしまして、其の父母の行ひのよき事もわるき事もみんな著わします。是れが則ちその父母は平生氣が着ないで居ても、いつか其の小兒の心の働きに與へたる結果と申すものでござります。かやうに小兒の遊びは小兒の性質や考も寫し出す鏡でござりますから、其の父母や教師はよき事計り其の鏡に現はれる様教え導かなければなりません。

子どもの心は、遊びにおける子どもの顔つきや言葉や行いを見て把握することができる。子どもの見立て遊び、象徴遊びなどは、その子の性質や、考えや、生活の中での出来事などを良く反映する鏡である、と語っており、聴衆も同感するところが多かったのではないかと思う。

小兒は其の遊びのうちと遊びに伴ふて物事を正しくすること、時を違えぬこと、勉強すること、物に耐え忍ぶこと、人と交わること、人に従ふこと、人と結ぶこと、すべて世界の事柄をたやすく習ひ覺えるものでござります。

子どもは遊びの中でこそ、ルールや規律、学び、忍耐力、社交、役割分担、約束事などすべてのことを学ぶのである、と遊びの幅広い効用を説いている。現代保育の理解もほとんど同じであると思うが、遊びの効用を忘れ、目先の利に走った現代保育もないではない。フレーベリアンはあくまでも遊戯（行為）による保育をするのである。これはクララの「傳習」時代も同じである。

學校に行く位の小兒は大概鞠か獨樂か凧の類、或は其の己の身体を道具として遊びますが、まだ夫れより小さき小兒でも何か矢張り一つの遊び道具を欲しがりますから、相應の物をあたへなければなりません。（注：前村による中略）又小兒は自ら其のからだを遊道具となしてあそぶ事を好ます。たとへば、馬になりてヒンヒンはねたり、蝦蟇になりて、ピョコピョコ飛んだり、或は猫と鼠になりたり、鬼になりたり、己れ其の道具となりて遊びます。遊びの事柄と申すものは大きく二つに分けられます。其の第一が生活のなき遊道具（注：生命のない遊具）即ちおもちゃを以て遊ぶこと、其の第二が生活のある遊道具（注：生命のある遊具）即ち自分みづから或は友達や兄弟と互ひに遊びの道具になりて遊ぶことでござります。

クララは遊びには大きく二つがあり、一つは生命を持たないおもちゃを相手にした遊び、つまり子どもと物との関わり遊びであり、二つ目は生命を持った生身の人間をおもちゃとする、すなわち自分自身や他者との関わり遊びであるとし、これらはうわべの違いだけでなく、心の表れ方も違うことを述べている。園児や自分の子どもを良く見ていた人の遊びの理解である。

クララは「明治廿年十月第四火曜日婦人懇親會」において、第四回目、締めの講演を行い、幼稚園の恩物の意義、運動の大切さなどに言及している。

普通小兒がうちに居て遊ぶとき大概最早全く一つの品物に出来上がりた、おもちやを持ちて遊びますが、幼穉園では鞠や、球や、圓柱體や、立方體や、立形や、置かたなど、其の外いろいろの物を遊び道具として與へます。此の遊道具は一つ一つに細かく分かち毀して、其の内部を窺ひ見ることが出来ますから、自然と小兒のものごとをうがち穿鑿する心を勵まし、また一つづつにわかれたる部分を聚れは色々様々の物の形や品物を造りこしらへる心を引起こします。(注：前村による中略)此の遊道具もまた追々小兒の精神の進みや、手業の慣れるに随ひて次第次第に六かしく畳みかた(注：これが折り紙のこと)だの、組みかた(注：組み紙、組み板のこと)だの、織かた(注：織り紙つまり帯紙を織ること)だの、豆つぶ遊び(注：湿豆と竹ひごで構成物を作ること)や、ねば土遊びもだんだん進んでまいらなければなりません。是等の遊道具は小兒が厭きたり、退屈したりいたしませんで、喜びて玩びますから、面白く、楽しく、また苦まず疲れずして精神の働きも進み、手業も自然とたやすく習ひ覺えるものでござります。

フレーベリアンも、ぬいぐるみや、車(馬車)、船などの完成されたおもちゃで遊ぶことを全面否定するわけではないが、そうした既製のおもちゃで遊ぶことだけでいいとは考えていない。

クララは幼稚園において恩物で遊ぶことの意義を語っている。恩物は本来的に具体的な物を表していない。そこにあるのは素材だけである。たとえば、積み木様式の恩物では、分解し、あるいは中を覗けるが、このことによって探求心が育ち、個々の形を組み合わせて「物」を作ろうとする意欲が引き出せる、と語っている。また、成長につれて、折り紙、組み紙、豆細工、粘土細工など手の込んだ造形(恩物)活動もするようになり、図画のような表現活動などもすることになる、としている。

ここでも「傳習」時代の内容をやさしく言い換えているだけである。クララは「是等の遊道具は小兒が厭きたり、退屈したりいたしません」と言い「喜びて玩びますから、面白く、楽しく、また苦まず疲れずして精神の働きも進み、手業も自然とたやすく習ひ覺えるものでござります」と語っている。

当時の日、米、欧の幼稚園では、興味や関心のない子にまで、画一的な恩物活動を「強いている」とされ、批判され始めるようになるが、クララや芙雄らの理解は、子どもたちは恩物をけっこう喜んで扱っていた、というものである。

クララは、最終日の講演で、日本では戸外における運動遊びが著しく少ないこと、特に女子の運動遊びが少ないことを指摘し、女学校に自由体操も入れて欲しいと要望している。

私が此の日本へ参りまして見出したことがござります。日本の小兒の遊びには運動遊びと申すものが甚だ少なき様に見へます。殊に外に出で賑かに活發に運動になる事が少なく、とりわけ小さき女の兒が一𠩄に集まれば、直きにお手玉や、きしゃごや、鞠や、又はまんまん事なぞと、動くことは少なく、常に坐敷にすわりづめの事ばかりいたしますから、甚だかよわく、そして病身の者が多くござりますのは、みんなその體を使ひ運動となる遊びの少なき罪だと思われます。（注：前村による中略）私が思ひますに多く日本の人は女の兒といふものは男の兒のやうに飛んだり跳ねたり荒らく遊ぶは不行儀で宜しくない、成る丈けおとなしく物柔らかにするのがよきものと、昔しからの習わしでござりませうが、何故に女の兒は男の兒ほど強く丈夫でなくて宜しきか、私には一向其の譯がわかりませぬ。（注：前村による中略）獨逸の文部省でも只今では、すべての女學校に於て體操をさすこととなりました。どふか我が國此の日本にも、女學校に器械體操ばかりでなく自由體操をも入れらるるやうにいたしたきものと思ひます。（注：以上が講演稿）

この文献で示されている内容は、基本的には明治十年（一八七七）前後のクララの「傳習」時代のものと同じであるが、一般向けの講演ということもあり、翻訳の良さも関係しているが、前後がきちんと整理された、かなりこなれた保育論となっている。そこには、クララ自身が幼稚園保育の実体験を持ったこと、わが子文を育てたことが影響しているように思う。

四　豊田芙雄らの実践と恩物保育の初期定着化

（一）クララの伝習以前の状況

クララによる保育法の「傳習」以前に、わが国でフレーベル主義保育を紹介する刊行物としては、明治九年（一八七六）一月、文部省から発行された桑田親五の訳書『幼稚園《をさなごのその》　上』（稲垣千頴校・那珂通高訂）[三十二]と、明治九年（一八七六）七月に、東京女子師範学校から発行された関信三の訳書『幼稚園記　一・二・三』（ニューヨーク師範学校長ドゥアイ著。『幼稚園記　附録』は明治十年七月申告、同十二月刊行となっている）[三十三]がある。

桑田親五の『幼稚園　上』の発行は幼稚園開業の一〇カ月前のことであるが、この本の中で、すでに「第一に授くる玩器《てあそびもの》」（注：第一恩物六球法。桑田は恩物ではなく玩器の訳語を使っている。恩物の訳語は関による。加藤錦子も玩器の訳語を使っている）、「第二に授くる玩器」（注：第二恩物三体法）、「第三に授くる玩器」（注：第三恩物第一積体法）、「第四に授くる玩器」（注：第四恩物第二積体法）までは多くの図入りで紹介されている。

なお、明治十年（一八七七）七月には、同じく桑田親五による『幼稚園　巻中』（那珂通高・飯沼半十郎校）[三十四]が出版され、「第五に授くる玩器」（注：第五恩物第三積体法）、「第六に授くる玩器」（注：第六恩物第四積体法）が紹介され、さらに「第七に授くる玩器」（注：関の書では第八恩物置箸法になる。他の例では七番目は第七恩物置板法）が紹介され、「箸細工附録」として「豆にて小箸を接き合せる業」（注：他の書では二十恩物中の第一九番目、第十九恩物豆工法）が紹介されている。

また、明治十一年（一八七八）六月には、同じく桑田による『幼稚園　巻下』（飯沼半十郎校）[三十五]が出版され、「組紙、織紙、剪り抜き紙及び圖を引く事」（注：第十七恩物組紙法、第十四恩物織紙法、第十三恩物剪紙法、第十恩物圖画法）がまとめて掲載され、「摸を造る業」（第二十恩物摸型法）が紹介され、さらに「音楽の體操の事」（注：体操の説明と、体操図と、体操に付随する手引草の歌）が紹介されている。

　また、唱歌については同書中「鴿舎ノ歌」など三〇点ばかりが紹介されている。ただし、唱歌に関しては、後にも触れるように、校正者がわざわざ唱歌導入の困難さに付言している。これは、軍隊の音楽隊や教会での聖歌などを除けば、西欧音楽がほとんど流入していない当時としては当然の指摘でもあった。唱歌導入は、関、豊田、近藤にとっても、最大の障壁となるのである。

　関信三の『幼稚園記　一・二・三』の発行は幼稚園開業の三カ月余り前のことであるが、その内容は、一、二巻では、遊戯と遊戯に付随する歌、説話の事例の紹介が大半であり、第三巻では全編「圖畫課」の紹介がなされている。翌年十二月刊行の『幼稚園記　附録』で初めて各恩物の紹介がなされているが、それぞれに充てられた文章は短く、また、図も用いられていないため、桑田の『幼稚園』に比べ、実践者にとっては使い勝手がいいとは言えない。

　ただし、図画に関しては第三巻全部を占め、詳細に紹介されており、巻末には練習図例も多く掲載されているため、保姆養成の実技や保育の実践に役立てやすいものとなっている。関が図画にこだわったのは、「フレベル氏曰ク凡ソ圖畫ナルモノハ心性ヲ養成スルノ最モ有力ナル方策ニシテ軟弱ナル幼兒ノ缺クヘカラサル主要ノ事業タリ」[三十六]という図画の特性に共鳴したからである。

　豊田、近藤らも、幼稚園の開業前に、桑田による訳書『幼稚園　上』、関による『幼稚園記　一・二・三』は手にすることができたし、開業時点でもこれらの書を参考とすることも可能であった。特に、『幼稚園　上』では、玩器（恩物）の用法が多数の図入りで紹介され、平易且つ簡潔な訳文であるため、第四恩物までという限定はあるが、保育者にとっては、極めて使い勝手の良い実践マニュアルだったといえる。しかし、あくまでも図書による情報であるから、その理解には限界もつきまとうが、クララのようなフレーベル保育の実際を知る人が身近にいて解説してくれれば、一段と有用な書として使えたはずである。

（二）　クララの伝習の内容

クララが、明治九年（一八七六）十一月から翌年三月まで、保姆の豊田、近藤、助手の山田、大塚らに対してどういう内容の保育法の「傳習」をしたのか、ここでは「代紳録　一　浄寫　幼稚園教育理論　松野久良々氏口授聞書」を中心に、桑田親五訳の『幼稚園　上』、豊田芙雄の手記である「代紳録　全」、「代紳録　二」、「恩物大意」や、清水陽子・高橋清賀子の「豊田芙雄の講義ノート『代紳録』にみる明治初期の保育内容」[三十七]、前村晃の「豊田芙雄と草創期の幼稚園教育に関する研究（1）―豊田芙雄の『代紳録鋹全』と氏原鋹の『幼稚園方法』との関係―」[三十八]等も参考にしながら述べていくことにする。

ただ忘れてならないのは、創設直後の同附属幼稚園では「保育法の伝習」と「保育の実践」が同時進行していた、ということである。

豊田の手記「代紳録　一　浄寫　幼稚園教育理論　松野久良々氏口授聞書」の「浄寫」の時期であるが、裏表紙に本文とはまったく関係のない『教育雑誌　百八號』に関するメモ書きがあるので、明治十二年（一八七九）末以降とすることもできる。豊田は、鹿児島幼稚園における保姆養成のテキストとして、「代紳録　三」（注：これについては、安省三の論稿に、明治十二年もしくは明治十三年三月十八日に鹿児島女子師範学校で之を造ったと記された「表紙」の写真が掲載されている）を作成しているが、鹿児島でテキスト用に作られた「代紳録　三」については行方不明である（高橋清賀子家文書中の「代紳録　三」は別物である）。

豊田はすでに「代紳録　全」や「代紳録　二」を作成しており、保育法のおおよそ全体をカバーする手記を書いていたが、「代紳録　一　浄寫　幼稚園教育理論　松野久良々氏口授聞書」は、わざわざ「松野久良々氏口授聞書」としているので、相次ぐ出張期間延長に合わせる必要が生じて、「幼稚園傳習聞書稿」他を基に「浄寫」したものかと考える。ただ、浄寫とはいっても、元々が「通訳」であるため文言の修正、言い回しの書き直しなど至るところにある。項目なども、未整理のところも多々あって読み易い状態とはいえない。しかし、整理され過ぎていないだけに、逆に、松野クララが語り、関信三が通訳した講義を直に受けた保姆修行者豊田芙雄の苦闘の跡が生々しく残っているともいえる。

本手記に見られる、クララの講義の構成は、まず、最初に保育の要点を述べる「十九則」、続いて「恩物の基本的な意味と扱い方」、最後に「恩物の用法十四條」があり、クララの講義の一端を知るには十分な文書である。

まず、「十九則」の説明をするが、ここは順序に混乱が見られ、判断に迷う部分もあるが、原則原文の順番を尊重し、どうしても順序を入れ替えたり、番号を変えた方が妥当と思える部分のみ変更することにする。

「第一則」　ここでは、保姆の資質（求められる性格）を述べている。「凢小兒ハ天然の性に従ツテ誘導シ性ヲ枉（注：読みは「ま」。まげること）ケ急ニ為ルヲ要セス故ニ之カ母師タル最モ深ク養成スヘキハ己レノ意氣ヲシテ飽クマテ温和且伸長（注：慎重の意か）ナラシメ」以て保育にあたるべきだというのである。豊田が他の「代紳録」等で保姆は「保姆は温和気長にして」と書いている部分に相当するところである。

ところで、幼稚園についてほとんど予備知識のない受講生を相手に講義をする場合、幼稚園とは何かという「そもそも論」から始めるのが普通であるが、そちらは「恩物大意」の冒頭で語っている。

「第二則」　ここでは、「関係ノ長官其他客員ホ入来ル片ハ必ス立禮ヲ行ハス可シ」と礼儀の大切さを述べるが、「然レ圧一朝一夕ニシテ之ヲ養成スルハ難シ漸ヲ以テ誘導スル片ハ敢テ易々タルベシ」と付け加え、急いで結果を求める必要はないとしている。

「第三則」　ここでは、「小兒生レテ先ツ手足ノ揺動ヲ為スハ是自然ノ妙理乃チ天賦ノ知覺肢體ノ成立ト倶ニ啓発ヲ起スノ措梯也」とし、「母師タルモノ此機會ヲ違ハス教育誘導ノ心意ヲ含有シ以テ保護スルᛏハ必スヤ目的ヲ達スルニ至ル可シ」と述べている。教育は生まれた時から始まるのである。これは明治二十年（一八八七）のクララの講演でも同じことが語られている。

「第四則」 ここでは、「幼稚ハ常ニ遊戯又ハ器物ヲ破壊スルホヲ為スカ常情ナリモシ此二ツヲナサヾルᛏハ或ハ疾病アルト察ス可シ」と述べている。幼児は遊ぶこと、器物を破壊することなど当たり前のことであり、むしろ、それをしない時は疾病あり、というのである。

「第五則」 ここは第四則までの各項に比べかなり長い説明になっている。「幼児ハ園圃（注：読みは「えんゆう」）ホニ到リ土穿チホヲ嘻ム常ナリ然ルヲ尋常ノ父母ハ却テ之ヲ危フミ又ハ悪シトシテ其望ム𠩄ヲ抑止ス一理由アルヘケレ氏却テ非ニ近シ」と述べている。芙雄も、「保育の栞」の中で、崖（たとえば、園庭に土の山があればその斜面など）があれば、子どもは棒でもって穴を穿とうとするのは常である、と同様のことをいっている。クララの口述がそのまま引き継がれているのである。そして、「偶意ニ土穿或ハ草木ヲ折損スル際石或ハ草木ノ質等ヲ見知ス是即チ一ノ知覺ヲ開発スルト謂フテ可也」と述べるが、いうまでもなく、幼児に草木、果實ホヲ毀損することを勧めているわけではない、といい、こうした自然物があるから鳥や虫が歌い、棲息し、人間もこれがあるから楽しみを得ることができるのだ、と諭すべきだと述べている。子どもが言うことを聞かずさらに毀損する場合は、これ（自然物）を自分で造ることができるかと、強く諭すべきだと述べている。子どもの学習の機会だからといって、みだりに自然物を毀損することは戒めているのである。

「第六則」 ここでは、「凢幼稚ノ園遊戯嬉ノ際物トシテ幼稚ノ視察ニ觸ル、ᛏハ乃五官各作用ヲ起スナリ」と述べ、遊戯は子どもの五官を働かせることになると強調している。

「第七則」 ここは短く「幼稚遊戯中自然目的ノ立ツ可キ様誘導スベシ」が全文である。

「第八則」 ここでは、「眞神ハ吾儕（注：読みは「わがせい」）。私たちの意）ヲ守護シ又タ吾儕ヲシテ學業戯遊ノ中ニモ常ニ守護シテ安泰ナリ人トシテ之を尊敬セスンハ有可ラサルヿヲ懇諭スヘシ」と述べているが、幼稚園はキリスト教の土壌から生まれたのだから当然といえば当然であるが、先にも触れたように、国学者や儒学者などからは「幼稚園は耶蘇教を教えるところか」という批判が生じそうな部分ではある。

「第九則」　ここでは、幼児は本来的に器用不器用があるが、幼稚園に入った以上はどの子も「器用敏捷」となるように開誘すべきだと述べている。

「第十則」　ここでは、誰もが先祖があって、今日に至っているが、「心志手足ヲ労シ」て適切な勉強をしなければ、現在の衣食住の生活を維持することはできないのだ、と幼児に明確な言葉で諭すべきだと述べている。

「第十一則」　第十一則では、「遊戯歓楽中一事五官ニ視觸セハ其事物ニ因テ思想ノ精神ヲ諸物ニ趨（注：読みは「はし」）ラスヤウ開誘スルヲ肝要トス」と語り、例として小さい船の図であっても、説明によって、大きな蒸気船の話に及び、これが「万國信義ヲ交ヘ社會一大関係ノ在ル千里ノ想像ヲモ呼起スルニ至ル可シ」と述べている。想像力を逞しくする開誘の例である。

フレーベル主義保育では、五官（五感）の働きや、想像力を駆使し、高めることが重要視されているのである。

「第十二則」　この項では、事物が決められた場所になく、雑然としている時は、整理整頓の習慣が身につかず、きちんと整頓されているところでは「清浄潔白ヲ好ムノ心ヲ生起シ寛仁慈愛ノ心モ発起ス」と述べている。

「第十三則」　ここでは、「總テ幼稚ノ視覺ニ觸ル、毎々ニ決テ其精神ヲ疎漏ニ径過セシム可カラス」といい、大人にとっては些細なことでも、幼児にとっては緊要な知覚啓発の機会となるものである、したがって、ていねいに誘導する時には、「戯嬉歓楽中ニ新ニ発明ノ心志モ出来ルナリ」といっている。幼稚園に通っていない幼児は、八個の木片（注：第三恩物第一積体法）を見せ、これを何のために使うかと聞いてもほとんど答えられないが、恩物を使ったていねいな保育を受けている幼稚園児は「家屋或は門窓ホヲ造為スヘシ」と答える。これは幼稚園児が思考的に一歩進んでいるからだと語っている。

ここでは「発明ノ心志」つまり創造性の開発が謳われている。フレーベル主義保育は「創造性の教育」を目指しているのである。

「第十四則」　ここでは、「事毎ニ説明シ懇切ナル可シ然レ𪜈詳細ニ過キ児心ヲシテ倦マシムル𬼂ハ害アリトモ益ナシ故ニ宜シク注意ヲ措キ児心ニ適切ナル言語ヲ以テ簡易ニ説クヘシ」が全文である。懇切丁寧に説明することは必要であるが、詳細に過ぎて子どもが飽きるようでは害あって益なしであるといい、子どもに適した簡潔な説明を心掛けるべきである、という。保育、教育の現場では、簡潔な説明で十分な場合も多いかと思うが、保育者や教育者が必要以上に「しゃべり過ぎる」ことは頻繁に見られることである。

「第十五則」　ここでは、「事物悉ク元素アル響音アルヿホモ示ス可シ」が全文である。

「第十六則」　ここでは、「小児ノ精神ニ要用ナルハ唱歌也必ス闕ク可カラサル唱歌ハ呂律ノ整頓ナルヲ要ス」といい、幼児が寝るとき、母、乳母、保育者が唱歌（子守歌）をうたうことは大切だし、幼稚園の運動、遊戯には必ず唱歌が伴うべきことを説いている。

クララの講義では唱歌の効用が謳われるが関、豊田、近藤にとってこの唱歌こそが難題となるのである。

「第十七則」　ここでは、「第十五則」とも重なるが「事物悉ク元素ヨリ成立スルヿヲ知ラシメ又響音ヲ保有スル元質モ亦然リ」が全文である。

「第十八則」　ここでは、「物質悉ク中立質（注：ここでは芙雄は本人の原文にある中媒を中立質に訂正している）アル理ヲ知ラシムベシ假令ハ極剛極弱反対物ノ第一也其中立質ハ柔質是ナリ極厚極薄ノ色アリ其中分ヲ得タル色則中媒（注：ここでは中媒を用いている。二色の等量混色）數ニテハ曰一二三二則中媒又天地間ニ山ト渓谷トハ大ナル反對ナルモノ而ルニ何レヘ行クモ中分ヲ径過セサレハ往ク能ハス是ニ因テ小児ヲ導キ其理ヲ知ラシムルニハ先ヅ簡短ニシテ視示シ易ク而メ小兒ノ玩弄ニ適セル第二恩物則是ナリ曰其木球立方体𠩄謂反對ノ大ナルモノ而メ中分質（注：ここでは中分質を使っている）圓長体則是ナリ此物体ニ就テ事物ノ中分アル形容ヲ覺知セシムベシ諸線類ニ至ツテモ亦然リ斜線ハ平直ノ中分也」ここでは我々の住む世界に反対物が存在し、その中間には、中分質（中媒《なかだち》）が必ず存在することを説いているが、自然科学を学んだ人フレーベルらしい言である。フレーベルは、真反対するものはあるが、中分質が、これらを一致結合させる、と考えるのである。

反対結合という考えはフレーベル保育理論の中では重要な位置にあり様々な実例がかなりの頻度で出てくる。

「第十九則」ここでは、「保育教師ハ終始小児ノ心意ヲ持ス可シ而メ茲ニ掲ル所ノ數目ニ能ク注意シ一事件ト雖忽（注：読みは「ゆるが」。ゆるがせ）セニ経過スベカラズ」と述べている。保育者は、保育にあたってここに掲げた以上の項目に留意すべきことを述べている。

次にクララの講義は「恩物の基本的な意味と扱い方」に移っている。ここも膨大な分量になっているので要点を記し、若干の解釈を付すに留めたい。

○フレーベルは、子どもが生まれて二、三カ月もすれば、母親による教育が始まらなければならないとしている。この時期の子どもには「糸製ノ六色球」の遊びをするのが良いと言っている。

また、フレーベルは、七、八カ月になると、六色球に換えて「木球・立方体・長圓形」（第二恩物三体法）を与えるといっているが、六色球は木球と形態上連続性を持つものである。また、木球と立方体は見た目には共通するものがない反対物であるが、長圓形（円筒形）は丸みがあるという点で球体と共通し、平面があるという点で立方体と共通している。また、円筒形を横にし、糸で吊るして、糸をねじって回転させれば、球体に見える。また、立方体の一平面の中心に糸をつけ、これを回転させれば円筒形に見える。木球と立方体は反対物であるが円筒形はその中媒となることを説明している。三体法では「反對一致終始結合ノ理」の先ず「一分」を示すものだといい、「凡百般ノ事宇宙間物質反對結合ノ理」のないものはない、と述べている。

六色球についても、反対一致結合についても、すでに触れているのでここで詳しく説明する必要はないと思うが、年長になっても鞠などの球の遊び自体は継続する。ただ、六色球には色の学習が含まれており、この手記の後の方で、幼稚園では六色球を色の学習に用いるのみとするが、幼稚園の初級においては球遊びをするのも良し、と述べている。この遊びは乳児の五感中「見る力」に対応するものである。クララの明治二十年（一八八七）中の講演でもそのこと

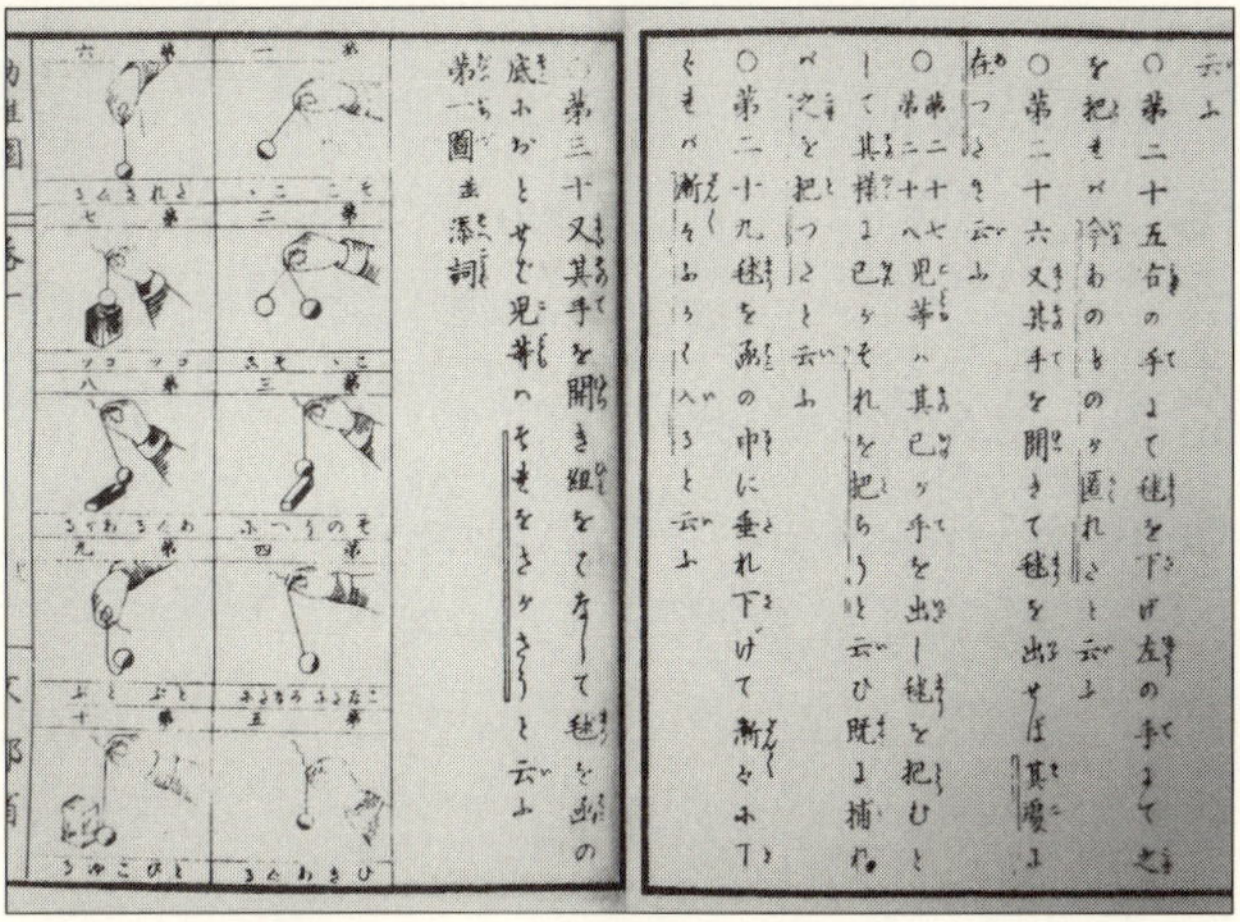

図３・２　『幼稚園　上』中の「六色の小毬（第一に授ける玩器）」の遊び方の例(三十九)

図３・３　『幼稚園　上』中の「三体法（第二に授ける玩器）」の紹介(四十)

に触れている。

また、「却説（注：読みは「きゃくせつ」。さて）小児初生三カ月ノ比（注：読みは「ころお（ひ）」。文語的表現。おおよその時期）ヒヨリ五官中耳稍々聞クヲ得ル」ことから、六色球の遊びの中でそれに対する対応（注：言葉かけや歌）も必要であると述べている。

反対一致結合は様々な遊戯の中に登場するが、フレーベルの理論では、一つの遊びの中に全体があり、部分の中にも常に全体が前提にある。

○前に続く内容であるが、この時期は聞くこと、見ることが身に付いているから「第二恩物ヲ以テ短簡ナル謡歌或ハ説話ヲ添ヘ誘導ヲナスヘシ」といい「是則チ自ラ感覺ヲ起シ五官ノ動作ヲ資ケシムル一良法也」と続けている。

○子どもが満二歳から三歳くらいになると「第三恩物八ケノ木片」を与えるのを「規則トス」といい、この頃から幼稚園に入り「社會ノ悪習ヲ防セキ」（注：隔離教育論）加えて人類の最も好み、最も関係ある社会交際の階梯を「群集遊戯中ヨリ自ラ呼起シ」（注：集団による学び合いの原理）、「且百般ノ事業ヲ一際ノ遊戯中ニ具有セル方制ニ就テ各自ノ性質ヲ向ケシメ後来何ノ業ニ拎（注：於の異体字）テモ目的ノ立ツベキヲ以テ學齢満六年ニ至ルマテ誘導ヲナシ而メ園ヲ退シテ一定普遍ノ小學ニ就クヲ以テス」（注：職業準備の説）を説いている。さらに「フレヘル氏ノ定ル𠩄ノ法則ニ拎テ二十ノ恩物ヲ要此ノ作用方ノ如キハ一ニ皆自然ノ理ニ基ツカサルハナシ𠩄謂自然法ト稱言スルモ誠ニ誣言（注：読みは「ぶげん又はふげん」。事実を曲げて言うこと）ニアラサルハナシ」（注：自然法。自然主義）が語られている。

普通、児童中心主義教育はルソー流の「隔離教育論」を掲げるが、当時のヨーロッパの社会が極度に悪い環境にあった、ということでもある。ルソーは、その教育小説の中でエミールの教育の場を地方の環境のいい所に移すが、フレーベルの幼稚園の「園」も悪しき社会とは遮断する特定の空間である。

また、隔離教育といっても、社会（コミュニティ）の成り立ち、それとの繋がりのある学びはむしろ積極的に肯定しており、フレーベルは職業教育より人間教育を主と考えるが「大きな意味での職業準備説」も見られる。また、フレーベルの幼稚園は集団による教育効果を謳っている。個と個、個と集団の質の高い相互作用をも期待しているのである。また、フレーベルの論には全体に「自然主義的観念」が浸透している。

○フレーベルは幼稚園教育の成立に大別して二つがあるとし、その一つが「物体教科」、もう一つが「事業教科」としている。物体教科は身辺百般の物を学ぶことであるが、ここでも「反對一致終始結合ノ理」が語られている。「反對一致想像心ヲ呼起シ其反對セルモノ原意ニ結合シ同一ノ理ニ帰ス則チ智識錬磨ノ基礎トナル也」と言うのである。

事業教科は、オキュペーションのことであるが、「諸事業諸工藝上ヨリ百般百物ノ模型ヲナシ、則チ、工作工業ノ錬磨研究ノ基礎トナル也」と語っている。つまり、後にも触れるが「工作・工芸・手工」に関わる活動である。オキュペーションについては、保姆見習生氏原鉦の明治十一年（一八七八）の手記には「未タ訳語ナシ」[四十二]とあるが、豊田芙雄は他の「代紳録」においても「事業教科」の用語を用いている。ただし、「恩物大意」の冒頭で「二十ノ恩物ヲ設ク」と言いながらも、本文の中で、「物体教科」にあたるものを「恩物」といい、「事業教科」にあたる「未だ形をなしていないものによる形作り」を「用法」と言っている。

クララは次に恩物の具体的な用い方について「十四條」からなる箇条書きで示している。ただし、個々は「條」となっていたり「則」となっていたりしており、「第一則」と「其の三條」の間に「第二條」の小見出しが抜け落ちていたりする。ここも膨大な分量になっているので要点を記し、若干の解釈を付すに留める。

第一則

第一号六球ノ作用法

球の大きさは二寸であること、一赤、二青、三黄、四柑、五緑、六紫の各色があるが、赤、青、黄は「三本色（注：三原色）」であること、赤は太陽の象徴、黄は大地の象徴、青は天地間の生活空間（注：空だけをいう場合もある）の象徴であること、赤と黄を混色して柑、黄と青を混色して緑、赤と青を混色して紫を生ずること、球の色の学びに際しても、諸物体と比較し、説話を加え、想像力を喚起すべきことを述べている。

「恩物大意」において、同種の説明があるが、この手記よりも一段と詳細に語られている。たとえば、「恩物大意」では、第一級（注：年少クラス）では球の遊びを三つに分けている。

①一列あるいは二列に児童を並ばせ、手の右左を問い、全員に各色の球の内一個を手渡し、それぞれの色の球について、何色かを問い、幼児の熟知している物を語ったり連想させ、あるいは幼児にそれを答えさせ、また、日曜日を除き、六色の球を順に各曜日に譬えることをさせることなどを通して、幼児は、右左を知り、諸色諸物を覚え、曜日を知り、鞠の請取渡しによって礼儀作法をも覚えるとしている。

②幼児全員で両手を開いた間隔で輪を作り、一個の鞠を右回りに受け渡しをさせたり、左回りに受け渡しをさせたりする。これも幼稚園の反対法と説明している。また、壁あるいは床に鞠を打ち付け、弾力のあることを学ばせる。

③全員を西側、東側に向かい合って二列に並ばせ、東側端から相互に全員が鞠の受け渡しをするという遊びをする。本来、六球法は乳児向きの恩物とされているが、初級の幼児においても、鞠を遊び（学習）として用いることができることを示すものである。

○これに続いて三体法の説明に移るが「十九則」中で既述の説明とほとんど同じである。

○続けて反対一致終始結合の例があげられている。「タトヘハ茲ニ五十斤ノ目量ヲ有スル石質アリ又十斤ヲ有スル同質アリ」といい「則大ナル反對量ナリ」といって「是ニ中間スルハ或ハ三十斤二十斤量ノ同質ヲ見出ストキハ双方結合シテ中立間ナル也」とするのである。また、中分の例として、黒と白は鼠色、山と渓谷は双方へ行ける中道、昼と夜は薄暮黄昏など幾つもあげている。

○三体法の性質を知る遊びの例をあげている。木球は常に動揺し、立方体は常に着位し不動であると説明する。立方体の三面を手で被って一方を幼児に示すときは一平面四方四辺が見え、また、立方体を手で持って少し傾けて見せれば見える面や辺が変わることなどを語っている。

○長円体、球の性質を説明し、幼児に球を握らせ、次いで立方体を握らせて、反対物であることを実感させ、次に長円体を握らせて中分質を知るということになる。

次に豊田の手記「代紳録　一　浄寫　幼稚園教育理論　松野久良々氏口授聞書」では「第三恩物第一積体法」の説明に移るが、豊田が明治十一年（一八七八）三月一日に造った（注：造り始めた）手記「代紳録　全」では、「五月廿二日講義　第三恩物」となっているので、ここらが「第二則」あるいは「第二條」になるのではないかと思われるが定かではない。

第三恩物第一積体法

ここでは、「コノ恩物ハ満二年乃至満三年ノ穉児ニ弄セシムルヲ規則トス」とし、前にも述べたように、これは第一、第二の恩物と違って、立方体を八個に分けたもので、分解すること、中を覗くことが可能な恩物である。「方一寸六分ノ立方体ヲ以テ種々ノ模型ヲナサシメ物体教科ノ勢力トナス也」と語っている。

次に「總テノ恩物用法三則ヲ有ス」また「此三式ヲ以テ弄器中ノ大眼目トナス」として、フレーベル主義保育の保育内容の基本的な柱となる次のような「三式」を説明している。

其一ニ曰　營生式　其二ニ曰　脩學式　其三ニ曰　摘美式

「恩物大意」においても同様の三式があり、豊田の明治十一年（一八七八）の手記「代紳録　全」でも、二と三の入れ替えはあるが、この三式を掲載している。

ちなみに、クララの講義の通訳者であるから当然ではあるが、関の『幼稚園記[四十二]　三』の圖畫課の項でも順序は違うが同様である。

摘美式《ビューチフルフヲーム》　脩學式《サエンチックフヲーム》　營生式《ライフフヲーム》

ついでに、桑田親五翻訳の『幼稚園　巻上』(四十三)における「三式」に関して言えば、次のように表記が異なっている。

要用式　精巧なる形　數學の基

また、明治十年（一八七七）の東京女子師範学校附属幼稚園の保育科目としては次のような表記となっている。

物品科　美麗科　知識科

また、それぞれの式の説明は「代紳録　一　浄寫　幼稚園教育理論　松野久良々氏口授聞書」では「營生式トハ小児日常ノ熟知シ得ル𠩄品物タトヘハ椅子机其他家内ニ据アル物品ニ假説（注：假設のこと）シ雜シウルニ問答会話ヲ以テ其概略ヲ知覺セシムルナリ」と言い、「脩學式トハ其假設シタル物品ヲ以テ計數幾何學術上ニ関係セル體角形線ヲ始メ總テ學術上ヨリ来ルコトヲ説明スナリ」とし、「摘美式トハ日常人ノ目視スル𠩄ノモノ麗美トシ之ヲ欣慕シテ以テ彼ノ醜悪ノ分ヲ知ラシメ且小児ニ自然礼儀ヲ知ラシムルノ意ナリ」と述べている。これらの説明についても「恩物大意」や「代紳録　全」では若干異なっており、「代紳録　全」ではより簡潔である。

これらを現代風に大胆に訳すとすれば、物品科は「生活上のものを知る遊び」、美麗科は「美しいものをつくる遊び」、知識科は「かずとけいさんと形について知る遊び」とでもするしかないが、あくまでも「試訳」である。

また、「第三恩物第一積体法」の説明として「方体ノ箱ヲ少シク蓋ヲ明ケ机上ニ倒伏セシメ一二三ト指呼ヲ加ヘテ其蓋ヲ引抜キ乃チ箱ヲ去リ」など型にはまった形式主義的な作法を述べている。次に「初メハ立方體ノ概畧ヲ説話シ漸次習慣漸ク塾スル𪜈ハ之カ発問ヲナス也」といい、続けて「先ツ最初ニ拎テ竪半箇ニ分チ其二分一ナルヲ示シ復タ合シ横半箇ニ分チ數ニ在リテハ同箇且ツ二分ノ一ナル𪜈其縦横ノ差異アルヲ知覺セシメ復タ合シテ中央半ニ分ツ是亦同箇ト虽形ヲ異ニスルヲ知ラシメ而メ后四分ノ一トナシ又ハ八分ノ一トナシ四箇更ニ合シテ長方形トナシ縦横或ハ一箇ツ丶積テ方柱トナシ以テ漸次其形体ヲ破壊セス種々ノ物体家門ホノ模造ヲナシ附ルニ小話問答ヲ以テ専用トシ物体教科脩學營生ノ二域ヲ具有ス」と説明している。

図３・４　『幼稚園　上』中の「第三に授ける玩器（第三恩物第一積体法）」(四十四)

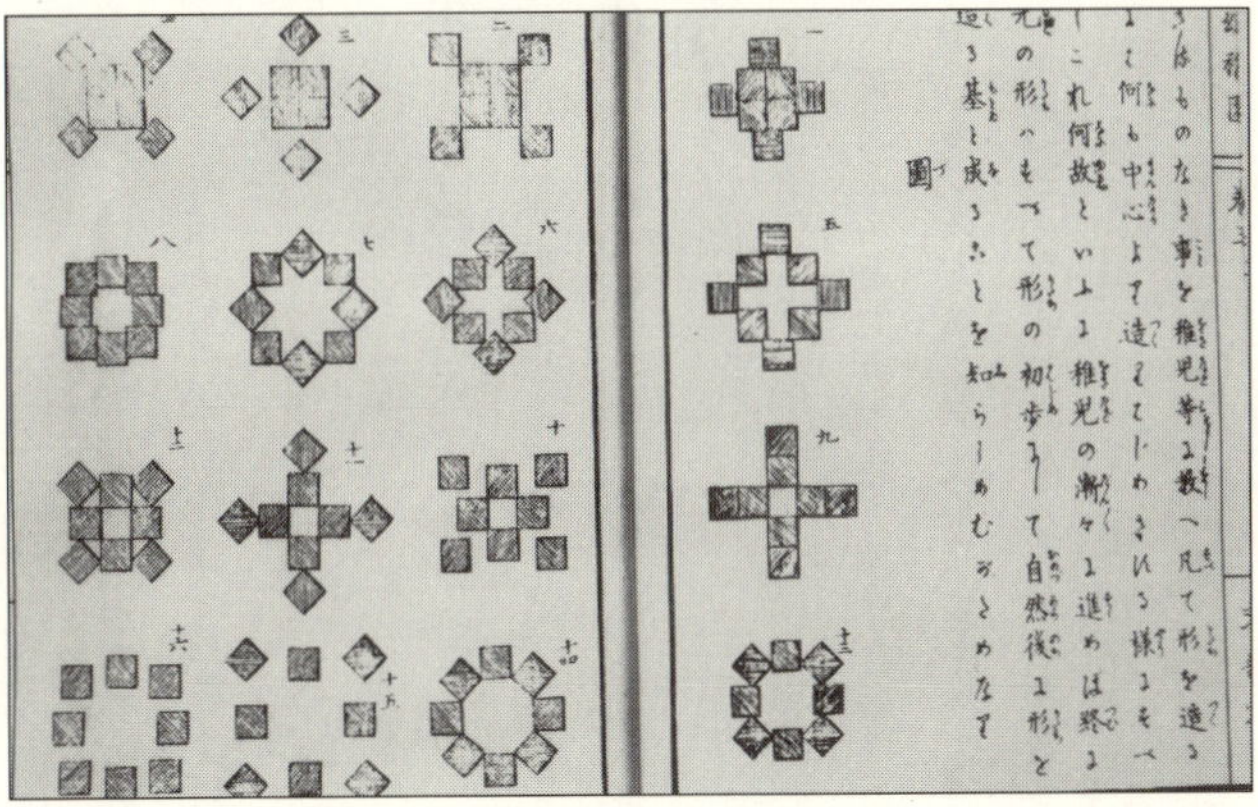

図３・５　「第三に授ける玩器」の「精巧なる形」の図例(四十五)

ここでは修学式、営生式の説明があるが、もちろん、「第三に授ける玩器（第三恩物第一積体法）」にも「精巧なる形（摘美式）」はあって、『幼稚園　上』では「精巧なる形」だけでも八二の図例が紹介されている。

ここではまた次のような十四條（注：「代紳録　全」では十五條）の約束事を取り上げているので要点だけを示すことにする。

其一條　「八ケノ木片ヲ以テ一ツモ残スナク物体ヲ造為ス」ということ。

其二條　「一物体ヲ漸次他形ニ變換スル𪜈之ヲ破却シ以テ更メ造ルヲナサスモシ小児自意之ヲ破壊シ或ハ保育師ノ命令ヲキカス随意物体ヲ造ホノ性質ヲ有スル小児アリ是宜シク其レヲ矯正スベシ斯ノ如キ性質ハ自負傲慢ノ心ヲ養成スルニ近シ注意ノ怱セナル可カラサル𪜈也」ということ。

其三條　「タトヘバ置形ヲナストキ左右ノ差別ナク位置錯乱スル𪜈ハ何ヲ目シテ置形トセン乎然ルヲ或ハ教育者其自侭ナル児意ニ抗スルヲ厭ヒテ法制ニ不叶トモ大ニ賞讃スルホ大ナル非ナリ」ということ。

其四則（條）「茲ニ一箇ノ井ヲ穿チ得ルニ其井全ク六カノ方体ニテ成ル而ル𪜈ハ二箇ヲ余シ不用ニ属ス然ルヲ不用視セス（注：前村による中略）残ハ即左右ニ並列或ハ手桶ツルヘ或ハ汲水ノ人ナト、適当関係ノ名ヲ附シ問答ヲ以テ活意ナラシムル」ことが想像力の喚起ともなる。

「代紳録　全」では、ここに「第五則」があり、三式について簡単な記述がある。「代紳録　全」の「第六則」が「代紳録　一　浄寫　幼稚園教育理論　松野久良々氏口授聞書」の「其五條」と同じである。「代紳録　全」では第十一條までプラス一となる。

其五條　初級の幼児のために、教師自らが「物体ヲ制模シ」幼児に見せ、簡単な物を造らせることも考慮すべきであること。

其六則（條）　物体について語るとき、幼児の年齢に応じて分かりやすい言葉を使うことを心掛けるべきであること。

其七條　教師が造って見せるとき、子どもが飽きてくるようだと、早目に終わり、子ども自身に造らせること。倦怠心を生じさせるのは「保育上害アリトモ益ナシ」ということ。
第八條　幼児がすばらしい造形をなしたときは、面白く適切な小話を加えて、賞賛し、子どもを激励すること。逆に、自由気侭に「不正ナル物体ホヲ造成」したときは補正をさせること。
第九條　幼児に不十分な点があっても、教師は温厚気長に導き諭すべきこと。
第十條　子どもが「事業科」に従事するとき、充分にはなし得ないが、教師が横から手出しをすることは「甚ダヨロシトセズ」。このことは「小児惰心ヲ生ジ」また「依頼心ヲ増紳」することになるからである。幼児が自力で造成するよう誘導鼓舞すべきであること。
第十一條　八個の木片で家を造らせるとき「衆児各意ノ家作ヲナス是敢テ妨ケナシ」だが「唯其異質形ヲ造成スルハ悪シトス」ということ。
「代紳録　全」ではここが「十二則」というように、一つずつ数字がプラスされているが、意味、内容は同様である。以下は「代紳録　全」では少し順序が変わったり、欠條がある。
第十二條　幼児が自分の物体家作の体裁を良くするために、隣の子の木片で以て造ることは禁止すること。
「代紳録　全」では、「十三則」がなく、「十二則」から「十四則」に飛んでいる。
第十三條　造形活動が終了したら必ず木具の整頓を求めるべきこと。
「代紳録　全」では、これが「十五則」になる。「代紳録　全」には、次の「十四條」にあたるものはない。
第十四條　幼児の造形があまりにも粗雑なときは「勸懲話ヲ説キ諭スベシ」として例話をあげている。仮に茲に甲乙丙丁の四児がいて、甲は家を造り、乙は井戸を造り、丙は一園庭を造り、丁は一椅子を造るが、甲の家は甚だ粗雑で「風破殆ト免レ得サルノ景況」であるため、教師は次のような寓話を語ることにする。
ある日、空は晴れ渡り、暑くもない一日だったので、四人の子どもは散歩に出掛けることにした。子どもたちは野外で摘み草をし、花を眺め、家に帰ることを忘れるほどに楽しい時を過ごした。しかし、突然、北の空に黒雲が生じ、疾風に乗って、一転、空は全天かき曇り、稲妻が走り、雷鳴が轟き、まさに暴雨に襲われる気配に、子どもたちは野外の楽しさも吹っ飛び戦慄するばかりであった。ただ、幸いにも子どもたちはたまたま小さな茅葺きの小屋を見つけたので、そこで雨宿りをすることにした。しかし、この小屋は粗悪極まりないもので、屋根は破れ、軒は落ち、今にも倒壊しそうな状態であった。子どもたちは落胆し、しかたなく四苦八苦して自宅へと帰った。

この話をして、家を造るときは丈夫なものにしなければ後で苦労することになる、と諭すというわけである。

以上が「代紳録　一　幼稚園教育理論　松野久良々氏口授聞書」の概要であるが、もちろん、これはクララの講義の一部分であり、「代紳録　全」、「代紳録　二」、「恩物大意」にはもっと多くの情報が記述されている。特に「恩物大意」には二十恩物の用法が詳細に綴られ、さらに「遊戯」「体操」「唱歌」「説話」に触れている。したがって、「代紳録　一　幼稚園教育理論　松野久良々氏口授聞書」はクララの講義の全体を示すものではない。「代紳録　全」、「代紳録　二」、「代紳録　一　幼稚園教育理論　松野久良々氏口授聞書」、「恩物大意」、「幼稚園傳習聞書稿」のすべてを読まない限り、松野クララの講義の全容を知ることはできない。

クララの四カ月余りの講義と、明治九年（一八七六）一月発行の桑田親五の訳書『幼稚園　巻上』、明治十年（一八七七）七月発行の『幼稚園　巻中』（明治十年七月）があれば、明治十年（一八七七）中の保育も、試行錯誤しながら、何とか曲がりなりには実践ができたが、あくまでもこの時期は「試行」の段階である。

（三）　明治十年の附属幼稚園規則

東京女子師範学校附属幼稚園では、明治十年（一八七七）六月二十七日、規則を整備している。附属幼稚園規則の主要部分は以下で（四十六）ある。

附属幼稚園規則

第一条　幼稚園開設ノ趣旨ハ学齢未満ノ小児ヲシテ天賦ノ知覚ヲ開達シ固有ノ心思ヲ啓発シ身体ノ健全ヲ滋補シ交際ノ情誼ヲ暁知シ善良ノ言行ヲ慣熟セシムルニ在リ

第二条　小児ハ男女ヲ論セス年齢満三年以上満六年以下トス但シ時宜ニ由リ満二年以上ノモノハ入園ヲ許シ又六年以上ニ出ツルモノト雖在園セシムルコトアルヘシ

第三条　略（種痘等のこと）

第四条　入園ノ小児ハ大約百五十名ヲ以テ定員トス

第五条　略（注：園児募集のこと）

第六条　略（注：入園申し込み様式のこと）

第七条　略（注：付き添い人を要せずということ）

第八条　入園ノ小児ハ保育料トシテ一カ月金二十五銭ヲ収ムヘシ但シ貧困ニシテ保育料ヲ収ムル能ハサルモノハ其旨申出ツヘシ事実ヲ訊問シテ後コレヲ許可スルコトアルヘシ

第九条　入園ノ小児ハ年齢ニ由リコレヲ分ツテ三組トス但シ満五年以上ヲ一ノ組トシ、満四年以上ヲ二ノ組トシ満三年以上を三ノ組トス

第十条　小児保育ノ時間ハ毎日四時トス但シ当分ノ内保育時間内ト雖モ小児ノ都合ニ由リ退園スルモ妨ケナシトス

第十一条　小児在園ノ時間ハ六月一日ヨリ九月十五日マテ午前第八時ヨリ正午十二時ニ至リ九月十六日ヨリ五月三十一日マテ午前第九時ヨリ午後二時ニ至ル

第十二条　年中休日ハ日曜日孝明天皇祭紀元節神武天皇祭神嘗祭天長節新嘗祭及ヒ夏期七月十六日ヨリ八月三十一日マテ冬期十二月二十五日ヨリ一月七日マテトス但シ臨時ノ休日ハ其時々掲示スヘシ

表3・2　明治十年当時の保育時間割表(四十七)

第一ノ組　小児満五年以上満六年以下

	月	火	水	木	金	土
三十分	室内会集	同	同	同	同	同
三十分	博物修身等ノ話	計数（一ヨリ百ニ至ル）	木箸細工（木箸ヲ折リテ四分ノ一以下分数ノ理ヲ知ラシメ或ハ文字及ヒ数字ヲ作ル）	唱歌	木箸細工（豆ヲ用ヒテ六面形及ヒ日用器物ノ形体ヲ模造ス）	木片組ミ方及ヒ粘土細工
四十五分	形体置キ方（第七箱ヨリ第九箱ニ至ル）	形体積ミ方（第五箱）及ヒ小話	剪紙及ヒ貼付	形体置ミ方（第九箱ヨリ第十一箱ニ至ル）	形体積ミ方（第五箱ヨリ第六箱ニ至ル）	環置キ方
四十五分	図画及ヒ紙片組ミ方	針画	歴史上ノ話	畳紙	織紙	縫画
一時半	遊戯	同	同	同	同	同

第二ノ組　小児満四年以上満五年以下

	月	火	水	木	金	土
三十分	室内会集	同	同	同	同	同
三十分	体操	同	同	唱歌	体操	同
四十分	形体置キ方	博物修身等ノ話及ヒ図画	形体積ミ方（第三箱ヨリ第四箱ニ至ル）	計数（一ヨリ二十ニ至ル）及ヒ体操	木箸置キ方（六本ヨリ二十本ニ至ル）	歴史上ノ話
四十分	図画（三角形等ニ至ル）	針画	縫画（三倍線等）	織紙（第十二号ニ至ル）	畳紙	形体積ミ方（第四箱）
一時半	遊戯	同	同	同	同	同

第三ノ組　小児満三年以上満四年以下

	月	火	水	木	金	土
三十分	室内会集	同	同	同	同	同
三十分	体操	同	同	唱歌	体操	同
四十五分	球ノ遊（第一箱）	小話	三形物（球、円柱、六面形）	計数（一ヨリ十ニ至ル）及ヒ体操	形体積ミ方（第三箱ニ至ル）	画解
四十五分	図画（三倍線ノ直角等）	貝ノ遊ヒ	畳紙（第一号ヨリ第四号ニ至ル其他単易ノ形）	鎖ノ連接	針画	木箸置キ方（六本ニ至ル）
一時半	遊戯	同	同	同	同	同

また、保育科目としては先にも述べた「第一物品科」「第二美麗科」「第三知識科」を設け、この三科に包有する子目は既述のとおりである。

保育時間割表は、「第一ノ組」、「第二ノ組」、「第三ノ組」それぞれ表3・2のようになっている。

幼稚園開設の趣旨については、まさにフレーベル主義の保育を謳うもので、改めて付け加えることはない。保育料の「月金二五銭」は月一、二円で生活する者もあった当時としては安くはない。「但シ貧困ニシテ保育料ヲ収ムル能ハサルモノハ其旨申出ツヘシ」といっても、当時の同幼稚園には貧困家庭の子どもは一人もいなかったので、これは「空文」である。

保育科目は、クララの講義時の関信三の訳語、同じく関の『幼稚園記』における訳語は、營生式、摘美式、脩學式となっているが、なぜかここでは、第一物品科、第二美麗科、第三知識科と変えられている。ただ、明治十二年（一八八九）、鹿児島幼稚園を創った豊田芙雄は、同園の三科を、營生式、摘美式、脩學式としている。東京の幼稚園の規則を熟知している豊田芙雄が、なぜ敢えて古い訳語の方を用いたのかは定かではないが、三科が意味する内容はまったく同一である。

「三科に包有する子目」は、計数、博物理解、唱歌、説話、体操、遊戯なども含まれるが、ほとんどが恩物、手技的活動である。六色球の遊びがなぜ「五彩球ノ遊ヒ」となったのかは不明だが、いわゆる恩物には次のようなものがある。

五彩球ノ遊ヒ（注：第一恩物六球法）

三形物ノ理解（注：第二恩物三体法）

貝ノ遊ヒ（細螺であるがキシャゴあるいはキサゴ。日本における伝承遊びの一つ。「恩物大意」における碁石の遊びと同じと考えられる。同類の遊びが欧米にもあったか、あるいは、同じような遊びとして、保姆が伝承遊びの中から取り入れたもの

かと思う）
鎖ノ連接（紙を輪にして鎖状につないでいくもの。これも日本における伝承遊び。保姆が取り入れたものか）
形体ノ積ミ方（注：第三恩物第一積体法から第六恩物第四積体法の四つが含まれる）
形体ノ置キ方（第七恩物置板法）
木箸ノ置キ方（第八恩物置箸法）
環ノ置キ方（注：第九恩物置鐶法）
剪紙（注：第十三恩物剪紙法）
剪紙貼付
針画（注：第十一刺紙法）
縫画（注：第十二恩物繡紙法）
石盤図画（注：第十恩物図画法）
織紙（注：第十四恩物織紙法）
畳紙（注：第十八恩物摺紙法）
木箸細工（注：第十九恩物豆工法）
粘土細工（注：第二十恩物模型法）
木片ノ組ミ方（注：第十五恩物組板法）
紙片ノ組ミ方（注：第十七恩物組紙法）」

ただ、明治十二年（一八七九）三月、関信三纂輯の『幼稚園法　二十遊嬉　全』で示されている二十恩物中「第十六恩物連板法」はここには見当たらない。

『東京女子師範学校第三年報（自　明治九年九月　至　明治十年八月）』によると、「頃者（注：読みは「けいしゃ」。このごろの意）聞ク既ニ地方ニ在テ往々（注：往の異体字）幼稚園開設ノ企アリト此ノ如クナルトキ保姆ノ要需日ニ月ニ増加スヘキヲ以テコレニ供給セン爲メニ他日更ニ此園ニ保姆ヲ養成スルノ一科ヲ設ケ而シテ到底ハ保姆養成ヲ此園ノ本務トシ幼稚保育ハ保姆師範生徒ノ實地課業ニ具ヘンコトヲ冀望ス其方案條則ノ如キハ他日ヲ待テ開陳セントス」（四十八）と述べている。各地で幼稚園開設の機運が高まってきているので、それに応じるために保姆養成の「一科」を設ける必要があるというのである。同園は、開園一年を経ずして、早くも、東京始め各地の要請もあって保姆養成の一科設置の構想を持つに至る。

たとえば、明治十年（一八七七）秋頃から明治十一年（一八七八）初頭までの間に、大阪府知事の渡辺昇は、東京女子師範学校附属幼稚園を参観し、関信三と会い、大阪に帰って間もなく大阪で幼稚園を設立したいので保姆を派遣してくれるよう同幼稚園に依頼する。渡辺は、維新後、一時、弾正台に勤め、諜者関信三（安藤劉太郎）らの作成した報告書を受け取る「スパイ関信三の上司」であり、関と渡辺は、旧知の仲だったのである。渡辺は、幕末有数の剣客であり、桂小五郎（木戸孝允）の江戸の道場を引き継いだりしている。また、江戸では近藤勇とも親交を持ち、後、二人は勤王派と佐幕派に袂を分つが、新撰組による渡辺暗殺計画に際しては、近藤は密かにこれを渡辺に通報した、という話もある。（四十九）

渡辺と関は、旧知の間柄であったが、かつての上司の保姆派遣要請に対して、関は同園の状況では無理である、と答えるしかなかった。それならばと、渡辺は、大阪の教師から二名の女教師を選抜し、明治十一年（一八七八）二月、東京女子師範学校との連絡もそこそこに、府費による保姆見習生、氏原鋹と木村末を送り付けるのである。東京の方では、保姆養成の計画が整わない内に二名の見習生が上京してきてしまったために、大慌てで規則時間割表等を決め、二月中に口頭試問をし、三月に保母養成の事業を開始するのである。東京側では、このとき、保姆見習生として横川楳子を選抜している。同園では一人でも多く保姆を養成することが急務だったからである。

また、東京女子師範学校は、少なくとも、同年晩秋頃までには、鹿児島からの保姆派遣要請には応諾している。国吉がいうように、(五十) 鹿児島の場合、かなり大きな政治力が働いたと見て間違いないが、このことは後述する。

文部省年報は、明治八年（一八七五）には、京都に幼稚園設置計画があること、明治九年（一八七六）には、石川県が幼稚園創設の意図を持っていることを報告している。また、明治十年（一八七七）には、群馬県、愛媛県が幼稚園設置の意図があることを報告し、明治十一年（一八七八）には、大阪府、高知県が同様の報告をしている。また、明治十二年（一八七九）になると、東京都に私立幼稚園が一園、鹿児島県に公立幼稚園が一園、大阪府に公立幼稚園が一園設立されたことを報告し、新潟県が設置計画を持っていることを報告している。(五十一)

明治十一年（一八七八）六月には、仙台の倍根小学校教員の矢野成文が幼稚園開設準備のため、東京女子師範学校附属幼稚園に留学し、保育法を学び、明治十二年（一八七九）六月七日、「仙台区木町通小学校附属幼稚園」が開業式を行っている。矢野の例を見ると、当時は、枠外の保姆見習生などもいたことが分かる。

このように各地で幼稚園設立の機運は高まっていたが、設立に際し、最も困難であったのは、保姆の確保であった。

（四）保姆見習科における伝習と諸問題

東京女子師範学校附属幼稚園では、明治十一年（一八七八）三月から、氏原、木村、横川の保姆見習生三名に対する実習、講義、演習がなされることになる。保姆見習生の氏原は、『日本幼稚園史』の「五十餘年前大阪より保育実習見習の爲上京せし思出」の中で、「入學後は、實地保育、宮内省伶人先生の唱歌、松野クララ先生の保育法、豊田芙雄先生の幼稚園記並に保育法、近藤濱先生の手技製作等」(五十二) があったと書いている。氏原のそれ以前の手記には、不備な部分もあるが、おそらくこれは倉橋惣三から『日本幼稚園史』の資料として使いたい旨連絡があって書いた「思い出の記」であり、内容も以前の手記と比べるとかなり良く整理されている。当時は、恩師豊田芙雄なども未だ健在であったから、氏原も一定の緊張感を持って「事実」を綴ったのだと思う。

クララによる「保育法」は、保姆見習生に対しても「當分原書ニツイテ口授シ生徒ヲシテ手記セシム」ということだが、これはクララが日本語ができないための処置であって、関とのペアでしか担当できない科目である。見習科と練習科は同一ではないが、練習科の科目を参照すると相応するのは前期「恩物大意」と後期「布列別傳」がある。豊田芙雄の手記「恩物大意　三十四葉」（注：「恩物大意」とのみ記述されることが多い）は、幼稚園開業直後四カ月間受けたクララの講義記録の一部であろうし、それが保姆見習生に繰り返されたと見る。豊田、近藤、二名の手伝い（助手）に授けた講義とは別に、わざわざ新しいテキストを使う余裕は、クララにも関にもなかったし、生まれたばかりの文を育てなければならないクララと、翻訳、著述で多忙で、しかも病状が悪化していた関にとって、とてもその時間はなかったと思われる。

「布列別傳」は単なる伝記の紹介とも思われないので、豊田の「代紳録」でいえば「代紳録　一」と「代紳録　全」、「代紳録　二」、また「幼稚園傳習聞書稿」等に記された一部分あるいは相当部分がそれに該当するかと思うし、練習科では豊田、近藤の聞き書きを手本に自習するという手も使われたのではないかと思う。

「恩物大意」は幼稚園の「抑論」に始まり、続いて六球法が語られる。ここでも「代紳録」等の内容と基本的に重なるところはあるが、こちらは各恩物の用法が文中に図を入れながら、「代紳録」にはないようなかなり具体的で詳細な説明がなされている。ただ、基本は常に反対一致が語られ、営生式、摘美式、修学式で貫かれている。クララは、幼児の恩物活動中に保育者が適切な声かけをすること、幼児の言葉を引き出すこと、あるいはときに応じて小話を語ることが必要であることは何度も繰り返すが、たとえば営生式において「幼稚ノ自ラ其ノ形ヲ造ルハ其形状ニ應シ之ニ名ケテ説明ス假令ハ若シ家等ヲ付テモ家ハ何人ノ造ル者ナルヤ又其家内ニ在ル建具等ハ何人ノ造ル者ナルヤ等（注：前村による中略）幼稚ノ自ラ作ルハ其物ニ依リテ其心ニ熟思スル様教示ス可シ」と語っている。

「恩物大意」ではいわゆる恩物の他に「遊戯」を説明し、「唱歌」を説明するが「歌を授クルハ最初其歌ノ意味ヲ能ク解示シオキ而テ之ヲ授ク可シ若シ其意ヲ示サスシテ授ルハ無益ニ屬ス」といっている。最終末には「小話」の説明があり、「猫ト針ノ話」、「太陽ト風ノ話」が紹介され、それぞれ小話中の暑い箇所では額を拭い、雷が鳴るときは足で音を出し、次第に激しくなるときは机を叩くなど、子どもの動作を伴う展開例が示されている。

「恩物大意」は、各恩物、各活動の意義を知るためには有効であったかと思うが、図があったとしても完全ではなく、保姆も、保姆見習生もこれだけでは諸活動のイメージを描き出すことには難渋したことと思う。その点、桑田の『幼稚園』の方がはるかに実践向きであり、活動の仕方が一目瞭然である。

「恩物大意」においては、明治十二年（一八七九）三月、関信三纂輯の『幼稚園法　二十遊嬉　全』にある恩物とは異なるもの、例えば「碁石」、「繻糸（注：読みは「しゅし」）」などがあるが、これはフレーベルが考えたものでなく、子どもの遊びからきたもので「シンヘル氏」なる者が「先人ノ意ヲ以テ之ヲ幼稚園ノ課目ニ加ヘシモノナリ」の説明がある。また、『幼稚園法　二十遊嬉　全』と同一の恩物も順序が異なっている部分もある。

氏原の記述にあるように、氏原らは、豊田芙雄から「幼稚園記並に保育法」の授業を受けている。ただ、すでに『幼稚園記　付録』も前年十二月には刊行（申告は七月）されていたので、豊田芙雄の性格からすれば、一～三巻から附録まで十分読み込んでおり、不審な点は関に質問して理解を深めていたはずである。したがって、単なる棒読みはしなかったと思うが、すでに邦訳され、出版されていたわけで、保姆見習生にとっては、あまり有り難みはなかったかもしれない。明治十一年（一八七八）六月作成の「幼稚園保姆練習科規則」の学科を参考にすると、これは前期の「園制大意（幼稚園記及其附録ニツイテ口授ス。）」と対応する授業である。

また、保姆練習科科目にある前期「圖畫ノ初歩（幼稚園法ノ縦横線ヨリ始メ略諸物體ノ形状ヲ摸寫ス）」は『幼稚園記』の口授の中に含まれて実施されたか、近藤濱が「手技製作」の中で担当したかであろう。

また、桑田の『幼稚園《をさなごのその》』は、巻上が明治九年（一八七六）一月、巻中が明治十年（一八七七）七月に出版済みであり、明治十一年（一八七八）六月には巻下が出版されているから、保姆見習生は同書を読むことも買うことも可能であった。

「幼稚園保姆練習科規則」で見ると、近藤濱の手技製作は、前期「恩物用法（二十恩物ノ中前十號ノ用法ヲ授ケ殊ニ製作品ノ貯蔵スベキモノアルトキハ検査ノ上遊覧室ニ陳列スヘシ。）」と後期「恩物用法（授業法ハ前期ト同ジ）」（注：第十一〜二十恩物までを含めた講義と思われる）が対応している。松野クララの「保育法」は、「幼稚園保姆練習科規則」の学科を参考にすると前期「二十恩物大意（當分原書ニツイテ口授シ生徒ヲシテ手記セシム。）」と後期「布列別傳（當分原書ニツイテ口授シ生徒ヲシテ手記セシム。）」が対応している。

クララと豊田、近藤らとの日常の会話の通訳は、中村正直の娘たか子が、英語の勉強を兼ねて、毎日のように幼稚園にやって来て引き受けている。

宮内省伶人（注：式部寮雅楽課の伶人）の「唱歌」の授業は、園側ではお手上げ状態のため、「正規の開園式」の直前、明治十年（一八七七）十一月六日、中村正直が雅楽課に協力要請をし、東儀季芳《とうぎすえよし》、芝葛鎮《しばふじつね》、林広守《はやしひろもり》らが交替で来園し、指導をすることになる。洋風唱歌が導入される前は、唱歌の歌詞は多くを豊田、近藤が担当し、それに伶人が曲をつけるという雅楽調の唱歌であった。このことについては次の章で述べることにする。

氏原が保姆見習生の授業科目として記している近藤濱の手技製作は、主として、第十一から二十恩物の製作実技を行ったものであるが、これらにおいても、なかなか思うとおりにはいかず、苦労が多かった。氏原は手記で「色紙ノ如キモ外国ヨリ取リ寄セタルハ皆用紙ナレハ之ヲ日本紙ノ西ノ内（注：厚手の和紙。版画・傘などに用いる。茨城県山方町西野内産）美濃紙ニ染メサセルニ之モ思フ様ニ染メ上ラス度々之ヲ改メサセテ適当ノモノヲ得タリ」（五十三）と述べている。氏原自身が苦労したような書き振りであるが、もちろん、指導に関わっていた近藤、豊田らが試行錯誤をし、それに保母見習生も参加していたという状況である。また、それらの紙を用いた「折り紙（第十八恩物摺紙法）」について「摺ミ紙ノ如キハ外国ノモノハ美麗式ニ属スル整体形ノミナレトモ之ヲ我国古来ヨリ有ル鶴三宝菖蒲香箱等ノ如キ立体ヲ加ヘテ出版セリ」（五十四）と述べているが、これは東京女子師範学校附属幼稚園が出版した『幼稚園恩物図形』（五十五）中に保姆や保姆見習生が作ったものを掲載していることを意味している。

また、「豆細工（第十九恩物豆工法）」の問題と、近藤濱の工夫によって難題を解決したことについても、氏原は次の

ように述べている。(五十六)

恩物中豆細工ハ現在豌豆トヒゴヲ用ヒ容易ニ為シ得ラルルモ昔時ニアリテハ独乙ヨリ取リ寄セタル外国式ニヨルトテ実ニ製作ニ困難ナリキ之レハ外国ニ於テハ多ク竹ヲ産セザルヲ以テ細ク丸ク削リタル木ヲ以テ豆ニ接合スルニ其丸木ノ端ヲ小刀ヲ以テ削リ尖ラシ（注：前村による中略）此細丸木ニ代ルニヒゴヲ用ヒ大豆ニ代ルニ豌豆ヲ用ヒテ小刀錐ヲ用ヒズシテ容易ニ豆細工ヲ為ス様ニナリシ此発明者ハ近藤保姆ニテ今日此豆細工ニ付テハ深ク感謝スヘキ次第ナリ（近藤氏ノヒゴヲ用フルニ至レルノ最初ハ誠ニ提灯屋ヨリ其提灯ニスル竹屑ヲ取リ寄セ試ミタリ）

このように、当時の保姆は一つの問題に直面すると「ないもの」は自ら「創ること」で解決していったのである。摺紙法の紙と染めの問題、豆工法の豆と細木の問題を除けば、第十一から第二十恩物までの他の恩物の用法は、第十一恩物刺紙法が幼児にとって作業が細か過ぎるということ以外は、保姆、保姆見習生、幼児にとってもそれほど難しい活動であったとは思われない。ただ、それぞれが、単なる作業のための作業ではなく、フレーベルの主唱する反対一致と、営生・美麗・脩学の三式を含んでいることを確認しながら製作することに注意が払われている。そのことは「恩物大意」でも「代紳録」でも繰り返し強調されていることである。

（五）　豊田芙雄の保育法の講義

豊田のもう一つの「保育法」の講義は、「明治十一年三月一日造之」（注：この日に作成を始めたということ）と作成年月日を明示し、各講義の月日とその内容を記述している「代紳録　全」と「明治十二年一月廿二日造之」と明記された「代紳録　二」が全内容である。

豊田の講義は、後半期分が「十月十五日」に再開され、同年十二月二十四日、保姆見習生の修了式が行われるが、講義自体は未完で継続されており、先の「代紳録　二」が新たに作成され、「二月四日」の講義で終了している。

豊田芙雄の「代紳録　全」及び「代紳録　二」の内容であるが、三月一日から七月五日までの前半期（注：当時の学期では後期）講義分は後章で詳しく触れているので、ここでは説明を省略する。

後半期の授業は、「十月十五日」に始まるが、ここではフレーベルその人と幼稚園について説明し、末尾で「却説第四恩物摘美式營生脩学ノ三式中摘美ニテ最種類多也トス其一式ヨリ五式ニ至ルホハ幼稚園中に譲ル」といい、これらのことについては『幼稚園《をさなごのその》』を参照するようにと述べている。

これは、豊田が『幼稚園』を使い易い、実践向きの書と見なしていた証しである。「十月廿二日」には、第三、第四恩物両者を使った三式について述べ、「十一月十二日」、第五恩物（第五恩物第三積体法。後半期は第五号恩物という言い方はしていない）の説明に移っている。第三、第四あるいは第四、第五の恩物を一緒に扱うことの目的としては、幼児に「比較ノ心ヲ起サシムルニ在リ」と語っている。

「十一月十九日」の講義内容は珍しく「脩学式　角形ホ圖ニ因ル可シ　摘美式形圖ニヨル可シ」の記述だけであり、おそらく桑田の『幼稚園』中の例図か、掛図のようなものを用いて説明したのであろう。「十二月六日」、「十二月十三日」は、簡単な図も幾つか添えながら第六恩物（第六恩物第四積体法）の説明をしている。この日から、十二月二十四日の保姆見習生の修了式まで、芙雄の保育法の授業はない。

授業の再開は、「十二年一月十四日」であり、第七恩物（第七恩物置板法）の説明に移るが、第一から第六までは固形体の恩物であり、第七からは線、点によって形を作り出すことになる、と説明している。すなわち、線は置箸法、置環法、置板、連板、図画法、繍紙法、織紙法などがあるとしている。また、「濕絲ヲ以テ机上ニ種々ノ形ヲ顕ス但シ此法当園ニ欠ク」と語っている（これは鹿児島幼稚園で取り入れている）が「濕絲」も線の部である。また、点は、貝遊び、石遊び、刺紙法があるといい（注：「恩物大意」ではこれに「碁石」が含まれる）、「體」に豆工法、粘土模型法があるとしている（注：摺畳法つまり折り紙、剪紙は面であるが、「恩物大意」中の説明のように明示していない）。第七恩物でも幾つかの図入りで説明がなされている。

「一月廿一日」には、「明治十二年一月廿一日造之」として「代紳録　二」に移るが、ここでは第七恩物の脩学式・営生式・摘美式の例が多くの図入りで説明されている。「一月二十八日」、「一月卅日」（注：この日は「但シ自宅」とある）には、第八恩物の三式が多くの図入りで説明され、『幼稚園記　附録』にある小話が幾つか挿入されている。「二月一日」には、球の説明をし、粘土模型法は「実体」の部であると語り、球、リンゴ、ナシ、ヒョウタン、器などの図があり、粘土による製作の目的、内容、方法に触れている。また、ここで再び「濡糸」に触れ、その用法を説明している。また、当日は、幼稚園の子どもの数は一教室三〇人位がちょうどいいということや、「諺曰今日ノ小児ハ明日ノ大人也ト又曰小児ハ大人ノ師也ト」など、『幼稚園記　附録』中の記述を挿入し、語っている。

「二月四日」の最終日の講義は、再び第八恩物に触れているが、その理由を「其再聴セシニ因テ也」とし、授業者としての誠実な姿勢を見せている。

以上が豊田芙雄の「保育法」講義のあらましであるが、講義の内容を追っていくと、豊田芙雄は、明治十一年（一八七八）末あるいは明治十二年（一八七八）初めまでには、手技的なものを含めほぼ恩物全体の目的、内容、方法について掌握していることが明白である。

（六）『幼稚園恩物圖形』の発行と恩物保育の初期定着

明治十一年（一八七八）十一月、東京女子師範学校附属幼稚園は『幼稚園恩物圖形』を発行している。これには説明は一切ないが、第八恩物から第二十恩物まできわめて豊富な実践図例が載っており、豊田、近藤の保姆や、氏原、木村、横川の保姆見習生は、「恩物大意」で各恩物活動の意義を知り、実際場面では『幼稚園《をさなごのその》』と『幼稚園恩物圖形』を用いることで幼稚園保育を実体化できたと思う。

わが国のフレーベル主義保育の初期定着には、単なる「方法」のみの導入と見なされがちな、明治九年（一八七六）一月の『幼稚園　巻上』、明治十年（一八七七）七月の『幼稚園　巻中』、明治十一年（一八七八）六月の『幼稚園　巻下』

や、解説は一切省いた『幼稚園恩物圖形』も大きく貢献しているのである。

「恩物大意」では、特に、修学式の用法などは微に入り細を穿って説明されているが、それがよけいに恩物の用い方を分かりにくいもの、馴染みにくいものにしており、幼児の気持ちを配慮すべきだといいながらも、その内容、方法は幼児が実践するにしては、高度に過ぎるし、複雑に過ぎるように思う。フレーベルが、恩物のシステムを編み出した時点から、そうした要素は具有していたかと思われるが、フレーベルの後継者たちは、さらに理屈を過剰にして、恩物保育を複雑化し、形式主義的、秘儀主義的様相にまで陥らせているのである。形式的過ぎる指導場面では、子どもはすぐに倦怠に陥り、且つ、活動に忌避感を抱く子もあったことは過去に数多く報告されているとおりである。

結局、後には、画一的な恩物による活動は、六球法がボール遊びとなり、積体法が積み木遊びとなり、図画法は自由画となり、模型法は粘土遊びとなり、手技類は造形的な遊びとなるといったふうに姿を変えることになる。ただ、フレーベリアンの名誉のためにいうと、フレーベル主義保育を信奉する保育者たちは、恩物活動が幼児に無理なく扱われた場合には、幼児は夢中になって恩物による活動と取り組んでおり、そのことは子どもの感性を磨き、想像力を鍛え、創造性を育むことになると信じていたのである。

「東京女子師範学校附属幼稚園製造」の『幼稚園恩物圖形』において取り扱っている恩物は、お茶の水女子大学図書館蔵の資料によると、第八恩物から第二十恩物までであり、第一恩物から第七恩物までは見られないが、そちらは桑田親五の『幼稚園　巻上』、『幼稚園　巻中』で十分カバーできるという判断があったためであろう。

この書は目次も解説も一切なく、それぞれの恩物の作り方の事例が図で示されているのみである。ただ、その図例は豊富で、第八恩物置箸法（二七二種。文字、数字も一に数える）、第九恩物置鐶法（一〇七種）、第十図画法（九四種）、第十一刺紙法（九三種。一部ａｂｃなどといったバリエーションを除く）、第十二繍紙法（一三六種）、第十三恩物剪紙法（九六種）、第十四恩物織紙法（六五種）、第十五恩物組板法（九三種）、第十六恩物連板法（一三〇種）、第十七恩物組紙法（五五種）、第十八恩物摺紙法（一二九種）第十九恩物豆工法（一〇八種）、第二十恩物模型法（一一七種）である。

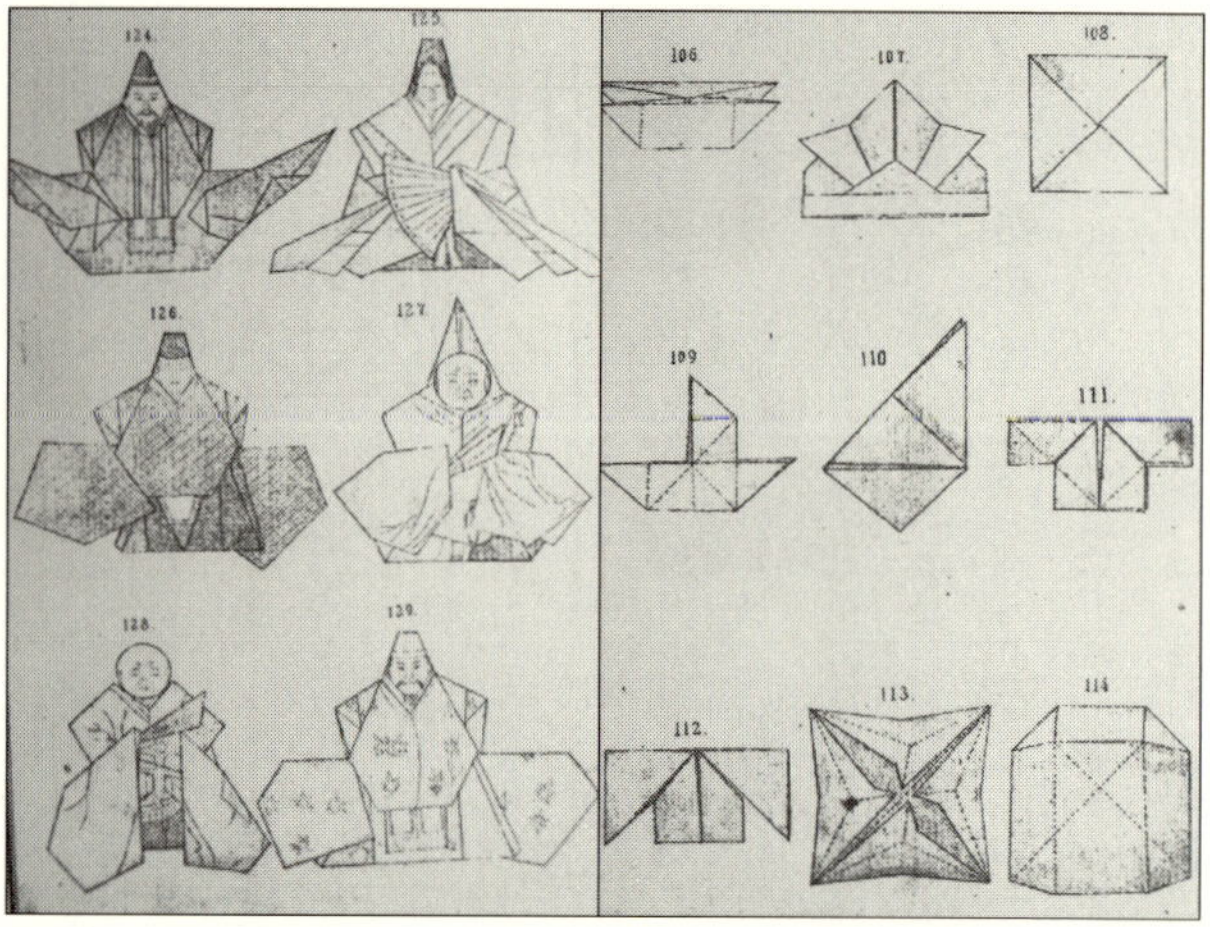

図３・６　同書中第十八恩物摺紙法の例

これらの図の出典はまちまちで、最多はシュタイガル（注：士太牙。シュタイガー）のもの（第八恩物置箸法・第九恩物置鐶法・第十恩物圖畫法・第十一恩物刺紙法・第十二恩物繍紙法・第十三恩物剪紙法・第十四恩物織紙法・第十五恩物組板法・第十七恩物組紙法・第十九恩物豆工法）であり、サイデルとスミッドのもの（第十六恩物連板法）、ゴリトリア（注：「恩物大意」中のゴルトアンメル）のもの（第十八恩物摺紙法の一から四八まで）、ウヰーブのもの（第二十恩物模型法の一から一七まで）、東京女子師範学校附属幼稚園のもの（第十八恩物摺紙法の四九から一二九まで・第二十恩物模型法のウヰーブのもの一七種を除いた九九種）である。

特に注目されるのは、第十八恩物摺紙法すなわち折り紙の六三％、第二十恩物模型法の八五％は東京女子師範学校附属幼稚園製の作例である、という点である。恩物の作例の中に同校附属幼稚園が良しとするものを取り入れ出版したのである。ここでは「ないもの」を「造り加えた」のである。

折り紙では、氏原もいうように外国のものは整形体のものばかりであるが、同園による折り紙例では、家、奴さん、三宝、菖蒲、鶴、蛙、蟹、兜、双船、帆掛け船、さらにいまでは珍しい六歌仙、駕籠などがある。特に染色された六歌仙は苦心作で、お茶の水女子大学、高橋寿賀子家、横川家文書などにも実作例が残っている。ゴリトリアの折り紙は氏原にいわせると美麗式（注：部分的には修学式を含むと考えていい）のみとなっているが、同園の折り紙を入れてはじめて、摺紙法も営生式を含むことになる。

また、模型法では、鋤、鍬、杖、篩、斧、湯飲み、瓦、鈴、魚、蜜柑、琵琶、茄子、南瓜、お釜、椅子、机、桶、徳利、柄杓、犬、豚、鶏、蛙、亀、時計、温度計、団扇、靴、煙管、鯉、金魚、手、足、胸像、花類、鶴、猫、鹿、兎、鯛、球、半球、三角錐、立方体、円錐、四角柱、三角柱、直角三角形板、正三角形板、扇形板、正方形の大・中・小の板などがある。ここでも、営生、美麗、修学の学習が基本となっている。

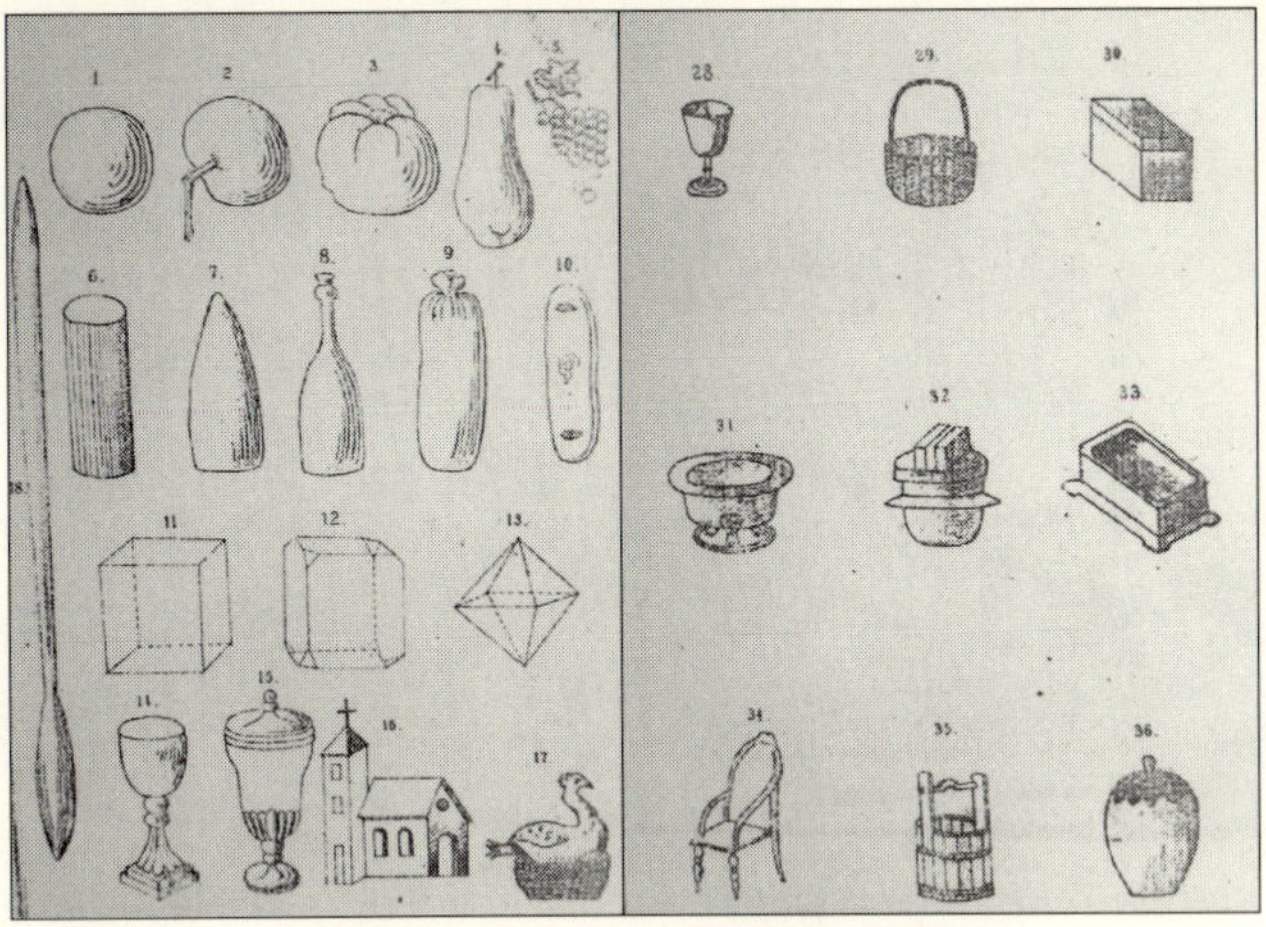

図３・７　第二十恩物模型法

明治十一年（一八七八）末までには、出版物では、改めて総じて見ると、明治九年（一八七六）一月の桑田親五の『幼稚園　巻上』、明治十年（一八七七）七月の『幼稚園　巻中』、明治十一年（一八八八）六月の『幼稚園　巻下』があり、また、明治九年（一八七六）七月には関信三の『幼稚園記　一・二・三』、明治十年（一八七七）十二月の『幼稚園記　附録』が既にあり、また、明治十一年（一八七八）四月完成の関信三の「幼稚園創立法」が、同年十二月九日発行には『教育雑誌』（第八十四號）に掲載され、公にされている。また、何といっても、明治十一年（一八七八）十一月には、東京女子師範学校附属幼稚園自身による『幼稚園恩物圖形』が発行されている。

講義、実習では、明治九年（一八七六）の十一月から翌年三月まで、豊田、近藤、保育手伝い二名に対する松野クララの六一回に及ぶ講義があり、明治十一年（一八七八）三月、保姆見習生制度による事業が始まると、松野クララに加えて、豊田芙雄、近藤濱も保姆養成の受講者から講義者となる。豊田の講義は自信に満ちており、近藤の手技製作も手堅く進められている。特に、手技製作は、近藤を中心に、豊田、保姆助手、保姆見習生、幼児教育に関心を持つ本校生徒なども参加しており、恩物の中味を充実させることに役立っている。

以上のようなことから、明治十一年（一八七八）秋頃までには、唱歌を除けば、関信三、松野クララ、豊田芙雄、近藤浜らの二年間にわたる精力的な活動によって、東京女子師範学校附属幼稚園におけるフレーベル主義保育の初期定着がなされた、と考える。この四名中誰が欠けてもわが国におけるフレーベル主義保育の早期定着は相当厳しかったのではないか。そうした意味では、これは一人の英才がなし遂げた偉業などではなく、田中、中村、桑田の支援を受けた、関、松野、豊田、近藤チームによる輝かしい成果なのである。

〔注〕

一　倉橋惣三・新庄よし子『日本幼稚園史』臨川書店　一九三〇（復刻版一九八〇）三一頁
二　同右　三二頁
三　桑田親五『幼稚園 上』文部省　明治九年（復刻版昭和五十三年）
四　岡田正章「明治初期の幼稚園論についての研究」（その一）『都立大学人文学報　三十一号』七七頁
五　前掲　倉橋・新庄　三四頁
六　高橋清賀子・野里房代・岸井慶子「豊田芙雄の研究―日本初の官立幼稚園誕生時の景況―」日本保育学会発表資料　二〇〇八
七　前掲　倉橋・新庄　三六頁
八　同右　四五～四六頁
九　同右　四六～四八頁
十　東京都立教育研究所『東京都教育史料体系 第三巻』東京都　昭和四十七　一二六頁
十一　同右　一二六～一二七頁
十二　同右　一二八頁
十三　犬養 毅「郵便報知」明治十年三月二六日

十四　陸上自衛隊北熊本修親会編『新編西南戦史』原書房　昭和五十四年　二五一頁

十五　中村理平『洋楽導入者の軌跡――日本近代洋楽史序説――』刀水出版　一九九三　二〇二頁

十六　フリー百科事典『ウィキペディア（Wikiedia）』「東京山林学校」の項　2008/03/24

十七　前掲　中村理平　二〇二～二〇三頁

十八　同右　二〇二～二〇三頁

十九　高橋清賀子「今日の幼児教育に語りかける　日本の幼稚園草創期の事々―豊田芙雄の文書から（その二）―」『乳幼児の教育』（No.78）　キュックリヒ記念財団　一九九七　一五～一六頁

二十　豊田芙雄手記「代紳録　一　浄書　幼稚園教育論　松野久良々氏口授聞書」高橋清賀子家文書　明治十三年

二十一　松野久良々手記「小児養育實驗之説」三條家文書　国会図書館憲政資料室　明治十一年

二十二　松野久良々「婦人のつとめ」益盛英亮発行　明治二十一年

二十三　松野クララ　書簡　高橋清賀子家文書

二十四　日暮忠誠『官員録（明治十年六月―明治十一年七月）』（国立国会図書館蔵）拡隆舎　明治十―十一年

二十五　前掲　中村理平　口絵写真

二十六　前掲　倉橋・新庄　三四八～三五〇頁

二十七　倉橋惣三「豊田芙雄女史御慰安會に列して―併せて　貴重な幼稚園史資料の数々―」『幼児の教育』（第四十一巻　第二號）日本幼稚園協會　昭和十六年　二九頁

二十八　フレーベル著・荒井武訳『人間の教育（上）』岩波書店　一九八一第一九刷（一九六四第一刷）一九頁

二十九　豊田芙雄手記「保姆見習生修業式挨拶」高橋清賀子家文書　明治十一年

三十　豊田芙雄手記「代紳録　全」高橋清賀子家文書　明治十一年

三十一　豊田芙雄『女子家庭訓』吉川半七発行　明治三十四年　九八頁

三十二　前掲　桑田親五『幼稚園　上』

三十三　関信三訳『幼稚園記　一・二・三』東京女子師範学校　明治九年七月　岡田正章監修『明治保育文献集　第二巻』日本らいぶらり　昭和五十二年

三十四　桑田親五訳『幼稚園　巻中』文部省　明治九年七月（復刻版昭和五十三年）

三十五　桑田親五訳『幼稚園　巻下』文部省　明治九年七月（復刻版昭和五十三年）

三十六　関信三訳『幼稚園記　三』東京女子師範学校　明治九年七月　三一頁　岡田正章監修『明治保育文献集　第二巻』日本ら

いぶらり　昭和五十二年　二〇七頁
三十七　清水陽子・高橋清賀子「豊田芙雄の講義ノート「代紳録」にみる明治初期の保育内容」『西南女学院大学紀要 Vol.12』二〇〇八
三十八　前村晃「豊田芙雄と草創期の幼稚園教育に関する研究（1）―豊田芙雄の「代紳録　全」と氏原鋹の「幼稚園方法」との関係―」『佐賀大学文化教育学部研究論文集　第一二集　第一号』二〇〇七
三十九　前掲　桑田親五『幼稚園　巻上』（巻上巻一）一二頁
四十　同右（巻上巻二）一頁
四十一　氏原　手記「幼稚園方法」竹村一『幼稚園教育と健康教育』ひかりのくに昭和出版　昭和三十五年　一五一頁
四十二　前掲　関信三訳『幼稚園記　三』二　岡田正章監修　一七八頁
四十三　前掲　桑田親五『幼稚園　巻上』（巻上巻三）六〜一三頁
四十四　同右（巻上巻三）一五頁
四十五　同右（巻上巻三）一四〜一五頁
四十六　東京女子師範学校『東京女子師範學校第三年報』明治十年
四十七　同右　明治十年
四十八　同右　明治十年
四十九　池波正太郎「剣友――渡辺昇」『完本池波正太郎大成』（第二六巻）所収　講談社　二〇〇〇
五十　国吉栄『日本幼稚園史序説　関信三と近代日本の黎明』新読書社　二〇〇五　三五〇頁
五十一　文部省「文部省年報（明治十年－十二年）」『幼稚園教育百年史』ひかりのくに　七七六〜七七九頁
五十二　前掲　氏原鋹　一三一頁
五十三　同右　一三六頁
五十四　同右　一三六頁
五十五　東京女子師範学校『幼稚園恩物図形』明治十一年十一月
五十六　前掲　氏原鋹　一三六頁
（参照・一三三頁）本稿校正終了間際に日本森林技術協会より『林業技術』第748号を送付していただく機会を得、小林富士雄氏の論稿により、松野クララが大正二年（一九一三）にドイツに帰国し、昭和六年（一九三一）七月十八日没したことを知ることができた。

〈前村　晃〉

第四章　幼稚園における唱歌の初期定着期の実相

一　保育唱歌（保育並ニ遊戯唱歌）の時代

（一）　保育唱歌の作成着手

フレーベル主義保育では、恩物だけでなく、唱歌と遊戯が重視され、特に遊戯に伴う唱歌が重要視されることは開業前からわかっていたが、同園では開業当初は唱歌についてはまったく手付かずであった。ただ、クララはピアノをかなり弾けたし、音楽的素質もあったようであるから、保姆養成学校で学んでいるなら、「この遊戯には、これに伴うこういう唱歌があり、歌詞は英語でいえばこうなります」と語り得たし、関が歌詞を翻訳し、豊田がそれを幼児向きに改訳して、二、三曲くらいならすぐにでも取り込めたはずである。そうすれば、たとえ数は少なくても、クララは幼稚園における最も初期の洋風唱歌の導入者としてさらなる歴史的評価を勝ち得たはずである。しかし、クララがそうした行為をした記録はまったく残っていない。これもクララに関するいま一つの謎である。

設立当時の幼稚園の一日の流れとして、倉橋・新庄の『日本幼稚園史』では、次のように記述している。(一)

登　園
整　列
遊戯室——唱歌
開誘室——修身話か庶物話（説話或は博物理解）
戸外あそび

整　列
開誘室―恩物―積木
遊戯室――遊戯か體操
晝　食
戸外遊
開誘室――恩物
歸宅

これで見ると、開業直後から、登園後、すぐに整列し、遊戯室に入り毎朝唱歌をうたったことになる。また、開業時の仮定の保育時間割表にも「唱歌」の時間が組み込まれている。しかし、実際に唱歌がいつ始められたか、明確ではない。

唱歌については、摂理の中村正直も心配して、明治十年（一八七七）十一月、宮内省式部課雅楽部に依頼し、豊田や近藤がかなりの数の歌詞を作り、伶人たちがこれに譜をつけ、保姆らにその唱歌（注：既述のように洋風唱歌の導入までは古風に「しょうが」と濁って発音していたのではないかとされている）を練習させるという活動が始まるのである。伶人は交替で週に二回来園したようである。保育唱歌は笏拍子で拍子をとり、後には和琴（注：読みは「わごん」。六弦の琴。長さ約一・九メートル。音は大きくない）で伴奏された。この段階になると、クララもピアノによる伴奏をしたかと思う。

氏原は「唱歌ハ洋琴ニ合シテナスハ一週中月水ノ二回ニシテ朝会ノ集リノ時クララ保姆之ヲ弾ジテ幼児一同唱歌ニ和ス此月水若シクララ氏欠勤ナレバ楽器ヲ弾ク者ナキニヨリ楽器ニ和セスシテ唱歌ス之他ノ保姆未タ洋琴ヲ弾ク知ラサルニヨル遊戯ヲナスニハ楽器ニ和スルナク唯唯保姆幼児ト共ニ唱歌シツツナセリ」(二)という重要な証言をしている。氏原は、明治十一年（一八七八）二月から八月まで、保姆見習生として同園に在園しているから、その時期には、クララもピアノで唱歌の伴奏をしていたことは確かである。

（二）　保育唱歌の作成と豊田・近藤の努力

豊田、近藤と伶人との協力によって、唱歌の作成は、『保育唱歌』（保育並ニ遊戯唱歌）に結実している。斎藤基彦[三]がいうように、作成された曲譜の数は、同じ曲に異なる歌詞をつけたもの、二番以下で異なる譜のものなどあって数え方が変わるが、おおよそ一〇〇～一一〇数曲程度である。曲の調子は「風車」、「家鳩」はじめ、その他の『保育唱歌』についてもWeb上で試聴することが可能であるが、あくまでも雅楽調で、非常にスローテンポな曲が多い。歌詞は、作詞者不明のものも多いが、ほとんど古風な大和ことばが用いられている。

これらの唱歌の中で、わかっている範囲のものでいうと、最初のものは、明治十年（一八七七）十一月十三日に上申された三曲、第二十二「露霜（秋の日影）」（芝葛鎮撰曲）、第七十三「冬の同居（冬燕居）」（撰譜者不祥）、第八十六「風車」（撰譜者不祥・改訳者は豊田芙雄といわれている）であり、上申日の明らかな曲で最終の唱歌が明治十三年（一八八〇）六月の三曲、第二十「鏡山」（林広守撰曲）、第四十九「ふりぬる文」（芝葛鎮撰譜）、第八十四「山吹」（改題前「款冬」。読みは「かんとう又はがんとう」。フキ、ヤマブキ、ツワブキの異名）（東儀季熈撰譜）である。わかっている範囲で、上申日（年月日）をまとめると次のようになる。

■明治十年（一八七七）十一月十三日〈三曲〉

○第二十二「露霜（秋の日影）」（芝葛鎮撰曲）、○第七十三「冬の同居（冬燕居）」（撰譜者不祥）、○第八十六「風車」（撰譜者不祥・改訳者は豊田芙雄といわれている）

■明治十年（一八七七）十二月〈八曲〉

○第七十四「夜さむ」（上真行撰譜）、○第五十一「百鳥（ももとり）」（林広守撰譜）、○第六十三「遊魚」（山井

景順撰譜）、○第八十八「兎」（多忠廉撰譜）、○第九十「家鳩」（東儀季芳撰譜・豊田芙雄改訳）
■明治十一年（一八七八）二月二日〈一曲〉
○第二「父こそ」（東儀頼玄撰譜）
■明治十一年（一八七八）二月二十二日〈五曲〉
○第八十九「手車」（辻高節撰譜）、○第二十五「ははそば」（上真節撰曲）○第五十二「我が行く末」（林広継撰譜）、○第六十四「花橘」（山井基万撰譜）、○第七十五「河水」（東儀季芳撰譜）
■明治十一年（一八七八）三月〈一曲〉
○第一「学道」（昭憲皇后御歌・東儀季熈撰譜）
■明治十一年（一八七八）四月九日〈五曲〉
○第二十四「墨縄」（多久随撰曲）、○第二十六「菊のかざし」（林広守撰曲）、○第三十「やすきためし」（山井景順撰譜）、○第六十二「よよのおや」（本居宣長詠・林広季撰譜）○第六十七「白金（しろがね）」（万葉集山上憶良詠・芝葛鎮撰譜）
■明治十一年（一八七八）六月十七日〈五曲〉
○第三「民草」（東儀季芳撰譜・豊田芙雄詠か）、○第五「天鶴群（たづむら）」（山井基万撰譜）、○第六十六「よろづの事」（多忠廉撰譜）、○第七十七「そむかぬ道」（多忠廉撰譜）、○第七十八「浜の真砂」（奥好義撰譜）
■明治十一年（一八七八）八月上〈七曲〉
○第四「春日山」（明倫集 入道前太政大臣女詠・上真節撰譜）、○第二十三「元は早苗」（三草集 少将源定従詠・林広季撰曲）、○第二十七「神恵」（玉鉾百首 本居宣長詠・林広継撰譜）、○第五十三「隅田川」（琴後集 村田春海詠・豊喜秋撰譜）、○第六十五「鹿島神」（万葉集 大舎人千文詠・芝葛鎮撰譜）、○第七十六「思ふどち」（拾遺集・林広継撰譜）、○第八十七「園の遊」（奥行業撰譜）

■明治十一年（一八七八）十月七日〈四曲〉

○第二十八「兄弟の友愛」（豊田芙雄訳・豊喜秋撰譜）、○第二十九「子（ね）の日遊」（琴後集 村田春海詠・芝葛鎮撰譜）、○第六十八「苗代水」（明倫集 橘為仲詠・多久随撰譜）、○第九十一「野山の遊」（豊田芙雄訳・奥好寿撰譜）

■明治十一年（一八七八）十一月二十七日〈五曲〉

○第六「神之光」（明倫集 為盛朝臣詠・上真行撰譜）、○第七「筍」（村田春門詠・近藤濱撰譜）、○第三十二「みちのく山」（万葉集 大伴家持詠・林広守撰曲）、○第三十三「かひある千代」（明倫集 橘枝直詠・辻則承撰譜）、○第五十四「梓弓」（明倫集 平春庭詠・山井景順撰譜）

■明治十二年（一八七九）一月十六日〈六曲〉

○第八「うなゐのみちびき」（豊田芙雄訳・芝祐夏撰曲）、○第三十一「教の道（豊田芙雄訳・豊時鄰撰譜）、○第三十四「露の光」（奥好寿撰譜）、○第五十五「さざれいし」（古今集 東儀頼玄撰譜）、○第五十六「春の山辺」（古今集 素性法師詠・東儀俊慰撰譜）、○第七十九「不二の山」（万葉集 山部赤人詠・東儀季芳撰譜）

■明治十二年（一八七九）二月五日〈二曲〉

○第九十二「盲想」（豊田芙雄訳・奥行業撰譜）、○第九十三「こねづみ」（豊田芙雄訳・東儀季長撰譜）

■明治十二年（一八七九）五月十日〈六曲〉

○第九「まなびのゆきかひ」（辻高節撰譜）、○「人の誠」（東儀彭質撰譜）、○第三十五「造化の妙」（近藤濱詠・近藤濱撰譜・林広守訂正）、○第五十七「桜」（橘千蔭詠・多久随撰譜）、○第六十九「盲想遊戯」（豊田芙雄訳・近藤濱撰譜）、○第八十「王昭君」（村田春海詠・奥好義撰譜）

■明治十二年（一八七九）五月十日〈四曲〉

○第十一「滝の白糸」（千載集 盛方詠・林広継撰曲）、○第十二「夏山」（金葉集 慈円詠・林広守撰曲）、○第七十「山

時鳥」（近藤濱詠・東儀季芳撰曲）、○第八十一「こがい」（拾遺集兼盛詠・林広季撰譜）

■明治十二年（一八七九）十一月〈一〇曲〉

○第十三「明石の浦」（柿本人麻呂詠・多久随撰譜）、○第十四「梢の藤」（橘千蔭詠）、○第十五「去年の雪」（続後撰集 前関白左大臣詠）、○第十六「蟋蟀（こほろぎ）」（万葉集 読人不知）、○第五十八「唐琴（からこと）の浦」（古今集 素性法師詠・撰譜者不祥）、○第五十九「水底の月」（古今集 紀貫之詠）、○第六十一「二見の浦」（藤原兼輔詠・東儀頼玄撰譜）、○第七十一「山下水」（拾遺集 紀貫之詠）○第八十二「堤の雲」（春野詠）、○第九十八「山家」（近藤濱訳）

■明治十二年（一八七九）十二月九日〈四曲〉

○第九十四「春」（近藤濱訳・林広守撰譜）、○第九十五「夏」（近藤濱訳・林広守撰譜）、○第九十六「秋」（近藤濱訳・林広守撰譜）、○第九十七「冬」（近藤濱訳・林広守撰譜）

■明治十三年（一八七九）五月二十日〈六曲〉

○第三十七「竹之根」（橘千蔭詠・山井基万撰譜）、○第三十八「行巡（ゆきめぐり）」（後古今集 小野右大臣詠・東儀彭質撰譜）、○第三十九「雪降りて」（古今集 上真行撰譜）、○第六十「いろは」（近藤濱撰譜・東儀季芳訂正）、○第九十九「宇治川」（万葉集 柿本人麻呂詠・奥好寿撰譜）、○第百「花見之駒」（近藤濱詠か・豊喜秋撰譜）

■明治十三年（一八七九）六月〈三曲〉

○第二十「鏡山」（林広守撰曲）、○第四十九「ふりぬる文」（芝葛鎮撰譜）、○第八十四「山吹」（東儀季熈撰譜）

■上申日不祥〈一七曲〉

○第十七「大和撫子」（権掌侍税所敦子詠・林広継撰譜）、○第十八「若紫」（権命婦平尾歌子詠・多忠廉撰譜）、○第十九「君が代」（林広守撰譜）、○第二十一「海行かば」（東儀季芳撰曲）、○第四十「六の球（注：むつのたま）」（豊田芙雄訳・辻高節撰譜）、○第四十一「赤色」（豊田芙雄訳・奥好寿撰譜）、○第四十二「黄色」（豊田芙雄訳・

豊喜秋撰譜）、○第四十三「青色」（豊田芙雄訳・多久随撰譜）、○第四十四「柑色」（豊田芙雄訳・奥好義撰譜）、○第四十五「緑色」（豊田芙雄訳・多忠廉撰譜）、○第四十六「紫色」（豊田芙雄訳・豊時鄰撰譜）、○第四十七「元色」（豊田芙雄訳・辻則承撰譜）、○第四十八「間色」（豊田芙雄訳・東儀季長撰譜）、○第五十「倭心」（撰譜者不祥）、○第七十二「君が恵」（芝葛鎮撰譜）、○第八十三「富士の峯」（村田春海詠・東儀俊慰撰譜）、○第八十五「科戸（注：読みは「しなど」）の風」（撰譜者不祥）

開業一年後の明治十年（一八七七）十一月二十七日、皇后・皇太后を迎えて正規の開園式が行われたが、その時、園児たちが唱歌をうたったことは記録上確かである。明治十年（一八七七）十一月二十八日の日日新聞には「幼穉唱歌し保姆音樂を奏せしかば、園中にさんざめき渡りて面白かりければ、御氣色もいとめでたかりき」とある。[四]また、芙雄のいう「（前年の開業式の日に）風車、蝶々などのうたをうたひて」というのも実際はこの日のことである。

幼児が集団で唱歌をうたうということは当時は大変珍しいことであったし、「保姆音樂を奏せしかば」というのは、クララが子どもたちの唱歌にピアノで伴奏をつけたことを指すと思われるので、幼児の歌声とピアノの伴奏が「園中にさんざめき渡りて面白かりければ」皇后、皇太后を初め参観する者すべてにある種の感銘を与えたことであろう。この日、クララは皇后、皇太后に挨拶をし、クララのピアノと同僚（注：近藤濱と思われる）の琴との合奏も行っている。

なお、この日うたわれた「風車」は、保姆豊田芙雄（改訳詞）と伶人とが協力して作った最初期の唱歌の一つといわれている。「風車」の上申年月日は明治十年（一八七七）十一月十三日であるが、あくまでも上申日というのは、伶人の上役に報告された日のことであって、実際の作成年月日はそれより溯り得るわけで、保姆も園児も開園式に間に合うよう練習する時間は十分にあったはずである。式部寮の伶人が保姆等に正式に唱歌音楽の「傳習」を開始したのは、明治十一年（一八七八）十一月六日からであり、[五]もちろん、当月の正規の幼稚園開園式を意識していたのである。

（三）　豊田芙雄と近藤濱の関わり

「保育並ニ遊戯唱歌」の歌詞の中には、万葉集、明倫集など、古歌からとったものもあるが、かなりの唱歌を豊田、近藤の保姆と伶人が協力して作ったものといわれている。

しかし、作曲者はある程度判明していても、作詞者、訳詞者（改訳詞者）については作者不明のものも多く、現在となっては、豊田、近藤の作を特定できるものは限られている。ここでは、『日本幼稚園史』[六]や斎藤基彦の資料[七]などを手掛かりに、現時点でおおよそわかっている、豊田、近藤が直接関係した唱歌作品を取り上げておくと次のとおりになる。

〈豊田芙雄〉

・「風車」（撰譜者不祥・訳は豊田芙雄といわれている）、明治十年（一八七七）十一月十三日上申
・「家鳩」（豊田芙雄訳、東儀秀芳撰譜）、明治十年（一八七七）十二月上申
・「民草」（豊田芙雄詠、東儀秀芳撰譜）、明治十一年（一八七八）六月十七日上申
・「野山の遊」（豊田芙雄訳、奥好寿撰譜）、明治十一年（一八七八）十月七日上申
・「兄弟の友愛」（豊田芙雄訳、豊嘉秋撰譜）、明治十一年（一八七八）十月七日上申
・「うなゐのみちびき」（豊田芙雄訳、芝枯夏撰曲）、明治十二年（一八七九）一月十六日上申
・「教の道」（豊田芙雄訳、豊時鄰撰譜）、明治十二年（一八七九）一月十六日上申
・「盲想」（豊田芙雄訳、奥行業撰譜）、明治十二年（一八七九）二月五日上申
・「こねづみ」（豊田芙雄訳、東儀秀長撰譜）、明治十二年（一八七九）二月五日上申
・「盲想遊戯」（豊田芙雄訳、近藤濱撰譜）、明治十二年（一八七九）五月十日上申
・「六の球」（豊田芙雄詠、辻高節撰譜）、上申日不祥

・「赤色」（豊田芙雄詠、奥好義撰譜）、上申日不祥
・「黄色」（豊田芙雄詠、豊嘉秋撰譜）、上申日不祥
・「青色」（豊田芙雄詠、多久随撰譜）、上申日不祥
・「柑色」（豊田芙雄詠、奥好義撰譜）、上申日不祥
・「緑色」（豊田芙雄詠、多忠廉撰譜）、上申日不祥
・「紫色」（豊田芙雄詠、豊時鄰撰譜）、上申日不祥
・「元色」（豊田芙雄詠、辻則承撰譜）、上申日不祥
・「間色」（豊田芙雄詠、東儀秀長撰譜）、上申日不祥

〈近藤濱〉
・「筍」（村田春門詠、近藤濱撰譜）、明治十一年（一八七八）十一月二十七日上申
・「造化の妙」（近藤濱詠、近藤濱撰譜、林広守訂正）、明治十二年（一八七九）五月十日上申
・「山時鳥」（近藤濱詠、東儀秀芳撰譜）、明治十二年（一八七九）九月十三日上申
・「盲想遊戯」（豊田芙雄訳、近藤濱撰譜）、明治十二年（一八七九）五月十日上申
・「春」（近藤濱訳、林広守撰譜）、明治十二年（一八七九）十二月九日上申
・「夏」（近藤濱訳、林広守撰譜）、明治十二年（一八七九）十二月九日上申
・「秋」（近藤濱訳、林広守撰譜）、明治十二年（一八七九）十二月九日上申
・「冬」（近藤濱訳、林広守撰譜）、明治十二年（一八七九）十二月九日上申
・「山家」（近藤濱訳）、明治十二年（一八七九）十一月上申　※「山家」は「野山の遊」と同音。
・「花見之駒」（近藤濱詠、豊嘉秋撰譜）、明治十三年（一八八〇）五月二十日上申

・「いろは」（近藤濱撰譜、東儀秀芳訂正）、明治十三年（一八八〇）五月二十日上申

以上が、二人が直接関わっているとされている唱歌であるが、作詞者あるいは訳詞者が不明の多くの唱歌の中に、二人が関わっているものがかなりあるのではないかと考えられる。上記の唱歌中には、「盲想遊戯」（豊田芙雄訳、近藤濱撰譜）のように、豊田が詞を作り、近藤が曲を作ったものなどもある。

なお、明治十二年（一八七九）半ばから、近藤の作例が多くなり、豊田の作例が見られなくなるのは、豊田が鹿児島出張中のためである。つまり、初期には、作詞、訳詞は、豊田芙雄がほとんどを担当していたことになる。そうした意味でいえば、明治十年（一八七七）、明治十一年（一八七八）の作詞者不明の唱歌の中には、豊田芙雄作がかなり入っていることになるだろう。

当時の『保育唱歌』は、歌詞は古めかしく、曲はスローテンポで幼児向きではなかったのではないか、という指摘がある。しかし、身近に適当なモデルがない以上、保姆や伶人たちは自分たちの手で作らざるを得なかったのであるが、結果的に、歌詞は古歌調になったし、曲は雅楽調になった。

保姆見習生の氏原が「現今ハ唱歌多ク不自由ナキモ此ノ幼稚園創立ノ当時ニアリテハ一ツモナク其保姆ノ豊田近藤両氏ノ作歌シテ之ヲ式部寮雅楽局ノ伶人《ママ》ニ作符ヲ請ヒ後此伶人ヨリ教鞭ヲ受ケ保育ニ用フルニ至リタルモノニテ彼ノ風車家鳩民草ノ如キ之ナリ」（八）と記しているような状況だったのである。

ただ、たとえ英語に強く、漢学の素養があったにしても、桑田や関には、幼児向きの作詞をすることは、難事中の難事だったようである。桑田の「鴿舎（注：家鳩）の歌」の訳は次のようになっている。（九）

鴿舎の歌
鴿舎《ハトゴヤ》をあけて鴿《ハート》を放そ　稚兒等圓形中を出でて行く。

鴿は何處《ドコ》へ行た田畝《タハタ》に遊び草原に遊ぶ　圓形を出てたる稚兒の遊ぶうちはくりかへし此句をうたふなり。
早《ハヤ》く歸れ鴿舎閉よ　聲を高ふして三度此句を謡ひ圓形を歸るべきを示すなり。
歸らぬから閉《シメ》よソラ閉まつた　此句を謡ふ時は歸つてくるとも圓形に入る能はざるなり。

訳校者自身も唱歌を導入することは難事であることを指摘して、訳は参考までのものとしているが、リズム感のない、固い訳詞である。ただし、桑田の訳は明治十一年（一八七八）六月発行の『幼稚園　巻下』に掲載されている訳詞であって、豊田芙雄の「家鳩」が上申されたのは、前年十二月のことであるから、豊田が改訳の参考にできたのは、明治十年（一八七七）七月申告、同年十二月刊行の関信三の『幼稚園記　附録』中の「鳩巣」である。関の訳は次のようである。

吾儕復夕鳩巣ヲ解放シ　此快樂ナル飛禽ヲ自由ナラシム　飛禽ヤ廻翔ス菜園草原ノ上　以テ自由ノ榮譽ヲ保全ス
飛遊滿テリ矣方ニ歸ル時　吾儕其巣ヲ鎖シテ以テ眠ラシム

これを幼児向きに改訳することは容易ではないが、芙雄はこれを次のように訳している。(十)

家　鳩

いへばとの　すのとひらきて
はなちやる　ゆくゑやいづこ
やまにのに　しばふのはらに
あそぶらん　あそびてあらば
かへらなん　とくかへらなん

かへらずば　　すのととぢてん
すのととぢてん

やわらかい言葉の調子とゆったりとしたリズム感のある美しい響きである。ここにはごく幼い頃から母から詩歌などを読み聞かされ、自分自身も和歌を詠むようになった人の豊かな素養が投影されている。これは単なる改訳というより創作である。

もちろん、これは遊戯に伴う唱歌であるが、遊び方は、まず子どもたちは保育者と共に手をつないで輪をつくる、あらかじめ鳩になる子を二三人決めて輪の中（巣）に入れておくが、「すのとひらきて」で、つないでいる手を離すと（注：あるいはつないでいる手を高くあげると）、鳩はその隙間から飛び出していき、周辺で遊ぶが、歌が「とくかへらなん」に至ると、急いで帰ってくる、という流れである。幼児にも容易にできる遊びだけに大いに喜んで参加していたようである。幼稚園では「風車」などと共にこれはかなり長い期間用いられていたことが記録に残っている。

次に、第一恩物六球法は乳幼児向きということで、これに関する唱歌は作られてすぐにうたわれなくなったが、芙雄はこれに関しては、「六の球（注：むつのたま）」と「赤色」、「青色」、「黄色」の三元色の歌詞（訳詞）及び柑色、緑色、紫色、元色、間色の各曲の歌詞（訳詞）を作っているが、その内三元色の歌詞[十一]（訳詞）と、「家鳩」と共に長くうたわれることになった「風車」[十二]及び「うなゐのみちびき（注：うなゐは幼児の髪形、転じて幼児のこと）」[十三]だけを紹介しておくことにする。

六の球
むつのたま　　いともてつくり
そのいろは　　をなじかずほど

ありとこそしれ

赤色

のぼるひに　かたどるいろの
あかきをぞ　たまのあそびの
はじめとはする

黄色

やまぶきの　はなのいろなる
そのたまは　あかきにつげる
きいろなりけり

青色

あふぎみる　そのおほぞらに
いろとしも　おなじきものは
あをとこそしれ

風車

（一）かざぐるま　風のままにまにめぐるなり
やまずめぐるも　やまずめぐるも

（二）みづぐるま　　　水のまにまにめぐるなり
　　　やまずめぐるも　やまずめぐるも

うなゐのみちびき
　わらハべの　さとりやすかる　よきみちを
　いさをしへてん　そのみちハ
　ひとをめつるに　しくものそなき

ここにはいたいけな子どもに対するやさしいまなざしがある。翻訳とはいえ、特に「うなゐのみちびき」には幾多の悲しみを乗り越えてきた人ならではの優しい「ことばづかい」がある。

当時の男性の知識人は江戸時代の漢語、漢文を教養の基礎としているため、彼らの翻訳は漢文調による直訳の域を出ていないが、芙雄の改訳には漢学を学ぶと同時に幼少の頃から「やまとことば」にも親しんでいた人の教養が表れている。芙雄の歌詞は直訳ではなく、完全に日本語の歌詞となっている。

「保育唱歌」には、歌詞を日本の古歌から採ったものもあるが、訳詞や改訳詞も古風な日本語となっており、節は全てが雅楽調であるため、洋風のイメージはほとんど感じられないが、「風車」、「家鳩」のように一定の曲は、西洋で実際に用いられた元歌を日本風にして導入したものである。ここでは参考までに、「保育唱歌」の幾つかと出処との対応関係を示すと次のようになる。

〈保育唱歌〉　　　　　　　　〈出処〉
露霜（秋の日影）、明十・十一・十三上申　　秋又花『幼稚園記 一巻』明九・七刊、七二頁

冬の円居（冬燕居）、明十・十一・十三上申　燕、同右、七三頁
秋、明十二・十二・九上申　秋、同右、七四-七五頁
兎、明十・十二上申　窮兎ノ哀訴、同右、七八-七九頁
同右　窟中ノ兎、『幼稚園記附録』明十・十二刊、二六四-二六五頁
　（穴兎ノ歌、『幼稚園 巻下』明・十一・六刊、二六-二七頁）
父こそ、明十一・二・二上申　父家ニ帰ル、前掲、一巻、八〇-八一頁
柞葉（ははそば）、明十一・二・二十二上申　幼稚園ヨリ帰る、同右、八一頁
山時鳥、明十二・九・十三上申　杜鵑、前掲、附録、二六五-二六六頁
　杜鵑ノ歌、前掲、巻下、二七-二八頁
風車、明十・十一・十三上申　風車（水車）、同右、二六六-二六九頁
　（風車ノ歌、水車ノ歌、前掲、巻下、三二-三三頁）
遊魚、明十・十二上申　遊魚、同右、二七二-二七三頁
　（魚ノ歌、前掲、巻下、二八-二九頁）
家鳩、明十・十二上申　鳩巣、同右、二六一-二六四頁
　（鴿舎ノ歌、前掲、巻下、二二-二四頁）
民草、明十一・六・十三上申　農夫ノ歌、前掲、巻下、三六-三八頁
※この曲は右の大麦小麦を作る農作業の歌を日本の稲作に移し換え翻案したものと思う。
手車（遊行）、明十一・二・二十二上申　（孤輪車ノ歌、前掲、巻下、四〇頁）

他にも欧米の幼稚園唱歌から日本風に移し替えた曲は多数あることから、関信三の手元には『幼稚園記』や『幼稚

園』にはない唱歌を掲載した書物があったものかと思う。

保育唱歌には、本来は遊戯唱歌であったものが、あえてうたうためだけの唱歌として導入されたものもあるし、宇宙の基本的成り立ちを知る「太陽系ノ歌」、手軽に楽しめる指遊び用の「鳥巣ノ歌」、鳥の鳴き声や蜂の羽音又は時計の刻音を楽しむ歌あるいは体操に伴う歌などは省かれている。

保育唱歌全体を見ると、単純にうたうことで気分を爽快にし、遊戯、体操を伴うことで体を健康にするという基本的な目的もあったように思える。しかし、各曲を見ると、幅広い目的を持って取り入れられたようで、たとえば、「神恵」のように神の恵みを知るための歌、「滝の白糸」や「明石の浦」のように自然の不思議や美しさを知る歌、「春日山」や「君が代」のように国家の安泰を願う歌、「父こそ」や「ははそば」のように親の恩や愛を知る歌、「兄弟の友愛」や「春の山辺」のように兄弟、友人の有り難さを知る歌、「学道」や「露の光」や「よろづの事」のように学びの大切さや喜びを知る歌、「人の誠」や「大和撫子」のように人の道を説く歌、「民草」のように職業を知る歌、六球の「赤色」他や「いろは」のように色や言葉の学びの歌、というようにその種類は多い。

ただ、後々までうたい続けられた「家鳩」や「風車」、乳児向きだとして、作成後すぐにうたわれなくなった六球の各色の歌など、一部を除くと、日本の古歌、古謡から取り入れられた歌詞も、豊田、近藤が新たに作成した歌詞も幼児向きの歌としてはやはり難解であるとしかいいようがない。さすがに、明治十年代中頃に『小学　唱歌集』や『幼稚園唱歌集　全』が出版されると「保育唱歌」のほとんどが忘れ去られることになる。

しかし、このことで保姆と伶人が苦心惨憺して保育唱歌を作成したという歴史的意義まで消え去るわけではない。メロディーは雅楽調であるが、歌詞に関していえば一定数の唱歌は洋風唱歌の移入だったのである。また、『日本幼稚園史』を書いた倉橋惣三は「保育唱歌」について次のように述べている。(十四)

今から考へて此時代の唱歌を小兒には不適當なむづかしきもの、と評するならば、それは六十年前の過去の時代に溯つて考へて見得ないものである。むしろこの時代にあつて創作を試みた保姆諸氏の力こそ感激なしには追想せられないのである。

また、「保育唱歌」中の最初期の「風車」は、豊田芙雄が「改訳詞」したといわれている作品で、子どもたちが十字形になってぐるぐる回りながらうたう遊戯唱歌であり、明治十六年（一八八三）編纂され、明治二十年（一八八七）に発行された『幼稚園唱歌集』及び明治二十九年（一八九六）発行の『新編教育唱歌集』（第一集）にも取り入れられており、「保育唱歌」中の最も息の長い唱歌の一つである。この「風車」について金田一春彦と安西愛子は『日本の唱歌（上）明治篇』の中で次のように述べている。(十五)

歌詞は口語では品を落とすと思って文語で和歌の形式をとって作ったものと思われるが、なるべく子どもにわかりやすくと、題材と表現を考えたあとが見え、ほほえましい。曲は雅楽の律音階で、催馬楽《さいばら》の曲を単純化した趣があり、おもしろい。たわいないものであるが、はじめて作る子どもの教育的な歌とあっては苦心したものであろう。

「保育唱歌」について、倉橋や金田一らの評価は、上っ面だけを見て、切って捨てるような評価でないところがおもしろい。また、さらにいえば、東京女子師範学校では、明治十一年（一八七八）二月十五日から同年九月十九日まで、幼稚園保姆が本校の唱歌の授業を担当し、その後は伶人がその役を引き継いでいるが、保育唱歌はすべてが幼児用に作詞、作曲されたものではなく、最初から保姆見習生、保姆練習科生、本校生徒用に作られたものも少なくないのではないかと思う。「家鳩」や「風車」などと、古歌から取り入れた唱歌は意味の難易度の格差があまりにも大きい。保姆にしても、伶人にしても目の前の子どもの実態を知らないはずもないからである。

また、著述の世界でも、言文一致の作品の登場は、明治二十年（一八八七）の二葉亭四迷、『浮雲』などが初期のものであるが、それ以後でも、明治二十三年（一八九〇）の森鴎外の『舞姫』や明治二十八年（一八九五）の樋口一葉の『十三夜』などは文語体による作品である。口語体による著述が実質的に増えてくるのは、明治三十年代になってからであり、明治三十二年（一八九九）、福沢諭吉による『福翁自伝』の出版などがその端緒となっている。

また、幼稚園草創期の時代は、小学校においても、教科書は直訳による漢文調の図書が多く使われており、言文一致の教科書は明治三十年代中頃になってやっと作られるという状態である。同じ様に、小学校の唱歌においても、メーソンや伊澤の努力によって、明治十年代初頭には新しい曲調の唱歌が取り入れられて、子どもにとって格段に親しみやすい唱歌が登場するが、歌詞が文語から口語に本格的に代わるのは明治三十年代になってからである。

なお、「保育唱歌」中の「君が代」は曲調は違うが現在まで残っているし、また同じく「海ゆかば」は第二次世界大戦の敗戦時まで広くうたわれていたことは周知のとおりである。

いずれにしろ、幼稚園草創期には、保姆たちがモデルにできるような童謡はほとんどなかった。明治二十年（一八八七）になると、後述のように、東京女子師範学校で学んだ榎本常などは、日本の「わらべうた」の「蓮華の遊び（ひらいたひらいた）」の歌と遊戯を幼稚園に取り入れており、その見識には見るべきものがあるが、幼稚園草創期の豊田や近藤の周辺には、「蝶々」の元歌などはあったが、フレーベル主義保育に見合う「教育的な唱歌」ではなかった。

ともかく、豊田や近藤は「ないもの」は自ら「創らなければならなかった」し、そして「ないもの」は苦心惨憺の末に「創った」のである。「保育唱歌」に関して後代の保育者に学べるものがあるとすれば、当時の保姆の「創造的姿勢」である。現代の保育でも、ただ単に幼児を保護し、単調で生気のない保育に陥らないためにも、保育者は常に「創る」というプロセスを忘れてはならないからである。

保母と伶人による「保育唱歌」は、数え方で異なるとはいえ、一〇〇曲程度の唱歌を生み出したわけであるが、実際には幼児にうたわせたものはそれほど多くはない。しかし、保育実践の場に携わる者と、伝統的な音楽の専門家とが共同して、幼児の唱歌作成のために尽力をしたということは、わが国の音楽教育史上見落とすことのできない大きな歴史的事実である。

唱歌教育の始まりといえば、伊澤修二というのがいわば常識となっているが、それは洋風の唱歌の場合であって、雅楽調とはいえ、唱歌教育の事実上の「組織的開発の始まり」は東京女子師範学校附属幼稚園にあったのである。

（四）出版されていた雅楽調の『幼稚園唱歌』（保育唱歌）

雅楽調の「保育唱歌」については、斎藤基彦によって江崎公子編『音楽基礎研究文献集』に復刻している芝祐泰《しばすけひろ》のノート［1］から、その歌詞及び五線譜による楽譜が紹介されているが、お茶の水女子大学の倉橋文庫中には、明治十六年（一八八三）、東京女子師範学校の生徒であった清水たづ（下田田鶴子）が、毛筆で手記した保育唱歌（八五曲）の歌詞及び雅楽の楽譜を残している。

斎藤基彦によると、明治十六年（一八八三）四月、「保育唱歌」を出版する計画もあったようであるが立ち消えとなっている。明治十四年（一八八一）には、五線譜の楽譜付きの『小学　唱歌集　初編』が出版され、幼稚園でも活用されていたし、また、明治十六年（一八八三）六月には、同じく五線譜の楽譜付きの『幼稚園唱歌集　全』が編纂され、これも明治二十年（一八八七）に出版される前に、東京女子師範学校附属幼稚園や東京府内の幼稚園等で使用されていた。さらに、『小学　唱歌集』は第二編、第三編も出版されている。『小学　唱歌集』（初編・第二編・第三編）あるいは『幼稚園唱歌集　全』にも、幾つかの「保育唱歌」が取り入れられてはいるが、「保育唱歌」は徐々に忘れ去られていったと考える。

しかし、筆者は、雅楽調の「保育唱歌」が明治前半期において出版物となっていることを知らなかったが、本書の執筆プロセスにおいて、雅楽調の「保育唱歌」のほとんどを掲載する、明治十九年（一八八六）九月七日発行の市川八十吉編『幼稚園唱歌』（鴻盟社）なるものが国立国会図書館に保存されていることを知った。この本には五線譜による楽譜も雅楽による楽譜も付いていないが、ひらがなと漢字交じりで、ほとんどの「保育唱歌」の歌詞が紹介されている。楽譜がない以上、直接「保育唱歌」の旋律を知る者でなければ使いようはないわけではあるが、この著書は、新しい唱歌全盛時代にも、我々が考えてきた以上に「保育唱歌」もなお生き残り続けたことを示す、歴史的な貴重な一書であるとはいえる。

二　メーソンの来日と洋風唱歌の導入

（一）　メーソンの来日

わが国における唱歌をめぐる事態は、明治十三年（一八八〇）三月二日、アメリカ人音楽教育家ルーサー・ホワイチング・メーソンが来日することで一変する。

明治八年（一八七五）七月、文部省は多数の留学生を派遣するが、その中に目賀田種太郎を留学生監督とした、アメリカの「師範科取調」を目的とする伊澤修二、高嶺秀夫、神津専三郎が含まれていた。

伊澤らはニューヨークでメーソンに出会い、音楽教育の重要性に目覚めるが、目賀田種太郎は、明治十一年四月二十日の日付で、田中不二麿宛てに「我公學ニ唱歌ノ課ヲ興スベキ仕方ニ付私ノ見込」[十六]（同年四月八日には、米国から、田中宛てに、目賀田、伊澤の連名で、音楽取調の事業に着すべき見込書を提出している）[十七]を送っている。

この中で、目賀田は、直接的な音楽の効用は「學童ノ健全ヲ助ケ發音ヲ正シクスル等ニ可有之ト存候」として、「唱歌ノ課ヲ興スニハ先ツ之レヲ東京師範學校并ニ東京女子師範學校ニ設クベシ」と提唱し、「我國古今固有ノ詞歌曲調ノ善良ナルモノヲ尚研究シ、其ノ足ラザルハ西洋ニ取リ、終ニ貴賤ニ關ハラズ又雅俗ノ別ナク誰ニテモ何レノ節ニテモ日本ノ國民トシテ歌フベキ國歌奏ヅベキ國調ヲ興スヲ言フ、是レ國樂ノ名アル故ナリ」と述べ、メーソンはその任にあたる最良の人物であると続けている。わが国に「國樂」を興すためにメーソンを推薦するというのである。

さらに、「又師範学校ノ演習所幼稚園ニモ右課ヲ教フベシ且ツ唱歌ハ幼児ヨリ始ムルヲ最良ノ法トス」と述べている。目賀田は、明治十二年（一八七九）六月十七日、米国においてメーソンと條約書を結ぶ手続きをするが、その中には「音樂傳習所之教師トシテ　ルーサー　ホワイチング　メイソン氏招傭之件可取計旨領承則チ御来諭之通リ條約取結ヒ申候月給ハ壱ケ月貿易銀壱円銀ニテ貳百五拾圓ト取定メ候」(十八)とある。県令なみの月俸であるからお雇い外国人として十分な待遇である。

メーソンは、明治十三年（一八八〇）四月には、東京師範学校、東京女子師範学校、同附属小学校で唱歌の指導を始めているが、そのことは『東京女子師範學校第六年報　自　明治十二年九月　至　明治十三年八月』においても「是月（注：四月）本省音樂取調所ニ依頼シ音樂教師米國人エル、ダブルユウ、メーソンニ音樂教授ヲ嘱託ス」(十九)とあることから明白である。

いっぽう、明治十三年（一八八〇）二月二十八日、「幼稚園保姆松野くら、女願ニ依リ其雇ヲ解キ三月一日更ニ幼児保育ヲ嘱託シテ員外保姆トス」(二十)とあるようにクララは幼稚園を辞め、員外保姆となる（注：クララは退職後は体操伝習所のピアノ奏者となる）(二十一)。

また、同年三月二十三日、同校は「是マテ音樂教授ヲ嘱託セル東京大學理學部教授フランク、エフ、ジユエツトノ嘱託ヲ解ク」(二十二)のである。クララ、ジュエットの二人の辞任は、同年二月と三月であるが、もちろんメーソン来日と無関係ではない。空気を察知して辞めるにしろ、解雇されるにしろ実質的な「御役御免」である。

（二）　幼稚園での指導

伊澤修二の「音樂取調成績申報書」(二十三)によると、附属幼稚園での授業は明治十四年（一八八一）九月からとなっており、本校や附属小学校に一年半近くも遅れて、幼稚園におけるメーソンの指導が始まったということになる。

伊澤と一緒にアメリカに留学した神津専三郎は、明治十二年（一八七九）十一月から明治十三年（一八八〇）六月まで、本校と幼稚園監事を兼務しており、メーソンと幼稚園との距離は遠くはなかったはずであるが、雅楽課の伶人に遠慮したのか、メーソンによる幼稚園での指導依頼は遅れに遅れているのである。

同年九月、神津の後に幼稚園監事を引き受けた小西信八は、幼稚園教育の改善に熱心な人物であったが、本人が語っているように、メーソンにぜひ幼稚園でも指導して欲しい、と頼み込んだのは小西である。(二十四)

それ以前にも、メーソンが本校と附属小学校の勤務の合間に同じ敷地内にある幼稚園を訪ねたことはあったかもしれないが、伊澤のいう明治十四年（一八八一）九月に幼稚園とメーソンとの間で正式な契約が結ばれたのである。

伊澤は根は善良で精力的ではあるが、新興国のリーダーにありがちな我見の強いタイプで、何でも自分の手柄にしたがるところもあり、その生涯において周囲の人と激しい衝突をすることもしばしばであった。保育唱歌を指導している豊田芙雄らに対しても「こんな難しい歌をだれがうたわせることにしたか」と頭ごなしに叱り付けたこともあったようである。

伊澤は、メーソンを文部省に推薦した張本人であるにもかかわらず、メーソンと意見が合わずに口論することも多く、その度にメーソンが不機嫌になるため、通訳を担当していた岡倉覺三（注：岡倉天心）の夫人や、後に高嶺秀夫の夫人となる中村正直の娘たか子は気苦労が絶えなかったが、メーソンは、幼稚園に行くと上機嫌になり、メーソンがバイオリンで「蝶々」などを弾くと、子どもらもメーソンに群がって、ズボンにつかまったり、腕にぶら下がったりしながら、調子づいて、飽くことなくうたったようである。

幼稚園では、明治十三年（一八八〇）の後半以降は、新しい曲が作られることはなくなったが、形の上では、伶人が同幼稚園の保姆に唱歌、楽器の指導をすることは継続されている。明治十四年（一八八一）五月二十四日、皇后は東京師範学校、東京女子師範学校、同附属幼稚園に行啓しているが、(二十五)その日披露された唱歌は『保育唱歌』中の「君が代」、「白金」、「我行末」の三曲であり、もちろん、洋風唱歌の始まりは見られない。

明治十六年（一八八三）の段階でも、当校学生の清水たづが『保育唱歌』のほとんどの曲を伝来の楽譜で手記し

（二十六）ていることからわかるように、洋風唱歌の時代に入っても、雅楽調の『保育唱歌』は生き残っている。

また、『小学　唱歌集』、『幼稚園唱歌集　全』時代になっても、既述のように『保育唱歌』はすべてが消え去ったわけではない。斎藤基彦（二十七）によると「筆者が確認できたのは『保育唱歌』の第十九番「君が代」が『中等唱歌集』第一番へ、六十四番「花橘」と七十番「山時鳥」がそれぞれ『小学　唱歌集』第六十五番「橘」と第六十六番「四季の月」へ、八十七番「風車」が『幼稚園唱歌集』第二十六番へ四曲」が採録されているとし、「『小学　唱歌集』第六十七番「白蓮白菊」は従来、保育唱歌より採用されたとされているが、原曲は不明である」と書き加えている。

ただ、わが国の伝統的な雅楽を継承する伶人たち自身、洋風音楽を学ぼうとする意欲は高く、芝葛鎮《しばふじつね》ら数名は、「三條實美のきもいりで、明治十一年の末から雅楽課伶人有志により開始されたピアノ学習（注：当時、三條家には貴重なピアノがあった）（二十八）」をするようになるが、指導者は松野クララである。洋風、和風と楽風は異なっていても、プロの音楽家である伶人たちの進歩は早かったようである。

翌年にはこのピアノ学習は官費を以てなされるようになる。中村理平は「さきに述べたとおり厳密な意味で、最初にピアノの手ほどきをうけた者は幼稚園の保母であったろうと推察されるが、政府の許可を得て正式に指導を受けたのは、芝葛鎮、奥好義、辻則承三名の伶人と元陸軍軍楽隊長の小篠秀一の計四名が初めてである。（二十九）」としている。

実際、幼稚園でも保姆に対するピアノの指導をしたらしく、豊田自身「保育にはとにかく唱歌と音樂がなければできません。私共はピアノを弾けず、クララがひいて居ましたが、私共も習つてしまひには段々ひけるようにはなつたのです（注：豊田自身がピアノをどの程度弾けたかは不明である）（三十）」と語っており、中村の推察を裏付けている。

クララは元々は音楽家でもなく、音楽教育者でもなく、ただの一保姆であるが、ピアノの指導という側面で、わが国の近代音楽教育史上重要な役割を演じているのである。こうした人物を、東京女子師範学校附属幼稚園が設立当初から主席保姆として採用できたのは、やはり幸いであったというべきであろう。

当時、五十歳代と思われるメーソンは精力的で、音楽取調所での週一七時間の他に、東京師範学校、東京女子師範学校、同附属小学校での授業もこなし、同附属幼稚園での指導も行っているが、学者、歌人などが作った和風の歌詞に合う曲を探したり、あるいは多少日本風に改めたりして、日本の「國樂」たるべき唱歌作りに励んでいる。

（三）『小学　唱歌集』と『幼稚園唱歌集　全』の完成

その成果は、明治十四年（一八八一）十一月発行の初編『小学　唱歌集』に結実している。なお、『小学　唱歌集』の第二編は、明治十六年（一八八三）三月、『小学　唱歌集』の第三編は、明治十七年（一八八三）三月に発行されている。『小学　唱歌集』初編が発行されると、幼稚園でも、進んで洋風唱歌がうたわれるようになる。歌詞などは現代から見ればけっこう古風であるが、『保育唱歌』からすれば、子どもにもかなりわかりやすいものとなっており、子どもの生活リズムに合った曲のテンポや、日本人にも親しみやすい曲の調子が、教師にも子どもにも歓迎されたのである。

メーソン指導による『小学　唱歌集　初編』及びその続編は、大半が欧米の曲から取り入れられたものであり、他は和洋折衷風の曲、雅楽調の曲、わらべうた風の曲（数へ歌）など、さまざまであるが、さすがに『保育唱歌』に比べると格段にうたいやすく親しみやすい曲になっている。

また、明治十四年（一八八一）九月からメーソンの指導を受けるようになった幼稚園においても、メーソンが作曲した唱歌をうたったり、メーソンが取り込んだ外国の曲に、日本風の歌詞をつけた唱歌をうたったりするようになる。明治十六年（一八八三）七月、メーソンはすでに帰国していたが、メーソンの指導の成果は『幼稚園唱歌集　全』として結実している。『幼稚園唱歌集　全』は、明治二十年（一八八七）の出版を待たずに、東京女子師範学校附属幼稚園だけでなく、当時設立された幼稚園などにおいても使用されている。

たとえば、明治十七年（一八八四）に東京に新設された公立の深川幼稚園では「幼稚園修身ノ話幼稚園数ノ教幼稚園カナノ教幼稚園唱歌集幼稚園遊嬉ハ未タ出版セザレドモ稿本ノママ仮リニ用フ　但以上ノ数書ハ東京女子師範学校ノ稿本ヲ借用謄写ス」[三十二]（傍線は前村による）とあり、また同様に、近藤濱が関わる同年設立の私立芝麻布共立幼稚園でも、その申請書中の保育用図書器具表の中に『幼稚園唱歌集』（文部省音楽取調掛編纂）が『明治新歌』（式部寮雅楽局原本ニヨル）と共に明示されている。

『幼稚園唱歌集　全』には、全部で二九曲が収められているが、その内、少なくとも六曲は現代人にも良く知られている曲である。

まず、第二の「蝶々（てふてふ）」（歌詞一番は愛知県師範学校教師の野村秋足の作、歌詞二番は音楽取調掛教師の稲垣千頴《いながきちかい》の作である。メロディーは明治十年頃まではわらべうた系かと思われるが、明治十年代初めに伊澤の提案でスペイン民謡が採用されたと思われる）はそれらの代表格である。

また、第三の「進め進め（すすめすすめ）」は加部厳夫の作詞であるが、アメリカではChildren go to and fro（子どもはあちこち行く）という曲で、日本では「舌切り雀」「雀雀お宿はどこだ」でお馴染みのメロディーである。

第四の「霞か雲か（かすみかくもか）」はドイツ民謡であるが、年配の大人なら誰もがうたったことのある有名な唱歌である。

第廿一の「うづまく水（うづまくみず）」はフランスの古歌で、「ABCの歌」あるいは「きらきら星」で知られており、現代の子どもたちにも広くうたわれている曲である。また、第廿七の「蜜蜂（みつばち）」はボヘミア民謡で「ぶんぶんぶん蜂が飛ぶ」でお馴染みの曲である。第廿九の「数へ歌（かぞへうた）」は東京女子師範学校摂理の福羽美静の作詞であるが、現代でも良く知られているわらべうたのメロディーである。

この『幼稚園唱歌集　全』中で、豊田芙雄が関わった曲としては、第廿の「ここなる門（ここなるもん）」と「保育唱歌」時代の第廿六の「風車（かざぐるま）」がある。「ここなる門（ここなるもん）」は、一、二番の歌詞が加部巖夫作で、三、四番が豊田芙雄作であるが、作曲は伊澤修二かとされている。

『幼稚園唱歌集　全』になると、歌詞などもできるだけ子どもにわかるようにかなりの努力がなされ、平易になったと思われるが、文語調であることには変わりがない。『幼稚園唱歌集　全』から参考までに、数例を、歌詞一番のみで示すと次のとおりである。

第一　心《こころ》は猛《たけ》く（作曲：メーソン）
こころハたけく。きハつよく。
うたがひなくて。よくまなべ。
であへることに。うごかぬ人《ひと》を。
ますらをとしも。いふぞかし。

第四　霞《かすみ》か雲《くも》か
かすみか雲《くも》か。はた雪《ゆき》か。
とばかりにほふ。その花《はな》ざかり。
もゝとりさへも。うたふなり。

第十五　花《ハな》さく春《ハる》
花《ハな》さくはるの。あけぼのを。
はやとくおきて。見《ミ》よかしと。
なくうぐひすも。こゝろして。
人《ひと》のゆめをぞ。さましける。
ホーホケキヨ ホーホケキヨ。ケキヨ、ケキヨ
ケキヨ ケキヨ ホーホケキヨ。ホーホケキヨ
ホーホケキヨ。ケキヨ ケキヨ ケキヨ ケキヨ
ホーホケキヨ。

子どもたちにとっては、文語体の「幼稚園唱歌」や「小学唱歌」よりも、後の言文一致の「文部省唱歌」の方が親しみやすかったであろうし、官製の「文部省唱歌」よりも大正中期に始まる北原白秋らの「赤い鳥運動」から生まれた童謡の方が、より子どもたちに親しみやすかったと思われる。また、現代の子どもたちは、視聴覚機器の発達もあって、多種多様な音楽に接することが可能であるが、洋楽主流は変わらないとしても、昨今の学習指導要領の音楽科では邦楽の取り込みもなされている。わが国にはわが国なりの音楽の伝統もあるわけで、邦楽を導入することはわが国の「音楽」の広がりを期すためにも当然といえよう。

東京女子師範学校附属幼稚園の保姆横川楳子は、その履歴書に「同十一年ヨリ十六年迄六カ年間式部寮伶人東儀秀芳同林広継ニ従ヒ保育唱歌催馬樂並ニ和琴箏修業又米国人メーソン氏及ヒ音楽取調所ニ於テ西洋唱歌并ニ風琴修業」（三十二）

と書いており、雅楽調の保育唱歌、和琴に加え、メーソンに西洋唱歌と風琴を習ったことを記している。

東京女子師範学校附属幼稚園における唱歌教育は、明治十四年（一八八一）秋から明治十六年（一八八三）頃まで、雅楽調唱歌と洋風唱歌が並行するという二重構造があるが、子どもたちが喜んでうたい、保姆が自信を持って洋風唱歌の指導もできるようになった時期、つまり同園における唱歌の初期定着は、メーソンの指導を受けるようになった明治十四年（一八八〇）秋から明治十五年（一八八一）初頭の間に求めることが妥当である。

明治十五年（一八八二）初頭には、早くも音楽取調掛の演奏会に、東京女子師範学校附属幼稚園の園児も参加している。保育唱歌も經驗していただけに、幼児はまるで海綿が水を吸うかのように新しい唱歌も吸収していったのである。

（四）音楽取調掛の演奏会と幼稚園児の参加

明治十二年（一八七九）、目賀田種太郎、伊澤修二、神津専三郎らの努力によって、文部省内に設けられた音楽取調掛（注：八年後東京音楽学校―現・東京芸術大学）は積極的に事業に取り組み、業績の顕示にも意欲的である。

幼稚園の唱歌に関して『音監開申書類』(三十三)では「幼稚園唱歌ハ本年九月以降ノ演習ニ係ルトイヘドモ其進歩ノ見ルベキヲ致セシハ順序ノ整フト調子ノ揃フトニ在リ」といい「唱歌ノ効験ノ幼稚発達上ニ及ビ身体の強健ヲ増シ心性ノ暢発ヲ促シ遊工遊戯ノ活作ヲ振興セシ等マタ日ニ顯然タリトイヘドモ此數件ノ如キハ該校将ニ上報スル所アラントスレバ贅セズ」と述べている。

東京女子師範学校附属幼稚園の園児はすでに保育唱歌をうたうことに慣れており、洋風唱歌にもすぐに馴染んでいるのである。また、伊澤らの考える唱歌の「健康と道徳に及ぼす教育上の意義」も関係者の間では徐々に浸透しつつあったかと思う。(三十四)『東京芸術大学百年史　東京音楽学校編　第一巻』によると、音楽取調掛が出版した唱歌関係教科書は次のとおりである。

唱歌掛圖初編　明治十四年九月出版届
小学唱歌集初編　明治十四年十一月出版届
唱歌掛圖初編續　明治十四年十一月出版届
小学唱歌集第二編　明治十六年三月出版
唱歌掛圖第二編　明治十六年三月出版
小学唱歌集第三編　明治十七年三月出版
幼穉園唱歌集　明治二十年十二月出版（注：明治十六年（一八八三）七月には完成していた）

　音楽取調掛は、明治十五年（一八八二）一月三十日及び三十一日の両日、晶平館に於て、同所事業の報告と音楽演奏会（三十五）を実施している。一月三十日は、午後一時から、同所の助教及び伝習人による洋風管弦楽二曲（指揮者メーソン）、大平曲、ウェイルス国歌が演奏され、メーソンによる唱歌並びに音楽進歩の情況が報告されている。

　また、一時半から、東京師範学校附属小学上下諸級生徒一一五名による、唱歌掛図第一曲より第十二曲までの練習（琴・山勢松韻、鳥居忱、胡弓・林蝶）と、下等諸級生徒唱歌の四種の発表、見渡せば（箏・胡弓合奏による伴奏）、春の弥生（メーソンによる風琴伴奏）、進め進め（メーソンによる洋琴伴奏）、マスラヲ武士（同様伴奏）があり、また、続いて上等諸級生徒唱歌三種の発表、うつくしき我子（メーソンによる風琴伴奏）、閨の板戸（同様伴奏。注：閨は読みは「けい」。小門のこと）、墨田河原（洋風管弦楽合奏による伴奏）があった。

　さらに、午後二時半からは、音楽取調掛伝習人による洋琴（ピアノ）六曲の演奏、午後三時からは、東京女子師範学校生徒（本科七九名、予科一〇四名）による、単音唱歌三種、複音唱歌一種、三重唱歌一種、高等単音唱歌一種などの発表がなされている。

　午後四時に休憩が入り、四時半から音楽取調掛員らによる洋琴、箏、三味線の合奏などが行われている。

メーソンから正規に指導を受けるようになって数カ月の東京女子師範学校附属幼稚園園児が、この演奏会に登場するのは三十一日であるが、同日のプログラムの関係部分は以下のようになっている（注：傍線は前村による）。

午後一時諸員　諸員着座
音樂取調所助教及傳習人等合奏洋琴管弦樂　一曲
クワルテット（各種管弦合奏）
音楽取調掛長伊澤修二音樂取調ノ現況ヲ報告ス
午後一時二十分
東京女子師範学校附属幼稺園生徒進入（百十三名）（洋琴進行曲）
唱歌三種
數ヘ歌　五回（ヴァイオリン）（メーソン）
進メ進メ　（同）（同）
マスラヲ武士（同）（同）
我門　（同）（同）
右終テ退出（洋琴進行曲）

以下、音楽取調掛傳習人、洋琴六曲、東京女子師範学校附属小学校児童及び学習院小学児童らの発表、伊澤修二他による本邦及び西洋各種の音律の解説、各種演奏が続くが省略する。

幼稚園児発表は、「唱歌三種」とあるが、四曲をメーソンのバイオリン伴奏でうたっている。この日、園児がうたった唱歌は、「数へ歌」（福羽美静作詞。メロディーはわらべうた）、「進メ進メ（雀雀お宿はどこだのメロディー）」「我門（ここなる門。歌詞一、二番は加部嚴夫作、三、四番は豊田芙雄作）」、「マスラオ武士（メーソン作曲の「心は猛く」と思われる）」の四曲であるが、いずれも後の『幼稚園唱歌集　全』に収録されている曲である。

この演奏会に招待された人々は、皇族をはじめ、太政大臣三條實美同夫人、右大臣岩倉具視同夫人、外務卿井上馨同夫人令嬢、大蔵卿松方正義同夫人、参事院副議長田中不二麿同夫人、文部卿福岡孝弟同夫人、文部少輔九鬼隆一、文部大書記官濱尾新、同西村茂樹、同辻新次、東京大学総理加藤弘之、学習院長立花種恭、東京師範学校長高嶺秀夫、同女子師範学校長那珂通世、同女子師範学校摂理福羽美静他である。この演奏会の目的は、音楽取調掛の業績のデモンストレーション及び音楽教育のさらなる啓発にあったことは明白である。また、この演奏会は、東京女子師範学校附属幼稚園においても、メーソンによる五カ月間の指導を経て、すでに「保育唱歌」だけから洋風唱歌を含めた唱歌教育の初期定着がなされていたことを示すものでもあった。

明治十五年（一八八二）七月十四日、メーソンは健康上の理由（家族の健康上の理由とする説もある）で、一時休暇を取り、アメリカに帰ることになるが、帰る当日も幼稚園に大きな荷物を抱えてやってきて、バイオリンを弾き、帰国することを忘れたかのように、子どもたちといっしょにうたったり遊んだりしている。メーソンは子ども好きで、フレーベルはメーソンのような人だったのではないかと思ったりした、という回想録もあるくらいである。

横川は、メーソンの帰国に際し、「秋よりも先に露おく我が袖は人にわかるる涙なりけり」（三十六）という和歌を贈っている。メーソンは、健康が回復すれば再び来日して、日本の音楽の発展に尽力するつもりであったが、同年十一月、文部省はアメリカにいるメーソンに対し、雇用打ち切りの文書を送り付けている。伊澤がメーソンに見切りをつけたのである。今度は音楽教育者メーソンが「御役御免」となったのである。音楽取調掛におけるメーソンの後任には、ドイツ人音楽家で海軍軍楽隊教師のフランツ・エッケルトが兼務のかたちで採用されている。

しかし、伊澤はメーソンに対する恩義を忘れていたわけではなく、後年、病気療養中のメーソンに対する叙勲の手続きをし、日本国からの勲章を届けようと努力するが、メーソンが病没したため叙勲の手続きは中止された。

〔注〕

一　倉橋惣三・新庄よし子『日本幼稚園史』臨川書店　一九三〇（復刻版一九八〇）一五八〜一五九頁
二　氏原鍉手記「幼稚園方法」竹村一『幼稚園教育と健康教育』ひかりにくに昭和出版　昭和三十五年　一三七頁
三　斎藤基彦「保育並ニ遊戯唱歌」斎藤の記述は、東京女子師範学校依頼、宮内省式部寮雅楽部撰譜（一八七七－一八八三）芝祐泰五線譜編纂（一九五九年十二月八日）、斎藤基彦、江崎公子編集『音楽基礎研究文献集』に掲載、芝祐泰が五線譜編纂（一九五九年十二月八日）等を参照している。http://www.geocities.jp/saitohmoto/hobby/music/hoikushoka/
四　前掲　倉橋・新庄　四一頁
五　中村理平『洋楽導入者の軌跡─日本近代洋楽史序説─』刀水書店　一九九三、二一三頁
六　前掲　倉橋・新庄
七　前掲　斎藤基彦
八　前掲　氏原鍉　一三七頁
九　桑田親五『幼稚園 巻下』文部省、明治十一年六月（復刻版昭和五十三年）二一一〜二一四頁
十　前掲倉橋・新庄　二五三頁
十一　同右　二四七〜二四八頁
十二　同右　二五〇〜二五一頁
十三　前掲　斎藤基彦
十四　前掲書　倉橋・新庄　二三二頁
十五　金田一春彦・安西愛子『日本の唱歌（上）明治篇』講談社　昭和五十二年　二〇頁
十六　目賀田種太郎「我公學ニ唱歌ノ課ヲ興スベキ仕方ニ付私ノ見込」東京芸術大学百年史刊行会編『東京芸術大学百年史　東京音楽学校篇　第一巻』音楽之友社、昭和六十二年　一五〜一八頁
十七　同右、目賀田種太郎・伊澤修二「学校唱歌ニ用フベキ音楽樂取調ノ事業ニ着手スベキ、在米國目賀田種太郎、伊澤修二ノ見込書」一四頁
十八　同右　目賀田種太郎「L．W．メーソンと目賀田種太郎との條約書」英文・和文　二二一〜二二五頁

十九　東京女子師範学校『東京女子師範學校第六年報』明治十三年
二十　前掲　中村理平　二二一頁
二十一　同右　二二一頁
二十二　前掲　東京女子師範学校『東京女子師範學校第六年報』
二十三　前掲　中村理平　五二九頁
二十四　小西信八「私の監事時代」『幼児の教育』（第二九巻第一號）日本幼稚園協會　昭和四年　二三頁
二十五　前掲　倉橋・新庄　九〇頁
二十六　清水たづ手記「保育唱歌」お茶の水女子大学図書館蔵　明治十六年
二十七　前掲　斎藤基彦
二十八　前掲　中村理平　二一五頁
二十九　同右　二一五頁
三十　豊田芙雄「幼児教育の今昔」『幼児の教育』昭和十四年　一六頁
三十一　東京都編『東京の幼稚園』東京都発行、昭和四十一年　五六頁
三十二　同右　一八四頁
三十三　『音監開申書類』（明治十四年）東京芸術大学百年史刊行会編『東京芸術大学百年史　東京音楽学校扁　第一巻』音楽之友社　昭和六十二年　四四頁
三十四　同右　一一〇頁
三十五　同右　一九八〜一九九頁
三十六　横川楳子「メーソンとの別れに送る歌」横川楳子文書　八王子市立郷土資料館

〈前村　晃〉

第五章　東京女子師範学校と幼稚園の広がり

一　東京女子師範学校を基点とする幼稚園普及の系譜

わが国における幼稚園教育の普及は、その初期においては、東京女子師範学校による影響が圧倒的である。もちろん、明治十三年（一八八九）四月、キリスト教に基づく桜井女学校の附属幼稚園のような民間の幼稚園作りの流れもある。図5・1に示す系譜は、東京女子師範学校を基点とする幼稚園教育の広がりをすべてカバーするものではないが、松野クララ、豊田芙雄、近藤濱ら、わが国初の幼稚園保姆と、保姆見習生、保姆練習科生、東京女子師範学校本科生が、フレーベル主義幼児教育の定着期前後に及ぼした直接的、間接的な影響関係のおおよそを示したものである。

二　初期の保姆と幼稚園教育の普及

(一)　松野クララと幼稚園普及

既述のように、松野クララは、関信三の通訳を通して幼稚園開園前から保育法の伝習を開始しているが、このことがわが国における生きたフレーベル主義保育法摂取の第一歩となった。また、さらにクララは見習生三名に対する保育法の指導、練習科生一一名に対する保育法指導を通して、わが国幼稚園教育の端緒を切り開いていった。

また、クララの幼稚園普及のもう一つの功績は、明治十年（一八七七）八月、前橋、高崎で幼稚園教育のデモンストレーションと講演をしたことで、このことが群馬県で早期に幼稚園教育が開始される因となった。

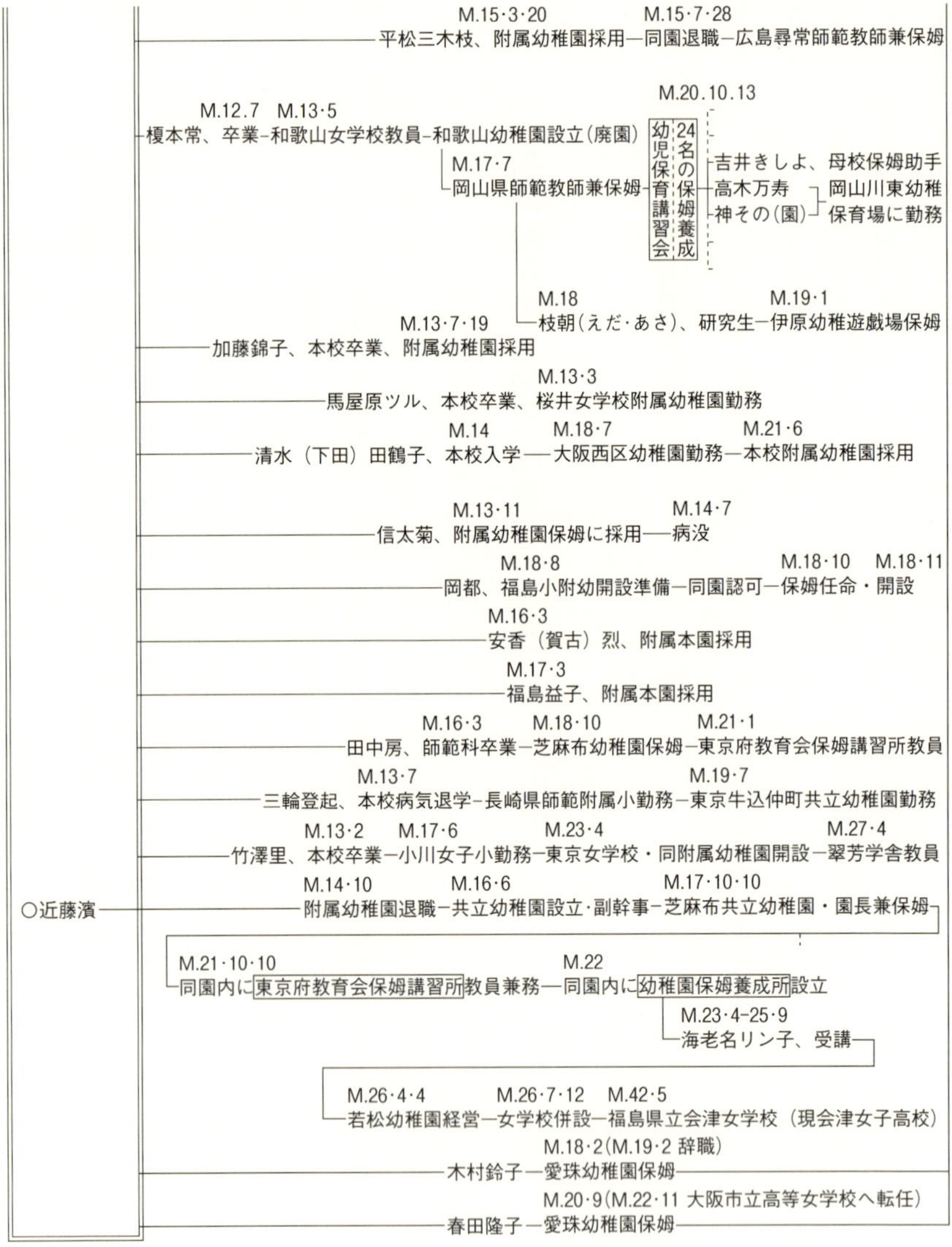
M.15·3·20　M.15·7·28
平松三木枝、附属幼稚園採用―同園退職―広島尋常師範教師兼保姆
M.12.7　M.13·5　M.20.10.13
榎本常、卒業―和歌山女学校教員―和歌山幼稚園設立（廃園）
幼児保育講習会
24名の保姆養成
M.17·7
岡山県師範教師兼保姆
吉井きしよ、母校保姆助手
高木万寿
神その（園）
岡山川東幼稚保育場に勤務
M.18　M.19·1
枝朝（えだ·あさ）、研究生―伊原幼稚遊戯場保姆
M.13·7·19
加藤錦子、本校卒業、附属幼稚園採用
M.13·3
馬屋原ツル、本校卒業、桜井女学校附属幼稚園勤務
M.14　M.18·7　M.21·6
清水（下田）田鶴子、本校入学―大阪西区幼稚園勤務―本校附属幼稚園採用
M.13·11　M.14·7
信太菊、附属幼稚園保姆に採用―病没
M.18·8　M.18·10　M.18·11
岡都、福島小附幼開設準備―同園認可―保姆任命・開設
M.16·3
安香（賀古）烈、附属本園採用
M.17·3
福島益子、附属本園採用
M.16·3　M.18·10　M.21·1
田中房、師範科卒業―芝麻布幼稚園保姆―東京府教育会保姆講習所教員
M.13·7　M.19·7
三輪登起、本校病気退学―長崎県師範附属小勤務―東京牛込仲町共立幼稚園勤務
M.13·2　M.17·6　M.23·4　M.27·4
竹澤里、本校卒業―小川女子小勤務―東京女学校・同附属幼稚園開設―翠芳学舎教員
M.14·10　M.16·6　M.17·10·10
○近藤濱
附属幼稚園退職―共立幼稚園設立·副幹事―芝麻布共立幼稚園・園長兼保姆
M.21·10·10　M.22
同園内に東京府教育会保姆講習所教員兼務―同園内に幼稚園保姆養成所設立
M.23·4-25·9
海老名リン子、受講
M.26·4·4　M.26·7·12　M.42·5
若松幼稚園経営―女学校併設―福島県立会津女学校（現会津女子高校）
M.18·2（M.19·2 辞職）
木村鈴子―愛珠幼稚園保姆
M.20·9（M.22·11 大阪市立高等女学校へ転任）
春田隆子―愛珠幼稚園保姆

図5・1　松野、豊田、近藤と幼稚園の広がり略図

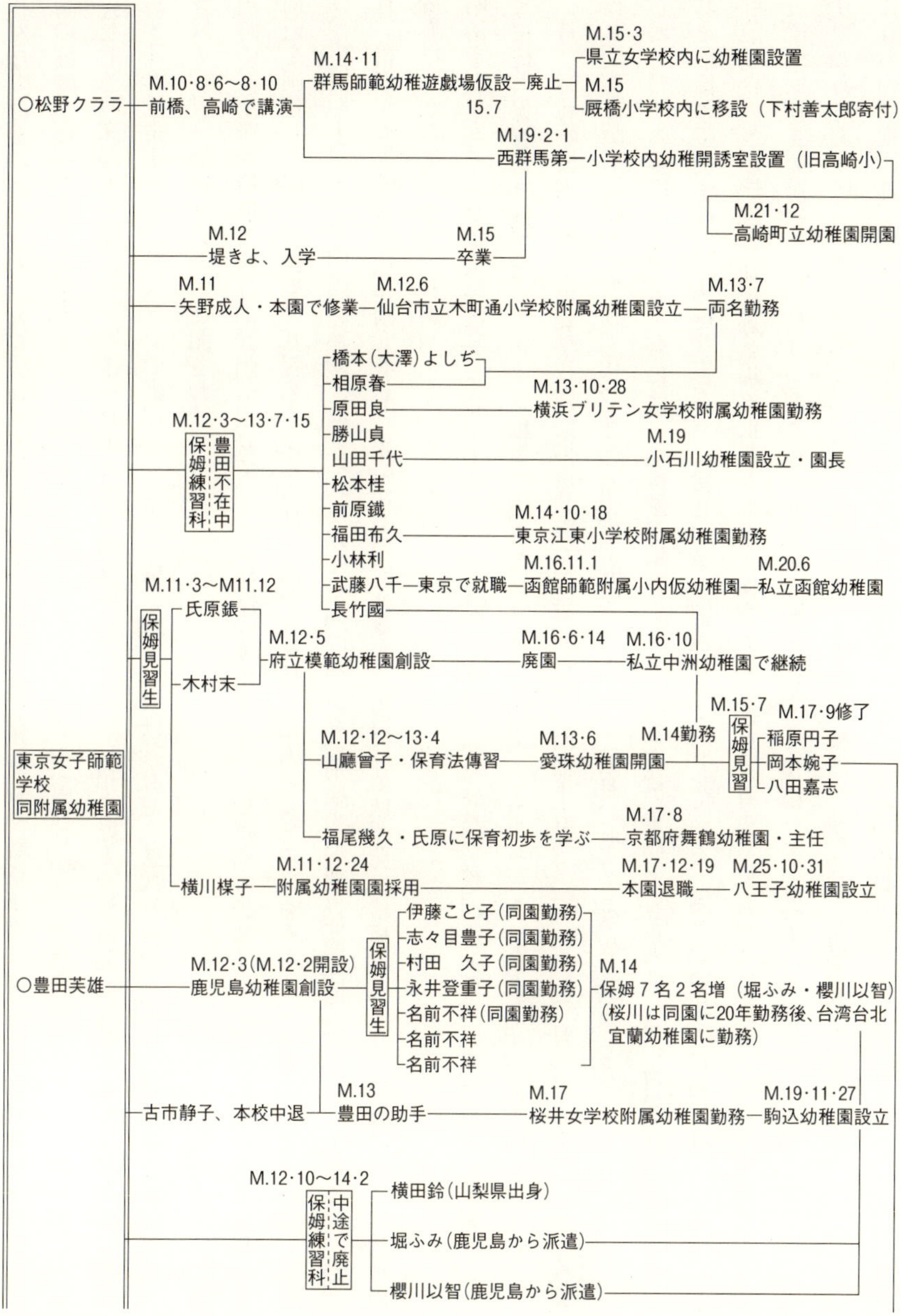
東京女子師範学校
同附属幼稚園
○松野クララ
M.10・8・6～8・10
前橋、高崎で講演
M.14・11
群馬師範幼稚遊戯場仮設
15.7
廃止
M.15・3
県立女学校内に幼稚園設置
M.15
厩橋小学校内に移設（下村善太郎寄付）
M.19・2・1
西群馬第一小学校内幼稚開誘室設置（旧高崎小）
M.21・12
高崎町立幼稚園開園
M.12
堤きよ、入学
M.15
卒業
M.11
矢野成人・本園で修業
M.12.6
仙台市立木町通小学校附属幼稚園設立
M.13・7
両名勤務
M.12・3～13・7・15
保姆練習科
豊田不在中
橋本（大澤）よしぢ
相原春
原田良
M.13・10・28
横浜ブリテン女学校附属幼稚園勤務
勝山貞
山田千代
M.19
小石川幼稚園設立・園長
松本桂
前原鐵
福田布久
M.14・10・18
東京江東小学校附属幼稚園勤務
小林利
武藤八千
東京で就職
M.16.11.1
函館師範附属小内仮幼稚園
M.20.6
私立函館幼稚園
長竹國
M.11・3～M11.12
保姆見習生
氏原鋹
木村末
M.12・5
府立模範幼稚園創設
M.16・6・14
廃園
M.16・10
私立中洲幼稚園で継続
M.12・12～13・4
山廳曾子・保育法傳習
M.13・6
愛珠幼稚園開園
M.14勤務
M.15・7
保姆見習
M.17・9修了
稲原円子
岡本婉子
八田嘉志
福尾幾久・氏原に保育初歩を学ぶ
M.17・8
京都府舞鶴幼稚園・主任
横川楳子
M.11・12・24
附属幼稚園園採用
M.17・12・19
本園退職
M.25・10・31
八王子幼稚園設立
○豊田芙雄
M.12・3（M.12・2開設）
鹿児島幼稚園創設
保姆見習生
伊藤こと子（同園勤務）
志々目豊子（同園勤務）
村田　久子（同園勤務）
永井登重子（同園勤務）
名前不祥（同園勤務）
名前不祥
名前不祥
M.14
保姆７名２名増（堀ふみ・櫻川以智）
（桜川は同園に20年勤務後、台湾台北宜蘭幼稚園に勤務）
古市静子、本校中退
M.13
豊田の助手
M.17
桜井女学校附属幼稚園勤務
M.19・11・27
駒込幼稚園設立
M.12・10～14・2
保姆練習科
中途で廃止
横田鈴（山梨県出身）
堀ふみ（鹿児島から派遣）
櫻川以智（鹿児島から派遣）

八カ月の身重のクララが、八月六日から八日まで、前橋の桃井小学校や厩橋小学校で、八月九日から十日まで、高崎の高崎学校でデモンストレーション及び講演をしたことは、南雲元女の研究(一)に記述されているが、明治十年(一八七七)の文部省年報にも「本年八月東京幼稚園保姆松野クラ、ヲ招キ県下前橋町並高崎駅ニ幼稚園ノ要旨ヲ演説セシメ且ツ授業法ヲ行ヒ衆人ヲシテ縦覧セシム之ニ依テ管下ノ人庶其有益ニ感スル者少ナカラス因テ縷々説諭ヲ加ヘ漸ヲ以テ設置ノ挙アラント(二)」と記されている。

当時の群馬県令楫取素彦《かとりもとひこ》は旧長州藩出身で、吉田松陰の義弟であり、松野磵の先輩であるが、楫取は坂本龍馬が薩長同盟を画策した際に、薩摩に兵糧米を送る一件で関わりを持った人物である。おそらく、後輩の立場として、松野磵は、楫取によるクララの出張依頼を断り切れなかったのであろう。前橋の旧迎賓館臨江閣は、明治十七年(一八八四)九月、楫取が群馬県令時代に地元有志と建てたものであるが、楫取は地域開発に積極的であり、群馬における幼稚園設置も早くからその想定内にあったものと思われる。

明治十五年(一八八二)の文部省年報によると、群馬県では「十四年師範学校内ニ幼稚遊戯場ヲ仮設シ保姆ヲ附シ該校生徒ニ保育術ヲ練習セシムルタメ稚児三十有余名ヲ募リ入園セシムルニ至ル(三)」とあり、明治十四年(一八八一)十一月、師範学校内の女子模範学校に幼稚遊戯場を仮設したが、明治十五年(一八八二)三月の県議会で、女子模範学校と幼稚遊戯場は廃止となり、代わりに、明治十五年(一八八二)七月、県立女学校を新設した。

しかし、この年度の文部省年報には、幼稚遊戯場廃止を惜しむ地元の富商下村善太郎(後の前橋市長)が寄付をし、これを前橋の厩橋学校内(現桜井小学校)に移し、業を継続したと記している。また、翌年の年報には「幼稚園ハ初メ師範学校内ニ於テ試ニ幼稚遊戯場ヲ仮設シ幼児ヲ保育セシカ本年八月更ニ保育課程ヲ編製シ県立女学校内ニ本園ヲ設置シタリ其開誘室ハ女学校ノ一部ニ置キ遊戯室ハ別ニ建築セリ保姆一名同助手一名ヲ以テ三十名ノ幼児ヲ保育セリ(四)」とあるように、明治十六年(一八八三)八月、新に県立女学校内に幼稚園が設置されている。

これらの幼稚園は、他県に比べてもかなり早い時期の設置であり、当然、松野クララのデモンストレーション及び講演の影響である。下村善太郎は生糸で財をなした大富豪であるが、県庁を前橋に移転させるにあたっては、当時の金額で一万円を寄付し、旧迎賓館臨江閣の建設に際しても多額の寄付をするなど、楫取の良き協力者であった。

高崎においても、明治十八年（一八八五）十二月二十八日、西群馬第一小学校（高崎第一小学校を改名）に幼稚開誘室の開設が認可され、明治十九年（一八八六）二月、開設されるが、三等訓導堤きよが初代主任として保育を伝習し、授業生塚越つるが保育を担当している。(五)この幼稚開誘室が実現したのも、もちろん、松野クララの影響によるものであるが、明治二十一年（一八八八）十二月二十二日には、町立幼稚園の設置願を提出して、高崎幼稚園と改称し、高崎尋常小学校と併置している。初代園長は、同小学校長堤辰二が兼任しているが、園児数は一〇〇名内外で、保育は保姆松村さだ、保姆助手大沢ふく、服部ひろ等が担当している。(六)

この時点で、高崎で最初の保姆となった堤きよの名前が見られないのは、明治二十一年（一八八八）、旧知の鳩山和夫夫妻の媒酌で、木暮武太夫《こぐれぶだゆう》と結婚したためである。結婚に際し、鳩山和夫を証人に男女同権の契約書を取り交わしたことは当時新聞等で大きな話題となったようである(七)（第二次池田内閣で運輸大臣となる木暮武太夫は、先代木暮武太夫ときよの子どもである）。

堤きよは、慶応四年（一八六八）、高崎藩家老の家に生まれ、明治十二年（一八八九）、十四歳で東京女子師範学校に入学している。一時、多賀（鳩山）春子宅に寄寓しながら本科で学ぶが、豊田芙雄らからは保育法を習得している。明治十五年（一八八二）、卒業した堤きよは、高崎に帰り、小学校に勤務するが、兄辰二と共に幼稚開誘室の開設に尽力し、幼稚開誘室開設後はフレーベル流の恩物中心保育を実践することになるのである。堤きよは、フレーベリアンとして高崎に一粒の幼稚園の種を蒔いたが、平成二十年（二〇〇八）現在の資料によると、高崎市内には、公立四園、私立二〇園がある。

松野クララが、東京女子師範学校附属幼稚園に勤務したのは、約三年三カ月でそれほど長いわけではなく、明治十三年（一八八〇）二月には、同園を去っている。クララの幼児教育界における歴史的役割は早々に終了したが、松野クララが、わが国の幼稚園教育草創期における掛け替えのない功労者として、永遠に記録されるべき人物であることはいうまでもないだろう。

（二）　豊田芙雄と幼稚園普及

豊田芙雄は、クララから直接保育法の伝習を受け、それを咀嚼して「わがもの」とし、東京女子師範学校附属幼稚園で自身が保育の実践者となった。

また、豊田芙雄は、保育の実践者となったばかりでなく、保姆の養成者を兼ねている。東京女子師範学校附属幼稚園や鹿児島幼稚園での保姆の養成（八）、東京女子師範学校での保姆練習科廃止後の本科生に対する保育の指導などを担当し、幼稚園普及に貢献している。また、明治二十四年（一八九一）、イタリアから帰国後二年九カ月ほど、東京府高等女学校に教務嘱託として勤務するが、同校において漢文などの他に幼稚園保育法の授業も担当している。

わが国における幼稚園教育の普及に関して、豊田のもう一つの功績は、鹿児島女子師範学校附属幼稚園の設立に関わったことである。この幼稚園については詳しくは後の章で清水陽子が述べているとおりであるが、鹿児島に幼稚園ができたことは、熊本、長崎における比較的早い時期の幼稚園設立にも影響を与えたものと考える。

貧しかった鹿児島県では、ずっと後まで第二番目の幼稚園は出来なかったが、平成十九年度の文部科学省の学校基本調査によると、鹿児島県は、九州では福岡県に次いで二番目の幼稚園数二七一園を擁し、県内の小学校に入学する子どもの半数強の八、三〇二人が幼稚園修了者となっている。すべては鹿児島幼稚園一園から始まったのである。

東京女子師範学校附属幼稚園創業時に直接園の活動に関わった四名は、関が三年、松野が三年三カ月、近藤が五年（近藤は退職後民間幼稚園で長く活躍する）、豊田が九年三カ月であり、四名中、最も長く勤務したのは豊田芙雄である。豊田は近藤と共に、期間の長さにおいても、実質的影響力においても、フレーベル主義保育の導入と定着のために苦闘したわが国幼稚園教育草創期の最高の功労者である。

（三）　近藤濱と幼稚園普及

近藤濱は、豊田芙雄と共に幼稚園教育草創期の功労者であるが、明治十四年（一八八一）十月、同附属幼稚園を退職する。当時、保姆の有資格者は引っ張りだこの時代でもあったことから、当然、外部から幼稚園設立の働きかけがあっての退職である。近藤は、明治十六年（一八八三）六月、大村長衛、東儀季芳（伶人）、二階堂行正、松平忠恕（華族）の四名と共に共立幼稚園の設立をし、同園の副監事となっている。入園者が多かったため、同年中に、麹町に共立幼稚園第一分園、赤坂氷川町に共立幼稚園第二分園を併設している。また、近藤は、明治十七年（一八八四）九月（注：十月二日認可）、富田鉄之助（注：当時日銀監事、後、二十一年総裁、二十四年東京府知事）、子安峻（注：当時読売新聞社社長）、山東直砥（注：元神奈川県参事）を出願人とする、芝麻布共立幼稚園に勤務している。

明治十七年（一八八四）十月、近藤は芝麻布共立幼稚園の園長兼保姆となったが、明治二十一年（一八八七）十月十日、同園内に設けられた東京府教育会附属幼稚園保姆講習所（注：現・竹早教員保育士養成所）の教員を兼務し、明治二十二年（一八八八）には、近藤自らが同園内に幼稚園保姆養成所を設立している。これらの機関で、近藤は数多くの保姆を養成しているが、一例をあげると、時代の波に翻弄されながらも保育者となることを志し、若松幼稚園を経営することになる海老名リン（鏻）がいる。

「すばらしい先輩たち会津人のほこり（第一集）」[九]によると、海老名は、明治二十三、四年（一八九一、一八九二）頃から、近藤の保姆養成所で学び始め、次のような證書を貰っている。

證　　　　　　　　海老名鏻

幼稚園保姆練習科

卒業候事
明治廿五年九月
近藤幼稚園保姆練習科　長
近藤　濱

海老名リンについては、さらに同情報源(十)を参照すると、嘉永二年（一八四九）、会津藩士日向新助の娘として生まれ、会津藩家老海老名季昌と結婚している。戊辰戦争時、会津の武家の家族は、合図に従って、かねての緊急時の約束どおり会津若松城の城門を目指すが、同時に官軍の城門進入が危ぶまれたため、リンらの目の前で城門が閉じられ、リンらは城外に取り残されてしまう。閉門を命じたのはリンの夫季昌である。

このことはリンにとって一種のトラウマとなったかと思われる。戦後、夫季昌は戦争責任者の一人として東京に送致され、会津の人々は、会津処分によって、本州最北端の斗南藩の中でも不毛の地へと追いやられる。会津の人々は、酷寒の地にありながら、真冬でも、あばら家同然の住居に住まうしかないという悲惨な生活をすることになる。後、季昌は許されて、斗南に赴き、リンらと共に苦渋の生活をするが、三《み》島《しま》通《みち》庸《つね》に見出されて県官となり、三島が警視庁長官になると東京に呼ばれ、警視庁の課長などを歴任している。明治二十一年（一八八一）三月、リンは自らの意志で洗礼を受ける。季昌は、幕末、徳川昭武に同行してパリ万博に赴いた男であるが、妻の洗礼は許すことができず、ある夜、リンに厳しく棄教を迫る。しかし、幼い娘が泣きながら両親の間に割って入り、何とかその場は収まっている。ただ、後、リンの凛々しく生き抜く姿を見る内に、信仰の力を感じ、季昌も自ら洗礼を受けることになる。

リンは、明治二十六年（一八九三）四月四日、会津に帰り若松幼稚園を経営することになる。共に辛酸をなめた会津の人々のために、いつかは役立ちたいと願い続けていたことを、形にしたのである。また、続いて、同年七月十二日には、女学校を設立している。明治四十二年(一九〇九)四月二十日、リンは六十一歳で病没する。翌月、福島県はリンの女学校を福島県立会津女学校とするが、それが現在も存続している福島県立会津女子高校である。

三　保姆見習生と幼稚園教育の広がり

(一)　保姆見習生氏原鋹・木村末と大阪の幼稚園

大阪府立模範幼稚園(大阪幼稚園)は、保姆見習生として、松野、豊田、近藤の薫陶を受けた氏原鋹と木村末の二人が、明治十二年(一八七九)五月、設立している。大阪模範幼稚園の特徴は一言でいえば、鹿児島幼稚園以上に、東京女子師範学校附属幼稚園の内容をそっくり踏襲するものであった、ということである。このことはすでにしばしば言及されているので、ここではそうした説明は省くが、大阪模範幼稚園が大阪の幼稚園教育の発展に果たした役割は大きく、特に氏原の活躍は目を見張るものがある。

この幼稚園は府知事渡辺昇のバックアップもあって、全国で三番目の幼稚園の創立という輝かしい栄誉を持つが、明治十四年(一八八一)頃には木村が辞め、知事が渡辺から建野郷三に代わると、明治十六年(一八八三)六月、突然、廃園となる。この幼稚園が府立として存続したのは僅か四年である。

しかし、氏原をはじめ、須川富五郎と保護者七有志の努力があって、同年十月、保姆を氏原姉妹とし、同敷地、同建物を使って私立中洲幼稚園として継続することになる。

明治十七年(一八八四)二月、文部省は、学齢未満の子を小学校に入学させることは心身発達上害が少なくないとして、これをやめるよう通達を出すが、このことをきっかけに、各地で幼稚園設置の動きが活発になる。こうしたこともあって、同幼稚園には、北区、西区から譲り受けたい旨申し入れがあり、氏原は北区の幼稚園、妹の膳眞規子は西区の幼稚園に就任することになる。

氏原の園は、明治十七年（一八八四）四月一日、公立北区幼稚園（私立中洲幼稚園改称）となるが、同年五月、北区若松町に新築移転している。ここで氏原は区内全小学校に設立される附属幼稚園の保姆養成にも着手している。

大阪模範幼稚園時代の氏原らの功績の一つは、現在もなお存続している愛珠幼稚園設立に影響を与えたということである。この幼稚園は設立当初の貴重な保育資料を蔵していることで有名である。

愛珠幼稚園の設立は、明治十二年（一八七九）十月、二十一ケ町連合町会の会議で豊田文三郎が幼稚園設置を建議したことに始まる。連合町会は、保姆を得るために、同年十二月から翌年四月まで、町費を以て山廳曾子を大阪府立模範幼稚園に派遣し保育法を学ばせている。

明治十三年（一八八〇）五月、園舎が完成し、同年六月一日に開園の運びとなる。しかし、五カ月間講習を受けた山廳だけでは不十分として、明治十四年（一八八一）九月、東京女子師範学校保姆練習科の卒業生長竹國子を招聘し、首席保姆としている。長竹の赴任後、ここでも伝習生と呼ぶ保姆見習生を置き、保姆の養成に着手しており、明治十五年（一八八二）七月には、「保育法假傳習證書」を授与している。『愛珠幼稚園沿革史』（明治三十六年）によると、長竹は、明治十八年（一八八五）十一月、辞職している。

また、愛珠幼稚園は、京都、奈良の幼稚園設置に直接的な指導、助言をしている。明治十九年（一八八六）一月には、同園と中船場幼稚園（注：東京女子師範学校卒業生大江チカ勤務）、北船場東の三園が保育科伝習所に指定されている。

明治十九年（一八八六）当時、文部省第十四年報によると、幼稚園数では東京が官公立五園、私立七園、大阪が公立八園、私立一園であるが、園児数でいえば、東京四〇三名、大阪九三七名で、大阪は東京の倍以上を誇っている。当時の文部省年報は、細かい数値などは必ずしも厳密とはいえないが、大阪が特に幼稚園教育に熱心だったことは明白である。

東京女子師範学校附属幼稚園で、保育法の伝習を受けた氏原、木村は大阪で保姆となるが、大阪で保姆養成にも関わっている。また、大阪では、幼稚園教育、保姆養成を強化するために、明治十年代には、東京女子師範学校の卒業生数名を招聘している。長竹國子、大江チカ、下田（清水）たづ、木村鈴子などがその例である。

（二）保姆見習生横川楳子と幼稚園普及

氏原と木村は大阪府費による保姆見習生であったが、横川楳子には東京女子師範学校附属幼稚園から月五円が給費されている。同園には、全国各地から保姆派遣の要請があったため、その対策として横川が選ばれたのである。

横川は、嘉永六年（一八五三）一月、武蔵国多摩郡横川村（現在の八王子市横川町）の名家で、千人同心（注：元武田武士の集団。幕府は、千人同心による正規の武士取り立て申請を取り合わず、半農半士の状態に据え置いた）横川高徳の娘として誕生している。『東京の幼稚園』中の横川楳子の履歴書によると、明治十一年（一八七八）二月に東京女子師範学校の保姆見習生になるまでの学業の足取りは次のようである。（十二）

一　文久元年ヨリ元治元年迄四ケ年間阿部完堂ニ従ヒ漢籍素読並ニ習字修業
一　慶応元年ヨリ慶応三年迄三ケ年間芝藤太郎ニ従ヒ漢籍修業
一　同二年ヨリ三年迄弐ケ年間高橋石斉ニ従ヒ習字修業
一　明治三年ヨリ五年迄三ケ年間長崎県士族大竹政正ニ従ヒ漢籍修業千葉県平民丸東ニ従ヒ筆算開方迄修業
一　同八年ヨリ十一年迄四ケ年間東京府平民馬淵近之尉ニ従ヒ筆算平三角迄修業

横川の場合も、手習いは六歳頃から始めたものと思われるが、八歳頃から漢籍素読と習字を習っており、その学業は、当時の女性がほとんど学ぶことのなかった洋算にまで及んでいる。明治九年（一八七六）頃、横川楳子が残したノートには、大量の二次方程式を解いた跡が記されている。こうした素養があったからこそ、東京女子師範学校附属幼稚

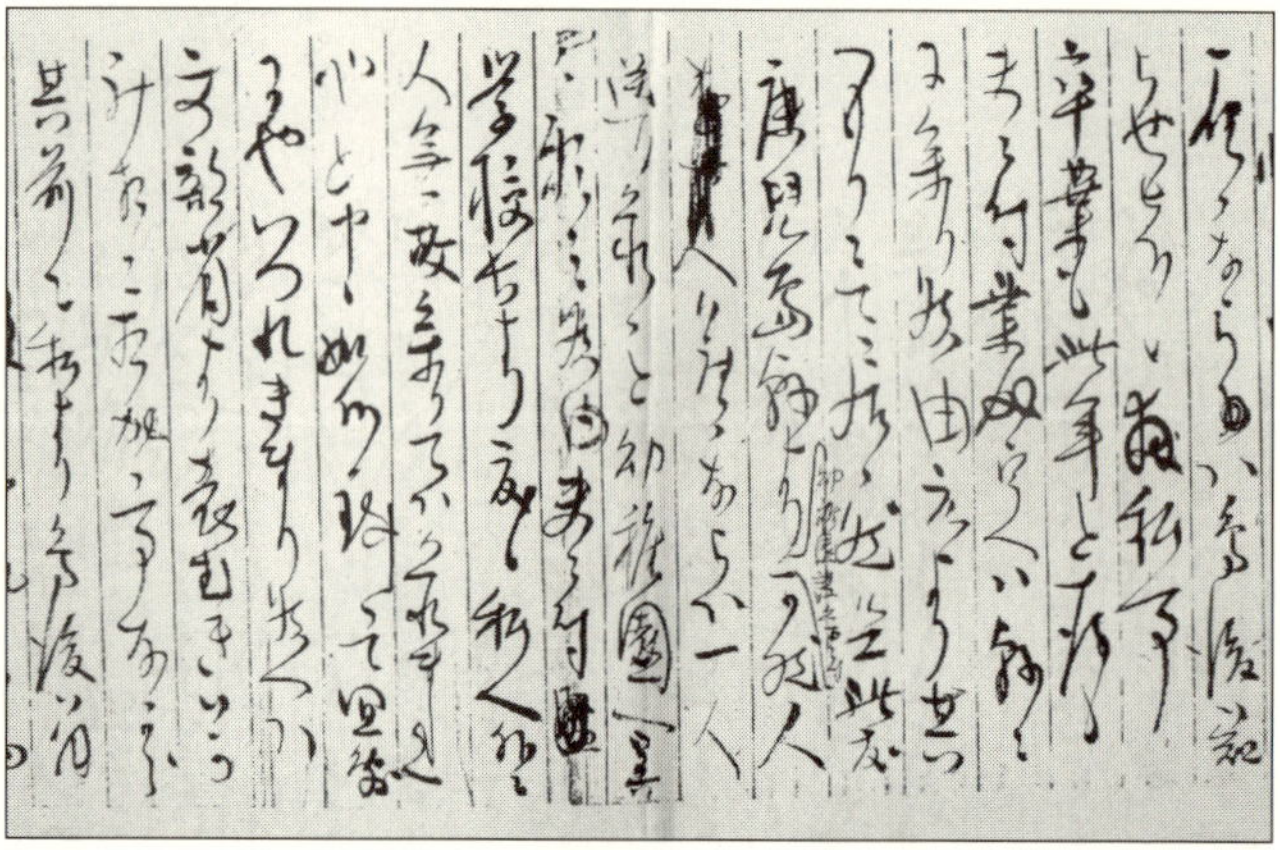

図5・2　横川楳子の両親宛の手紙（横川家文書・八王子市郷土資料館）（十二）

園は横川を月五円の給費付の保姆見習生として入学を許可したのであろう。

横川は、保姆見習生を終えると、いずれかの地に赴任するものとして、研修を続けていたが、明治十一年（一八七八）十一月末頃、中村正直は、横川に対し、鹿児島に赴任するよう度々説得している。周知のとおり、鹿児島幼稚園は豊田芙雄が設立するが、豊田の派遣は最初から決まっていたわけではなかった。

横川は、図5・2に見るように、中村正直の度々の説得もあって、鹿児島へ赴く気持ちもあったが、最終的には、豊田芙雄が派遣されることになり、横川は、明治十一年（一八七八）十二月二十四日、保姆見習生修了と同時に、東京女子師範学校附属幼稚園に採用されるのである。

東京女子師範学校にとっては、横川が鹿児島に赴任してくれることが、最も都合が良かったはずである。横川は、鹿児島は遠いが、土用休み（夏休み）には東京に戻れる、と自らを奮い立たせ、幼稚園作りが簡単でないことも承知していたとしても、鹿児島に行って幼稚園を設立することは特別な誉れとなるということもあって、一時は、鹿児島に行く気になっている。両親宛のこの手紙は同年十二月六日付けである。同時期、鹿児島では女子師範学校の校舎と同校附属幼稚園の遊戯場の完成を急いでいた。岩村通俊県令は、保姆派遣を早急に決定するよう、文部省及び東京女子師範学校に矢の催促をし、岩村の性格からして当時の文部卿西郷従道にも直々に保姆の派遣要請をしたはずである。西郷が文部省を去るのは、同年十二月二十四日で、保母見習生の修了式と重なっている。横川は同日付で「附属幼稚園保姆可相勤事」の辞令を受けている。同園が、同園保姆の身分で横川を鹿児島に派遣しようとしたものか、あるいは、その頃にはすでに豊田の鹿児島派遣が決定していて、欠員状態を埋める処置として横川を採用したものか、いずれとも判断のしようはない。

横川が、なぜ鹿児島行きを断念したか正確なところはわからないが、鹿児島が敗戦直後で不穏な状況にあったということ以上に、横川の実兄がかなりの重病であったことが大きかったのではないかと推測される。おそらく両親側から鹿児島行きを思い止どまるよう懇請したのではないかと思われる。事実、横川の実兄は明治十二年（一八七九）中に死去しているのである。

同園には、鹿児島に派遣可能な人員は、豊田か近藤か保姆見習修了予定の横川の三名しかいない。横川が鹿児島行きを断れば、派遣可能な人材は豊田か、近藤しかいないが、おそらく近藤も鹿児島行きを断ったため、最終的に豊田が鹿児島に行くことになったのであろう。中村にしても、関にしても同園の実質上の主席保姆である豊田だけは手放したくなかったはずであるが、やむを得ない選択をせざるを得なかったものかと思う。

しかし、豊田芙雄も鹿児島出張は最初は気が進まなかったのである。豊田は次のように語っている。(十三)

　實は、あのとき行くのは嫌でした。東京の幼稚園がまだ形がつくかつかないかの時でしたし、何よりも頼りにしてゐた兄が戰死した、そのつらい思い出の土地、その上鹿児島は戰争がすんだといってもまだ、なまぐさい風の吹いてゐた時です。私は一度はお斷りしたのですが、命令とあれば致し方なく、赴任いたしました。

他に誰も行く者がなく、中村摂理が絶体絶命の窮地に陥るとなれば、私が参りましょう、というのが豊田の性格でもある。豊田の鹿児島出張は、東京女子師範学校附属幼稚園にとっては相当の打撃であったと思われるが、鹿児島側としてはまたとない人材を得たことになる。また、横川も保姆見習生修了と同時に同園に抜擢されるという幸運を得たのである。

横川は、父高徳が亡くなって、横川家を継ぐため、明治十七年（一八八四）十二月十九日、東京女子師範学校附属幼稚園を辞めている。八王子に帰った楳子は、協力者を得て、明治二十一年（一八八八）、私立八王子女学校を設立するが、これは同二十三年（一八九〇）七月、廃校となっている。横川は、明治二十五年（一八九二）十月三十一日、改めて神奈川県知事（注：当時、八王子は神奈川県所属）の許可を受けて、私立八王子女学校と私立八王子幼稚園を設立している。横川楳子もまた八王子に幼稚園の一粒の種を蒔くことになったのである。横川は、明治四十年（一九〇七）四月、八王子女学校の校舎、校具一切を東京府に寄付し、同校を基に府立第四高等女学校（現・都立南多摩高等学校）が誕生している。

四　保姆練習科生と幼稚園普及

明治十一年（一八七八）六月二十七日に設置された東京女子師範学校の保姆練習科は、当初応募者が一両名しかなくて開業できず、改めて、わざわざ試験のレベルを落とし、五名を給費生とすることで再募集し、翌年三月、ようやく保姆養成事業に着手している。この時入学した練習科生は一一名であったが、明治十三年（一八八〇）七月に卒業し、行き先が特定できた七名分を見ても、東京だけでなく、北海道、仙台、横浜、大阪など各地の幼稚園保姆として就任している。原田良（明治十三年横浜ブリテン女学校幼稚園保姆）、大澤嘉次（橋本嘉次／明治十三年仙台市立木町通小学校附属幼稚園保姆）、相原春（明治十三年仙台市立木町通小学校附属幼稚園保姆）、長竹國（明治十四年大阪愛珠幼稚園保姆）、武藤八千（明治十六年函館県立師範学校教員／同附属小学校内仮幼稚園保姆／明治二十年私立函館幼稚園保姆）、山田千代（明治十九年小石川幼稚園設立／園長）、福田布久（明治十四年東京江東小学校附属幼稚園保姆）の七名であるが、勝山貞、前原鐵、松本桂、小林利の四名については行き先はわからない。

しかし、近藤濱が、明治十六年（一八八三）六月、五人連名で設立した共立幼稚園の「私立幼稚園開業願」の「一雇女教師助教トモ五人」の項で「但官立幼稚園保姆練習科生ヲ以テ教師トス」（十四）とあることから、何名かは本幼稚園で働いたかと思われるが、保姆の履歴書等が添付されていないため実態は詳らかではない。

東京女子師範学校では、明治十三年（一八八〇）五月、校則改正が行われ、同年七月、保姆練習科は一回の卒業生を出したのみで廃止される。保姆練習科の第二期入学者横田鈴（山梨県出身）、堀ふみ（鹿児島県出身）、櫻川以智（鹿児島県）は、在学中に練習科が廃止となり、正規の修了書はもらえなかったが、堀と櫻川は鹿児島に戻って幼稚園の保姆となっている。

本科生の中からも、優秀な幼稚園保姆となった者は少なくないが、明治十年代末から明治二十年代になると、各地で幼稚園設置の動きが急となり、幼稚園保姆の需要が高まるため、各地の幼稚園や、東京府教育会の保姆養成機関などで保姆養成をするようになる。東京女子師範学校（女子高等師範学校）の保姆練習科は、明治二十九年（一八九六）七月、女子高等師範学校が規則を改正し、保姆練習科を再設置し、同年十一月に授業が開始されるまで同校には存在しない。

五　本科生と幼稚園教育の普及

（一）　本科生榎本常の場合

系譜を見ればわかるように、本科卒業生でも、豊田、近藤の薫陶を受けて幼稚園教育に関わった者はいる。元々、本校と幼稚園は同じ敷地内にあり、本科生も暇があると幼稚園に出掛けて保育の見学をしたり手伝いをしており、幼稚園保姆に就任している者もいる。また、保姆練習科の廃止後は、本科生も保育の理論と実地を学ぶことが課され、豊田、近藤、横川らの薫陶を受けた本科生が幼稚園保姆となるケースも出ている。それらの人々の中から、ここでは榎本常と加藤錦子の二人を取り上げておく。

榎本常は、東京女子師範学校発足時に、教員になる予定が生徒になってしまった、という「多田つね」である。榎本の弟勇によると「四歳で四書を読み、七、八歳の頃、旧徳川家の人に四書の講義をした(十五)」というほどであるから、抜群の秀才であったはずである。また、明治五年(一八七二)十月十三日、和歌山に「師範小学」が設置されると、男子生徒に交じって、伝習生として入学し、明治八年(一八七五)二月からは、和歌山市内の小学校で教師をしている(十六)。多田(榎本)は、経歴、素質共に問題はなかったはずであるが、なぜか、東京女子師範学校教師の辞令まで貰いながら、実力不足ということで、教師から生徒となっているのである。確かな理由は不鮮明であるが、学力不足というだけでなく、まだ二十歳という若さも一因ではなかったかと思う。

榎本は、第一期入学生第二次卒業者として、明治十二年(一八七九)七月、業を終えると、郷里の和歌山に帰り、和歌山女学校の校長兼教師(和歌山県師範学校の教師とする記述もある。兼任のかたちであったか)をしたとされている。また、勤務の傍ら、明治十三年(一八八〇)五月、同地で私立幼稚園を設立するがすぐに廃園となった、ということである。榎本の和歌山での情報は、詳らかではないが、榎本は、明治十七年(一八八四)六月、岡山県師範学校女子部の教員及び幼稚科の保姆として就職する。同年六月、岡山県師範学校が設置した幼稚科の最初の保姆兼女子部教師となったのである。

同園は「開園当時の幼児は七十五名内外である。保育方法はフレーベル式だったが、その多くを大阪府の幼稚園にならったものであった。保育内容は東京女子師範学校の保育科目から豆細工を除いた十九科目であった。(十七)」ということであるが、元々大阪の幼稚園は東京女子師範学校附属幼稚園の保育法を範とするものであり、岡山もフレーベル主義の恩物中心の保育を行ったということになる。和歌山時代にも幼稚園作りに意欲を示していたところからみても、榎本（多田）は、早々にフレーベリアンの一人となっていたのである。

明治二十年（一八八七）四月、榎本は『幼児保育の手引』（岡山縣尋常師範學校教師進藤貞範校閲・広島縣尋常師範學校教師兼幼稚園保姆平松三木枝編輯、細謹社發兌）(十八)を出版している。内容的には図入りで恩物などの指導法を記述するものであるが、それまでわが国で発行されていた出版物を参考にして、要領よくまとめており、簡潔でわかりやすい説明がなされている。

先に触れたように、巻末に、遊戯は四肢の運動となり、こころを爽快にするものとしてとらえ、日本の伝統的なわらべうた「蓮華の遊び（ひらいたひらいた）」を図入りで紹介しているのも注目される。

なお、編輯者の平松は、和歌山県士族で榎本の同郷であるが、東京女子師範学校で豊田芙雄らの薫陶を受け、明治十五年（一八八二）三月二十日、同校附属幼稚園に採用されるが、同年七月二十八日、同園を退職し、後、広島縣尋常師範學校教師兼幼稚園保姆となった女性である。

岡山師範学校では、明治二十年（一八八七）から、保姆養成のために榎本を講師とする「幼児教育講習会」を開いており、明治二十年（一八八七）十月十三日には、二四名もの終了者を出しているが、同書はその講習の際に使われた教科書（手引き）の一つとして紹介されたかと思う。

榎本は、明治二十一年（一八八八）九月、市立大阪高等女学校の保姆養成所設置に伴い教師として招聘されるが、その後も、福岡師範教諭、大津幼稚園保姆、神戸幼稚園保姆を経て、明治三十六年（一九〇三）五月から大正十一年（一九二二）三月まで、神戸市幼稚園長をし、明治から大正に至るまで、わが国の幼児教育界で大きな足跡を残している。

榎本（多田）の場合は特に、明治八年（一八七五）、東京女子師範学校教師として旧紀州藩和歌山から抜擢され、読書教員の辞令まで貰いながら、力量不足ということで、一転生徒となってしまって、棚橋絢子の目には暢気な人と映ったようであるが、おそらくそれは表面上のことで、榎本の落胆は大きく屈辱感すら抱いていたはずである。しかし、榎本は、見事に名誉を回復しているのである。

榎本は、岡山を離れた後も、岡山の幼稚園と交流を続け、幼児教育王国といわれた岡山県の幼児教育の素地作りに大きく貢献している。

（二）　本科生加藤錦子の場合

加藤錦子は、文久元年（一八六一）二月、幕臣加藤清人の長女として小石川に生まれる。父清人は画家で開成所に勤務し、娘にも洋学を学ぶことを勧めた。錦子の経歴は以下のように複雑である[十九]。


明治五年（一八七二）　六月三日、官立東京女学校入学。

同校を病気で退学。

明治六年（一八七三）　三月より中村正直宅で病を養いながら同人社のカクラン夫人に英語を学ぶ。

明治八年（一八七五）　十二月十五日、再び東京女学校入学。

明治十年（一八七七）　二月十五日、同校英学三級卒業。

明治十年（一八七七）　三月一日、東京女子師範学校入学。

明治十年（一八七七）　五月、学業の傍ら、加藤女学校設立。英学、洋算を指導。

明治十二年（一八七九）　五月十三日、米国留学決定（幼稚園保育法を学ぶこと）。

明治十二年（一八七九）　七月、突然、米国派遣中止。

明治十三年（一八八〇）　七月、優等證を得て東京女子師範学校を卒業。同附属幼稚園保姆勤務。

明治十七年（一八八四）　六月、同校助教諭兼幼稚園教員。

明治十九年（一八八六）　一月、米国留学（文部省派遣の最初の女子留学生）。

明治二十二年（一八八九）　六月、帰国。女子高等師範学校の英語教授に任命。奏任官五等。

明治二十三年（一八九〇）陸軍砲工学校仏語教授武田英一（注：漢学をはじめ英仏伊語を修めていた）と結婚。武田錦子となる。

加藤は、明治十三年（一八八〇）七月、本校卒業後は、附属幼稚園保姆となり、豊田や横川の同僚となる。また、渡米時は、クリーブランド大統領に呼ばれ私邸で謁見の機会を得るなど、特別な扱いを受けるが、マサチューセッツ州立セーラム師範学校で優秀な成績を修め、卒業式では流暢な英語で演説をし、人々の喝采を浴びたという女性である。その後、同州のウエルスレーカレッジの特別科で学び、また、ボストンで幼稚園保育法を学んでいる。

加藤は、明治十六年（一八八三）には、加藤錦子撰による『幼稚園玩器手本』（四帙、加藤清人出版）を刊行し、留学中の明治二十年（一八八七）にも加藤錦子撰『幼稚園玩器排形手本　第一―五』（椿仙堂）を出版している。加藤の著書の内容は、恩物法の図例による紹介であって、諸幼稚園が保有しているところから見て、広く活用されたようである。加藤は、母校の附属幼稚園に勤務するだけでなく、こうした著書によっても幼稚園教育の普及に貢献しているのである。

〔注〕

一　南雲元女「松野クララの人間的側面―研究ノート―（その一）」『幼児の教育』昭和五十一年十一月
二　文部省「文部省年報（明治十年）」『幼稚園教育百年史』ひかりのくに　七七六頁
三　文部省「文部省年報（明治十五年）」『幼稚園教育百年史』ひかりのくに　七八五頁
四　文部省「文部省年報（明治十六年）」『幼稚園教育百年史』ひかりのくに　七八七頁
五　高崎市立高崎幼稚園百年史編纂委員会編『高崎幼稚園百年史』高崎市立高崎幼稚園百年史記念事業実行委員会・高崎市立高崎幼稚園百年史編纂委員会　昭和六十一年　一六頁
六　同右　二五頁
七　同右　二四頁
八　鹿児島大学教育学部附属幼稚園『附幼百年の歩み』昭和五十四年　四〇頁

＊図５・１中の四名の保姆の名前は本資料による。

九　会津若松市教育委員会「すばらしい先輩たち　会津人のほこり（第一集）」http://fks.ed.jp/DB/kyoudo/49.aizuwakamatsu4/html/00099.html/2008.9.1
十　同右
十一　東京都編『東京の幼稚園』東京都　昭和四十一年　七三頁
十二　横川家文書、書簡、八王子郷土資料館蔵
十三　サンデー毎日編輯部『生きてゐる歴史』教材社　昭和十五年　一〇頁
十四　前掲、東京都編　一八三～一八四頁
十五　岡山大学教育学部附属幼稚園編『附属幼稚園　八十年のあゆみ』（非売品）昭和三十九年　三頁
十六　同右　二頁
十七　日本保育学会『日本幼児教育史 第一巻』フレーベル館　昭和四十三年　一三九頁
十八　榎本常『幼兒保育の手引』（岡山縣尋常師範學校教師進藤貞範校閲・広島縣尋常師範學校教師兼幼稚園保姆平松三木枝編輯）細勤社　明治二十年
十九　加藤錦子の経歴については、主に、鈴木光次郎編『明治閨秀美譚』東京堂、国立国会図書館蔵、明治二十五年を参考とした。

〈前村　晃〉

第六章　豊田芙雄の「代紳録　全」と氏原鍒の「幼稚園方法」との関係

一「代紳録　全」と「幼稚園方法」が書かれた背景

（一）保育法伝習の神話化

来日時、クララ・チーテルマンの保育学の理解や保育法の習得のレベルがどの程度のものであったかは、実は、それほど明確ではない。しかし、わが国の幼稚園保育法伝習のいわば第一ステップにおいて、「ドイツでフレーベル流の保育法を学んだ」という、クララの存在が不可欠であったのは事実である。また、クララが保育法を「傳習」した、日本人幼稚園保姆第一号の豊田や近藤らに続く、いわば幼稚園保育法伝習の第二ステップである「保姆見習生」や「保姆練習科生」の教育においても、クララが第一ステップと同様の役割を果たした、と見なされることは多い。

しかし、クララの第一ステップと第二ステップの役割が、同一同様であったとする見方が果たして妥当であるのかについては疑問がある。外国人に直接教わったこと、あるいは外国に詳しい人から習ったことをありがたがるのは、わが国の伝統的な風潮であり、そこから「神話」も生まれがちであるが、筆者は、幼稚園教育の第二ステップになると、クララの貢献度は徐々に低下し、代わりに豊田、近藤らの役割が大きくなっていったと見るのが適切ではないかと考えている。

たとえば、保姆見習生氏原鉎の保育法の伝習を示す手記「幼稚園方法」（一）を、それを受け継いだ竹村一も、『日本幼稚園史』を書いた倉橋惣三も、クララの講義の口述筆記であると見なして疑わず、第二ステップにおいてもクララの変わらぬ活躍ぶりの証しの一つとしてきた。

しかし、当時の保姆の手記を比較検討するという筆者の作業の中で、「幼稚園方法」はクララの講義ではなく豊田芙雄の講義の口述筆記ではないか、という疑問が浮上してきた。このことは、保育史上の些細な事実として簡単に処理されるべきことではなく、わが国の幼稚園教育の草創期の保育活動や保育者養成において、これまで見なされてきた以上に日本人保姆の役割は大きかったのではないか、という歴史的事実を確認する上できわめて重要な問題と考える。したがって、本章では両者の手記を比較し、この事実関係を突き止めることとした。

（二）　豊田芙雄の「代紳録　全」が書かれた背景

東京女子師範学校から保姆の派遣を断られたため、大阪府知事渡辺昇は、連絡も不十分なまま、明治十一年（一八七八）二月、大阪の小学校教師から二名を選抜し、府費による保姆見習生として同校附属幼稚園に送り込んだことは先にも述べた。その辺の事情について氏原自身は次のように記している。

> （注：上部略）東京女子師範學校附屬幼稚園主事闕《ママ》信三先生の、御徒町の邸に行き、大阪府學務課長の添書を差出して來意を告げ、翌日よりお茶の水幼稚園に入學すべく思ひしに、其運びが出來ません。これは本校より係見習生を置くと回答したるも、斯様に早く私共の上京せぬものとし、其保姆見習生に關する規定時間割等が未だ出來てなく、之の準備を整へ數日の後に出頭せよとの通知を受けました。之れは大阪府が、幼兒保育の必要を感じ、一日も早く開園せんものをと本校よりの回答に接し、直ちに私共両人を急に上京せしめたもので、早手廻しの失敗なりし。併しこの早手廻しが他府縣に卒先して大阪府の第一番に開園出來たものなり[二]（注：鹿児島の方が早い）。

二人は準備が整うまでしばらく待たされるが改めて約束の日時に出頭する。氏原らは「中村正直氏幹事関《ママ》信三氏保姆豊田英《ママ》雄氏同近藤浜氏御臨席ノ上ニテ読書算術ノ試験」[三]を受け、明治十一年（一八七八）二月二十六日付をもって、保姆見習生として入学が許可されるのである。ただ、試験とはいっても、ごく簡単なもので、これは読めるかと本を指し示された程度のことだったようである。

この時の入学者は大阪の二人と八王子出身の横川楳子の三人である。大阪府は半年の予定で二人を留学させたが、氏原自身がいうように「到底六カ月では物にならぬとして十カ月となされました」[四]ということになる。

三人の保姆見習いは明治十一年（一八七八）三月に始まるが、豊田芙雄も、実地保育の伝習の他に『幼稚園記』の口授及び「保育法」の講義を担当することになり（そのことは氏原自身の既述にもある）、保育法の講義録として「代紳録　全」（表紙に「明治十一年三月一日造之」とある）を書き始め、逐次、講義内容を追記することになった。「代紳録　全」には、明治十一年（一八七八）三月一日から七月五日までの前半期の講義と、後半期（当時の東京女子師範学校の前期であるが、二月と七月に卒業があるなど学期制は柔軟である）の十月十五日から一月十四日までの講義が記され、一月二十一日には新たに「代紳録　二」が作成され、二月四日まで講義が続いている。「代紳録　二」の講義内容も短期間の割にかなりの分量である。

まず、この「代紳録」という言葉についていうと、北海道大学に「代紳録」という古文書があり、資料記事の中に「備忘録」の文言がある。「代紳録」は「備忘録」なのである。「代紳録」は、かなり大きな辞書にも出てこないが、似た言葉としては一部の辞書に「書紳」というのがあって「紳ニ書キツケルコト」と説明している。紳は古代の貴族の正装時の太帯のことであり、儀式の順序などを間違わないように紙に書きつけて笏の裏に貼り付けて「カンニングペーパー」としたのと同様に、太帯の垂れた部分も同じ目的で使うことがあったようである。豊田芙雄の舅豊田天功は「代笏録」という備忘録を二点書いているが、芙雄の「代紳録」という言葉の出所もここらにあるのかもしれない。[五]

なお、豊田の「代紳録」については、昭和三十三年（一九五八）、安省三と、昭和五十一年（一九九二）、樫村勝がその著書の中で「保母見習生に講義した原稿」として簡単に紹介し、平成九年（一九九七）、高橋清賀子が論文の中で触れている。[六][七]

（三）「幼稚園方法」が書かれた背景

氏原らの研修期間は、最初は、六カ月と予定されていたが、それでは不十分ということで一〇カ月ということになった。氏原は保育研修について次のような大きな期待と覚悟を記している。（八）

保姆見習生トナリシ最初ノ心持チハ幼児取扱ノ万事カ唱歌遊戯手技談話等ニヨリ幼児ヲ飽カシメス楽ク心身ノ為メニナル様保育スル事ニ感心シ斯クシテ国民ノ基礎ヲ養フ事国家ノ為メ実ニ此上ナキ事業ナルヲ感シ此方法ヲ能ク伝習ヲ受ケ大阪府ニ帰リテ開園シ専心勉強セント覚悟セリ

紆余曲折を経ながらも、ともかく、氏原らは無事幼稚園保姆見習科に入園し、三月、研修が開始される。しかし、しばらくすると氏原には一〇カ月間の研修をまっとうできない思いがけない事実が発覚する。氏原は、大阪に残してきた医学生の夫との間の子どもを自身が身籠っていることを、上京後のある日、初めて知ったのである。

氏原は手記の中で同年八月無事業を卒え帰阪した、と記述しているが、氏原の受講は正確には全期間の半分強にしかならない。近藤濱は、氏原を自宅に同居させ、東京見物に連れ出すなど何かと世話をしていたが、氏原が大阪に帰る時にも労苦を厭わず氏原の帰阪の同伴者を探し出している。

氏原は八月三十一日に帰阪する。九月一日には大阪府庁に着阪届けに行き、「府立幼稚園取調へ兼第一番中学校勤務」を命ぜられている。氏原は同校において国語科を担当し、同年十月二十三日、男子を出産している。ともかく、氏原も最初は一〇カ月の修業をするつもりであったが、途中でその予定は変更せざるを得なかったのである。

クララは育児やその他で休みが多く、関は病気で休みがちであったために、二人共同による講義はなかなか進まなかった。

明治十年（一八七七）十月十二日に誕生した、松野久良々（クララ）の娘文は、おおむね健康であったようだが、保姆見習制度が始まったばかりの四月には発熱がありクララを狼狽させているし（後に乳歯の萌歯による発熱と分かる）、六月には夏の感冒による下痢を起こし体力を消耗させるといったことも生じている。また、この時期、幼稚園勤務中にクララ自身の激しい胃痙攣騒動なども発生している。さらに、関の病状はこの時期にはかなり進行している。氏原は次のように述懐している。(九)

中で一番休みが多くて進まぬのは、クララ先生の保育の講義で、これは通譯付き講義で、此通譯には關監事が擔當せらるるのですが、此講義の當日、クララ先生が出勤せられても、關先生缺勤の時には講義は出來ませず、又關先生が出勤せられましてもクララ先生の缺勤の日は休みとなるので、此両先生の出勤が揃ふことがなく、一週中一廻もない時があって、留学生の身としては一番閉口いたしまして、二ケ月が一ケ月に相當する様なもので有りました。

ここには八月末には大阪に帰らざるを得なかった氏原の苛立ちが滲み出ている。氏原の在園は、秋に新学期が始まる当時の学期制では後期にあたっており、講義は七月上旬で終わり、附属幼稚園は七月十六日から八月三十一日まで休園となっている。氏原の「幼稚園方法」の作成年月が明治十一年（一八七八）七月となっているのは、それまで筆記しておいたものを、講義の終わった七月の時点で再整理して記述し直したためであろう。中途で帰阪するにしても、大阪で幼稚園教育の実地と保姆養成の任にあたらねばならない氏原にとっては、受講録は幼児教育の必須の教科書でもあったからである。

大阪に帰る直前の八月二十一日には、田中不二麿夫人、関信三、松野クララ、豊田芙雄、近藤濱らと共に氏原、木村らは当時の文部卿西郷従道邸に呼ばれ、西洋料理の接待を受けている（注：当時、従道の長男従理が在園していた縁による）。

同年十二月二十四日には保姆見習生の修了式が行われており、氏原と一緒に上京した木村末は、当然、十二月二十四日の修了式までは東京にいたはずである。ただ、十二月までの豊田の講義は未完であり二月上旬まで続けられており、木村も二月まで東京にいたかと思う（保姆練習科が、給費生五名、自費生六名に対し授業を開始するのは明治十二年（一八七九）三月である）。

木村は関信三に懇願して、明治十二年（一八七九）一月付けの「幼稚園創立法」を貰っているが、状況から見て、同年一月、まだ同園にいた木村に関が直接与えたものとするのが自然である。

二　「代紳録　全」と「幼稚園方法」の構成と内容

（一）「幼稚園方法」に関する疑問

氏原の幼稚園教育草創期の資料をそっくり受け継いだ竹村一は、氏原の手記である「幼稚園方法」を松野クララ女史の講義筆記[十]と見ており、「その他豊田芙雄氏の幼稚園記（関信三著）の講義、あるいは恩物の製作などがあったそうである。[十一]」としている。また、『日本幼稚園史』において氏原の手記「幼稚園手引」について次のような記述がある。[十二]

> 明治十一年保育見習のため、女史師範學校附屬幼稚園に入學した氏原鋹女史の手記で、クララ女史の講義を筆記したものである。これも主に恩物の説明と使用方法で、終りに十五ケ条の保育の心得あり、長く氏原氏の手元にあったのを、今は大阪の熱心なる幼稚園研究者竹村一氏のもとにうつされている。

竹村の著書中の資料には「幼稚園方法」という手記はあるが「幼稚園手引」という手記はない。『日本幼稚園教育史』には大阪模範幼稚園で「規則」を「幼稚園手引」と呼んでいたこととの混同があるようである。『日本幼稚園教育史』でいう「幼稚園手引」は「幼稚園方法」と思われる。

いずれにしろ、これら三者の見方は共通に、日本語の不自由なクララの講義を、関が苦心して通訳し、それを必死に筆記している保姆見習生たちの姿を浮かび上がらせており、草創期の保育法習得の苦労を偲ぶものとなっているが、「幼稚園方法」を単純にクララの講義の受講録とすることには疑問がある。詳細は後述するが、「幼稚園方法」の内容が、完全一致とはいわないまでも、豊田の講義ノートである「代紳録　全」の三月初旬から七月五日までの内容と大半が合致しているからである。

また、保姆見習生に対する授業科目、週時間数等については、同年、見習生制度に後れて発足した保姆練習科の規則を参照することもできるが、やや重すぎる印象もあるため、翌年、明治十二年に制定された鹿児島女子師範学校附属幼稚園保育見習科規則を参照すると次の通りである。(十三)

「幼稚園教育ノ口授」（一周一時）
「物理書及博物書」（一周一時）
「園制ノ大意」（一周一時）
「音楽」（一周二時間）
「恩物用法」（一周六時間）
「生理書」（二周一時）
「古今會話」（二周一時）
「體操」（時間記述なし）
「實地保育」（一周六時）
「修身書」「諸物指教」（此二書ノ如ハ授業時間外ヲ以テ三十分間ツヽ口授ス）（前村注：周の漢字、時・時間の表記は原本のママ）

鹿児島でも実際にこれだけのことが、規則どおりに実行されたかどうかはわからないが、「二十恩物大意」（練習科の前後期各一時間）は抜け落ちているものの、東京でも保姆見習の場合はむしろこれに近い形だったのではないかと思う。ここでは「幼稚園教育ノ口授」は週一時間となっているが、クララが半期に行った保育法の講義は、氏原が週に一回も行われなかったこともある、と書いていることから、練習科規則に見られるように週二時間が予定されていたのかと思う。ただ、氏原が嘆いているようにクララの講義はしばしば休講となり予定の半分にも満たなかったと思われるが、たとえ一一回ないし一二回程度の講義がなされたとしても、通訳を通した講義となると、内容的には通訳を通さない豊田らの講義の半分以下の五、六時間分にしかならない。しかも、これは時間を多目に見積もった場合の話である。氏原の手記「幼稚園方法」は、分量的に見ても、とても五、六時間以下の講義録とは思えないものであり、その点からいってもクララの講義の受講録と見ることには無理がある。

クララが豊田、近藤らの日本人保姆養成に精力的に関与した第一ステップに比べると、保姆養成の第二ステップといえる保姆見習生に対する関わり方は、クララが講義したことは事実としても、クララが彼女らに「傳習」し得たものはかなり限定的であったとしかいえないのである。

（二）「代紳録　全」と「幼稚園方法」の構成と内容

豊田芙雄の「代紳録　全」の前半部分（半期分）の講義と、氏原鍼の「幼稚園方法」の構成及び内容に関わる、おおよその対応関係を示すと図6・1のようになる。

これを見ればわかるように、豊田芙雄の「代紳録　全」は、当然、その性格上講義の月日に沿って構成されており、幼稚園の起こりを語る「そもそも論」に始まり、対比、対照と合一、統合を語り、続けて第一恩物の説明に移っている。

氏原の「幼稚園方法」が、一見、豊田の「代紳録　全」とまったく関係のないもののように見えるのは、氏原が講義の終わる七月になって、講義を自分なりに整理し、組み直しているからである。

二　「代紳録　全」と「幼稚園方法」の構成と内容

「代紳録　全」

①３月１日　幼稚園の起源。趣旨。
（この日付　幼稚園とフレーベル。
表紙による）　保育者の要件。
②３月８日　物体教科、事業教科の意味など。
③４月12日　第一、第二恩物について。
球体と色の話。
④４月24日　反対（対照）と一致（統合）。
五十斤の目方と十斤の目方の話
色と反対一致の理。
⑤４月26日　恩物と保育上の注意など。
恩物と物語唱歌音響。
⑥５月８日　第二恩物の続き。
営業式、摘美式、脩学式の話。
⑦５月22日　第三恩物について。
⑧６月14日　第三～第八恩物について。
十五カ条の法則、一から八。
⑨６月28日　第三～第九恩物について。
十五カ条の法則、九から十五。
⑩７月３日　第四恩物について。
⑪７月５日　第四恩物の続き。

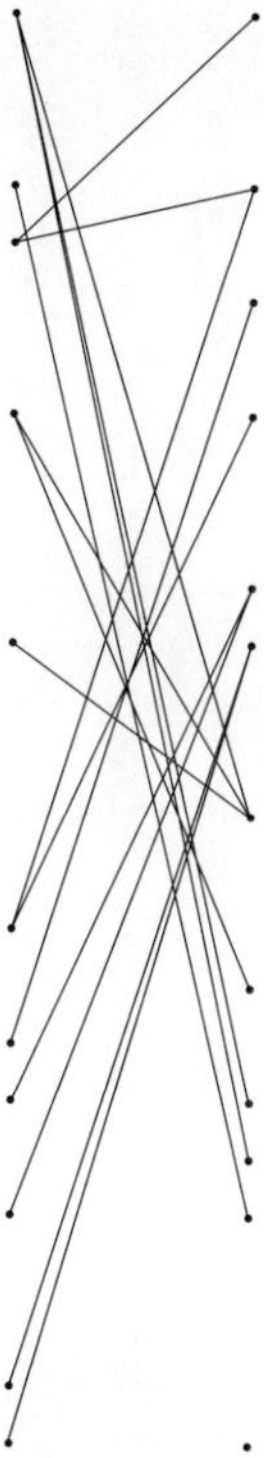

「幼稚園方法」

A　第一玩器。
球体と色の話。
庭での毬遊びの例
B　第二玩器。
五月八日の講義と合致。
C　第三玩器。
D　第一《ママ》栄業式、第二美麗式、
第三習《ママ》学式。
E　十五箇条の規則。
F　第四玩器。
第一栄業式、第二美麗式、
第三習学式。
G　反対結合。第一玩器は乳児
向きであること。
玩器と物語唱歌音響。
H　五十斤の目方と十斤の目方
色と反対一致の天然の理。
I　幼稚園とフレーベル。
J　保育者の要件。
K　織リ紙針画ノ如キハ恩物ト
云ハズ「ヲキユーペーシユ
ンス」、訳語未タナシ
L　「「ステーショル」氏ハ亜米
利加玩器本店ノ号ナル」の
メモ。

図６・１　両手記の対応関係

たとえば、氏原は、手記の最後部にいわゆる幼稚園の「そもそも論」を持って来ている。講義する側としては、幼稚園教育について全く無知の保姆見習生に対して、幼稚園とは何かということから語り始めるのが自然の流れであるが、氏原としては、それなりの判断があってそれを最後部に持って来たのであろう。

また、他にも途中一部順序の入れ替えはあるが、ほぼ豊田の講義の順を追っている部分もあり、内容的にも「代紳録　全」と「幼稚園方法」はほとんどが合致している。特に、恩物に関する豊田の当半期の講義は、第一恩物から第四恩物までであるが、氏原の手記も第一玩器から第四玩器までである。また、恩物用法の十五カ条については、豊田の「代紳録　全」では十三カ条目が抜け落ちているものの両者まったく同様のことが書かれている。

　具体的な例などについても両者はほとんどが一致しているし、細部に至る文章表記なども共通する部分が多い。もちろん、用語の使い方、あるいは内容の一部に相違はある。先にも述べたように氏原は恩物をわざわざ玩器としているし、恩物の三式についても摘美式が美麗式になっているなどである。また、氏原の手記には恩物用法の図が頻繁に出てくるが、豊田の前半期の講義ノートにはそれはない（但し、豊田も「代紳録　二」や別の手記「恩物大意」などでは図を多用している。恩物については、図や実物を用いながら説明する方が理解しやすいため、当然、豊田もそれを用いたはずであるが、前半の講義ノートに記すことは省いたようである）。

　「幼稚園方法」に紹介されている庭での毬遊びの事例は「代紳録　全」にはない。これは豊田が例として話したものか、あるいは氏原が幼稚園で見た遊びを挿入したものかとも思われる。なお、国吉は氏原の「幼稚園方法」を、松野クララによる講義を関信三が通訳したものと見ており、「幼稚園方法」の文中において恩物が頻繁に「玩器」という言葉で示されていることに対して、関はこの時点でもなお恩物の訳語が安定していないことを指摘しているが、これは氏原が桑田親五訳『幼稚園《をさなごのその》』の「玩器《てあそびもの》」に倣ったものかと思う（桑田は恩物をすべて玩器で統一している）。関も豊田もたまに玩器という言葉を使うことはあるが、豊田は「代紳録　全」においては恩物をわざわざ玩器という言葉に置き換え多用するようなことはしていない。

　しかし、フレーベルによる恩物は単なる教育玩具ではなく「Gaben（Gift）」であり「天からの授かり物」であるから、関にとって恩物は「恩物」という言葉でなければならないのである。明治十一年（一八七八）七月の段階では、氏原のフレーベル流保育の理解は、そこまで到達していなかったということになる。

(三)「代紳録　全」と「幼稚園方法」の細部の比較

次に、細部について幾つかの箇所で見てみると、まず、「代紳録　全」の冒頭部分の幼稚園の「そもそも論」は、『幼稚園記』や『幼稚園記　附録』の冒頭に書かれているものと同趣の内容であるが、氏原は「幼稚園方法」の最終部でそれを要約して示している。氏原の記述と豊田の関係部分の記述を比べてみると次のようである。

〈氏原鋹〉

幼稚園創設発明者ハ日耳曼国人フレベル氏ナリコノ人今ヨリ三十年前ニ逝去セシ人ナリ此人元ハ樹木学ニ勉強セシ人ニシテ樹木培養ノ理ニ由テ幼稚保育ノコトヲ推考究理シテ発明セシナリ

幼稚保姆タル者第一ニ意気ヲ長クシ以テ保育上親切ニスベシ嬉遊タルハ大人ヨリコレヲ見ル時ハ事ノ易クシテ注意ヲ厚クセズシテ可ナル者ニ見ユレドモ決シテ然ラズ何トナレバ児童遊戯ニ依テ善悪ニ感覚ス故ニ変次モ注意着目ニ怠ルベカラズ

〈豊田芙雄〉

抑モ幼稚園ハ日耳曼国ノフレーベル氏樹木學の経験上ヨリ遂ニ人類ニ推究シ多年間精神ヲ以テ幼稚養成ノ法制ヲ發明シ（以下略）

幼稚園教師タル者第一ニ気勢温和ト気長キヲ要スモシ此ノ二ノ者ニ乏シキ鈂ハ其任ナシト云テ可ナリ

ほとんど似たようなことを書いているが、この豊田の「代紳録　全」の冒頭部分で注目されることは、「そもそも論」の最後に、豊田が「芙雄曰小児ヲ養成スルハ五穀農業種藝ノ道ト異ナル𠀋更ニナシ故ニフレヘル氏ハ樹木學者ヨリ来リシ是其證ナリ（十四）」と書き添えていることである。講師豊田芙雄の自信の表れである。

また、『幼稚園記』などにも見られる「反対結合」の部分の両者の文章は次のようになっている。

〈氏原鍜〉

幼稚園方法ヲ二分ス理論上ト実地上トナリ此ノ如ク二分シタルナルモ此ノ二ヲ一ノ道理法則中ニ一致シタルナリコレヲ反対結合ト云コレ幼稚方法ノ元意ニシテ発明者フレベル氏ノ真意ナリ

人タル者ハ各想像心アリコノ想像力タル日常用ヒル什器目ニ見ル処ノ物ニ由テ起ルナリ知ラザル者ニ由テ決メ起ルモノニ非ズ其想像力ニ由テ知識を發ス譬ヘバ毬ヲ以テ地球ノ形ノ如キヲ想像シテ知ルナリ唯地球ハ円ナルノミニテハ毬ヲ以テ比シ想像ス如クニ判然智得シ難キナリ故ニ知ル処ノ物ニ由テ想像シ知識ヲ発起ス何物ニテモ余輩ノ熟知シタル者ニ於テハ其物ノ他ノ物ニ似タルアリ橙ノ毬ニ似タルカ如シ又物ニ依テ多少ノ差アリ譬ヘハ三角四角ノ如キ小差ナルモ剛柔ノ如大差ニシテ此ノ中反対ノ理アルヲ知ル今日宇宙間ニ於テノ反対物ハ日日ノ物ニ由テ能ク知ルナリ又物ニ由リテ全ク反セズシ半バ反シ中間双方ニ類似シタル物アリ譬ヘハ人獣ノ中間双方ニ類似セン猿猴アルガ如ク万物中間ニ類似スルモノ多シ然ルニコレヲ知得セントスルニハ諸物ニ付テ注意セズバアルベカラス故ニ注意ヲ要ス

反対ノ旨タル諸物ニ注意力ヲ起サシムナリ譬ヘハ立方体ト球トノ反対中間円柱アルガ如ク反物中間ニハ必ス中間結合ノ物アリ故ニ中間物タルハ反対ヲ生ぜシ理ニシテ其紹介ナリ諸物紹介アリテ反対アルノ理ナリ

諸物形ノ大小ニ由テ反対ノ知識ヲ開ク物ノ差大ナレハ反益々大ナリ差小ナレハ反従テ小ナリ故ニ差ノ大ナルハ小ナルニ比スレバ知識注意力ヲ多ク起スナリ

〈豊田芙雄〉

凡幼稚園ハ成立ツ二個ニ期センハ有ル可ラス其故ハ一ツハ物体教科一ツハ事業教科トナリ物体教科ハ則一際ノ物体ヲ論ルノキハ物ミナ反対物アラザルハナシ而其反対セル所以ノモノヨリ之カ想像ヲ興起シ復以テ其反対セルモノ源ニ結合同一トナル理ニ帰シ則智識錬磨ノ基礎トナルナリタトヘハ白晝アレハ暗夜アリ上アレハ下アリ横アレハ竪アリ球アレハ立法アリ短アレハ長アリ皆ナ何レモ大ナル反対質ナリ然ルニ其反対ハ何レヨリ起リシヤヲ極メテ想像スレハ白晝ハ薄暮黄昏則夜ト晝トノ中分ヨリ生セシモノニテ則チ媒チ之ナケレハ晝夜ヲナサス上アレハ下アリ必ス中分アリ横アレハ竪アリ必ス中分ノ斜アリ之レ

横竪トモ中分ノ斜ヨリ成立セシナルヘシ圓球立法ノ中分ハ圓柱ニテ圓方二体トモ之ヨリ生セシモノニテ其他天然ノ理物悉皆是ナリ而メ之自然ニシテ教育者ヨロシク茲ニ注意ヲ措カスンハ有ルベカラサルナリ

氏原の記述は豊田の記述よりやや膨らんでおり、中分を中間としたり、媒《なかだ》ちを紹介としたりしているが、反対結合の主旨は同様のものである。ただ、出だしの部分は意味のずれがあり、特に、豊田は針画、織紙などの手作業に対して事業教科という訳語を使っているが、これは氏原が訳語ハ未タナシ、としているもので、事業教科の訳もおそらく、豊田が翻訳したとは思われないので、関によるものであろうが「仮訳」のつもりであったのかもしれない（事業教科はオキュペーション occupation の訳であるが、簡単には「工作、工芸、手工」のことであり、牧歌的コミュニティに内包する「作業」の意味合いを持っている）。

第一恩物に関する部分は、「幼稚園方法」の出だしは「幼稚園ニ於テハ二十ノ恩物アリ」から始まるが、「代紳録　全」の第一恩物に関する説明の開始部分は「フレベル氏ノ法則小児恩物ハ廿アリ」となっている。以下はそれぞれ両者の続きである。

〈氏原鋹〉

其中毬ヲ《ママ》以テ第一ノ易キ恩物トス故ニ之ヲ第一玩器トシ始ニ授ク此第一玩器タル篋中六筒ノ毬アリソノ色各異ナリ第一赤第二黄第三青第四柑第五緑第六紫是ナリ此各色毬ヲ太陽空気大陸ノ色トシ且元色間色ノ区別原因ヲ知ラシム左ニ赤色ハ太陽ノ色青色ハ空気ノ色黄色ハ地ノ色右三色元色ナリ柑色ハ赤黄ノ合シ生ル、紫色ハ赤青ノ合シ生ル、緑色ハ黄青ノ合シ生ル以上三色ハ間色ナリ

此ノ授ケ方ハ赤毬ヲ以テ初ニ授ケ遊ハス此ノ色ノ何物ニ似タルヤ此ノ形ノ何物ニ似タルヤソノ形ノ方円ヲ問フ此ノ如ク以下五色ヲ順次ニ問ヒノチ箱ノ左右ニ木箸ヲ建テコノ木箸ノ上ニ横ニ又木箸ヲ渡シ第一赤毬ヲカケ次ニ柑毬次ニ黄毬ヲカケテ柑毬ヲ赤黄毬ノ間ニカケ柑色ナルモノハ赤黄ノ元色ノ合シ生リシ色ニシ則チ間色ナルヿヲ知ラシム毬ハ児生レテ三四ケ月ヲ経レハ其家ニテ教エ弄ハシメ幼稚園ニ入ルニ至レハ其色ノ抱合ト法トヲ教ユルノミ先一毬ニ太陽色七色（則チ赤柑黄緑青紺紫）

ノ糸ヲ縦ニ巻キ回セハ黒色ニ見ユ横ニ巻キテ回セハ虹色ヲ見ル三分ノ一黄糸ニテ巻キ其余ヲ青糸ニテ巻キ回セバ緑色ニ見ユ半分赤半分青ヲ巻キ回セバ紫色ニ見ユ半分黄半分赤ヲ巻キ回セハ柑色ニ見ユ半分黒半分白ヲ巻キ回セハ灰色ヲ見ル半分黒半分赤ヲ巻キ回セハ栗色ヲ見ル以上合セテ七種トス幼稚園ニ於テハ糸製ノ毬ヨリモゴム製ヲ良トス又児輩ニ於テモゴム製ノ毬ヲ楽ムナリ糸製ハ其家ニ於テ弄ヒシヲ以テノ故ナリ

〈豊田芙雄〉

第一ヲ六色ノ球ナリ其中最初ニ示スベキハ赤球則天陽ノ象ニトリシ也次ニ黄ハ大地ノ象也次ニ青ハ中間則吾人生活スル所ノ象也次ハ赤黄ヲ合テ柑トナル黄青ヲ合シテ緑トナル赤青ヲ合テ紫トナルホ説明シテ玩スル也

球リハ家ニ有ッテ持ツモノ故ニ幼稚園ニ於テハ唯ニ色ヲ示スナリ　球リ七色ヲ以テ横環スル𪜈ハ七色判然タリ竪巻キスル𪜈ハ黒色トナル球ヲ半黒白ニスル𪜈ハ鼡色ロニ見ユル也球ヲ半黒赤鳶色三分ノ一黄青三分ノ二ノトキハ緑色（前村注：この部分は鉛筆書きのメモ風の記述で豊田の原稿は完成していない）。

こうした部分の講義は実物を示し、実演をしながらになるかと思うので、豊田の記述は要点だけであるが、氏原の文章はより説明的である。次に第二恩物に関わる部分の両者の文章を掲げてみる。ここには幼児のアニミズム的傾向についても触れている。

〈氏原鋹〉

第一恩物毬《ママ》ハ児生レテ三ケ月目ヨリ七八ケ月迄玩ハス幼稚園ニ入ルニ至レハ児球ノ生質《ママ》色等ヲ略々知ル故ニ幼稚園ニテハ毬ヲ玩バスヿ少ク他ノモノニテ毬ノ生質形状ニ似タルヲ以テ教ユルナリ
八ケ九月生長シタル後ニ似タル物トハ第二恩物ナリ然ルニ第一恩物ハ糸製ニシテ第二恩物ハ木製ナリ
第一毬第二球形同ク作用概似タリ故ニ第一恩物ノ後第二ヲ授クルナリ
第二恩物球方体ト全ク反シタル者ナリ然ルニ能ク注意スルトキハ球モ木製方体モ同質ノ木製ナリ故ニ方体ヨリ角ヲトリテ球

ヲ為スヲ得円柱体ハ其中間方体ノ方体ノ角ヲトリテ球体ト為サントスル処ノ物ニシ球方体ノ反対ヲ一致スルモノナリ此ノ如ク反中ニハ結合一致ノ理アルナリフレベル氏ノ旨ハ反対一致ノ理ニシテ此ノ反対一致ノ理ヲ如何ニシテ発見セシヤ他ナシ天然物ニ由テ見セシナリ天然物樹木等ノ小ナル種ヨリ大木ヲ生スルガ如キ卵ノ堅キヨリ化シテ鳥ヲ生スルガ如キ天然反対自然ノ理ニ由テ一致ヲ発見セシナリ

今幼稚ノ性質タル反対一致生長ノ理ノ如シ故ニ常ニ反対ノ理ヲ以テ教示ス

(中略)三ケ月ヲ経テ耳ノ聴コユルニ至レハ已《ママ》ニ其理ヲ区別スコレ諸物ニ感覚シテ知識ヲ発揮スル時ノ来ルナレバ諸物ニ注意着目シテ保育スベシ

諸物音響タル児ノ生長スルニ従ヒテ益々大切ナル者ナリ

耳ノ聞別ナキ間ハ有性《ママ》無性《ママ》ヲ知ラザル故ニ無性《ママ》ノ木片ニ物語スル如クナスナリ

〈豊田芙雄〉

小児生レテ已《ママ》ニ二三ケ月立テ球ヲ以テ遊ヒ色ホノ區別を知覺シ得テ而メ八ケ月比ニモ至レハ六色球ニ換ルニ縁固アル稍同形物ヲ以テス則チ第二恩物ホ球立方体長圓形是ナリ此長圓形ハ球ハ乃チ形チ相同シ質異ナリ方形ハ全ク反對形ナレ氏長圓形球方ヨリ出テタル中分ノ質形ナリフレーベルノ意所謂終始結合ノ其一也百般ノヿ宇宙間皆反對ナラサルハナク而メ終始異変ノモノトテハ決シテナシ皆結合シ得ルモノナリ

小児生レテ三ケ月頃ヨリ五官ノ中耳聞クヿヲ得ルモノ也此𪜈ニ当テヤ小児爰生物百生タルヲ視分スル能ハス或ハ日用器具又ハ玩具ヘ對シ説話ヲナスヿアリ是母タルモノ注意ヲ為サスンハ有ル可ラサル最要ノ機会ナリ

「代紳録　全」の四月二十四日の部分と「幼稚園方法」の記述についても、多少の語句、数値の違いはあるが内容的にはほとんど一致しているため、数値に若干の違いのある両者の前半部分だけを示すことにする。

〈氏原鏆〉

前ニ説ク如ク及《ママ》（前村注：反か）物ニ必ス一致アリ譬ヘバ五十斤ノ目方ト十斤ノ目方トアリ五十斤ト十斤ハ双《ママ》（前村注：反か）シタルナリ　又方三斤ト四斤ノ目方アリコノ三斤ト四斤ハ五十斤ノ方ニモ十斤ノ方ニモ統合スルヲ得ル者ニシテ中間物ナリ又爰ニ黒白二色アリコレ及《ママ》（前村注：反か）シタル色ナレドモ中間一致ノ色アリ　即チ鼠色ナリコノ色黒白双方ニ結合スル色ナリ然ル故ニ黒白色ノ反対アリト雖コノ鼠色アル如ク反対中間一致ノ理必アルナリ　凡テ反対中ニハ必ス一致ノ理アリト雖物ニ由テ此ノ理ノ発見易キモノト難キモノトアリ譬ヘバ第二恩物ノ立方体ト球トノ反ノ如キ円柱ヲ以テスルトキハ一致ノ理易シ若シ三角形ノ如キヲ以テスルトキハ円柱ノ如ク易ク其理ヲ知ル能ハザルナリ　然ルニ三角形ヲ以テ其理知得スル難シト雖必ス一致ノ理アルナリ

（この後、再び色の反対一致、諸物の反対一致の説明が続く）

＜豊田芙雄＞

總テ反對ノ一致統合ト云ル理ハタトヘハ茲ニ五十斤目方ノ石質アリ十斤目方ノ同質アリ則大ナル反對也　此ニ中間ニ立ツベキモノ或ハ三十斤廿斤同質ヲ以テスルトキハ双方ヘ統合スル則チ中立ナリ　茲ニ亦綿様ノ柔質アリ石トハ素ヨリ大ナル反對ナリ　然レ圧石綿双方統合スル中分ノモノヲ得ンニハ必スアルヿナリ　然ル故ニ終始反對物ト云ハナキモノナリ　之レヲ物色ニタトフルトキハ黒色ト白色トハ反對ノ大ナルモノ之レカ中分ヲ得ント欲スルトキハ鼡色コレナリ是反對ハ自然ノ道理ナレ圧之ヲ見出スヿ自カラ難シト云可シ然ルニ三形物体ヲ以テスルトキニハ容易ク其一致タル所以ヲ知ルニ至ル如何トナレハ或ハ他物ノ反對ヲ以テ推考スルトキハ其理ニ就クト雖ヿ簡易ナラスシテ却テ煩ハシキニ至ル第二号反体物ヲ以テスレハタヤスク其理ヲ悟ルヲ得ベシ

（この後、再び色の反対一致、諸物の反対一致の説明が続く）

「幼稚園方法」では、五十斤と十斤の中間物を三斤、四斤とするなどの勘違いは見られるが、この部分でも豊田の「代紳録　全」と「幼稚園方法」は内容的に同一のものである。

「代紳録　全」の六月十四日と六月二十八日の内容の大半は、第三恩物に付帯するという十五カ条の法則が述べられているが、これも若干の字句等の違いはあるが「幼稚園方法」にも記述されている。この十五カ条は、保育の心構えや保育の方法等が述べられており、第四以下の恩物にも適用され得るものであり、ここでもフレーベルの保育では營生式、摘美式、脩學式の三科に触れ、恩物による遊ばせ方、説話の挿入など様々なことが述べられており、ここには当時の保姆が共有していた具体的な保育観を知る上で興味深いものがある。しかし、そのことを詮索することは本章の主旨ではないので若干触れるに留める。

たとえば、第二則などにおいては、破壊に走ったり、気儘過ぎる行動が見られる場合はきちんと指導すべきことをいい、同時に、第十則では子どもの不行き届きは自然のことであるから、温和な態度で諭すべきこと、また、第九則では子どもが良い物を造った場合はほめてやりご褒美として小話をしてあげること、第十一則では織紙（前村注：これは紙を織ること、ウィーヴィングであり、同音の折り紙＝畳紙、あるいは摺紙法とは違う）・針画などで失敗する度に教師が一々修正したりすれば子どもの依頼心を増すことになるなど、現代の保育においても考えさせられるものも多い。

概略的ではあるが、以上見てきたように、豊田芙雄の「代紳録　全」と氏原鉒の「幼稚園方法」は両者とも明治十一年（一八七八）に作成されたことが明白な同趣同様の手記である。豊田の「代紳録　全」と「代紳録　二」は作成年とそれぞれの講義の月日が入っており、豊田が明治十一年（一九七八）三月から明治十二年（一八七九）二月にかけて受け持った講義用ノートであることは間違いない。また、氏原の「幼稚園方法」は記述が分散していたり、用語が微妙に違っていたり、「代紳録　全」にない内容が若干加味されているという点はあるが、「幼稚園方法」における記述は「代紳録　全」の基本的枠組み内に限られており、その枠組み内における多少の相違が見られるに過ぎない。したがって、「幼稚園方法」は、松野クララの講義の受講録ではなく、豊田芙雄の受講録と見るのが妥当である。

もし仮に「幼稚園方法」をクララの受講録だとしたら、氏原らと豊田は一緒にクララの講義を受けたことになるが、すでに保姆見習生に講義をしていた豊田がわざわざこの内容、レベルのクララの講義を受ける必要はない。日々、保育の実践にあたりながら、保育の方法を学んでいた豊田や近藤はこの時点ですでに保育の総合力ではクララを越えていたと筆者は考えている。クララがドイツで学んだ保育法もせいぜい半年か一〇カ月程度のものであったであろうし、言葉の通じない日本の幼稚園でクララがその保育力を深化させることは至難の技だったと思うからである。また、「代紳録　全」がクララの受講録だったら「代紳録　全」の中「芙雄曰」などの文言をわざわざ入れることもないだろうし、「代紳録　二」の一月三十日の講義を「但シ　自宅」としたのも別の表記になるはずである。豊田は、ほどなくして、鹿児島に赴きさらに「代紳録　三」を書き、独力で幼稚園作りをし得る人に育っていたのである。

両者の若干の相違部分は、可能性としては、「幼稚園方法」におけるクララの講義の投影と考えられなくもないが、あったとしてもその分量はそれほど多くはないはずである。もちろん、豊田の講義用ノートは、『幼稚園』や『幼稚園記』及び『幼稚園記　附録』あるいはクララから以前に受けた講義内容をベースに作成していることはいうまでもない。

なお、十月十五日に始まる「代紳録　全」の後半部分と「代紳録　二」は、氏原が受けることができなかった講義であるが、豊田は第五恩物以下について図入りで詳細に説明している。

ただ、氏原は幼稚園教育を半分しか理解できなかったというわけでもない。恩物の用い方では常に全体に関連づけながら、營生式、摘美式、脩學式や説話、子どもの扱いなどが繰り返し説かれており、第四恩物までであっても、保育の全体像や基本的部分は学ぶことができたと思われる。もちろん、後半部分も受講し、保育実践を重ねながらさらに研修することが望まれることであったが、氏原の場合は事情によりそれが許されなかったのである。

(四)　豊田、近藤らの評価と残された課題

「代紳録　全」及び「代紳録　二」は、日本人保姆の歴史的役割を評価するに際し、重要な問題となるが、ここでは残る問題三点について指摘しておきたい。

まず第一は、わが国幼稚園教育史における記述は、通常、明治十一、十二、十三年頃であっても、なお松野クララの活躍にスポットライトが当てられ、日本人保姆の存在は脇役的でしかないが、果たしてそれは適切であるのか、ということである。豊田は三名の保姆見習生だけでなく、鹿児島における保姆見習生七名にも保育の講義をし、鹿児島か

ら帰京後も保姆見習生の教育に当たっているのである。クララは日本人保姆たちに保育の講義をし、唱歌の伴奏をピアノで弾き、実際の保育活動に入る中で、クララはクララなりに自身の保育力を高めていったことは考えられるが、日本語が不自由であったことは、日本で保姆として成長していく上で致命的であった。

また、明治十一年（一八七八）頃は、育児上の問題、自身の健康上の問題もあって第一ステップのような活躍はできていない。逆に、豊田、近藤らは短期間の内に保育の理論や保育の方法について相当程度に習得しており、明治十一年（一八七八）にもなると、保姆の養成や日々の保育の実際において実質上の主役の交代があったことを「代紳録　全」及び「代紳録　二」は示しているのではないか、と思われるのである。もちろん、当時の日本の幼稚園教師には、学識、人格共に第一級の女性を採用していたためでもある。

第二は、「代紳録　全」や「代紳録　二」は「恩物大意」や「保育の栞」などと共に当時の豊田の保育理解の内容と日々の保育実践を窺い知るのに極めて重要な文書であり、豊田の歴史的評価をするに際し、重要な手掛かりとして使うべきだということである。豊田の手記は書き直しが多いことから後の修正が入っているのではないか、という見方もあるが、保姆見習生の手記と比較し、一致している部分はむしろほぼ執筆当時のものと確定できる材料となる。たとえば、豊田と氏原が東京と大阪に住んでいて同じ箇所を同じように修正することはほとんどあり得ないからである。豊田の「保育の栞」などに比べると、「代紳録　全」や「代紳録　二」の内容は、ほとんど執筆当時の姿を保っていると見ることができる。ただ、これらについては今後精度を高めるためにより詳細な検討が必要であるといえる。

第三は、豊田芙雄らの保育情報の多くはクララに負うている。したがって、クララが豊田に及ぼした影響関係についてもさらに継続的な検証が必要であることもまた今後の大きな課題として残っている。

〔注〕

一　氏原鋹「幼稚園方法」（手記　明治十一年七月）竹村一『幼稚園教育と健康教育』ひかりのくに昭和出版　昭和三十五

年　一三八～一五一頁
二　氏原「回想記事」倉橋惣三・新庄よし子『日本幼稚園史』臨川書店、昭和五年初版（昭和五十五年復刻版）一五九頁
三　同右　一五九頁
四　同右　一五九頁
五　安省三『豊田芙雄先生の生涯』茨城県幼稚園長会　昭和三十二年　一二頁
六　樫村勝『茨城女子教育百年の歩み』（有）川田プリント　昭和五十一年　五九頁
七　高橋清賀子「今日の幼児教育に語りかける　日本の幼稚園草創期の事々―豊田芙雄の文書から―」『乳幼児の教育』（No.78）キュックリヒ記念財団　一九九七　一三頁
八　氏原鋹「女子高等師範学校附属幼稚園ニッキテ」（手記）竹村一　前掲書　一三五頁
九　同右　一三四頁
十　前掲書　竹村一　一〇二頁
十一　同右　一〇二頁
十二　倉橋惣三・新庄よし子　前掲書　四〇二頁
十三　「鹿兒島女子師範學校附屬幼稚園保育見習科規則」鹿兒島女子師範學校　明治十二年十一月
十四　豊田芙雄手記「代紳録　全」明治十一年

〈前村　晃〉

第七章　手記「保育の栞」をめぐる謎と現代保育との繫がり

一　「保育の栞」の謎

「保育の栞《しおり》」は、昭和三年（一九二八）八月、倉橋惣三が水戸の豊田芙雄を訪問し、幼稚園草創期の話を聞き、種々の資料提供を受けた際に、豊田芙雄が「當時少しばかり書き置きたるものあればいづれ浄書してお目にかけん（一）」ということで、後日、豊田から倉橋に送付された文書である。「保育の栞」は、豊田芙雄が書き残した種々の手記の中でも、最も謎の多い文書である。

第一に執筆の時期が不明確であり、第二に第一に絡んで内容の位置付けの検証が不十分なままであり、第三に第一、第二に絡んで「保育の栞」と現代保育との関係付けが未だ十分には考察されていないからである。

解釈、考察の前にまずは以下のように「保育の栞」（口語訳）全文を掲げることにする。

二　「保育の栞」（口語訳／野里房代）の全文

一、幼稚園とは何か

幼稚園とは一体何でしょうか。それは多くの幼い子どもを集めて、その身の健康と幸福とを保障し、そして良い習慣を身につけさせて、子どもたちが精一杯楽しくくらせるように親切に導く「一つの楽しい園」の事です。

この園に集まる子どもはいずれも三歳から六歳までのもので、彼らを草木にたとえれば、今まさに芽をだそうとする時期のまだじつにか弱いふたばのようなものなので、その発達の扱いには細心の注意を払わねばなりません。

それが発芽する際に、もしも危害を加えるようなことがあるならば、その発達には必ずや妨げが生じるでしょう。しかもそれはただ妨げになるだけではなく、その害は一生涯に及ぶかもしれないのです。ですからつとめて身体を運動させ、子どもの心を愉快にすることによって、その健康をまもり、しっかりした精神を養い、もしもその性格に偏ったところがあるならばこれを直し、欠けているところがあればそれを補って、それらの悪弊がひろがらないように注意をし、畑を耕すようにして、もって生まれた良い資質が損なわれないように努めなければなりません。

この目的を全うして初めて将来生きていくための幸福や平安を得る基礎ができたということができるのです。しかも心を育てるにあたっては、二つの「枝葉」があることを忘れてはなりません。一つは徳育的なこと、もう一つは知育的なことです。この二つのうち、どちらが欠けても不均衡となり、もしもそうなると天に与えられた良い資質がもたらす幸福を一生にわたって失ってしまうことにもなりかねないのです。まことにおそるべきことではありませんか。

ですからいやしくも保育の仕事に携わる人はこの点に注意し、よく考えてその教育の道を間違ってはなりません。常に諺にあるように“Vouloir c'est povoir”「求めよ、さらば与えられん」という姿勢が必要です。このため、（繰り返していいますが）保育者と母たる人はここに注意してその目的を間違ってはなりません。また、その目的を達することを願わなければならないのであります。

ところで、幼い子どもを保育するのに恩物という名の種々のおもちゃがあります。このおもちゃは一八四〇年代にドイツのフレドリック・フレーベルという教育家がでて、様々な学問の奥をきわめた末に、ついに幼児の教育法を考えついてできたものであります。このフレーベルは夫婦共々長い間苦労をして実験を積んだ結果、人間の心身もやはり、草木の生長と同じ原則によっていることを悟り、子どもを保育するにあたり、人が生きていくのに必要な要素を含んでいる二〇種類の、じつに子どもに相応しいおもちゃをつくりました。これと共に、よく考慮された遊びを組み立て、子どもに自分でこれらを使わせて、そのことによって、もって生まれた良い知能、良い能力を伸ばし、その健康を助長する基本としたのです。この二〇のおもちゃを名づけて恩物といいます。それは天から賜ったものという意味です。

フレーベルの説によれば、恩物は三つの種類に区別されます。つまり、生活上の学習、数と幾何の学習、美的能力の学習であります。その大体の内容は、一つ目は生活上の知識・理解を開発するため、二つ目は数と幾何の理解を開発するため、三つ目は美的センスや想像力を開発するためのものであります。

徳育はもっぱら幼い子どもの実際の行動についてこれを補い助けてその特性を育て、また保育者自身が自分の言動のなかでそれを子どもに知らせるようにして、つねに子どもたちのモデルであることが求められるのです。

フレーベルが定めた二十の恩物の順序はつぎのとおりであります。

第一　六球　　第二　三形体　　第三　積木　　第四　積木
第五　積木　　第六　積木　　第七　板並べ　　第八　置箸
第九　置輪　　第十　石盤画　　第十一　紙刺し　　第十二　紙縫い
第十三　紙剪み　　第十四　紙織り　　第十五　木片組方　　第十六　連板
第十七　紙片組方　　第十八　紙畳み　　第十九　豆細工　　第二十　粘土細工

以上がいわゆるフレーベルの二十恩物であります。これらは本来フレーベルの高遠にして卓越した知能によってできたものであり、人が生きていくのに必要な諸能力、諸技能の原則と真理をおもちゃに託して、子どもに満足感と楽しさを与え、これによって子どもが自らの持って生まれた資質を発達させようとする一つの方法にすぎません。しかし、その構造や順序はじつに注意深く考案されていて、まさに至れりつくせりといってよいものであります。しかしここで一言述べておきたいことがあります。それは、フレーベルの原則つまり二十恩物を完全に使いこなすのは美的かつよいことでありますが、逆に、これらを使う人が生きたものとして活用していないために、往々にして難しいことが少なからずでてまいります。また、そのような実情をふまえずして、幼稚園について論ずる人が、この原則を非難し、それは却って子どもの発達を妨げるものであるという認識をする人さえいるのはやむをえないことでしょう。

欧米の教育家で幼稚園の保育のためのおもちゃを種々新しくつくる人がいますが、その意匠や構造はどれ一つとってみても、フレーベルの原則に基づいていないものはありません。おもちゃは高尚であればあるほど却って簡単であるに越したことはありません。ですからその選び方は保育者の人となりによって、その簡単で、なおかつ子どもの心に楽しさ、満足感を与えるその人の保育方法に委ねられているのであります。なお、上流階級の子どもと、農民職工の子どもにはそれぞれ違いがあるのはしかたがないことかもしれません。

このようにして、今、目の前にあるいわゆる子どもの遊びがどのような方向に発展しようとも、害になることがないこと、そして子どもがその遊びを心から楽しんでいることに注意しなければなりません。そして、保育者その人がその恩物を生きたものとして扱っていないということのないようにしたいと申しておきます。そして今ここで、一般に普及しやすい簡易幼稚園のために一言注意すべき点を述べておきます。まず、恩物の種類の第一は糸製の小まりです。これは備えなくてもよいのですが、ごく小さな子どものためにはあってもいいものでしょう。つぎに積木は第一、二、三、四、五、六、並べ板は四角、長方形、三角、次に石盤画、紙縫い、紙畳み、紙組み（ただし、紙組みはあえて備える必要はありません。不用な紙片が出たときにこれを恩物として用いて、組んだり結ばせたりして遊ばせると経済的でしょう）、それから豆細工、粘土細工。これらはフレーベルの恩物から取捨選択したものです。このほかさらに、碁石、おはじき、貝などを備えおいて、数えたり、並べたりして子どもの心を楽しませるのもよいでしょう。

麦わらを五色に彩色して一センチ五ミリぐらいに切り、これをおよそ一センチ二ミリ四方の屑紙と組み合わせて、針と糸でつないで輪にします。これは一番簡単につくれて、その上きれいですから、子どもたちはたいへん好きです。三歳児、四歳児に向いています。

そのほか、園内に砂を多く用意しておいて、運動や散歩のときに子どもをここにだして自由に遊ばせます。また雨天のため園庭で遊べないときのために、屋根だけをつけて下は砂地にしておくのもよいでしょう。

園庭には花壇をつくっておいた方がよいでしょう。子どもたちのために小さな畑をつくり、その広さは園庭の大きさにもよりますが、一メートル四方ぐらいにし、それぞれの子どもの分担を決めて、自分の好きな草花、鶏頭花、鳳仙花、芥子、夏菊などの種をまいて、それを育てさせ、土を耕す木製の鍬を備えておくとよいでしょう。

二、保育者の資格

保育者というものは毎日、自分の心を温和にして、爽快で生き生きとするようにし、なおかつ親切で情け深く、物事に対しては注意が行き届いていて、そして忍耐強くなければなりません。それはあたかも「春霞が朗々として精神はつねに爽快である」という状態のことです。そして、音楽や唱歌が上手で、保育室の内外の遊びと恩物の使い方に慣れていなければなりません。

保育者はつねに清潔を好み、物事の秩序を正しくして、事物をきちんと整頓するくせをつけていなければなりません。これは多くの子どもたちと保育室で遊ぶに際して、例の恩物を使って様々な種類の物体や花鳥などを模して形づくったり、色彩の配合を考えたりするために必要な資質なのです。また話が上手であることもたいへん望まれるところです。けれどもこれは子どもに対して、難しく高度なことをいってきかせたり、理解できない歴史や詩を教えるということではありません。そうではなく、身近で理解しやすい昔からのよい言葉、よい行い、あるいは日本の昔話に似たところのあるイソップ物語のような、子どもが喜んできくようなものを話すのが望ましいのです。

この話ということに関しては、何もなしで話をするよりも、その事柄や、その昔話を絵に描いたものを壁にはって、話をすると一番よいのです。自然のものの話をするときも、やはり実物や標本を使って話をすると効果的です。

三、保育の注意

幼い子どもはだれでも天真爛漫でたいへん活発であるのがその特徴であります。けれども、もしも活発でなく打ち沈んだようすをしているときはどこか体の調子が悪いのですから、その顔や体の各部分をよくよく観察して、もしも異常の徴候が認められるときは、ただちに医者につれていって診てもらわなければなりません。そしてもしも子どもの家が園の近くであればすぐに親を呼び、手当の看護をし、けっして、これをいい加減にして子どもを重症に陥れるようなことをしてはなりません。

子どもはよく脳膜炎や痙攣、その他種々急性の腹痛、歯痛のような病気を時間に関係なくおこしがちです。保育者がそのことに気づかずに他の子どもたちと無理に一緒に遊ばせておいて、その後も病気にきづかずに危険に陥れることはよくあることです。このため、どんなに園の体制が整っていないところであっても、診てもらえる医者を常に確保しておいて、急の場合の備えをしておくにこしたことはありません。包帯、気付け薬、怪我をしたときに塗る脂薬のようなものをあらかじめ用意しておくとよいでしょう。そして保育者はこのような場合の応急法をひととおりわきまえておかなければなりません。

子どもは遊んだり運動したりしているとき、つまずいて転んだりして瘤などをよくつくります。このような場合、保育者はあわてないで、冷静にその怪我の場所をよくみて判断し、医者を呼ぶほどのことでなければ、自分でただちにきれいな水で洗って冷やし、発熱しないような手立てを始めなければなりません。保育者があわてて必要以上に大騒ぎして子どもの機嫌をとったりすると、子どもは大して痛くもないのに大声をだして泣き叫んだりします。このようなことからよく子どもに臆病な心が根づいたりしますのでよく注意しなければなりません。

子どもの年齢と発達の違いによって、二組か三組のクラスにわける必要があります。五歳から六歳を甲組、四歳から五歳を乙組、三歳から四歳を丙組とすると大体適切でしょう。

クラスわけをしたならば、それぞれに保育室を設けなければなりません。それに伴って机、椅子などの種々の物品も必要になります。机と椅子は二人用のものがよいでしょう。机の面には、碁盤の目の線が引いてあるのが一番よいとおもわれます。これは子どもたちがそれぞれおもちゃをこの線の中に並べて自然にその正しい位置を知るためのものです。けれども地方のいなかなどで経費が十分でない園にあってはこのようなものを設置できないことがあってもやむをえないでしょう。

園児は一部屋に三〇人から四〇人ないし五〇人までを定員としますが、園の事情によって各部屋に区分するゆとりがないときは広い部屋の最後部を五、六歳児とし、それより手前をそのつぎの年齢のものとし、最前列は一番幼い子どもたちを居させるという方法もあります。

ただし、このやり方は、人数がとても少ない場合はかえってやりにくいことがあるので、このことについてはあとで少し述べることにしましょう。

保育の継続時間はそれぞれ三十分以上でないのが普通です。しかし、五歳児の場合、その内容によっては四十分あるいは四十五分にしてもさしつかえありません。けれども何の意志力も知力も必要としない遊びに無理に引き込むことはよいことではありません。子どもの数に見合ったおもちゃ、紙類をことごとく備え、また一斉保育時間外の遊びにあてる品も少しは備えておくことが必要です。たとえば男の子のためには、ドッジボール、木の鍬、その他危険でないおもちゃ類、じょうろなど、また女の子のためには、糸でつくったまり、羽子板、台所の道具などです。

二十恩物のうち第一から第六までは全部物体をあらわします。第七の板並べは、子どもがすでによく知っている物体の一側面を想像力でもってあらわすのでその力を養うためのものです。環並べ、箸並べのようなものはさらにすすんでいて、そのわずかな部分でもって全体を想像させる能力を養い、ますますその力を堅固なものにするためのものです。そのほか、紙きれ、糸を使って紙縫いや紙刺しをつくる感覚を育てるというのが順序通りのことです。保育は大体朝十時から始め、午後二時に終わります。この間、室内の保育をするのは、十時から十一ないし十二時までとして、お昼ご飯を間にはさんで、二時までをあわせて二時間程度としてこれを保育時間とします。その時間配分は後ろのほうをご覧ください。

お昼ご飯は園の都合によって子どもたち全員に給食をだしてもよいのです。貧乏な家のこどもにはこれがもっとも適しています。しかし普通の幼稚園ではそれ相当の食費を納入してもらいます。

食堂は別に設けるのが最良です。

四、保育の方法

多くの子どもたちがみんな元気よく集まったら、真ん中の廊下またはその他の適当な場所に一列に並ばせて、保育者がこれを整え、もしもいたずらをしたり、あるいは他の子どもに対して意地悪い行動をとったりしていたらそうしないように注意をし整頓させて保育室に導きます。そしてそれぞれ席についたらピアノに合わせてその日のあいさつをし、つづけて保育者がもう一度奏楽をし、これに合わせて歌を一同でうたわせます（歌い方はクラスにわけてうたわせてもいいのですが、これはそのときの都合で適当なやりかたを選べばよいのです）。なおこれには二十分ぐらいが適当な時間です。歌がおわったらピアノにあわせて歩かせ一列または二列にして保育者または助手が先導して、それぞれの保育室に入ります。あいさつがすんだら、第一から第六のなかから一種類を選び（子どもたちのなかから一番しっかりした者を指名して恩物を配らせますが、子どもの励みにするためにときにはこのことをさせます）、子どもたちにやり方の見本を示すため保育者は前もって伏せておいた箱に左手をかけて押さえ、右手でふたをあけ、一、二、三の号令で一斉に箱をあげて中身をあけさせたらふたを箱にもどさせ、棚または机上の邪魔にならないところにおかせます。そしてまずどんな形であるかをきいて、徐々に順序を追って構造の物体をつくりそれが何であるかをききます。なるべく子どもから多くの考えをひきだし、その中から比較的に確実な答えをだしたものをとりあげ、十分ないし十五分ほどは保育者がやったとおりにします。それから十五分ほどは今度は子どもが好きな様々な物をつくり楽しんだら、時間をみてすみやかに箱にしまわせ、こうして自然に物の順序のくせをつけます。それから遊戯室に行き遊びます。遊びのかわりに簡単な体操でもよいのです。これに奏楽があればなお一層よいことです。保育者は時間を見計らって教材の使用のゆとりを子どもたちに与え、助手はこの間にお昼ご飯の用意をします。

つぎに遊びの例をあげておきましょう。

家鳩　民草　水魚　猫鼠　盲人　環木　蝶々　此門　兄弟姉妹　風車
この他にももっとあるでしょう。保育者は種々の案をつくって遊びにする歌詞やしぐさの工夫もして、前のを新しいのとかえるつもりでなければなりません。

体操については次のとおりです。多くの子どもたちに手をつながせ大きな環をつくり、保育者も一緒にその中に入ります
第一　からだの屈伸。一、二、三、四、五、六、七、八。

第二　右の足を前にださせ、そのままからだを屈伸させる。号令は第一と同じ。

第三　左足と右足とくっつけて同じにする。

第三の動作が終わったら、そのまま遊戯に移り、一人の子どもを環の中に立たせ、その他の子どもの誰かを指名させます。その指名された子はすぐに真ん中にいる子のところにやってきてお辞儀をします。互いにお辞儀をかわし居場所を交換します。このようなことを三、四人にやらせてから、他の遊びに換えてもよいのです。ただし、今あげた遊びは三歳児、四歳児にむいているでしょう。

五歳児、六歳児の場合は、大体しぐさのある遊戯をし、その活発さと規律によって子どもの心性を爽快にしなければなりません。時間を三十分とします。またときには、十五分ないし二十分は与えられた遊びをし、その後はしばらく自由に遊ばせてもよいのです。いずれにしても、子どもが遊びを楽しんでいるかどうかをよく見ておくことが大事な点です。

五、保育者の心得
つぎに保育者の心得るべきことを二十五条にわけて述べておきます。

一　子どもはその年齢と発達に応じて保育しなければなりません。間違っても子どもをおとなと同一視してはなりません。

二　子どもを導くにあたっては決して急いではなりません、保育の仕事はみな遊びを通して行われると考えていれば大きな誤りはないものと思われます。

三　保育室の内外に関係なく、あいさつをする場合はよく注意してあいさつをさせなければなりません（例えば園長あるいは他人であってもあいさつしなければならない場合等のことです）。

四　遊んでいるとき物をこわしたりするのが子どもの常ですけれども、その物によってはとくに害がある場合は子どものやったこととして放任したりせずに、それから先のことをよくよく注意しておかなければなりません。

五　園庭を散歩するとき花を折ったり、草木の芽をつみとるのが子どもは好きですけれども、やたらにこのようなことをさせると、きれいな花を見ることができなくなるだけでなく、鳥がこれにとまってさえずったり、蝶々がこれに舞ったりする場をなくしたり、おいしい果物が実を結ばなくなるので、このようなことをする子どもたちにいいきかせなければなりません。

六　おもちゃをこわし、めずらしい草木を見ると枝を折り、花をつむという、子どもにありがちな特徴は、心身や知能が発達するにつれてでてくる行動なので、やたらにとめるべきことではありませんが、適切にいましめてはおくべきで、何かに害がないときにだけ容認するにとどめるべきであります。

七　子どもがわがままをいうときはあまりはげしく叱らず、しかし、断固として弱腰ではなく、かつ穏やかにいいきかせなければなりません。

八　保育者はなるべく子どもにふさわしいことばで話すのがもっともよいのですが、中途半端な幼児語などを使ってはなりません。

九　唱歌はなるべく歌の内容がわかりやすく、抑揚がやさしいものを歌わせなければなりません。おとなにとってはおもしろい歌であっても、子どもはおとなと違いますから、四拍子のなるべく勢いのよい歌を選ぶべきです。

十 保育者が保育しているとき、きまった時間内では子どもの気ままを許してはなりません。もしもたびたびこれを許すと子どもは傲慢でわがままな性格になります。

十一 恩物を与えていつも物の整頓をするくせをつけなければなりません。

十二 会話はもっぱら簡単な、家庭でのこと、幼稚園の行き帰りに見聞きしたことなどとします。（たとえば、つぎのような会話です。「今朝幼稚園にくるとき何か珍しい物を見ましたか。」「ではそのことを話してみましょう。」あるいは「お家で犬とか猫とか馬とかを飼っていますか。」「何も飼っていません。」「でもどこかよその家で飼っているのを見たことがあるでしょう。たとえば、馬だったら耳が二つで、たてがみがあって、その他何がありますか。知っていることをいってごらんなさい。」「知りません。」「では誰か知っている人がいたら手をあげてごらんなさい。」などなど。）このような会話は子どもの思考力を具体的にひきだすものなので、なるべく多く会話したほうがいいのです。

十三 道徳とか自然物の話は一番簡潔で理解しやすいたとえばなしのようなものが良心を育てるのに適しています。

十四 物の害になったり、人に妨げをもたらすような悪いことはどのようにささいなことでも許してはなりません。保育者の権威によってこれをよく押さえなければなりません。

十五 もしも子どもがうそをいってそれに相応しい処分をしなければならない場合、厳しくは保育室から追いだし、あるいは他児と同じに恩物を与えないで部屋の一隅に立たせておきます。

十六 保育者は慈悲深く、親切でなければならず、いやしくもえこひいきなどをしてはなりません。

十七 保育者は気長で温和でなければなりません。

十八 子どもに乱暴な言動をとらせてはなりません。

十九 保育者は爽快で生き生きとしていなければなりません。

二十 子どもが他児とつきあうときは友情の念をもってすべきことを教えなければなりません。

二十一　小さな虫、小鳥、小さな植物といえども、残酷な扱いをすることのないよう教えなければなりません。
二十二　子どもは年上の人のいうことにけっして逆らってはいけないことを教えなければなりません。
二十三　正直、温和、純真は子どものよい資質です。保育者はこれを保育日誌に記録しておくとよいでしょう。
二十四　保育者はことに細かいところにも注意をむけなければなりません。
二十五　諺にもあるように、今日の子どもは明日のおとなであります。また、子どもは大人の師であるともいわれます。たとえば、かつてある幼稚園で降園の際に、子どもたちが喜んで群れをなして帰ろうとするとき、一人の子どもがふざけながら帰りかけました。ある子は行儀よくして帰りました。保育者は子どもを見送るにあたり、あまりに度をすぎてふざけているその子をいさめました。ところが、その子は、自分はA男のやることをまねしているのだというではありませんか。それをきいて保育者はいいました。あなたはA男のまねをしているといいますが、それではわたしはあなたに何も教える必要がありませんね。どうしてかというと、わたしは毎日あなたたちを教え導くために、あなたたちと一緒に喜んだり、楽しんだりしているのです。それなのにあなたが悪い子の行為を学んでいるのだとしたら、わたしはあなたに何を教えても無駄なことです。このようにいさめたところ、その子どもは大変恥じた様子で帰りました。その夕方、お手伝いさんに連れられてその子は保育者のところにきて謝り、以後このようなことをけっしてしません、許してくださいといいました。これによって保育者もまた大いに学ぶものがあったといいます。これはいわゆる子どもは大人の先生でもあるということの一例ともいえましょう。

三 「保育の栞」の謎と意義考

（一） 執筆の時期

まず、この項では、「保育の栞」の執筆の時期についていうと、「當時少しばかり書き置きたるもの」が「一点の文書」を意味しているのか、または「数点の文書」を意味しているのかによって事情は異なってくるが、倉橋が『日本幼稚園史』でいう「女子師範學校附屬幼稚園在任中の折りに書かれた」（二）とは必ずしもいえないし、文部省の『幼稚園教育百年史』にあるように執筆時期を明治十二年（三）（一八七九）と明快に特定できるわけでもないのは以下のような理由による。

・「保育の栞」には芙雄が明治二十年（一八八七）の渡欧以後習うことになるフランス語の“Vouloir c'est Pouvoir”「精神一到何事か成らざらん／求めよ、さらば与えられん」が挿入されていること。

・明治十五年（一八八二）十二月、文部卿代理九鬼文部小輔の示諭（四）で登場する「簡易幼稚園」の名称が出ていること。

・原文にイタリア視察の影響をうかがわせる「貧民幼稚園」の用語が使われていること（二葉幼稚園等の影響でもある）。

・恩物の名称の多くが明治十年代後半又は明治二十年代に使われたものであること。

・後に起きる「恩物保育批判」に関する記述があること。

・メーソン指導以降と思われる唱歌についての認識が見られること。

ここに見られる「フランス文」、「簡易幼稚園」、「貧民幼稚園」、「恩物の名称」、「恩物保育批判に関する記述」、「唱歌に関する認識」などは、「恩物保育批判に関する記述」と「唱歌に関する認識」はかなり後の認識の投影と見ることができるため、昭和三年（一九二八）の「浄書」の際に挿入されたとも考えられるが、他の四点は明治十年代中頃から明治二十年代中頃までの「事柄」に関係する記述である。

豊田芙雄は自身資料を良く保存した人であるが、芙雄の子孫も、度々の水害、火災等に遇いながらもそれらを大事に継承してきており、現在、高橋清賀子家文書及び芙雄から提供されてお茶の水女子大学に残る、幼稚園教育草創期の芙雄の保育関係文書には、明治十一年（一八七九）三月から明治十二年（一八八〇）二月まで、芙雄が保母見習科の保育法の講義に用いた、松野クララの講義を自ら編集した「代紳録　全」と「代紳録　二」があり、鹿児島長期出張中（最初半年の約束が、半年延期、さらに三カ月延期となる）の明治十二年（一八八〇）暮れから翌年初めくらいに、改めて「浄写」したかと思われる「代紳録　一　浄写（松野久良々口授聞書）」があり、明治九年（一八七七）十一月から翌年三月の間に「傳習」された松野クララによる講義の一つ「恩物大意」（口授聞書）などがある（鹿児島時代に作成された「代紳録　三」もあったが現在のところ所在確認はできていない）。

明治十年（一八七七）前後の豊田芙雄の「手記類」と「保育の栞」は、いずれも文語体による記述であるが、文章の書き振りはかなり異なっており、前者は漢語調がかなり残っているが、後者は柔らかくより読みやすいものとなっている。したがって、「保育の栞」は明治十年（一八七七）頃の記述をそのまま忠実に筆写したものでないことは確実である。

もし、「一点の文書」として「原・保育の栞」のようなものがあったとしたら、欧州からの帰国後、明治二十四年（一八九一）一月、東京府高等女学校の教務嘱託となり、担当科目の一つ幼稚園保育法の講義をした際に作成したものと考えることはできる。文言等の問題からすれば、そうした推測も無理はない。豊田芙雄の性格からいっても、また文部省の指示を受けて、欧州の女子教育だけでなく、幼児教育を調査し帰国したばかりであったことからいっても、東京府高等女学校の幼稚園保育法の講義に古い「代紳録」等をそのまま使うとは思えないからである。

しかし、「當時少しばかり書き置きたるもの」が「数点の文書」であり、それらを昭和三年（一九二八）の時点で整理し「浄書」したものとすれば、「保育の栞」は明治十年（一八七七）前後から明治二十年代半ばくらいまでの幅広い文書を含むことになり、執筆時期を一点に絞り込むことはできない。

つまり、「保育の栞」の執筆時期を断定することは難しいといわなければならないが、ただ、「保育の栞」で重要なことは、先程の若干の文言の問題を除けば、「保育の栞」に盛り込まれた内容は、ほとんど大部分が豊田芙雄が明治十二年前に習得していた保育理解であり、「代紳録　全」や「代紳録　二」あるいは「恩物大意」等に記述済みのものであるという点にある。

（二）　内容の特徴―「代紳録」等との関係―

「保育の栞」の構成（目次）は次のとおりである。

一　幼稚園
二　恩物
三　保姆の資格
四　保育の注意
五　開誘の方法
六　保姆の心得

まず、〈一　幼稚園〉とは何かという「そもそも論」から始まるわけであるが、集団による学びの効果の原理から、幼児の成長を植物の生長に準える自然主義的な自動成長論に及び、フレーベルの恩物あるいは遊戯は「小兒天稟の良智良能を開誘し、その健康を助けしむる基礎（五）」となることなどを説いている。

これらのことは、中村正直の訳述、桑田親五、関信三の訳書、松野クララによる保育法の「傳習」によって、明治十年代初めには芙雄にとってすでに習得済みであり、特に幼児を草木の生長に準えることは、芙雄の手記類や、保姆見習生の終了式、鹿児島女子師範学校の開校式の挨拶等でしばしば触れられていることは、本書で繰り返し記述してきたとおりである。

〈二　恩物〉については、まず二十恩物について述べているが、特に恩物について「これ等を活物視せざる等より往々にして難事も亦尠しとせず。又それに係らず幼稚園を論ずるもの此の原則を非難し却って兒女の發育を妨ぐるもの如く認識するものあるも又止むを得ざるなり（六）」とあるのは、明治中期頃からアメリカで始まり、明治後期、大正期にわが国にも影響を与えた「恩物保育批判」を知った上での記述であり、「浄書」期の認識の投影である。

実は「代紳録」等にも、恩物による指導が無理強いになってはいけないこと、恩物を忌避する子どもには、相応の対応をすることなども記述されているが、「恩物保育批判」を受けて、恩物保育の問題点についてもさらに深い理解をしていたのであろう。しかし、ここでも芙雄は恩物の効用自体を否定しているわけではない。

また、二十恩物以外に「碁石、キシャゴ、貝等を備へ置きて數へ又は並べ等を爲して兒心を娯しましむるに供す（七）」とあるが、これらも幼稚園草創期から取り込まれていた遊び（学習）である。また個々の幼児に「庭園の廣狭により て或は三尺四方位（八）」の花壇を与え栽培をさせたのも初期の幼稚園で普通に実施された活動である。

また、〈三　保姆の資格〉についても、ほとんど草創期に求められた条件ばかりである。保姆は、温和、爽快活発、懇篤、慈愛にして、物毎に注意周到であり、忍耐強くなければならないとしている。また、音楽唱歌に熟練し、室内外の遊戯と恩物の使用法とに熟練すべきであるとし、さらに清潔、整頓を尊び、美術の想がなければならないとしている（九）。また、説話に関する記述の「空談をなすよりも其事柄又昔噺等の圖書を設け之を壁上に掲げて説明するを最も良しとなす博物の説話をなすも矢張り實物或は標本に就きて説明するを良とす（十）」なども、文字や言葉だけに頼らないフレーベルの五感に訴える保育であり、また実物主義の保育であり、芙雄らも最初期から実践していたものである。

〈四　保育の注意〉では、幼児の体調、疾病等には常に目を配り、何らかの兆候があればすぐに対応しなければならない、ということは、幼稚園開園当初から強調されていることである。

また、年齢と発育により組分けをし、各開誘室を設け、机腰掛他必要な物品を揃えるが、「机腰掛けは二人用のものを以て宜しとす」（十二）なども幼稚園発足期から考えられている。机は碁盤目状の線が刻まれたものを最上とするといいながら、「然れ共僻村等の經費十分ならざる園に在りては往々不完を免れ難し」（十二）といった補足説明は、鹿児島幼稚園創設の経験、簡易幼稚園設置の必要性などを知るにつれ、理解を深めていったものであろう。

同じ趣旨で、幼児は一室三〇人より四、五〇人を定員とするが、園の都合（経済的事情）で広い部屋で年齢グループに分けて保育する方法もあるとしている。

開誘の時間については当時の考えに沿って「各々三十分より多からざること大方の規則なれども五年の幼兒には業によりては四十分或は四十五分を課するも妨げなし」（十三）としている（恩物の詳しい説明については二の口語訳を参照）。

〈五　開誘の方法〉についても、豊田芙雄の初期の手記に記述されたもので、元気良く集まった幼児を中央の廊下あるいは適当な場所に一列に並べ、遊戯室に誘導して、それぞれ席に着かせ「奏樂一聲と共に本日の禮を述べ」（十四）続いて再び保姆が奏楽をし、一同に唱歌を歌わせるとしている（唱歌は各組毎でもいいし全組一緒でも良しとしている）。

その後、保姆又は助手を先頭に、再び一列ないし二列をなし、奏楽に合わせて各開誘室に誘導し、各室で、簡単な修身の談話又は博物標本を示しての二、三〇分の話などを始め、放課を挟みながら恩物等の活動をすることを記述しているが、これらもほとんど幼稚園初期の保育内容、方法である。具体的な恩物活動の一例は次のとおりである。（十五）

保姆幼兒に向ひ、今や余が爲せし如くなすべしとて豫め伏せ置きたる函に左手をかけ押へ右手を以て蓋を引あけ一、二、三、の號令と共に函を揚げ蓋をば函中に収め机案の棚或は机上の妨げなき所に置かしめ先ず形體の問答をなし徐に順序追ひて模造物体を作りその回答を試み成るたけ小兒の考案をひかしめ中に就き稍確實なる答を爲したるを採り斯くして十分乃至十五分間は保姆の與ふる規則により、此の外に十五分間は小兒随意に種々模造體を作らしめその興に任せ時を測りてすばやく函中に取納めしめ豫て自然に物の整頓を導きて遊戯室に至り遊戯をなす。

「恩物大意」あるいは「代紳録」等を見ても、当時の恩物保育の実情はこのようであるが「一、二、三、の號令と共に」といったあたりにも当時の恩物使用法の形式主義の最たるものが見られる。

また、芙雄はここで遊戯、体操などにも触れているが、遊戯の例としては「家鳩　民草　水魚　猫鼠　盲ひ　環木　蝶々　此門　兄弟姉妹　風車」[十六]が挙げられており、いずれも古い遊戯及び唱歌で明治十年代初頭のものである。

＜六　保姆の心得＞は、「二十五條」で示してあるが、文言の多少の違いはあっても、これらもほとんどが明治十二年（一八七九）前の豊田芙雄の手記類に記述されているものばかりである。一々は二の口語訳を参照してもらうことにするが、幾つか例を挙げると、（一）は、当時の保育者や芙雄が当時から度々繰り返して述べているもので「（一）小兒は其の年齢と發育とによりて開誘すべし。苟も成人と見誤ること勿れ。」[十七]としている。今ならば当たり前のことであるが、豊田芙雄らも明治十年（一八七七）頃にはすでにこうした認識を持っていたのである。（二）には、「（二）小兒を導くに必これを急にするを要する勿れ。開誘の仕事は皆遊戯と心得たらんには大なる誤ちなかるべし。」[十八]と「遊び（行為）による学び」が説かれているが、これも幼稚園草創期から明治三十四年（一九〇一）発行の『女子家庭訓上・下』に至るまで芙雄が強調していることである。

（五）は、これも早くから芙雄が認識していたことであるが「（五）　庭園に散歩する時花卉を折り、草木の芽を摘み取るは小兒の好む所なれども猥りに之をなさば美しき花を見ることを得ざるのみならず、鳥これに囀り、蝶これに舞ふ所を失ひ、このましき果實も亦結び難きことを諭すべし。」[十九]としており、（六）も同趣旨であるが、これらは好奇心からくるもので、あながちに抑制すべき事ではないが適切に戒むべきだとしている。

（九）は、豊田芙雄や近藤濱が最も苦労した唱歌について触れ「（九）　唱歌はなるたけ歌詞の解し易く、抑揚簡易なるを歌はしむべし。大人の面白く歌ふとも、兒童は大人の如くならざれば拍子は四つ拍子にて曲節の活發なるものを撰ぶべし。[二十]」としているが、これは一部を除き明治十二年（一八七九）前後の認識ではなく、幼稚園は他校に遅れたが、明治十四年（一八八一）九月、メーソンによる指導以降の認識である。

（十五）は、大変厳しいことが書かれていて「（十五）　兒童若し虚言を言ひたるより相當なる處分を要せんとする時は其重きは保育室に放ちやり、或は群兒と等しく恩物を與へず室の一隅に獨立せしむる等是なり。[二十一]」となっており、現在ならば体罰に相当するところであるが、当時は容認されていた厳しい指導のあり様といえよう。ただ、豊田らの保育は優しさが基本であって「（十七）　保姆は氣長く温和なるべし。[二十二]」という認識が根底にあり、幼児を温かく保育すべきことは「代紳録　全」など各所に記されている。

（二十五）の冒頭には「（二十五）　諺に曰、今日の小兒は明日の大人なり。又曰、小兒は大人の師なり。[二十三]（以下略）」とあり、「小兒は大人の師なり」はフレーベル主義保育の翻訳書に登場している言葉であり、また豊田の他の手記にも見られる言葉であるが、芙雄もこれに深く共鳴していたのである。

以上のように、「保育の栞」の大部分は、豊田芙雄の最初期の保育認識が綴られたものであり、一部指摘したような、後の認識が投影された部分は、むしろきわめて限定的であるといえる。

（三）　現代の保育との繋がり

豊田芙雄らが学んだ草創期の幼稚園教育は、内外において、恩物保育の形式化が批判されるようになり、ついには恩物は物品箱に一緒くたに放り込まれ、ついでに豊田芙雄らの信奉した保育観までうち捨てられ、明治初期の保育と現代の保育とは完全に連続性がないかのような印象を持つ人もないではない。

確かに、恩物保育は導入時点から、形式主義を伴っており、幼児の心理や生理と合致しない部分があった。したがって、これが批判され、幼児教育の世界から放擲されたのはやむを得ないことであった。

ただ、恩物は周到に構成された幼児のためのいわば「総合的カリキュラム」であって、本来はお仕着せの定型的活動に終始すればいいというものではなかった。恩物は球の遊びに始まるが、単なる運動遊びではなく、フレーベルは球を玩ぶことによって、乳幼児に無意識裡に「宇宙（世界）」を感知させることをねらっていたのである。豊田芙雄訳の「六の球」の歌などもまさにこれを表している。また、「代紳録　全」などでは、恩物の全活動を通して、反対一致、部分と総合の原理が繰り返し語られるが、これもフレーベルとしては幼児に世界の成り立ちの根本を感得させることをねらっていた。また、「保育の栞」にもあるように、たとえば二十恩物にはすべて営生（生活上の知識・理解の学習）・修学（数・幾何の学習）・美麗（美的学習）が含まれていたが、恩物はまた唱歌、遊戯、説話と切り離された活動ではなく、これらとも連関するように仕組まれた総合的活動であった。このように、フレーベルの恩物保育は周到に構成され、その目的は深遠、高邁なところにあったが、しかし、形骸化もまた早かったのである。

恩物は物品箱に放り込まれ、現代保育と直接の連続性があるとはいえないが、六球法はボール遊びとして、積体法は積木として、図画法や模型法は造形表現として、手技的活動は折り紙などとして現在の幼稚園でも、在り方、形態を変えて継続されている。

また、わが国の幼児教育が、明治末、あるいは大正時代に入って刷新されたのは、主に保育の具体的な内容や方法にいえることであって、倉橋惣三なども フレーベルの保育思想そのものを否定したわけではない。アメリカのジョン・デューイもフレーベル主義保育の形式主義的方法を徹底的に批判したが、それはフレーベルの精神をより生かすためであって、デューイはフレーベルの唱えた「さあ、子どもらに生きようではないか」を最も好きな言葉として記述している。倉橋もデューイもフレーベルの保育思想まで否定したわけではないのである。

今さら恩物保育の復活を唱える人はほとんどないが、幼児期、母親から与えられた恩物で遊び、成人後に世界的に有名な建築家となったフランク・ロイド・ライト（注：日本では帝国ホテル、自由学園幼稚園などを設計している。作品には恩物の影響の強いものがある）などの例もあることからすれば、恩物には人を育てる「何か」はあるといえる。今後とも研究として恩物を再吟味することは無益な営みではないであろう。

「保育の栞」からも読み取ることが可能であるが、中村正直、関信三、松野クララ、豊田芙雄、近藤濱らは、かなり早い段階から、フレーベルの「行為（遊び）による教育」、「集団による相互作用の原理」、「自発性の重視」、「個性の尊重」、「五感による教育」、「想像力の育成」、「創造性の涵養」などは習得済みであり、こうした幼児教育の基本的認識は、翻訳物や「代紳録　全」や「恩物大意」等の随所に見出すことが可能である。

明治初期の保育と現代の保育の間には、すべての面で断絶があるわけではなく、当時導入され、定着化された保育観は、人から人へと影響を与え続け、大地に水が染み込むように広く深く浸透してきたのである。

四　残された課題

豊田芙雄の「保育の栞」においては、執筆時期の特定以上に、内容の大半が明治十二年（一八七九）以前の保育理解であるという事実の方が重要であるとはいえ、執筆時期の事情をより明らかにすることは必要であり、今後もその努力をすべきであることはいうまでもない。

また、同時に、「保育の栞」と数種の「代紳録」や「恩物大意」の内容の相違についてより精査することも課題である。

豊田芙雄らの直輸入の恩物保育は元々大きな問題を孕んだものであったし、芙雄らが翻訳し、改訳した遊戯唱歌の歌詞や伶人らが作った雅楽調の曲は、多くは子どもらには難しく馴染みにくいものとなった。しかし、豊田芙雄らが受け継いだフレーベルの保育の原理は現代までずっと継承されてきており、そうした側面では断絶は見られないことを「保育の栞」は示している。

つまり、関信三や、松野クララ、豊田芙雄や、近藤濱、横川楳子らの「保育」はすべてが過去のものになったわけではないのである。そうした評価を現代の保育者が持つことも、最も大きな課題の一つというべきである。そうでなければ、重い病気を抱えながら死に急ぐかのように幼児教育の翻訳や著述に励みついには早世した関信三や、それぞれ家庭的事情を抱えながらも、全力を挙げて、フレーベル主義保育の導入と定着に苦闘した松野クララ、豊田芙雄、近藤濱、横川楳子、氏原鋹らに対する正当な歴史的評価を与えることはできない。

中村正直、関信三、松野クララからフレーベル主義保育の紹介を受け、実践レベルで苦闘し、創意を加味しながらそれを定着化していったのは、豊田芙雄、近藤濱、横川楳子、氏原鋹らである。彼女らこそわが国の幼稚園教育を切り拓いていった最初期のスタープレーヤーだったのである。

また、豊田は「保育の栞」の遊戯に関する補足説明で「保姆は種々新案を以て遊戯に充つる歌詞所作をも工夫し、古きに換へしむる意匠あるべし。[二十四]」と述べているが、これまでも記述してきたように、豊田や近藤は最初期からこのような「創造的姿勢」を保っており、こうした姿勢は現代の保育者にとって最も学ぶべき課題の一つといえる。

また「保育の栞」中の「保育者の資格」に関する部分を改めて取り上げると次のように記されている。「保育者というものは、毎日、自分の心を温和にして、爽快で生き生きとするようにし、なおかつ親切で情け深く、物事に対しては注意が行き届いていて、そして忍耐強くなければなりません。それはあたかも〝春霞が朗々として精神は常に爽快である〟という状態のことです」。わが国幼稚園保姆第一号、豊田芙雄が思い描いていた保育者像は、現在の保育者養成の場においても、今なお通用する「あらまほしき（そうあってほしいと願う）保育者像」といえるのではなかろうか。

〔注〕

一　倉橋惣三・新庄よし子『日本幼稚園史』臨川書店　昭和五年初版　昭和五十五年復刻版　四〇四頁

二　同右　四〇三頁
三　文部省『幼稚園教育百年史』ひかりのくに株式会社　昭和五十四年　九一二頁
四　同右　九一七頁
五　前掲　倉橋惣三・新庄よし子　四〇五頁
六　同右　四〇八〜四〇九頁
七　同右　四〇九〜四一〇頁
八　同右　四一〇頁
九　同右　四一〇頁
十　同右　四一一頁
十一　同右　四一二頁
十二　同右　四一三頁
十三　同右　四一三頁
十四　同右　四一四頁
十五　同右　四一五頁
十六　同右　四一五頁
十七　同右　四一八頁
十八　同右　四一八頁
十九　同右　四一九頁
二十　同右　四一九頁
二十一　同右　四二〇〜四二一頁
二十二　同右　四二一頁
二十三　同右　四二一頁
二十四　同右　四一五〜四一六頁

〈高橋清賀子《すがこ》・野里房代〉

第八章　鹿児島女子師範学校附属幼稚園の開設と保姆養成

一　鹿児島女子師範学校附属幼稚園設立の背景

（一）鹿児島県の女教員養成及び社会状況

鹿児島女子師範学校附属幼稚園（以下、鹿児島幼稚園と略す）は、日本人で最初の保姆となった豊田芙雄が開設に携わった、日本で二番目の幼稚園であることで、幼児保育史上よく知られている幼稚園である。しかし、なぜ東京から遠く離れた鹿児島県に最初の公立幼稚園が開設されたのか、その理由はこれまで幼児保育史上謎であったといってもよい。まず初めに、鹿児島幼稚園開設の背景について、鹿児島県の女教員養成の視点から考えてみたい。

鹿児島県の女教員養成は、明治八年（一八七五）に小学正則女子講習所から始まった。（一）これは、日本で最初に開設された東京女子師範学校と同時期という、他の地方と比較して非常に早い開設であった。鹿児島県における女教員養成は、西南戦争により一旦中断したものの、明治十一年（一八七八）に再開された。後年、幼稚園が女子師範学校の附属として開設されたことを省みても、女子教育に対する意識が高かったことは、鹿児島県の地域的特徴の一つとして特筆すべきことである。

また、当時鹿児島県から東京女子師範学校保姆練習科（以下、保姆練習科と略す）に派遣された櫻川以智によると、「明治十年の戦争で、鹿児島は教育がおくれてしまったので、学校を建てることに苦心し、幼稚園も建てたいというわけで、専心教育の普及をはかったおかげで、却って他県よりも早く幼児教育に着手することができました（二）」と、西南戦争が与えた影響を、開設の理由としてあげている。

明治十年（一八七七）二月に私学校生徒の暴動をきっかけに勃発した西南戦争の影響で、県下の学校は閉鎖され休校を余儀なくされた。日本の近代化を推進した人材を多く輩出した鹿児島県では、近代化に伴う反動も大きく、結果として西南戦争という人心を荒廃させる同県人同士の抗争を引き起こしたのであった。明治十一年（一八七八）四月八日付けの太政官大書記官本田親雄に宛てた大久保の書簡に、大久保は在京の鹿児島人に呼びかけ義援金を集め、鹿児島に送りたい旨を残している。その義援金は主に学校教育資金として使われた。同年、鹿児島師範学校が、山下町の鹿児島県庁の構内へ新築移転し、女子師範学校も鹿児島師範学校の構内に仮設された。翌年一月に女子師範学校は、県庁の北方約一〇〇ｍに新築され、隣接して鹿児島幼稚園が開設された。

しかし、西南戦争直後の鹿児島における教員養成は困難を極めたといえる。『鹿児島県教育史』によると、その当時の鹿児島師範学校では、十八歳以上四十五歳以下の男子三〇名を募集し、入学試験を課している。しかし、応募者は少ない時は一名であり、多くても一〇名くらいであった。また、修業課程は四ヵ月であったが、年度によって増減があり一定していなかった。その原因として、西南戦争によって多数の青少年が死亡したことと、県全体が経済的困窮に陥ったことがあげられる。

明治九年（一八七六）制定の鹿児島県師範学校規則をみると、生徒の募集年齢は十八歳以上三十五歳以下であり、修業期間は二年間であったことと比較すると、入学の条件はかなり緩和されている(三)。このように、規則を緩和して修業期間を短縮し、学費貸与等の就学奨励に努力しても、この当時の男子の教員志望者を増やすことはできなかった。鹿児島県にとって、女性の教育力の育成は、社会的な必然性があったといえる。

（二）　県令岩村通俊の幼稚園構想と保姆派遣の要請

明治十年（一八七七）三月十日、鹿児島県令の大山綱良は逮捕、解任された。西南戦争の後処理のために、新しく県令として派遣されたのは、岩村通俊（以後、岩村と略す）(四)であった。岩村は天保十一年（一八四〇）六月十日、高知県宿毛で生まれた。通俊には、岩村高俊と林有造という弟があり、「岩村三兄弟」として知られた土佐藩出身の政治家であった。

岩村の政治家としての略歴を記すと、山口県で裁判所長として萩の乱を迅速に処理した功績を大久保利通に認められ、明治十年（一八七七）から三年間鹿児島県令を勤めた。岩村は、罹災者や捨て子を救うための救恤所を設置し、児童の養護にも着手した。そして、大久保利通の期待通り、岩村は県民を賎視せず、鎮撫救恤を主とした政策を実施したのであった。その後の岩村の政治家としての足跡をみると、明治十九年（一八八六）から明治二十一年（一八八八）までの北海道庁初代長官時代にも、札幌尋常師範学校や小学校簡易科を開設し、児童の教育を重視した政策を行っている。

岩村の幼稚園構想の理解者としては、当時文部卿であった西郷従道の存在が考えられる。西郷従道は、息子従理を東京女子師範学校附属幼稚園に入園させていたことから、豊田とも面識があり、鹿児島への保姆派遣の実現に向けて助力したと考えられる。一方、開園して約三年しか経過していない東京女子師範学校附属幼稚園にとって、豊田を派遣することは大きな痛手であったに違いない。しかし、西郷隆盛が最も尊敬した水戸藩士藤田東湖の姪でもある豊田をおいて、鹿児島幼稚園開設の適任者はいなかったのである。岩村が強く要望した幼稚園開設に、大久保利通や西郷従道が、故郷の未来を担う子ども達に、鹿児島の再生の夢を託したのであろう。

鹿児島への出張を命じられた豊田は、遠く離れた鹿児島での幼稚園開設の責任の重大さや、兄桑原力太郎が西南戦争で官軍として参戦し、戦死をしたこと等複雑な思いがあったことと思われる。出張の辞令は、明治十二年（一八七九）一月二十四日であったが、その出立前に豊田は「拝神の辞」を書き、中村正直に添削を依頼した。その内容は、「私は今幼稚園開設の業に就こうとしているが、真実なる神に祈ることを忘れてはならない」という自戒の言葉で始まる。そして最後に「願わくは真神吾らを助け、吾らをして汝を愛敬するの心、日々に深からしめよ」という言葉で結び、日本で二番目の幼稚園開設の準備の時を過ごしている。

武村忠編『耕靄集下』（私家判。昭六）によると、同年二月三日に豊田の親友であった東京女子師範学校の同僚で日本画家の武村耕靄は、次のような別れの詩を贈ったことを記している。

送豊田君赴鹿児島
耐寒花史試官装　乍向東風竹外香
為報精神宣倍爽　西南園嚢弄春風

当時の東京から鹿児島への赴任にはかなりの日数を要した。見送る人々の惜別の情も特別なものがあったことが、この詩から窺われる。この四日後の二月二十日に、豊田は鹿児島に向けて旅立っている。豊田の手記によると、鹿児島に到着したのは、約三週間後の三月十一日であった。

（三）鹿児島県会における幼稚園開設の論議

明治十三年（一八八〇）五月十一日に開会された第一回目の県会で、県令下附の諸議案の一つであった第四号県立学校費予算審議の中では、各県立学校の再開及び設立の大要が示されている。岩村の女教員養成に関する構想は、県立学校再開のための予算書の説明における、「女教員養成ノ必要ナルハ、之ヲ内外既往ノ経験ニ徴シ之ヲ将来ニ推ス二最急務トス」(五)との記述から窺い知ることができる。

次に、幼稚園開設に関する説明では、次のような記述が残されている。「女子師範学校ハ明治十一年九月新タニ之ヲ建設シテ女教員ヲ養成シ、明治十二年ニ至リ附属幼稚園ヲ設ケ学齢以前ノ小児ノ徳性知識ヲ養成開発シ、漸ヲ以管内へ普及ナラシムルノ基ヲナセリ、故ニ将来本校ノ完全ニ赴クトキハ其効益ノ大ナル、男子師範学校ニ比スルニ過クルコトアルモ及ハサルコトナキナリ」(六)

つまり、岩村の構想した幼稚園教育の目的は、学齢前の幼児の「徳性」と「知識」を「養成」し「開発」するためであった。また、幼稚園開設の理由は、県内の幼稚園教育普及の基礎作りのためであり、女教員養成および幼稚園教育が軌道に乗ると、男子師範学校と比較して優るとも劣らず教育効果が高いと述べている。岩村は、東京女子師範学校のように、幼稚園を併設することで、教育的効益が増すと考えていたことがわかる。尚、農商学校設立のための既設県立学校予算節減について論議された中で、「女子師範学校ハ女子教育ノ欠クヘカラサルモノ」(七)という意見が出され、議会の合意を得た状況が見られる。

(四)　豊田芙雄の着任と開設当初の状況

「鹿児島通信」(明治十二年一月十九日付)に、女子師範学校の新築と、隣接して鹿児島幼稚園が開設されたことが報道され、「頗る上品」とその様子が伝えられた。豊田の着任以前に、既に園舎一棟(遊戯室)が完成し、保姆見習生一〇名と幼児三九名が募集され、豊田の着任を待ちわびていた状態であった。

豊田は三月十三日に、鹿児島県より「幼稚園開設に付き該当業務申し付く」の辞令を受けた。豊田は、その開設当時の様子を「幼稚園新設以来之景況」と題し、後に掲載した保育時間割のように四月一日から二十恩物を使用して幼児の保育を開始した。尚、開園式は四月一日に行なわれた。

高橋清賀子氏の談によると、豊田は三月に撮影された鹿児島女子師範学校と附属幼稚園の校門の看板の写真を終生大切に保管していたという。この一事からも、鹿児島幼稚園開設にかけた豊田の真摯な姿を偲ぶことができる。

二　鹿児島女子師範学校附属幼稚園の保育

（一）　保姆数と園児数

明治十年代の鹿児島幼稚園と東京女子師範学校附属幼稚園の園児数や保姆数及び園数を比較することで、本節では両園の差異について考察する。表8・1によると、鹿児島幼稚園の保姆数は開設当初は豊田一名であったが、明治十四年（一八八一）から三年間は保姆七名、明治十七年（一八八四）は保姆一名と準保姆五名の計六名、明治十八年（一八八五）は保姆一名と準保姆四名の計五名で、保姆数は平均して六名であった。園児数は、継続して九〇名の定員数をほぼ満たしていた状況であった。男女比は、多少女児が男児の数を上回っている年度もあるが、ほぼ同数である。

東京女子師範学校附属幼稚園の定員数は一五〇名で、開園当初の園児数は七五名であったが、次年度は一五八名と約二倍に増加している。しかし、明治十二年（一八七九）には園児数は九九名とかなり減少した。この年は、小学校の就学率も全国的なコレラ病の流行に因り、低下している。[八] このような社会状況を鑑みる時、東京女子師範学校附属幼稚園規則（明治十一年三月制定）が改定され、「毎月第一土曜日ニ医師ヲ招キ全テ在園ノ幼稚ヲ診察セシム」（第三条）の文章が加わったのは、集団保育における感染症の予防および園児の健康管理が、園児数を確保するために必要であったためと考えられる。しかし、鹿児島幼稚園規則には同様の記載はない。前述した『鹿児島県議会史』によると、当時の鹿児島県は明治十年（一八七七）以降コレラ病の流行が激しかったが、西南戦争のため医学校は廃止されており、第一回県会で医学校及び附属病院の設立が決定されたばかりの医者不足の状況であったため、東京女子師範学校附属幼稚園のような園児の健康管理はできなかったと考える。

男女比を比較してみた場合、鹿児島幼稚園は男女がほぼ同じ比率か、女児の在籍数が男児の在籍数を上回っている年が多かった。東京女子師範学校附属幼稚園は明治十四年(一八八一)に規則が改正され、保育課目に「読ミ方」と「書キ方」が導入された。表8・1を見ると、その年から、東京女子師範学校附属幼稚園の男児の数が増加している。明治十三年(一八八〇)までは園児の男女比は著しい差は認められないが、明治十四年(一八八一)から男女比の差異が認められる。小西信八の手記によると、東京女子師範学校附属幼稚園では多くの保護者から幼稚園では何も教えてもらわないとの不平があり、保育課目に「読ミ方」と「書キ方」を導入し、小学校の二年に入れる「つなぎの組」を新たに設置したことが記されている。(九)『文部省示諭』は「幼稚園ノ性質タル学校ト同シカラス」と幼児教育の独自性を説いているが、当時学齢未満児の小学校入学が問題となっている。鹿児島幼稚園と比較して東京女子師範学校附属幼稚園の女児の在籍数が少ないのは、附属小学校への転出等があったことも考えられる。

また、この規則改正により、創立当初の幼児の遊びを中心とした保育内容が変容したことが、男児の在籍数が伸びる一因となったと推察する。しかし、同期間の鹿児島幼稚園では、規則の変更や統計上の変化は認められないため、創立当初の保育を継続したと思われる。以上のことから、両園の園児の男女比の違いや保育内容の違いには、それぞれの保護者の要望が影響したと考える。

二　鹿児島女子師範学校附属幼稚園の保育

表８・１　鹿児島女子師範学校附属幼稚園と東京女子師範学校附属幼稚園の保姆数と園児数の比較

	鹿児島県の公立幼稚園数	鹿児島女子師範学校附属幼稚園と保育見習科		東京女子師範学校附属幼稚園と保姆練習科	
		保姆および保育見習生数	園児数（計）	保姆および保姆練習生数	園児数（計）
明治十二年	一園	保姆一名 保育見習生一〇名	男 三七名 女 四九名 八六名	保姆三名 開誘室手伝二名 保姆練習生一一名	男 五四名 女 四五名 九九名
明治十三年	一園	保姆五名	男 五八名 女 五七名 一一五名	保姆三名 開誘室手伝一名 保姆練習生一一名	男 五一名 女 五四名 一〇五名
明治十四年	一園	保姆七名	男 三二名 女 三七名 六九名	保姆四名	男 六〇名 女 三八名 九八名
明治十五年	一園	保姆七名	男 四六名 女 五四名 一〇〇名	保姆三名	男 九六名 女 五一名 一四七名
明治十六年	一園	保姆七名	男 五三名 女 六一名 一一四名	保姆三名	男 一〇七名 女 六九名 一七六名
明治十七年	一園	保姆一名 準保姆五名	男 五〇名 女 六三名 一一三名	保姆二名	男 九八名 女 七四名 一七二名
明治十八年	一園	保姆一名 準保姆四名	男 五七名 女 六〇名 一一七名	保姆二名	男 八九名 女 七八名 一六七名
明治十九年	一園	保姆五名	男 八六名 女 六五名 一五一名	保姆四名	男 一〇五名 女 六一名 一六六名

（文部省第７年報—第14年報参照）

「鹿児島女子師範学校附属幼稚園規則」（明治十二（一八七九）年十一月）

第一条　幼稚園開設ノ主旨ハ学齢未満ノ幼稚ヲシテ天賦ノ知覚ヲ開達シ固有ノ心思ヲ啓発シ身体ノ健全ヲ滋補シ交際ノ情誼ヲ暁知シ善良ノ言行ヲ慣熟セシムルニ在リ

第二条　幼稚ハ男女ヲ論セス年齢三年以上満六年以下トス

但シ時宜ニ由リ満二年以上ノ者モ入園ヲ許シ又満六年以上ニ出ルモノト雖モ猶在園ヲ許スコトアルヘシ

第三条　幼稚ノ未タ種痘ヲナサス或ハ天然痘ヲ歴サルモノ及ヒ伝染スヘキ悪疾ニ罹ルト認ルモノハ入園ヲ許サス　且既ニ入園スルモノト雖伝染病ニ罹ルトキハ快癒ニ至ルマテ来園スルヲ得ス

第四条　入園ノ幼稚ハ大約九十名ヲ以テ定員トス

但シ本校ノ都合ニヨリ増減スルコトアルヘシ

第五条　幼稚ノ募集ハ予メ其期日員数等ヲ広告スヘシ

第六条　幼稚ヲ入園セシメント欲スルモノハ第一号書式ノ願書ヲ以テ申出ツヘシ且入園ノ許可ヲ受ケタルモノハ第二号書式ノ保証状ヲ出ダシ及ヒ玩器料トシテ金五十銭ヲ収ムベシ

第七条　園中ニ在テハ保姆幼稚保育ノ責ニ任ス故ニ附添人ヲ要セス

但シ幼稚未タ保姆ニ慣馴セサル間ハ附添人アルモ妨ケナシ且幼稚自カラ往来スル能ハサレハ附添人ヲ出タシテ送迎セシムヘシ

第八条　入園ノ幼稚ハ毎月金五拾銭ヨリ多カラス三拾銭ヨリ少カラザル保育料ヲ収ムヘシ

第九条　入園ノ幼稚ハ年齢ニ由リ之ヲ分ツテ三組トス

第十条　幼稚保育ノ時間ハ毎日四時トス

但シ保育時間内ト雖モ幼稚ノ都合ニヨリ其旨ヲ申出デ退園スルモ妨ケナシトス

第十一条　幼稚在園ノ時ハ六月一日ヨリ九月三十日迄午前第八時ヨリ正午十二時ニ至リ十月一日ヨリ五月三十一日迄午前第九時ヨリ午後二時ニ至ル　但シ当分都合ニヨリ午後一時ニ至ル

第十二条　年中休日ハ本校ニ準ス

但シ臨時休日ハ其時々掲示スベシ

保育科目
第一　営生式
日用ノ器物即チ椅子机或ハ禽獣花果等ニ就キ其性質或ハ形状等ヲ示ス
第二　摘美式
美麗トシテ好愛スル物即チ彩色等ヲ示ス
第三　修学式
観玩ニ由テ知識ヲ開ク則チ立方体ハ幾個ノ端線平面幾個ノ角ヨリ成リ其形ハ如何ナル等ヲ示ス
右ノ三科包有スル所ノ子目左ノ如シ
第一恩物六球法　第二恩物三体法　第三恩物第一積体法　第四恩物第二積体法　第五恩物第三積体法　第六恩物第四積体法
第七恩物置板法　第八恩物置箸法　第九恩物置環法　第十恩物図画法　第十一恩物刺紙法　第十二恩物繍紙法　第十三恩物
剪紙法　第十四恩物織紙法　第十五恩物組板法　第十六恩物連板法　第十七恩物組紙法　第十八恩物摺紙法　第十九恩物豆
工法　第二十恩物模型法　置糸　貝ノ遊　鎖ノ連接　計数　博物解　説話　唱歌　体操　遊戯　畢

※「鹿児島女子師範学校附属幼稚園規則」は『宮崎県古公文書鹿児島県布達』の写本より抜粋した（鹿児島県立図書館所蔵）。

（二）　園舎と園庭

園舎は、東京女子師範学校附属幼稚園の園舎をモデルとした擬洋風建築であった。規則にも「入園ノ幼稚ハ年齢ニ由リ之ヲ分ツテ三組トス」と記されていることから、開誘室（保育室）は三歳～五歳の幼児の年齢によって分けられた。『文部省年報』に「同十二年五月更ニ幼稚園開誘室ヲ増設シ以テ幼稚ヲ募集ス」（十）と園舎増築について記されているが、園児数の増加により、五月に開誘室が三部屋設置された。開誘室の他に遊戯室、廊下などがあり、室内は幼児用の机と椅子、二十恩物などの教材が備えられていた。

園庭には、保育科目に「花果等ニ就キ其性質或ハ形状等ヲ示ス」と記されていることから、園児が栽培活動をする

ための花壇があり、約三〇名程度の幼児が園庭で輪になって遊戯をする広さは確保されていた。(十一)

（三）　玩器料及び保育料

東京女子師範学校附属幼稚園は、明治十一年（一八七八）の規則改正において保育料の改定がなされ、それまで一カ月二五銭であった保育料が五〇銭に引き上げられ、貧困家庭に対する免除措置も廃止となった（第八条）。そして、入園時にも玩器料として五〇銭が徴収されることになった（第六条）。また、「幼稚未ダ保姆ニ慣馴セザル間ハ、員外開誘室ニ於テ保育スベキヲ以テ附添人アルモ妨ケナシ」（第七条）として、員外開誘室で付添人同伴の保育が行われる場合の保育料は半額とされた。

一方、鹿児島幼稚園の保育料は、「入園ノ幼稚ハ毎月金五拾銭ヨリ多カラス三拾銭ヨリ少カラザル保育料ヲ収ムヘシ」（第八条）と記されているように、毎月の保育料は、三〇銭から五〇銭と幅のある設定だった。玩器料は、一律に五〇銭を収めた。（第六条）

上限額の五〇銭という保育料は、当時の公立小学校授業料の最高額に匹敵するものであることから、下限額の三〇銭も設定していたとはいえ、地方であるために保育料を考慮した額であったとはいえない。前述した県立学校費予算審議の中では、保育料として一九八円を県立学校予算の中で見込みとして計上している。鹿児島女子師範学校費の予算は、八五九円二三銭二厘であり、幼稚園の運営費もこの中に計上されている。県立学校費予算には公債証書利子の一、三五七円二二銭九厘も計上されていることから、幼稚園もその恩恵を受けたと考えられる。(十二)

また、師範学校長が園長を兼任していたため、人件費は保姆の俸給のみの支出であった。前述のように寄付金を受けたり、園長の人件費の負担がなかったことなど、鹿児島女子師範学校の附属園であったことが、幼稚園の運営の安定に寄与したと考える。

（四）保育内容

東京女子師範学校附属幼稚園との差異は、保育のねらいともいえる科目名が、「営生式・修学式・摘美式」の表記を使用していることである。しかし、科目の内容は、東京女子師範学校附属幼稚園と全く同じ内容である。具体的な保育内容を示す子目は、鹿児島幼稚園規則では、「遊嬉」は「遊戯」に表記が変更して記された他、『幼稚園法二十遊嬉』に倣った表記法が使用されている。子目の数を比較すると、鹿児島幼稚園は二十九子目、東京女子師範学校附属幼稚園は二十五子目であるので、鹿児島幼稚園の方が二十恩物に関する子目が三つ、二十恩物以外に関する子目では「置糸」の子目が一つ多い。

「置糸」という子目は、第一開誘室の保育時間表にのみ記載されている。「代紳録　二」を見ると、豊田は明治十二年（一八七九）二月一日の講義で紹介している。「置糸」は、水で湿らした石盤上に絹糸を初め輪状に置き、変形させて花や葉に見立てる遊びであり、年長児向けの保育内容であった。「恩物大意」にも同様の「濡糸」という糸を使用した遊びの記載がある。この「置糸」に類似した素材を使用した保育内容には、明治二十九年（一八九六）五月の東京女子師範学校附属幼稚園の分室で行われた「紐置き」があり、この「紐置き」は大正時代に福岡県の小倉幼稚園では、恩物として保育活動の中に位置付けられていた。[十三]

鹿児島幼稚園の園生活の流れを記載した保育時間表（表8・2）を見ると、保育時間表は年齢別に三種類あった。東京女子師範学校附属幼稚園との主な相違点は、「遊嬉」を二種類の内容に分けて、いわゆる「自由遊び」にあたる「自由遊戯」と、「体操」とフレーベルの運動遊戯に相当する「遊戯」が同じ時間帯に組み込まれ、一連の活動として両方併せて毎日行われていたことである。[十四]

時間配分は、東京女子師範学校附属幼稚園は、一つの活動が三十分間から四十五分間、特に「遊嬉」は一時間三十分と幼児には長時間であったと思われるが、鹿児島幼稚園では「室内会集・唱歌」は二十分間、他の活動は三十分間と幼児の発達に即した時間の設定になっている。また、鹿児島幼稚園は十分間の「放課」という休憩時間を設定しているが、豊田が「開誘の方法」に記しているように、幼児の緊張と発散のバランスを考慮してのことだった。(十五)

第三開誘室の保育時間表を見ると、鹿児島幼稚園では第三開誘室（満三歳以上満四歳以下）の一日の保育時間が、他の二つの開誘室より三十分間短縮されていたことがわかる。このように、年齢によって保育時間を変えたことは、東京女子師範学校附属幼稚園との相違点である。（表8・2〈第三開誘室〉）また、第一（満五歳以上満六歳以下）・第二（満四歳以上満五歳以下）開誘室の活動内容は「物品名、諸色、単語、説話、其他受持保姆ノ見込ヲ以五官ノ錬磨ヲナサシム」と記されていることから、豊田は保姆が単なる知識の伝達をするだけでなく、幼児の感性を育てることを重視していたと考える。

規則に掲載された保育子目や保育時間表などから、豊田が東京女子師範学校附属幼稚園における実践経験を基に、幼児の年齢や発達に即した保育時間や内容に改変しようと試み、鹿児島幼稚園で実験的に保育実践を展開していった姿を知ることができる。

(五) その他

入園資格は、東京女子師範学校附属幼稚園に準じ、原則として三歳から六歳と定めているが、時期や状況が適当であれば、満二歳の年齢に達した幼児や満六歳以上の幼児も入園を許可することも記されている。これは前述したように、明治四十一年（一九〇八）まで、鹿児島幼稚園一園のみしか開設されなかった鹿児島県の入園状況を、考慮したためであったと考える。

東京女子師範学校附属幼稚園には、幼児が保姆に慣れない場合のための員外開誘室が設けられたが、鹿児島幼稚園には員外開誘室は設けられていない。付添人同伴の員外開誘室が設けられなかった理由については、豊田は特に言及していない。

表８・２　鹿児島女子師範学校附属幼稚園の保育時間表

〈第一開誘室〉

	二十分	三十分	十分	三十分	三十分	三十分	三十分	三十分
月	室内会集 唱歌	第一 第二積体法	放課	計数 脩身話	体操 遊戯	織紙法 唱歌	自由遊戯	物品名、諸色、単語、説話、其他受持保姆ノ見込ヲ以五官ノ錬磨ヲナサシム以下之ニ傚へ
火	仝 仝	第三積体法	仝	図画法	仝 仝	刺紙法 仝	仝	仝
水	仝 仝	第四積体法	仝	連板法 歴史上ノ話	仝 仝	繍紙法 仝	仝	仝
木	仝 仝	置板法	仝	組板法 置糸	仝 仝	摺紙法 仝	仝	仝
金	仝 仝	置箸法	仝	博物解 置鐶法	仝 仝	組紙法 仝	仝	仝
土	仝 仝	剪紙法	仝	豆工法	仝 仝	模型法 仝	仝	仝

〈第二開誘室〉

	二十分	三十分	十分	三十分	三十分	三十分	三十分
月	室内会集 唱歌	第一積体法	放課	小話 貝ノ遊ヒ	体操 遊戯	鎖ノ連接 唱歌	自由遊戯
火	仝 仝	第二積体法	仝	図画法	仝	織紙法 仝	仝
水	仝 仝	第一 第二積体法	仝	画解 組板法	仝	刺紙法 仝	仝
木	仝 仝	第三積体法 剪紙法	仝	置板法	仝	繍紙法 仝	仝
金	仝 仝	置鐶法 計数	仝	脩身小話 連板法	仝	摺紙法 仝	仝
土	仝 仝	置箸法	仝	博物解 豆工法	仝	模型法 仝	仝

三十分	物品名、諸色、単語、説話、其他受持保姆ノ見込ヲ以五官ノ錬磨ヲナサシム以下之ニ傚ヘ	仝	仝	仝	仝	仝

〈第三開誘室〉

	月	火	水	木	金	土
二十分	室内会集 唱歌	仝 仝	仝 仝	仝 仝	仝 仝	仝 仝
三十分	六球法	三体法	第一積体法	第二積体法	三体法	置板法 小話
十分	放課	放課	放課	放課	放課	放課
三十分	画解 計数	図画法	博物画解 置板法	貝遊ヒ 計数	脩身話 組板法	置箸法
三十分	体操 遊戯	仝	仝	仝	仝	仝
三十分	鎖連接 唱歌	貝遊ヒ 小話 唱歌	織紙法 階梯 唱歌	鎖連接 唱歌	摺紙法 唱歌	豆工法 唱歌
三十分	自由遊戯	仝	仝	仝	仝	仝

＊仝はここでは「同上」の意味。

鹿児島幼稚園の卒業生の回想録には、西南戦争直後の世情の安定しない社会状況下にあった幼児にとっては「無風地帯におかれて居まして至極なぞやか《原文ママ》でありました」（十六）という環境であった。このように鹿児島幼稚園では、豊田の指導によって保育見習生達が幼児に適切な関わりをすることで、園生活への適応を促す方法をとっていた。

三　鹿児島女子師範学校附属幼稚園の幼児保育史上の意義と豊田芙雄の果たした役割

鹿児島幼稚園は、女子師範学校の附属として幼稚園を開設するという運営スタイルや、規模的にはより縮小したものであったが、施設設備の面も、東京女子師範学校附属幼稚園を模倣して開設された。幼稚園の開設は時期尚早との見方が一般的であった当時において、女子師範学校の附属として幼稚園を開設するという運営のスタイルを模倣したことは、地方においても幼稚園が存続するのに有効であったと考える。女児の在籍数が多かったことも鹿児島幼稚園の特徴である。当時の鹿児島県は、明治二十年を過ぎても女児の就学率は八％であった。また、一般的に男尊女卑の風潮が強かったと思われるが、明治維新の原動力となった多くの人材を輩出した鹿児島県では、近代教育の特徴ともいえる女性と幼児への教育の必要性を察知していたことを、地域的特徴としてあげたい。

両園の規則を比較して明らかになった幼稚園運営上の差異は、保育料の額、園における健康診断と員外開誘室の有無である。幼児の健康管理においては、豊田が「保育の注意」(十七)で述べているように、保姆が幼児の健康状態に留意するよう指導していたと考える。

しかし、東京女子師範学校附属幼稚園の方が、健康診断をする等鹿児島幼稚園より充実した健康管理をしていた。また、付添人の同伴を認める等、幼児に対して保護的な傾向が強かったことがあげられる。言い換えれば、鹿児島幼稚園においては、より自立を促す集団保育を実施していたといえる。

東京女子師範学校附属幼稚園の規則と比較して明らかになった鹿児島幼稚園の保育の特徴は、子目の種類が増えたことと、「遊嬉」が「自由遊戯」と「体操」と併せて行われた「遊戯」の二つに分けて保育時間表に組み込まれたことである。保育時間表を見ると、東京女子師範学校附属幼稚園より一課の時間配分が短く、三十分以内に設定されている。これは、幼児の発達に即した時間の配分であり、明治十四年（一八八一）に改正された東京女子師範学校附属幼稚園規則の第六条「保育時間ハ一課ニ付三〇分間トシ」との記述と共通点を見いだすことができる。両園の規則の比較を通して、豊田が鹿児島幼稚園において、自分の保育経験を生かし、幼児の発達に即した保育や内容の充実を模索した形跡を確認することができた。

豊田が帰京前に岩村にあてた建白書には、「幼稚ヲ教育スルハ外部皮相ニ拘泥セス　努テ真ノ稟性ヲ暢発シ想像ノ勢力ヲ拡充セシムルノ一点ヲ以テ終始目的ト為サシムル」(十八)と記されている。つまり、豊田は幼稚園教育の目的を、表面的な教育の成果にこだわらず、幼児の生まれつき持っている天性ともいうべき資質や個性を伸ばすことと、幼児の想像力を広げることと考えている。

豊田のこの言葉には、松野クララや関信三から教授されたフレーベル主義の保育観の影響が現れているといえる。鹿児島幼稚園の保育内容や方法は、豊田の保育観が基盤にあり、東京女子師範学校附属幼稚園での保育経験を反映したものであった。前述したように、その後の東京女子師範学校附属幼稚園の保育内容や時間配分等に、鹿児島幼稚園の実践の影響が窺われる。この点において、最初の日本人保姆が指導し開設した、鹿児島幼稚園の日本保育史上の意義は大きい。また、鹿児島幼稚園開設の意義と豊田の果たした役割として、九州地方に遊びによる想像力の育成を重視したフレーベル主義保育を、伝達したことをあげたい。

四　保育見習科における保姆養成

(一)　保育見習科の開設当初の状況

明治十二年(一八七九)三月十三日に、豊田は鹿児島県から辞令がおりるとすぐ、幼児の保育に携わる保姆を養成する保育見習科の仕事も並行して始めなければならなかった。保姆養成は開園の要ともいえる仕事であり、保育見習科は、県下の幼稚園普及を推進するために設置されたからである。初代園長は鹿児島女子師範学校校長の島津珍彦が兼任していたが、保育見習科は幼稚園内に併設され、実際には豊田の指導に任されていた。

鹿児島県では、豊田芙雄が帰京後のことを考慮し、明治十二年(一八七九)五月に本科生の櫻川以智と堀ふみの二名を選び、保姆練習科に派遣した。櫻川の回想録(十九)を見ると、「豊田先生が鹿児島の御用が済んで、東京にお帰りになると後が困るから、その代わりに、私が修業に出掛けた」と保姆練習科に派遣された理由を記している。この記述から、鹿児島県では幼稚園開設当初から二つの目的を設定し、各目的に応じた保姆養成を構想していたと考えられる。その一つが、豊田の後任として指導的立場にたつ保姆の養成である。そのために、鹿児島女子師範学校の本科生を保姆練習科に派遣するという方法がとられた。

岩村は将来的な展望を持って、幼稚園の普及のための保姆養成を構想し、鹿児島県の保姆養成の存続にも配慮していたと考えられる。そしてもう一つは、県内の幼稚園の普及を目的とした保姆を養成する保育見習科の開設であった。

（二）　保育見習科規則からみた保姆養成の特徴

①　入学資格

保育見習科の入学資格は、二十歳以上四十歳以下の女性で、温厚かつ善良な人柄であり健康であること、学力の面では「普通ノ書」を理解し「略算術」を学んだことが条件で募集された。この入学資格は、保姆練習科に準じた資格であったが、保育見習科では入学試験を実施していなかった。

また、保証人が鹿児島県内に居住し身元が確実であることが条件であり、生徒は通学することになっていた。

見習生募集に関する布達及び新聞広告等は見出せなかったこともあり、入学試験を実施しなかった理由は、不明である。豊田が三月に着任した当初一〇名いた見習生は、本格的に保育見習科が発足した七月十六日には、七名に減少している。これは、前述した西南戦争後の生活が厳しい状況も影響していると思われる。このような状況を考慮して、入学資格の条件をほぼ満たしていれば、保育見習科の入学を許可したと考える。

②　修業期間と卒業試験

修業期間は、保姆練習科が一年間であるのに比較し、保育見習科は修業期間が「仮ニ六ヵ月」とその規則に記載されている。保育見習科は、当初は短期間の養成を予定していたが、実際の保姆養成には明治十二年（一八七九）三月から翌年五月までの約一年間の期間を要している。東京女子師範学校附属幼稚園に大阪から派遣された最初の見習生の修学期間が当初は六ヵ月（後に一〇ヵ月に延長）であったことや、当時の師範学校の修業期間が四ヵ月に短縮されていたことも、最初の保育見習科の修業期間の決定に影響を与えたであろう。

「仮に六ヵ月」と修業期間に柔軟性を持たせたことは、多様な入学志望者に対応しつつ、保姆練習科を指標とした保姆養成をするためであったと考える。豊田の滞在期間が延長されたこと、また一年間の保姆養成になった理由は記されていないが、結果的には計画時より保姆養成の内容が充実したものとなった。

規則の第十一条によると、毎月末に試験が実施され、得点により席次がつけられていた。第十二条に「全科熟達」の後に「大試験」を行ったと記されているように、卒業試験をしたことは保姆練習科と同じである。このように、保育力の確認をするために試験を実施したことが、保姆養成の質の向上に寄与したと考える。

③　授業時間

授業時間（科内時間）と自習時間（科外時間）の割合についての比較結果である。保育見習科は、日課は五時間でその内三時間が授業であった。「科外時間」は二時間であり、生徒各自が自由に手記の清書や授業の復習をする時間としていた。保育見習科は、保姆練習科と比較し、授業時間が一時間短く、逆に自習時間が長い。土曜日は三時間が科内時間であり、科外時間は一時間設定されていた。保姆練習科も、同じく土曜日は三時間であったが、科外時間はなかった。

生徒達は、毎日の保育に参加した後、授業を受けるわけである。教員が豊田一人の保育見習科は、授業時間が保姆練習科に比較して少ないのは無理もないことである。しかし、地方における保姆養成の普及の視点から見ると、この日課は実際的な養成方法のモデルを示すことになったと考える。

表８・３　「鹿児島女子師範学校附属幼稚園保育見習科規則」と「東京女子師範学校保姆練習科規則」の比較

	鹿児島女子師範学校附属幼稚園保育見習科規則十一月制定 一八七九（明治十二）年「鹿児島県布達」一八〇号　より	東京女子師範学校附属幼稚園保姆練習科規則 一八七八（明治十一）年『文部省日誌』第八号より
目的	第一条　保育見習科ハ幼稚ノ保姆タルヘキ女子ノ為ニ設ク	第一条　保姆練習科ハ幼稚ノ保姆タルヘキ女子ヲ養成スル為ニ設ク
入学の資格	第二条　生徒ハ年齢大約二十年以上四十年巳下性行温良体質健康ニシテ普通ノ書ヲ解シ略算術ヲ学ヒ得タルモノトス 但シ種痘或ハ天然痘ヲ歴タルモノタルベシ	第二条　生徒ハ年齢大約二十年以上四十年以下性行善良体質健康ニシテ普通ノ書ヲ解シ略算術ヲ学ヒ得タルモノトス 但シ種痘或ハ天然痘ヲ歴タルモノタルヘシ
入学手続き	第三条　入学志願ノモノハ第一号書式ノ保証状及ヒ第二号書式ノ学科履歴書ヲ以テ本校エ申出ツベシ 但シ保証人ハ鹿児島内居住ニシテ身元確実ノモノタルベシ 第四条　入学ヲ許スモノハ第三号書式ノ証書ヲ出スヘシ	第三条　入学志願ノモノハ第一号書式ノ保証状及ヒ第二号書式ノ学科履歴書ヲ以テ毎年九月一日ヨリ同月十日マテニ当園へ申出ツベシ 但シ保証人ハ東京府内居住ニシテ身元確実ノモノタルヘシ 第四条　入学ヲ許スモノハ第三号書式ノ証書ヲ出タスヘシ
入学試験		第五条　入学試験ハ日本外史、十八史略及ヒ輿地誌略等ノ書ニ就キ講義セシメ記事或ハ論説文ヲ作ラシメ算術加減乗除分数ノ内ヨリ問題ヲ出タシ其答式ヲ書セシメ且ツ其体質ヲ検査スヘシ
図書及び玩器の借用	第五条　課業上当用ノ図書及ヒ玩器等ハ借用スルヲ得ヘシ 但シ紛失或ハ毀損スルトキハ相当ノ代償ヲ償ハシム	第六条　課業上当用ノ図書及ヒ玩器等ハ借用スルヲ得ヘシ 但シ紛失或ハ毀損スルトキハ相当ノ代償ヲ償ハシム
生徒の通学	第六条　生徒ハ総テ通学トス	第七条　生徒ハ総テ通学トス
欠課の届出	第七条　生徒疾病ニ由リ欠課スルトキハ当日其旨届出ツベシ若シ欠課一周間巳上ニ渉ルトキハ保証人ヨリ医師ノ診断書ヲ添ヘテ届ケ出ツヘシ 但シ止ムヲ得サル事故アリテ欠課セント欲スルモノハ保証人ヨリ本校へ許可ヲ乞フベシ	第八条　生徒疾病ニ由リ欠課スルトキハ当日其旨届ケ出ツベシ若シ欠課一周間以上ニ渉ルトキハ保証人ヨリ医師ノ診断書ヲ添へ届ケ出ツヘシ 但シ止ムヲ得サル事故アリテ欠課セント欲スルモノハ保証人ヨリ預メ主任ノ許可ヲ得ヘシ
修業期間	第八条　全科修業ノ期ヲ仮ニ六ヶ月トシ常ニ同等ニシテ階級区別アルコトナシ	第九条　全科修業ノ期ヲ一ヶ年トシ之ヲ教科ノ順序ニ由テ前後二期ニ分ツト雖モ生徒ハ常ニ同等ニシテ階級ノ別アルコトナシ

日課	第九条　日課ハ五時間トシ其内三時間ヲ科内時間トシ二時ヲ科外時間トス即チ科外時間ニハ随意ニ手記ノ浄写等或ハ日課ノ復習等ヲ為サシムルヲ以テ学科中故ヲニ其課程ヲ掲ケス且土曜日ハ三時間ヲ以テ科内時間トシ一時間ヲ以テ科外時間トス　但シ日課時間ハ七月一日ヨリ九月三十日マテハ午前第八時ヨリ午後第二時ニ至リ十月一日ヨリ六月三十日マテハ午前第九時ヨリ午後第三時ニ至ル	第十条　日課ハ五時間トシ其内四時間ヲ科内時間トシ一時間ヲ科外時間トス則チ科外時間ニハ随意ニ手記ノ浄写日課ノ復習等ヲ為サシムルヲ以テ学科中故ラニ其課程ヲ掲載セス　且ツ土曜日ハ三時間ヲ以テ科内時間トシ別ニ科外時間ヲ置カス　但シ日課時間ハ六月一日ヨリ九月三十日マテハ午前第七時ヨリ正午第十二時ニ至リ十月一日ヨリ五月三十一日マテハ午前第八時ヨリ午後第二時ニ至ル
年間の休日	第十条　年中休日ハ本校ニ準スヘシ　但シ臨時ノ休日ハ其時々掲示スベシ	第十一条　年中休日ハ日曜日、孝明天皇祭、紀元節、春季皇霊祭、神武天皇祭、神嘗祭、秋季皇霊祭、天長節、新嘗祭及ヒ冬期二月十六日ヨリ同月二十日マテ夏期七月十一日ヨリ九月十日マテ年末十二月廿五日ヨリ一月七日マテトス　但シ臨時ノ休日ハ其時々掲示スベシ
試験	第十一条　毎月末ニ試験ヲ行ヒ得点ノ多寡ニ依テ席次ヲ定ム	第十二条　毎月末ニ試験ヲ行ヒ得点ノ多寡ニ依テ席次ヲ定ム
卒業試験	第十二条　全科熟達ノ上ハ大試験ヲ行ヒ第四号書式ノ証書ヲ与フヘシ	第十三条　全科卒業ノ上ハ大試験ヲ行ヒ第四号書式ノ証書ヲ与フヘシ
就職の斡旋		第十四条　生徒ノ卒業ニ際シ各地方ヨリ採用セントスルトキハ当園ニ於テ其紹介ヲナスコトアルヘシ

④　図書や玩器の借用

両科共、生徒は学業に必要な図書や玩具類を、借用することができたが、紛失または破損した場合は弁償することが義務づけられていた。

⑤　欠課の取り扱い

両科共、生徒は病気欠課の場合は届けることが義務づけられており、一週間以上の場合は医師の診断書を添える必要があった。やむをえない事故の場合による欠課は、保証人からの届出が必要であった。

⑥ 学科課程〔科目と時間数〕

保育見習科の科目内容は、当初の構想において保姆練習科と修業期間の違いがあるため、簡略化されてはいるが、科目の種類はほぼ同じである。

保姆練習科との相違点をあげると、保姆練習科では「教育論」が一週間に二時間設定されているが、保育見習科では「幼稚園教育ノ口授」と名称が変更され、時間数も一週間に一時間に削減された。同じく「物理学ならびに動植物学」は「物理書及博物書」に変更され、時間数も減り一週間に一時間となった。また、「人体論」が「生理書」に変更され、二週間に一時間と削減された。「古今小説」は「古今会話」に変更され、二週間に一時間と削減された。「修身学」も「修身書　諸物指教」に変更となり、授業時間外に三十分ずつとられた。

以上のように変更された科目は五科目であった。変更された科目の一例をあげると、「物理書及博物書」は、簡易な書物を使用してその概略を教授したことが記されている。同様に、「人体論」も「簡易な生理書」を使用して、教授されたことが記されている。このように名称が変更された科目は、時間数が削減され、簡易で実際的な内容に変更されたと考える。

保育見習科では、「布列別伝」（フレーベル伝は原書について口授し、生徒が手記する）や「幾何学」（平面幾何の大意を口授、問答する）、「図画初歩」（幼稚園法の縦横線から始め諸物体の形を模写する方法の教授）の三科目は開講されなかった。しかし、「園制の大意」の授業では、『幼稚園記』やその附録を使用して授業が行われており、『幼稚園記』の中には「図画」の項目がある。よって、「図画初歩」が不開講でも、その科目の内容が全く教授されなかったというわけではない。

また、「布列別伝」も同様に、科目としては開講されなかったが、『幼稚園記』及び「代紳録　全」にはフレーベルの紹介が記載されているため、フレーベルの生い立ち等は生徒に伝えられたと考える。[二十]

表8・4　学科課程の比較

	学科課程
鹿児島女子師範学校附属幼稚園保育見習科（「鹿児島県布達」一八〇号に掲載された規則第十三条より）	学科ノ課程ヲ定ムルコト左ノ如シ 　但シ保育見習日課表別ニ掲ケス 幼稚園教育ノ口授　一周一時間 　但シ生徒ヲシテ其要義ヲ手記セシム 物理書及博物書　一周一時 　但シ簡易ノ書ニ就キ其概略ヲ解習セシム 園制ノ大意　一周一時 幼稚園記及ヒ其附録ニ就テ口授ス 音楽　一周二時間 弾琴唱歌ヲ授ク 恩物用法　一周六時間 　二十恩物ノ用法並ニ園用画法ヲ授ケ殊ニ製造品ノ貯蔵スヘキモノアルトキハ検査ノ上縦覧室ニ陳列スヘシ 生理書　二周一時 　簡易ノ生理書ニ就キ講習セシム 古今会話　二周一時 　幼稚園適当ノ会話ヲ記憶セシメ且其話法ヲ練習セシム 体操 実地保育　一周六時 修身書　諸物指教 比二書ノ如ハ授業時間外ヲ以テ三十分間ツツ口授ス
東京女子師範学校保姆練習科（『文部省日誌』明治十一年第八号より）	学科ノ課程ヲ定ムルコト左ノ如シ 前期　九月十一日ニ始リ二月十五日ニ終ル 一　教育論（一週間二時）其大意ヲ口授シ其要義ハ生徒ヲシテ手記セシム 二　物理学并動植物学（同二時）其大意ヲ口授シ或ハ実物経験ヲ以テ之ヲ示メシ以テ生徒ヲシテ其概略ヲ解了セシム 三　幾何学（同一時）平面幾何ノ大意ヲ口授シ或ハ之ヲ問答ス 四　図画初歩（同一時）幼稚園法ノ縦横線ヨリ始メ略諸物体ノ形状ヲ模写スルノ法ヲ知ラシム 五　園制大意（同一時）幼稚園記及ヒ其附録ニ就テ口授ス 六　二十恩物大意（同一時）当分原書ニ就テ口授シ生徒ヲシテ手記セシム 七　音楽（同二時）唱歌、遊戯ヲ授ク 八　恩物用法（同六時）二十恩物ノ内前十号ノ用法ヲ授ケ殊ニ製作品ノ貯蔵スヘキモノアルトキハ検査ノ上縦覧室ニ陳列スヘシ 九　体操（同一時） 十　実地保育（同六時） 後期　二月二十一日ニ始リ七月十日ニ終ル 一　修身学（一週間二時）其大意ヲ口授シ其要義ハ生徒ヲシテ手記セシム 二　人体論（同二時）口授或ハ問答法ニ依テ人体解剖ノ大意生理ノ概則及ヒ養生ノ法ヲ理会セシム 三　幾何学（同一時）立体幾何ノ大意ヲ口授シ或ハ之ヲ問答ス 四　古今小説（同一時）幼稚園適当ノ小説ヲ記憶セシメ且ツ其話法ヲ練習セシム 五　布列別伝（同一時）当分原書ニ就テ口授シ生徒ヲシテ手記セシム 六　二十恩物大意（同一時）教授法前期ニ同シ 七　音楽（同二時）唱歌、遊戯ヲ授ク 八　恩物用法（同六時）二十恩物ノ内後十号ノ用法ヲ授ケ殊ニ製作品ノ貯蔵スヘキモノアルトキハ検査ノ上縦覧室ニ陳列スヘシ 九　体操（同一時） 十　実地保育（同六時）

表８・５　「鹿児島女子師範学校附属幼稚園保育并ヒ保姆傳習時間概表」

	従午前九時至同三十分	従九時三十分至十時	従十時至十時三十分	従十時三十分至十一時	従十一時至十一時三十分	従十一時三十分至十二時	従十二時　至十二時三十分	従十二時三十分至午後一時	従一時　至二時	従二時　至三時
月	室内集会	唱歌 運動	六球法及 計数	遊戯	連鎖 体操	自由遊戯	午飯	名詞及貝ノ遊	恩物講義	当分ノ内唱歌傳習
火	室内集会	唱歌 運動	三形体及 説話	遊戯	織紙法 体操	自由遊戯	午飯	置鐶及脩身話	恩物用法	当分ノ内唱歌傳習
水	室内集会	唱歌 運動	第三積体法	遊戯	図画法 体操	自由遊戯	午飯	組紙	恩物用法	当分ノ内唱歌傳習
木	室内集会	唱歌 運動	第四積体法	遊戯	刺紙法 体操	自由遊戯	午飯	連板及木片及名詞	恩物講義	当分ノ内唱歌傳習
金	室内集会	唱歌 運動	置形法	遊戯	繍紙法 体操	自由遊戯	午飯	剪紙及貼付	恩物用法	当分ノ内唱歌傳習
土	室内集会	唱歌 運動	博物図解及木箸	遊戯	摺紙法 体操	自由遊戯				

五　豊田芙雄の教授内容及び方法の特徴

保育見習科における豊田の教授方法や内容について、「学科課程」と「幼稚園保育并ヒ保姆傅習時間概表」を対比照合してみたい。「保育見習科規則」の第十三条に「保育見習日課表別ニ掲ケス」と記載されているが、豊田は「幼稚園保育并ヒ保姆傅習時間概表」を作成している。それを見ると、保育終了後には、一週間に二回（一時間ずつ）の恩物講義と、三回（一時間ずつ）の恩物用法を教授している。そして一週間を通して、「当分の内」という但し書きつきで「唱歌傳習」（一時間）を教授している。この「当分の内」という記載により「保育見習科規則」とは教授内容が異なった「時間概表」が、開設当初の教授計画を示す資料であることがわかる。つまり、開設当初は恩物講義と恩物用法、唱歌を優先的に教授していたといえる。

また、「時間概表」の幼稚園保育時間の中に「遊戯」と「唱歌　運動」があることから、保育の中で歌を使用する頻度が高かったため、唱歌の授業を優先的に実施する必要性があったと考える。豊田のこの教授方法は一八七〇年代のアメリカの幼稚園教員養成所でも、実践にすぐ役だつような恩物の使用法や、遊戯と唱歌が教授されたことと共通点がある。(二十二) 以上のことから、保育見習科では、幼稚園の保育内容と実地指導を核とした授業計画が組まれていたといえる。

次に、豊田が講義ノートとして使用した「代紳録」についてである。その内容分析の方法としては、〔子ども観〕〔子どもへの関わり方、留意点、しつけ〕〔子どもの遊びの見方〕〔神への畏敬の念〕〔祖先、父母への敬愛の念〕〔幼稚園教育の役割〕〔子どもの発達の捉え方〕〔幼稚園での保育内容と方法および留意点〕〔恩物用法〕〔フレーベルの教育理論〕の十項目に指標を設定し、記述内容を分析した。それによれば、「子ども観」、「子どもへの関わり方や留意点」、「しつけ」

に関するものは九であり、豊田が番号を付記した第二十一則までの約半分を占める。「子どもの遊びの見方」は四であり、記述内容は幼稚園での子どもの遊びについての事例があげられている。この事例は松野クララの口授か、豊田自身の経験か不明であるが、幼児の土遊びを奨励する記述で、現代の子育てにも通じる内容である。第九則と第十二則は、幼稚園教育に期待される内容である。また、第六則と第十三則には、「これを証す」という豊田の経験に基く一文が見られる。豊田は、松野クララから口授されたフレーベルの理論について、自分の保育実践を通して実証した箇所に、後日このように書き加えた。ここには、幼児理解を深めて、保育の質の向上をはかり、実践と理論を統合していった豊田の保姆としての成長を見ることができる。

第十五則から第二十則は、幼稚園における保育方法及び内容に関することであるが、前半部に集中して記述された「子ども観、関わり方、しつけ」の内容は『保育の栞』の中の「保姆の心得」と共通していることが明らかになった。第二十一則以降の内容には、「フレーベルの説による」というように、フレーベルの教育理論及び恩物の意味や用法に関する記述が多いので、「フレーベルの理論および恩物用法」と分類したが、その解説のために豊田の実践経験と思われる具体的な事例も記されている。また、特記しておきたいことは、第八則には「真神は常に守護して安泰なり」というフレーベル特有のキリスト教的な保育観の記述が見られることである。

尚、豊田の教授方法の特徴について付言するならば、生徒に観察参加を通して実際の保育を学ばせた後、恩物に関する講義や用法の解説と唱歌を優先的に教授し、その後学科課程に掲載された「幼稚園教育ノ口授」をはじめ、他の科目を教授したことである。つまり、実践力を育成するために、保育に参加しながらフレーベルの教育理論及び方法を学ぶ。こうした方法が、保育見習科の教授の特徴をなしていたと考える。また、豊田は「代紳録」の第十三則に「芙雄の経験による」と記しているように、自らフレーベル理論を体験的に深めようとした姿勢を持ちながら、限られた養成期間の中で、科目の変更や授業時間の削減を迫られつつも、保育に必要な内容を選択し、生徒に教授していった。

以上、保育見習科の教授内容の解明を通して、豊田のフレーベル主義保育の受容についてまとめてみたい。フレーベルは、子どもの発達にそったおとなの関わりを重視し、子どもの遊びに教育的価値を見出したが、「代紳録」の中にも、子どもへの関わり方や遊びが内包する教育的機能が具体的に記されていた。また、「真実なる神は、いつも私たちと共にいて、学んでいる時も遊んでいる時も私たちを守ってくださるので安心です」（第八則）には、キリスト教精神に根ざしたフレーベルの教育観を見ることができる。豊田は鹿児島に出立する前に、「拝神の辞」を書いたが、この書にも「真神」という言葉が記されている。これは、豊田の神への畏敬の念を知ることができる書であるが、このことが、豊田のフレーベルの教育理念の受容の一助となったと考える。

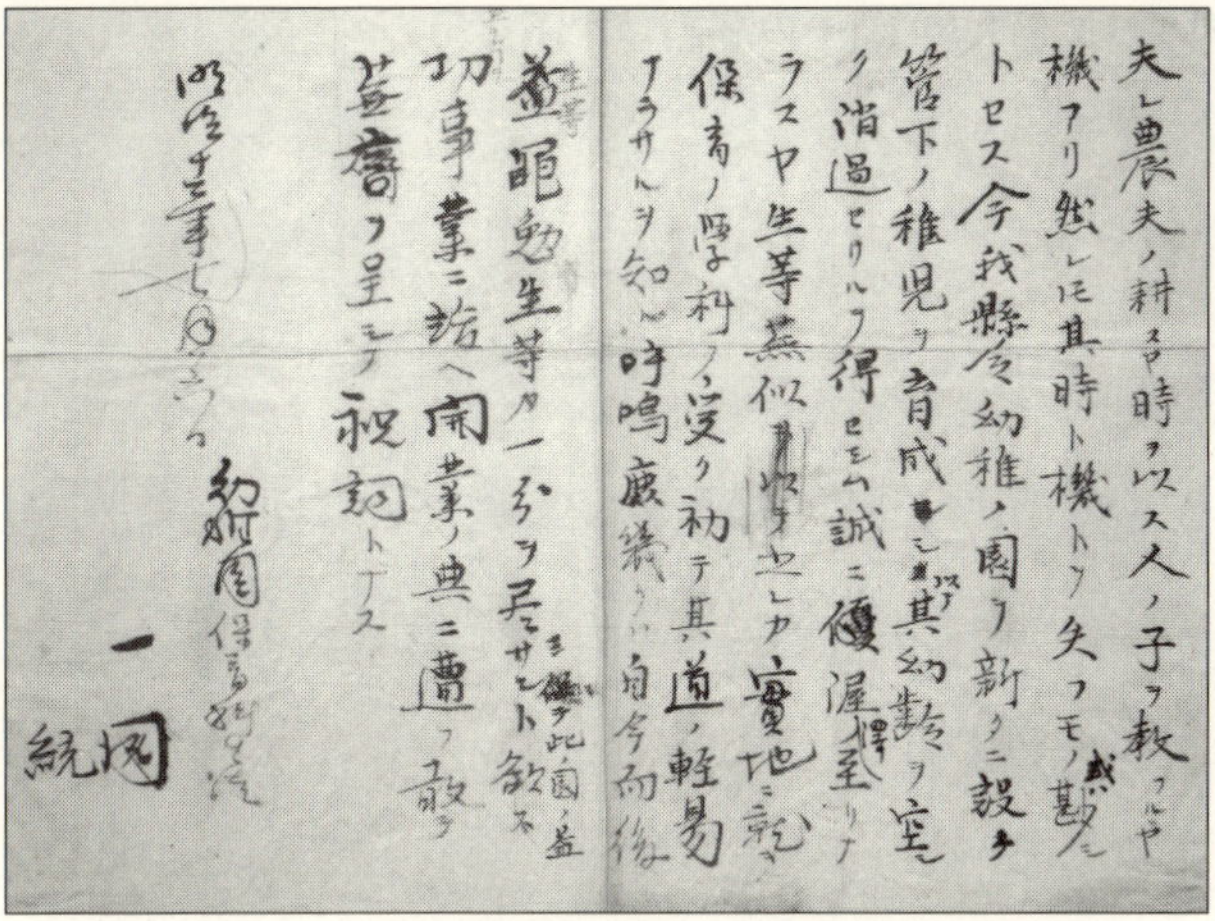

図８・１　保育見習科開業式における祝詞（草稿）

明治十二年（一八七九）七月、保育見習科開業式における祝詞（図８・１）において、豊田は幼児の天から授かった資質（天性）を伸ばし育てることが母や保姆のつとめであって、重い責任があるので、真面目に学び続けることを奨励している。この祝詞からも、フレーベルの子ども観の影響が窺える。また、幼児教育を担う母親や保姆が、幼児の人間形成において重要な立場にあると考えていた、豊田の幼児教育観の一端を知ることができる。

表8・6　「代紳録　一の浄写」の内容分析

内容分析の指標	「代紳録　一の浄写」の記述（一部抜粋）
一．子ども観	第一則「凡そ小児は天然の性に従って誘導し、必ずや性をまげ急になるを要せず。」 第三則「小児生まれて先づ手足の揺動を為すは、これ自然の妙理乃ち天賦の知覚肢体の成立とともに、啓発を起すの措梯也。」 第四則「幼稚は常に遊戯又は物器を破損する等を為すが常情なり。」 第九則「凡そ幼稚性質は、いわゆる器用不器用なる質あり。」
二．子どもへの関わり方、留意点、しつけ	第一則「故にこれが母師となる者、最も深く養成すべきは、己の意気をしてあくまで温和かつ伸長ならしめ、以って無感覚なる稚児を優長に開誘するを、第一則の目的とす。」 第二則「幼稚開誘室その他各処にある際といえども、関係の長官その他客員など入り来る時は、必ず立礼を行わしむべし。」 第三則「故に母師たるものこの機会を違わず、教育誘導の心意を含有し、以って保護する時は、必ずや目的を達するに至るべし。」 第十三則「たとえば方形の木或いは、長形の木等を並列し習う中、後々は自身好む所の面白き様々の物体等造り出す也。其の時や小児の娯楽豈啻ならん乎。之れ乃ち取りも直さず、思考の精神一歩進むを得しと言ふべきなり。芙雄経験に因って之れを証す。」 第十四則「幼児もし我意を言う時は、再三教諭を加えて止まざる後、戸外へ放ち或いは遊戯の群集へ容れざる時は、彼自ら悔悟するもの也。」
三．子どもの遊びの見方	第五則「幼児は園囿などに到り、土穿ち等を喜ぶ常也。然るを尋常の父母は却って之れを危ぶみ、又は悪しとして、その望む所を抑止す。一理由はあるべけれども却って非に近し。」 第六則「凡そ幼稚園遊戯嬉の際、物として幼稚の視察に触るる時は、乃ち五官各作用を起こす也。譬えば鳩巣の遊戯をなさしめば、基本心必ず彼におもむくまた奇というべし。（実際に就て之れを証すべし。）唱歌をなせば本心ここに至る故に之れを導くには、最も貴重なる五官の作用を敏捷ならしむる為に遊戯を賢く設け各質に於いて快楽ならしめ、而して成立の他日長技目途を発見すべき様導く」 第七則「幼稚遊戯中、自然目的の立つべき様誘導すべし。」 第十一則「遊戯歓楽中一事五官に視触せば、その事物に因りて、思想の精神を諸物に趣らすよう開誘するを肝要とす。」
四．神への畏敬の念	第八則「真神は吾らを守護し、また吾らをして学業戯遊の中にも常に守護して安泰也。人として、尊敬せずんば有るべからざることを懇諭すべし。」
五．祖先、父母への敬愛の念	第十則「各人必ずや祖先あって今日にいたる。而して心志手足を労し適当の勉強をなさずんば、吾人今日営業かつ、衣食住居もなしあたわざる必せり。此の如く言語簡易にして、しかも幼児の耳底に停止するを要とし説き教うべし。」 第二十一則「神は毎に吾父母を初め、吾ら等を常に冥々中守護し安泰ならしむる。故を以って、人として其の無極の恩に報せざるべからざる。心志を常に離すべからざるを懇諭すべし。」

六．幼稚園教育の役割	第九則「之れに拘泥せず、苟しくも幼稚園に入りし以上は、何れも器用敏捷なる能力を養成なすべく誘導するを目的とすべし。」 第十二則「先に世間一般の幼稚と、幼稚園に来てすでに教育を授けし幼稚と、誠に之れを論ぜん。先づ一般の小児は八箇の木片を出すも之れはた何の用に供するやを、大凡を知る稀なるべし。入園の小児は先づ之れをして或いは家屋或いは門窓等を造為すべしと答えん。之れ即ち思考の動力を保ち得るに非ずんば、此の答えを能くせん乎。之れ所謂画工の彩色具を分画するが如く、小児の精神も他児より将に一歩進みし知るべし。」
七．子どもの発達の捉え方	第十三則「総て幼稚の視覚に触るる毎々に、決して其の精神を疎漏に経過せしむべからず。大人に在りては些細なることといえども、幼稚にとりては緊要なる知覚啓発の機会なり。故に懇々切々誘導に注意する時は、戯嬉歓楽中に新に発明の心志もできるなり。」
八．幼稚園での保育内容と方法および留意点	第十五則「事毎に説明し懇切なるべし。然れども詳細に過ぎ、児心をして倦ましむる時は、害ありとも益なし。故に保育者宜しく注意を措き、児心に適切なる言語を以って、簡易に説くべし。」 第十六則「事物悉く元素ある、響音あること等も示すべし。」 第十七則「唱歌は必ず欠くべからず。呂律の整頓なるを要す。因みに言う、一般慈母乳母或いは保伝等稚児をして、快く寝に就かしめんとて、所謂子もり歌等を唱うる時は快楽の域に寝るも、自然の妙理也。故に園中運動遊戯をなす必ず唱歌を以ってす。」 第十八則「事物悉く元素より成立することを知らしむべし。響音を保有する元質も亦然り。」 第十九則「物質悉く中立質ある理を知らしむべし。仮令は極剛極弱反対物の第一也。其の中立質は柔質是れ也。極厚極薄の色あり。」 第二十則「保育教師は終始小児の心意を持すべし。而して茲に掲ぐる所の数目に能く注意をし、一事件といえども、ゆるがせに経過すべからず。」
九．恩物用法	第十九則「是れに因りて小児を導き、其の理を知らしむるには、先づ簡短にして視示なし易く、而して小児の玩弄に適せる第二恩物則ち是れ也。其の木球立方体の如き所謂反対大なるもの、而して中分質円長体是れ也。此の物体に就て事物の中分ある形容を覚知せしむべし。諸線類に至っても亦然り。」
十．フレーベルの教育理論および恩物用法	第二十一則以降の文 「而してフレーベル氏の定むる所の法則に於いて、二十の恩物を要す。此の作用方の如きは、一に皆自然の理に基づかざるはなし。所謂自然法と称言するも誠に誣言にあらざるなり。」 「恩物用法三則を有す。是の三則は戯嬉遊楽中、教誨を寓せる最も主眼となす三則なれば、保姆者よく意を注し、目を注せずんばある可からず。其の一に曰く営生式、其の二に曰く脩学式、其の三に曰く摘美式。此の三式を以って弄器中の大眼目となす。」

注　傍線は、豊田が自分の経験によって「之を証す」と記述した箇所に、筆者が引いたものである。

六　保育見習科の特徴と保姆養成史上の意義

以上、本稿では、保育見習科開設当初の全容を具体的にたどり、保育見習科の特徴、言いかえれば、草創期の保姆養成の特徴に迫ってみた。最後に、保育見習科の一回目の卒業生とその後の保育見習科について、触れておきたい。鹿児島幼稚園開設の翌年（一八八〇年）五月に、保育見習科一期生六名が卒業し、その内の五名が鹿児島幼稚園に就職したが、それ以降は、鹿児島幼稚園保育見習科には生徒数の記録がない。明治十四年（一八八一）に保姆数が五名から七名に増えているのは、保姆練習科に派遣した二名が卒業し、保姆として着任したためと考えられる。

また、同年に男女師範学校が合併されたため「鹿児島師範学校附属幼稚園」と園名を変更した。明治十七年（一八八四）には保姆は櫻川以智一名になり、準保姆を五名新しく採用している。翌年（明治十八年）には、準保姆が一名減少し四名になっている。表8・1の保姆数の推移から、保育見習科への志願者がいなかったため準保姆を採用したこと、準保姆は約二年間の現場経験の後、保姆に昇格させたことが考えられる。同年、「鹿児島幼稚園」と改称し独立した際も、園長は師範学校長が兼任していたことから、師範学校との関係は継続していた。

鹿児島県においては、明治四十二年（一九〇九）になって初めて私立幼稚園が一園開設され、総計二園となった。これは県内の幼稚園の普及が困難であったことを示すものといえる。幼稚園の草創期の多難な時代において、保育見習科は、自園の継承のための保姆養成に終始せざるを得なかったといえるが、保姆と準保姆の明確な区別等を設ける、鹿児島県の実情にあわせ形を変えつつも、最初の保姆養成のガイドラインを保持しようとしたと考える。

七　豊田芙雄の離任と帰京

明治十三年（一八八〇）六月一日、豊田は鹿児島県より「帰京申し付けにつき御請書」の辞令を受け、帰京することになった。豊田が鹿児島を離れる日、鹿児島幼稚園の関係者や幼稚園児、保護者等多くの人々が浜に見送りに来たという。ある園児の祖母が詠んだ送別の歌には、豊田に対する鹿児島の人々の心情がよく表れているので、樫村勝著『茨城女子教育の歩み』（一九七六）から引用したい。

いまよりは　おさなき子らが　泣くこえに　いくたび君を　おもい出らむ
七十一年　三ヵ月　亀女

この歌には、幼児の泣く声を聞くたびに、豊田の保育の教えを思い出すという意味が込められており、豊田が鹿児島の人々に与えた影響を知ることができる一首である。奇しくも同年六月、鹿児島幼稚園開設に尽力した岩村も、鹿児島県令の任務を終えて鹿児島を去っている。

豊田は東京に帰って後、明治十九年（一八八六）まで、東京女子師範学校及び附属幼稚園の職務を続けた。

最後に、鹿児島幼稚園と豊田に縁のあった数人について付言すると、鹿児島女子師範学校から東京女子師範学校に派遣された櫻川以智は、明治十四年（一八八一）二月に保姆練習科を終了した後、鹿児島幼稚園で約二十年間勤務した。その後、櫻川以智は台湾に渡って幼稚園を開設した。そして、櫻川は幼児の教育を通して、内地人と本島人との融和に全力を注いだ篤志家として、『日本幼稚園史』に名前を残している。

鹿児島幼稚園で豊田の助手をつとめた古市静子（二十二）が、再び上京し私立時習女学校を設立したのも、明治十四（一八八一）年であった。その後、古市静子は本郷区東片町にて駒込幼稚園（現うさぎ幼稚園）を開園し、幼児教育に一身を捧げた。文部省の統計を見ると、彼女達以外にも豊田に縁のあった多くの女性達が、幼児教育や保姆養成に従事したことがわかる。豊田が、鹿児島と東京の女子師範学校附属幼稚園でフレーベル主義保育を教授した女性達もまた、豊田にならって子どもを育てることに使命感を持ち、日本の保育や教育に貢献したのである。

＊史料の引用は原則として原文の通りだが、旧字体の漢字は新字体に改めた。

〔注〕

一　『鹿児島県教育史』（鹿児島県教育委員会編　一九七六　二四八頁）によると、明治九年十月に女子師範学校と改称。

二　倉橋惣三　新庄よしこ『日本幼稚園史』臨川書店　一九三〇　一三〇頁

三　「鹿児島県師範学校規則」（一八七六　十月）鹿児島県立図書館所蔵を参照。

四　岩村の経歴については『鹿児島県史』第三巻（鹿児島県　一九三九）『明治内乱鎮撫記』（重松一義　一九七三）『岩村通俊男の片鱗』（江崎政忠　一九三三）を参照した。

五　鹿児島県議会『鹿児島県議会史』第一巻　一九七一　七二頁

六　同右　七三頁

七　同右　七五頁

八　井上久雄『近代日本教育法の成立』風間書房　一九六九　二一一～二一三頁

九　小西信八「私の監事時代」一九二九『幼児の教育』第二九巻第一号　二二頁

十　『文部省第八年報』一八八〇　四一五頁

十一　「蒐めた幼稚園史料　第一回幼稚園卒業生の思い出」一九五六『幼児の教育』二三巻七号　日本幼稚園協会　一一～一三頁

十二　前掲『鹿児島県議会史』七三～七四頁

十三　「紐置き」については『東京女子高等師範学校六十年史』（東京女子高等師範学校　一九三四　八一頁）と『無終―大浦

キミ先生と語る会』（大浦キミ　天地堂印刷製本所　一九六九　一一頁）を参照した。
十四　フレーベルの運動遊戯については湯川氏の『日本幼稚園成立史の研究』（風間書房　二〇〇一）一四九～一五二、一九〇～一九二、一九九、二〇〇、二〇五頁を参照した。
十五　豊田芙雄『保育の栞』一四丁
十六　前掲「蒐めた幼稚園史料　第一回幼稚園卒業生の思い出」一一～一三頁
十七　前掲『保育の栞』九―一〇丁
十八　樫村勝『茨城女子教育百年の歩み』川田プリント　一九七六　六一～六二頁
十九　前掲『日本幼稚園史』一三〇頁
二十　関信三訳『幼稚園記』三巻「図画課　フレーベル氏の法制に係る」一八七六　一七七―二四八頁を参照。
二十一　白川蓉子「フレーベルの『母の遊戯と育児歌』の教育的意義とアメリカ、日本での受容の検討―その一　その教育的意義とアメリカでの受容―」一九九七　神戸大学発達科学部研究紀要第四巻第二巻　一〇七頁参照。
二十二　古市静子は種子島の出身で、東京女子師範学校に第一期生として入学。その後、病気のため退学したが、明治十二年十一月末に種子島に帰っていた時に、鹿児島幼稚園で豊田の助手を勤めた。その後、古市静子は東京で駒込幼稚園（現・うさぎ幼稚園）を開設した。詳細は、古市静子の自伝「我が生涯」を参照。

〔文献〕

鹿児島県議会編『鹿児島県議会史』第一巻　一九七一
鹿児島県教育委員会編『鹿児島県教育史（下巻）』一九六一
「鹿児島県師範学校規則」（一八七六　十月）鹿児島県立図書館所蔵
鹿児島大学教育学部附属幼稚園編『附幼百年の歩み』一九七九
樫村勝『茨城女子教育百年の歩み』崙書房　一九七六
倉橋惣三　新庄よしこ『日本幼稚園史』臨川書店　一九三〇
国立教育研究所編『日本近代教育百年史6』国立教育研究所　一九七四
白川蓉子「フレーベルの遊戯・遊具の理論と実践―幼児教育の内容・方法の検討として―」『世界教育史体系　12　ドイツ教育史』講談社　一九七七
清水陽子「鹿児島女子師範学校附属幼稚園開設期の一考察」日本保育学会編『保育学研究』第四四巻二号　二〇〇六

清水陽子「豊田芙雄と鹿児島女子師範学校附属幼稚園保育見習科に関する一考察」（『乳幼児教育学研究』第17号）二〇〇八
清水陽子・高橋清賀子「豊田芙雄の講義ノート「代紳録」にみる明治初期の保育内容」『西南女学院大学紀要』Vol.12　二〇〇八
関信三訳『幼稚園記』『明治保育文献集』第二巻　日本らいぶらり　一八七六
関信三著『幼稚園創立法』前掲『明治保育文献集』第二巻　一八七八
関信三著『幼稚園法二十遊嬉』前掲『明治保育文献集』第二巻　一八七九
高橋清賀子・野里房代・岸井慶子（保育史研究会）「豊田芙雄の研究（その5）―本邦二番目の公立幼稚園（鹿児島女子師範付属）出向のいきさつとその経過―」日本保育学会第51回大会研究論文集　一九九八　三四六―三四七頁
津守真・久保いと・本田和子『幼稚園の歴史』恒星社厚生閣　一九五九
日本保育学会『日本幼児保育史　第一巻』フレーベル館　一九六八
永井理恵子『近代日本幼稚園建築史研究―教育実践を支えた園舎と地域』学文社　二〇〇五
前村晃「豊田芙雄と草創期の幼稚園教育に関する研究（二）―鹿児島女子師範学校附属幼稚園の設立と園の概要―」『佐賀大学文化教育学部研究論文集』第一二集第一号　二〇〇七
文部省『幼稚園教育百年史』ひかりのくに　一九七一
『文部省年報』「明治二十二年学事統計表」一八八九
文部省「明治四十二年度幼稚園数統計表」一八六九
『文部省日誌第一六号』一八七九
古市静子「我が生涯」（種子島明朗幼稚園所蔵）
安省三「豊田芙雄先生を憶う」　茨城県学校法人幼稚園協会　一九七六
安省三「豊田芙雄先生の生涯」　栄光学園　一九八八
湯川嘉津美『日本幼稚園成立史の研究』風間書房　二〇〇一
渡辺宏『日本の保母第一号　豊田芙雄子と保育資料』崙書房　一九七六
渡辺宏『日本幼児教育の先覚―豊田芙雄子と渡辺嘉重―』（ふるさと文庫）崙書房　一九七九

〈清水陽子〉

第九章　イタリアでの教育・保育調査と女子教育への道

一　本稿執筆の意図―豊田芙雄がイタリアでの教育・保育調査で学んだもの

一八八五年（明治十八）三月、豊田は幼稚園保育法と家庭科教員免許状を修得し、九月に東京女子師範学校助教諭の辞令を受けた。同時期、豊田は東京女子師範学校の旧教員と共に、女子職業学校（現・共立女子学園）の発起人となり、嘱託として舎監を任された。豊田にとって、女性の自立のために職業学校を開設することは、新しい分野の教育活動への取り組みであった。

一八八七年（明治二十）十月には、旧水戸藩十二代当主徳川篤敬《あつよし》がイタリア公使として渡欧することになり、豊田はその夫人総子《さとこ》のお相手役として随行しないかとの誘いを受けた。同時に、豊田はイタリア公使の随行人としての仕事だけでなく、文部省から「滞欧中女子教育事情取調べ」の辞令を受けることになった。

ここでは、豊田の一八八七年（明治二十）―一八九〇年（明治二十三）に至るイタリア視察の内容を明らかにし、その後の教育活動への影響について考察する。豊田が残した視察に関する資料（一）の中の「学校視察覚書」によると、視察した学校は、女子職業学校、普通小学校及び幼稚園、伊太利羅馬府高等女学校、伊太利女子師範学校、羅馬府下女子職業学校、救児院など女学校から福祉的な幼児教育施設まで多岐に渡る。最初に、豊田が報告のため作成した「学校視察覚書」等を紹介した後、豊田が書いた講演原稿「母の役目・子女（小児）教育（二）」を中心に考察を進め、イタリアの教育視察から受けた影響について付言しまとめとする。

二　イタリアへの渡航と滞在地域

豊田の「伊太利渡航日記抄」によると、豊田が随伴したイタリア公使の一行は、一八八七年（明治二十）十月八日に、横浜からフランス船アナジル号にて出航し、上海、シンガポール、セイロン等に寄港し、十一月十九日にマルセイユ港に到着した後、パリに向かった。豊田が見た当時のイタリアについて、「渡欧中女子教育事情取調べ」から述べてみたい。イタリアの気候については、夏は暑すぎるため草木が枯れ、かえって冬の方が、緑が青々としていることや、昼間は暑いため人々は家で眠り、夜涼しくなって外の用事をする等、気候による生活習慣の違いを書き留めている。また、冬が暖かいため、外国人が避寒のために別荘を建てて、滞在している様子等も記している。

豊田の「巴里日記」を見ると、豊田達一行は一八八九年（明治二十二）九月五日にパリに滞在し、公園の散策や買い物をしたり、総子夫人と共にフランス語学習等で過ごしたと記されている。また、豊田のイタリアの地域的特徴に関する記述からは、当時ヨーロッパに滞在していた日本人達との交遊を通して得た情報から、他のヨーロッパの国々と比較しつつ、イタリアの特徴をとらえようとしていたことが窺われる。豊田は約二年間を総子夫人に随伴し、前述したように主にイタリア語やフランス語等の語学学習と教育視察をして過ごした。当時の豊田直筆の履歴書には、総子夫人の出産のため一八八九年（明治二十二）十二月十二日に「欧州を出発して、帰朝の途に」ついたと記されており、教育事情取調べの役割もここで終わっている。

三　女子教育施設の視察報告

（一）　イタリアの女子教育の特徴―その数的広がりと多様な教育施設

豊田は、イタリアの女子教育施設の視察内容について、次のような報告を残している。「欧州大陸とあまり差異はみえざるも、女子商業学校の設けありて一〇〇名近くの女子、商業上の歴史、仏・英・独、その他の国語学、地理等の教授を受け居るは日本に未だ聞かざる話しなり。その規則は他の諸校よりは簡易にして生徒はいずれも普通以上の教育あるものなり。」(三)と女子商業学校のカリキュラムが、フランス語、英語、ドイツ語等複数の外国語やイタリア語、商業上の歴史、地理等の学科目から構成されているという特徴を記している。

また、日本の女学校のカリキュラムと比較して、日本においては「未だ聞かざる話」と、率直に驚きを表わしている。さらに「女子工業学校は目下千人の生徒ありて、普通学校に入校するの期を失せしもの多く入学せり。その他高等女学校、師範学校のほかにクーバンとて天主教の尼の創立せる学校数百をもって数う。その学校には男子、女子、小児等の学校ありて各々揃いの衣をかむり、日曜日には寺院に詣でる(四)」と記し、普通学校の他に高等女学校、師範学校、カソリック系の学校など多種多様な女子を受け入れる学校の存在について記している。

（二）　視察した学校及び女子生徒の卒業後の就職

女子生徒の卒業後の職業については、「種々あり。婦人の衣服、装飾品、帽子等は一つも男子の手になることなし。市中に大きな店を構えて、以上のものを売買する主人を問えば、婦人にして弟子も多くは皆婦人なり。なお滞在中実に羨ましく感ぜしは、女学校の女子によりて経営せらるるにあり。わが国においては、いずれの女学校にても其首なる人は男子ならざるは稀なるは嘆ずべし。イタリアとても男子の教授たるものもあれども、男子は僅かに技術を教ゆるに過ぎずして、凡ての総括女子によって為すなり。けだし女子は善良なる女子を標準として初めて善良なるものなり。男子の男子を標準とするがごとし。さればわが国にも早くかくありたきものなり。今日とても今少し社会が女子に信任すれば、随分有力の女子を出すの望みなきにあらざれども、社会の信用なきは如何ともすべからず。(五)」と記している。

豊田の関心は、これまでに女子の職業学校の設立に関わった経験があったためか、イタリアの女性の職業の種類や組織内での役割に向けられている。女性の服、装飾品、帽子等の製作販売は、すべて女性の手でなされていること、大きな店を構えて、売買する責任担当者や女学校の校長等の管理職が女性であることについて、日本と比較し「わが国にも早くかくありたきもの」と羨望の眼差しで見ている。日本の女性の社会進出について「今少し社会が女子に信任」して、男子のように管理職の仕事を女子に任せるようになると、有能な女子が真に力を発揮できると、日本の女子教育の今後の展望に思いを巡らしている記述もある。また、「女子は善良なる女子を標準として初めて善良なる」と女子教育における女性モデルの果たす役割の大きさについても述べている。

豊田は視察時のイタリアの学校関係者から歓迎を受けた様子について、次のように記している。「女子師範学校においては十一月二十七日、余、羅馬《ローマ》を発途に先立ち、ビヤテルミネ女子師範学校校長より、懇切なる信書及び本校の規則一包を贈られ、外に諸目録あれども当時改正中なるを以って送付せず云々。其信書に曰く、日本より女子當伊太利女子師範学校へ参観せしは、本校之を以って始めとす。此れ本校の名誉のみならず。伊太利国の名誉なる」と日本からの最初の見学者として「本校だけでなくイタリアの名誉」として歓迎されたことや、学校の規則等渡された資料を書き留めている。なかでも、この師範学校は予備科と本科から構成されており、生徒が十二、十三歳頃から予備科に入学し、ほとんどの学生が二十歳まで在学するため、教育内容が確実であるとの感想を記している。

表9・1は、豊田が記録に残した学校一覧であるが、豊田が見学した女子教育施設は、他に「女子職業学校」、

「伊太利羅馬《イタリーローマ》府高等女学校」、「伊太利羅馬《イタリーローマ》府女子商業学校」と多様であった。また、「唖女教育院」、「盲女教育院」、「サンミシェール貧女教育院」等の福祉的な女子教育施設の視察をしたことが記されている。このように様々な施設を視察した動機として、当時の日本の女子教育が一部の富裕層の女子だけのものであったことから、豊田は女子教育の在り方に、問題意識を持っていたのではないだろうか。豊田の問題意識の背景には、中村正直（以下、中村と略す）が日本で最初の盲唖院である訓盲院の設立に尽力したことも、影響していたと考える。中村は豊田に「愛敬歌」や「人知を求めず天知を求めよ」等の書を送っている。豊田が前述した「唖女教育院」、「盲女教育院」を視察したことも、中村のキリスト教に基づいた人間形成観の影響があったことが考えられる。

四　保育施設及び小学校の視察報告

（一）　小学校教育の近代化とその状況

豊田は、女子教育施設の他に、普通小学校及び幼稚園や、福祉的な幼児教育施設も見学している。ここでは、豊田が視察した幼稚園・保育所（託児所）を総合して取り上げるため、保育施設という用語を使用する。最初に、当時のイタリアの小学校教育の概観について述べたい。一八八六（明治十九）年二月七日にコッピーノ公教育大臣が、「小学校の目的」に関する通牒を学校職員に出している。それは、「小学校の目的は、十分な教養を身につけながらも、何よりもまず正直かつ勤勉で家族にとって役だち、祖国と国王のために献身的に働く国民の育成にある」(六)との指令であった。また、カトリックの教義問答が廃止され、「科学」は以前のように敵視されなくなったという変化があり、豊田がイタリア視察をした時は、近代的な小学校教育の重要性が社会的に容認されてきた時期であった。

表9・1　女子教育施設に関する視察内容

学校名	分類項目	記録内容（「学校視察覚書」より抜粋）
羅馬《ローマ》女子職業学校	①入学資格	・一般中等女子十二歳ヨリ十八歳マデ ・ソノ他学科ハ、普通小学ヲ修メタル生徒ニ授クル
	②生徒数	生徒千人ヲ入レルベキ基礎ナレドモ、当時六百四十人ノ生徒在学六年、或イハ七年。貧生ハ特別ニ、三年或イハ二年間ヲ以テ、一種専修ヲ為ス。
	③学科と教授内容	・文学科、手芸科、併セテ割烹調理法オヨビ火熨斗等ノ科ヲ置ク ・図画（学科中最難キ学科ナルヲ以テ在学中終始修ルナリト） ・造化　縫取　裁縫　毛糸編物（注＊）ダンテル各種　修繕モノ各種（タトエバ窓掛ケノ類、寝具ノ類及ビ衣服ノ類）器械縫取　メリヤス類　料理　火熨斗（シャツ類、袖、襟、鼻キレ及ビ下着類ノコトニシテ既ニ洗濯ナシタルモノヲ他ヨリ引キ受ケ、単ニ糊打チヲ為シ大タル鋳ヲ以ッテ仕上ゲヲ為スナリ） ・文学科　伊国語（文典、伊国歴史）佛語　書取　往復文　習字　絵画（ガラス絵、銀筆画、古代模様写、写生） 　算術　導祀法　利息割等　預ケ金利足勘定等
	④その他	小学科ニシテ毎ニ午前ノ時ヲ文学科ニ充テ、午後ノ時ヲ手芸科ニ充テタリ
伊太利《イタリー》羅馬《ローマ》府高等女学校	①入学資格	生徒ハ在学五年然リ、而シテ此ノ期ニ先立チ此ノ校ニ附属セシモノノ如キ普通小学アルニヨリ、本校ニ入学センストスルモノハ、先ヅ茲ニ修学五年ノ後、更ニ試験ヲ受ケ、本校ニ入学ス。最モ学術優等ニシテ、抜群ナルモノハ此ノ限リニ非ズ。
	②生徒数および教員数	生徒六十人ヲ五教場ニ分区ス。 教師十五人内美術教師、理科教師ノミ男子、他女子
	③学科と教授内容（本科）	歴史　算術　伊国語　理科　修身　地理　体操 午前九時ヨリ始メ、十二時迄修学、コレハ当校生徒タルモノ必ズ修ムベキ学科ナリ。コノ他ニ別科ヲオク。（音楽、装飾科） ・体操ハ至極簡易ナルモノヲナサシム ・修身　学校長自ラ其ノ科ニアタル 初級　人体ノ構造ノコト及ビ精神ノコト 二級　神ニ対シテ正直ナルコト及ビ人ノ自由 三級　徳育上ノコト（則行儀其ノ外交際等ノコト） 四級　法律ノコト（人民ノ守ルベキ政府ノ法度等ノコト） 五級　女ノ義務（病人ノ看護　経済　婚礼ノ道等）

学校	項目	内容
	④費用	月謝一年ニ百五十フラン。他ニ午後ノ別科ヲ修ルモノハ、各種ノ謝金ヲ払ウ。 フランス語　英語　ドイツ語　但シフランス語ハ一ヶ月ノ謝金三フラン　英・独語各一ヶ月謝金四フラン （別科） ・音楽 ・装飾術（裁縫　縫取絵　編モノ等都デ装飾ニ係リタルモノヲイウ） 別科ヲ望ミ修ムルモノハ、一年ニ十二フランノ謝金ヲ払ウ
	⑤沿革	創立巳未十六年ヲ経過ス。
伊太利《イタリー》女子師範学校	①学年編成	第一予備科　一年生 第二予備科　二年生 第三本科生　在学三年 第四後期生　在学三年　此期ハ実地授業ヲ為ス。合セテ在学八年。
	②学科と教授内容	化学・歴史・地理・算術・伊仏語学・画学 一日中修学時午前三時間、而シテ午後一時ヨリ二時半迄自修学 附属小学校アリテ、専ラ練習科生徒之ニ当ル 第四期在学年ハ、校舎ニ寄宿シテ専ラ卒業ノ準備ヲナス（月俸四十五フラン） 生徒ノ実況ヲ察スルニ、十二、三年ヨリ予備科ニ入リ、殆ド二十オマデ在学、凡ソ八年間学業ニ従事スルヲ以テ、授業生ト唱エルモノハ頗ル確実ナル容体ヲ備エタリ
	③その他	此女学校ニ到リテ、余初メテ校長ヲ見ル（校長ハ男子）副校長ハ女子及ビ最高等ノ歴史科ニ男子教員アリ。ソノ他ハ女子教員ナリ。
伊太利《イタリー》羅馬《ローマ》府女子商業学校	①生徒数	七十人余リヲ二教場ニ分ツ
	②修業年数と科目内容	在学四年ヲ以テ卒業期トセリ （前半二年）イタリア語、地理、算術、及英語・独語イズレカ一方語ノ四学科ヲ修メ （後半二年）専ラ商業上ノ歴史
	③生徒の年齢	十四年ヨリ十七年位迄トス

注＊レース編み
表中の句読点は筆者による。

（二）視察した保育施設及び小学校の概要

当時のイタリアの保育施設の状況は、次の通りである。一八六九年（明治二）に最初の本格的なフレーベル主義幼稚園が、三園開設されたが、それ以前には、カトリックの司祭アポルティが始めた、アポルティ・メソッドによる慈善的な幼児院が普及していた。(七) 豊田が滞在していた一八八九年（明治二十二）には、イタリアにある二二二四園のうち二二八園がアポルティ・メソッド、一八九園がフレーベル・メソッド、一八〇七園が混合メソッドであったことがジョーダ報告には記されている。それによると、調和のとれた体育、知育、徳育と、イタリア語での祈りや讃美歌を主張する伝統的なアポルティ・メソッドが依然として優勢であった。(八) その一方で、豊田がイタリアに滞在した一八八七〜一八九〇年の時期は、フレーベル・メソッドが実証主義教育者達によって、科学的なメソッドとして受け入れられてきた時期で、実証主義者的教育者達は、フレーベルの遊びや作業を、生活における経験として評価していた。(九) 豊田は、「救児院」及び「棄児院」という用語を使用しているが、記録の内容を見ると、日本の「簡易幼稚園」に類似した施設もある。

日本では、一八八二（明治十五）年十二月に、文部卿が簡易幼稚園に関する示諭を出し、生活のために仕事に追われ、子どもの養育を顧みることができない親に代わって保育する施設の開設を奨励した。当時日本では経済界の不況のため、国民の生活は困窮し、幼児教育の対象を貧困層に拡大することが社会的ニーズとなっていた。豊田は日本の幼児教育の将来を考え、福祉的な保育施設を視察する必要性を感じていたのではないだろうか。豊田が視察した「救児院」では子ども達は午前九時に登園し、夕方父母が仕事が終わった後、子どもを迎えにくることが記されている。三歳から七、八歳までの三〇〇人の子どもが在籍しており、読み方、習字、数え方等を教え、他に保育内容として「玩器、唱歌等のことは、単にフレーベル氏のシステムに因る」と記録していることから、恩物を使用していたと考えられる。以上のように、豊田が「救児院」という用語で表現した施設は、「子どもの物質的、道徳的側面を援助する、どちらかというと慈善院に近い性格(十)」の施設で、アポリティ・メソッドとフレーベル・メソッドの混合メソッドの幼児院といえる。

表9・2に記載した「普通小学校及幼稚園」は、イタリアの皇后の援助を受けて学校の基礎づくりをし、「一大普通小学校」となった後に、「貧人生徒教育」と「幼稚園」を設置した小学校で、月謝は通常は一ヵ月六フランであるが、貧人の場合は半額の三フランにしている。幼稚園は「フレーベル氏のシステムを其のまま用いて些少の変換をも見ず」と記されていることから、フレーベル・メソッドを実施していることがわかる。豊田は視察した恩物を、「第一　六球より三形体、八個の長方体及大長方体、長方体及び大長方体、置板、箸並べ、紙組、縫い取り、針さし、組板、置環、豆細工、紙摺、罫引、石版《ママ》画等」と丁寧に書き残している。イタリアのフレーベル・メソッドの「罫引、石版画」は、「罫画」「石盤画」と同じフレーベルの図画初歩のことである。

豊田は、室内の環境についても「壁面に家畜動物の画図」があったことや、遊戯玩具用の戸棚がおいてある以外に、他の品を置いていないのは、子どもが集中しやすいためであると、環境構成上の配慮についての考察を述べている。

表9・2　小学校及び保育関係施設の記録

施設名	分類項目	記録内容（「学校視察覚書」より抜粋）
救児院	①入学者の年齢及び人数	三百ノ小児、年齢三歳ヨリ七、八歳マデ
	②職員構成	教師七人下婢三人トデ、室中ノ装置整頓
	③保育内容	・読ミ方、習字、数エ方等アリ。 ・玩器、唱歌等ノコトハ、単ニフレーベル氏ノシステムニ因ル
	④子どもの園生活の様子	・最初先ツ食堂ニ入ルニ、三人用ノ食卓上ニ一ツノサジ机上ニ穴ヲ穿チテ、小鍋ヲ置キ小児ニ与フルスープ等アリ ・此ノ院ハ、取リモ直サズ貧民幼稚園ニテ、日々午前九時ヨリ通学、昏暮レ父母職業畢リテ、児ヲ携エ帰ルマデ止メ置クモノナリ
普通小学校及幼稚園	①子どもの人数	総生徒一千八百九十人、其ノ内男子生徒一千二百人、女生徒六百人、幼児生九拾人
	〔小学校〕②学級編成と規模	教科ハ悉ク普通科ニシテ、高等下等ト分ケ、男生徒ニハ文学科外ニ指物ノ実業科ヲ置キ、女生徒ニハ縫取リ及ビ裁縫科ヲ置キ、一教場最初級五十人、次ニ四十人ト定メ、四十乃至ノ教場アリ、男子生徒ハ悉ク男教師、女生徒ハ悉ク女教師及校長モ亦斯クノ如シ
	〔幼稚園〕②学級編成と規模	幼稚園ハ九十人ヲ三十人一組ニ分ケ、教師一人助手一人ニテ、都デ親切保育ノ責ニ任ズ
	〔幼稚園〕③保育内容	科目ハフレーベル氏ノシステムヲ其ノママ用イテ些少ノ変換ヲモ見ズ則、第一六球ヨリ三形体、八個ノ方体及大方体、長方体及ビ大長方、置板、箸並べ、紙組、縫取リ、針サシ、組板、置環、豆細工、紙摺、罫引、石版《ママ》画等ナリ
	〔幼稚園〕④園環境	・壁面ニ家畜動物ノ画図ヲ掲ゲ専ラ説明ヲナス ・教場内小児ノ後辺ニ手頃ナル戸棚ヲ置キ、之ヲ 遊戯玩具ヲ備エ、教師之ヲ出入リナス。其ノ他、少シモ他品ヲ置カズ、之ハ小児ノ他ニ気ヲ散ラセヌ様、注意シタルモノナリ ・然シテ教場ト教場トノ間ニ小部屋ヲ置キ、支度及弁当、傘等ノ置キ所トナシ、授業時間オワリテ帰家ノトキ校衣ヲ脱シテ去ル。 ・庭園ハ座リテ狭溢ナレドモ、池ニ水鳥遊泳シ、鳥屋ニ小鳥囀リ園中芝ヲ植エ、余地ニ小児ノ耕地アリ、一メー

	トル四方位ナルベシ。 ・樹木ヲ美麗ニ繁茂セシメ、炎暑ノ頃ハ、昼食ヲ樹下ニテ為サシムルコトアリ ・一ノ物置様ノモノアリ、充ルニ運搬ノ車アリ、鍬アリ、鎌アリ、灌水器アリ、頗ル整頓ノ体裁ナリ、此ノ園員ニ充ルニ小使三人ノミ
〔幼稚園〕 ④月謝及び運営方法・その他	月謝ハ一人六フラン、貧者ハ三フランヲ払イ、或イハ無月謝。 又一種特別ニ貧者ニシテ職業ヲ採ル為、小児ヲ托シ業オワリテ自家ニ帰ルトキ、父ナリ母ナリ連レシ帰ルノ設アリ、浴室ノ設ケハ重ニ之ニ供スルガ為ナリ、而シテ貧児ニスープ及ビパンヲ与フ。マタ貧生寄宿ノ設ケモアリ

表中の句読点は筆者による。

五　まとめ―豊田芙雄が学んだ保育観・女子教育観

豊田の視察記録を見ると、豊田は、イタリアの女性の目覚しい社会進出の姿を、驚きと羨望の眼差しで見ている。そして、当時のイタリアと日本の社会を比較し、日本でも女子の力を信頼し、もっと責任のある仕事を任せるように、社会が変わる必要性を感じている。

一八九二年（明治二十五）には、日本においても東京女子高等師範学校によって、貧しい子ども達を無料で保育するために、附属幼稚園の分室が設置された。後年、豊田が記した「保育の栞」には、昼食を幼稚園で準備するのは、貧しい家庭の子どもには特によいことや、食堂は別に設置する方がよいと記されているが、これは視察した救児院の食堂の様子の報告と類似する点がある。（表9・2の救児院の「子どもの園生活の様子」参照）

最後にこの時期に豊田が書いた「母の役目・子女（小児）教育」から、イタリア視察が豊田の女子教育観や幼児教育観に与えた影響について、考察して終わりたい。この原稿は、「母の役目・子女（小児）教育」という題目が示すように、最初に古代ギリシャの有名な学者や大芸術家の母親の引用から始まり、「子女 生れながらの教師は母親也」と乳幼児を育てる母親の役割の重大さについて書かれている。イタリアの女子教育及び幼児教育施設の視察に加えて、イタリアの母親達は家庭で単に子どもの世話をするだけでなく、子どもの幼稚園や学校を選択する等の教育に関する重要な発言権や影響力を持っていたことに、豊田は母親の教育力の重要性を再確認した。そして、子どもの教育全般において、日本の母親が高い見識を持つ必要性を確信することにつながったと考える。

※本章に限り、西暦（元号）の記載を使用した。

〔注〕

一　本稿で使用した資料は、高橋清賀子が所蔵している関係資料約五〇点中の、本人自筆の履歴書や、「伊太利渡航日記抄」、「巴里日記」、「イタリー談」、視察した学校の記録（「学校視察覚書」）、講演原稿「母の役目・子女教育」等である。「伊太利渡航日記抄」は、明治二十年十月八日の朝の天候から書き始められ、イタリアへ到着後明治二十二年三月二十三日までの滞在記録、同じく「巴里日記」は、パリに滞在した時の日記風の滞在記録である。「学校視察覚書」は、豊田が明治二十三（一八九〇）年一月に帰国後、同年十月十六日に、「渡欧中女子教育事情取調べ」という報告書を、文部省に提出するために書き留めた視察記録である。尚、文部省―芙雄間の書簡類、公使徳川―芙雄間の書簡類も参考にした。

二　高橋清賀子・野里房代・岸井慶子（保育史研究会）は「豊田芙雄―教育と関わったその軌跡―（その七）（日本保育学会第六〇回大会研究論文集　二〇〇七）の中で、「母の役目　小児教育」中にフランス語表記も見られること、記載されている紙等から、イタリア視察中に書かれたと推定している。

三　国民新聞　第一七〇号　明治二十三（一八九〇）年七月二十日

四　同右

五　同右

六　小林虎五郎「第一編イタリア教育史　第一一章　社会変化と民衆教育」『世界教育史大系　一三　イタリア・スイス』講談社　一九七七　二〇二頁
七　小林虎五郎「第一編イタリア教育史　第六章　民間教育運動の展開」『世界教育史大系一三　イタリア・スイス』講談社　一九七七　一一九～一二一頁
八　オムリ慶子『イタリア幼児教育メソッドの歴史的変遷に関する研究―言語教育を中心に―』（風間書房　二〇〇七　九一頁）のジョーダ報告書から引用した。
九　同右　八五～八七頁
十　上野慶子「イタリアにおけるフレーベル法受容についての一考察」日本ペスタロッチー・フレーベル学会紀要『人間教育の探求』第四号　一九九一　八七頁

〔引用文献・参考文献〕

・一番ヶ瀬康子『日本の保育』生活科学調査会　一九六二
・小林虎五郎「第一編イタリア教育史　第一一章　社会変化と民衆教育」『世界教育史大系　一三　イタリア・スイス』講談社　一九七七
・上野慶子「イタリアにおけるフレーベル法受容についての一考察」日本ペスタロッチー・フレーベル学会紀要『人間教育の探求』第四号　一九九一
・オムリ慶子『イタリア幼児教育メソッドの歴史的変遷に関する研究―言語教育を中心に―』風間書房　二〇〇七
・日本保育学会『日本幼児保育史　第二巻』フレーベル館　一九六八
・文部省『幼稚園教育百年史』ひかりのくに一九七一
・高橋清賀子・野里房代・岸井慶子（保育史研究会）「豊田芙雄―教育と関わったその軌跡―（その七）」『日本保育学会第六〇回大会研究論文集』二〇〇七

〈清水陽子・高橋清賀子〉

第十章　帰国と女子教育の再開

一　女子教育活動の再開

（一）帰　国

明治二十二年（一八八九）十二月十二日、芙雄は約二年間のヨーロッパ滞在を切り上げることになる。イタリア全権公使徳川篤敬《とくがわあつよし》侯爵の聡子夫人が懐妊し、長男を連れて日本に帰ることになったためである。帰国の船旅には、かつて豊田天功及び豊田小太郎に仕えていた根本正《ねもとしょう》も同船している。根本は、アメリカのバーモント大学を三十八歳で卒業し、イギリス、ドイツ、フランスなどを巡って、たまたまローマに立ち寄っていたが、旧水戸藩の当主徳川篤敬は、根本に夫人の日本帰国に同行することを依頼し、数百ドルの謝礼を与えている。

加藤純二の根本正の伝記によると、徳川篤敬侯爵の聡子夫人、その長男、豊田芙雄、根本正らは「フランスのマルセイユで乗船、欧州に別れを告げ、地中海から紅海を抜け、インド洋を進みシンガポールを横に眺めて四三日かかって神戸に到着した（一）」とある。豊田芙雄の資料によれば、明治二十三年（一八九〇）一月、帰朝したようである（根本側の文献では二十二年末及び二十三年一月帰国の両説がある）。

長い船旅の間には、臣下の礼をとりながらも、「水戸徳川家当主」の侯爵夫人と「旧主豊田小太郎」未亡人を相手に、根本は十年に及ぶ米国暮らしについて種々話題にしたこともあったであろう。また、帰国の年に、豊田芙雄を媒酌人として結婚することになる、滞米中文通を交わしていた、桜任蔵の孫羽部徳子のことなども話題にしたかと思う。

（二）　根本正と芙雄

根本正は、豊田芙雄の人生ドラマの節々に登場する名脇役である。根本は、豊田家を離れた後、水戸藩南御郡方に最下級の役人として勤務するようになるが、十七歳の時、水戸藩東御郡方奉行服部潤次郎から、パリ万博土産の時計とマッチを見せられ、大きなカルチャーショックを受けたといわれている。それ以来、正は外国に憧れ、英語の勉強を開始し、外国留学を夢見るようになる。

その後、明治四年（一八七一）には廃藩置県となり、正は、藩の役人を辞めざるを得なくなるが、家族には連絡もとらず、二十歳で上京し、藤田東湖の嫡子で、芙雄の姉立子の夫藤田健の長屋を借り自炊しながら、昼間は勉強し、夜は車夫をすることになる。

木戸偉太郎編『常総名家伝』（会始書館、明治二十三）によると、藤田健は、明治維新後水戸藩に勤め、明治三年（一八七〇）三月から八月までは、藩知事徳川昭武公に従って北海道を巡視したりするが、同年十一月、水戸藩権参事となっている。明治四年（一八七一）の廃藩置県後、同年十二月に、茨城県典事（月俸七〇円）となるが、翌年の明治五年（一八七二）八月、太政官正院の八等出仕（月俸七〇円。奏任官中位）となっている。

その後、西南戦争後の経済悪化による人員削減に遇い、明治十三年（一八八〇）に、いったん公職から離れるが、翌年、山形県西村山郡長（月俸六〇円）の職を得て赴任する。明治十五年（一八八二）三月には、同郡長を辞め、同年同月茨城県警部長に任命されている。その後も、東茨城郡長（月俸八〇円）を勤めたり、再び中央に戻ったり、さらに再度茨城県庁に帰り、書記官、第二部長、会計主務などを歴任している。健が県警部長に就任した際には、旧諸生党の間に緊張感が走ったそうであるが、いかにも旧水戸藩ならではの話である。

根本は、はじめ箕作秋坪の英語塾「三叉学舎」に入るが、中村正直翻訳の『西国立志編』に感銘を受け、翌年の明治五年（一八七二）、「同人社」開塾前年の中村正直の私塾に入門し、中村から可愛がられ、同人社室長となっている。

明治七年（一八七四）、外国との郵便事業が開始されると、根本は同郷の加藤木賞三（小太郎と一緒に脱藩した人物。芙雄の弟政の義父）に前島密を紹介してもらい、神戸の外国郵便を扱う局に判任官として、月俸一〇円で勤務するようになる。この職場なら英語を学ぶことができ、早くから夢見ていた外国留学の機会も生まれるのではないか、と考えたからである。この時期、根本は勤務の傍ら京都の「宇治の義塾」（慶応義塾分校）で英語を学んでいる。先述の、豊田芙雄の依頼を受けて、本圀寺に仮葬の豊田小太郎の墓を本圀寺支院に改葬したのもこの頃のことである。

明治十年（一八七七）、根本は横浜局に移り、「ヘボン塾」で学ぶが、明治十一年（一八七八）五月、バラ宣教師から洗礼を受けている。キリスト教信者中村正直から強い影響を受けていた根本は、この時、自らもクリスチャンとなることを決意したのである。

豊田芙雄の嗣子伴の日記によると、同年十一月三十日、「根本正を訪ね、共に伊勢山に登る[二]」とある。伴はわざわざ横浜まで正を訪ね、二人で皇大神宮のある伊勢山に登っているのである。この時、伴十五歳、正二十七歳で、年は離れているが、根本正は豊田芙雄の嗣子豊田伴とも交際があったのである。

横浜から東京に行く機会があると、正はいつも中村正直や豊田芙雄の所へ挨拶に出掛けていたようである。加藤純二は、そうしたある日、正は豊田芙雄の自宅で十五歳年下の羽部徳子と出会ったのではないか、と推測している。根本正顕彰会による伝記[三]にも、芙雄と徳子は早くから面識があったことを記述しているので、そうしたこともあり得たであろう。

徳子の祖父桜任蔵は藤田東湖の門人で、東湖が烈公の冤罪事件に絡み不遇のおり、度々酒を差し入れたという仲である。また、桜は芙雄の実父桑原幾太郎や芙雄の義父豊田天功とは非常に近い関係にあって、同士としてしばしば書簡のやりとりをしている。頼三樹三郎は京都で小太郎とも交流があった熱烈な勤王の志士であるが、桜任蔵を介して、父頼山陽の『日本外史』の校閲を豊田天功に依頼したといわれている。また、桜は西郷隆盛とも非常に親しい関係にある。

加藤は根本正の伝記において、「局に勤めていた「ファーというアメリカ人」が正の心意気に感心し、友人であるカリフォルニア州オークランド市に住むバラストー弁護士へ手紙を書いてくれた。待ちに待った手紙に「『来たら面倒を見てもよい』と書かれてあった」[四]と、やっと根本正悲願の留学が現実のものとなったことを記している。根本は、米国留学決定を即刻中村正直に報告するが、このことは、その頃水戸に住んでいた豊田伴の耳にも噂が届いたようである。伴は、明治十二年（一八七九）一月十二日の日記に「十二日　晴　根本正が米州留學ノ由仄ニ聞ク」[五]と書いている。

（三）　根本の米国留学

加藤や根本正顕彰会の著書にあるように、明治十二年（一八七九）三月、根本はシティ・オブ・ペキン号三〇〇〇トンの乗客となって横浜港を出航するが、中村正直は根本に、留学の決意を褒め、米国で勉学に励むことを期し、無事に帰国することを願う漢詩を贈っている。[六]

加藤によると、根本は、バラストーの家で召使いとして働きながら、明治十二年（一八七九）四月、満二十八歳、数え年二十九歳で小学校に入学している。小学校は二年で終え、ホプキンス中学校に入学し、寄宿舎に入り、生活費は寄宿舎の給仕をしながら稼いでいる。正は、中学卒業後、高等学校（現在の大学に相当）に進学することを希望するが、バラストーに相談すると、バラストーは知人でバーモント州一の大富豪フレデリック・ビリングに手紙を書いてくれ、ビリングからは月五〇ドルを提供するとの回答があり、大学進学の夢を実現することになる。

正は、バーモント州立大学に入学するが、加藤は「大学四年に在学中、正はビリング氏や学長の紹介状をもらって、ハリソン大統領や国務大臣、陸軍大臣、上下院議員と面会しており、卒業式には代表十名のうちの一人に選ばれて英語で演説をした」[七]と記している。加藤によると、ビリングはリンカーンとも交流があり、リンカーンが暗殺されたため実現していないが、リンカーンの要請で入閣が決定していた人物だったようで、政界にも顔が広かったのである。ともかく正の留学生生活は順当に進み見事に哲学士の称号を得て卒業している。

ビリングは、将来政治家になるという正に、見聞を広めるためにヨーロッパを回って日本に帰国することをすすめ、旅費を提供している。

(四) 媒酌人豊田芙雄と政治家根本正

根本は、帰国の年、明治二十三年(一八九〇)七月、愛国公党の板垣退助の誘いで、第一回帝国議会衆議院議員選挙に立候補するが落選する。同年九月には、豊田芙雄を媒酌人、安藤太郎(東京禁酒会会長)夫妻を保証人として、羽部専次郎の娘徳子と銀座教会で結婚式を挙げている。新郎、新婦、媒酌人など全員が洋装という「ハイカラな」結婚式であったが、同年三月二十九日、安藤を会長、根本を副会長とする東京禁酒会を立ち上げていたこともあり、結婚式でも、酒類はいっさい出さなかったようである。

加藤は「新居は芝の琴平町三番地(今の東京タワーあたり)にあった。この屋敷は、イタリアを出発する時、徳川家から渡された数百ドルの謝礼の余りで、ある海軍中佐から一五〇〇円で購入したものである。中庭のまわりに多数の部屋がある大きなもので、のちに郷里の親戚や知人が入れ替わり居候した(八)」と書いている。

根本は、榎本武揚の依頼で外務省の移民関係の仕事をするようになるが、明治二十七年(一八九四)三月の総選挙に再度立候補し、この時も落選している。根本が初当選を果たすのは、明治三十一年(一八九八)三月の総選挙である。ちなみに、この選挙ではそれまで実業界で活躍していた芙雄の実弟政も茨城一区で初当選している。芙雄のごく身近な人物が同時に衆議院議員となったのである。この時、根本はすでに数え年で四十八歳になっていた。根本正顕彰会の伝記は根本の政治主張を次のように記している(九)。

① 地方自治・地方分権の確立
② 自由教育の実施
③ 選挙権拡張

④ 財政の整理

長い期間、アメリカ留学をした根本正らしい先進的な政治主張である。正は、その後、大正十三年（一九二四）、金権候補に僅差で敗れ、政界を引退するまで二十数年間衆議院議員を勤めるが、政治家根本正の主たる業績としては次のようなものがある。

明治三十二年（一八九九）の「国民教育授業料全廃建議案」（二月十五日可決）
同年、根本他四名提出の「未成年者喫煙禁止法案」（可決）
明治三十九年（一九〇六）の「公立幼稚園の保姆に恩給を与える法律案」（成立）
大正十一年（一九二二）「未成年者飲酒禁止法」（成立）

根本の最も有名な業績は、大正十一年（一九二二）、二十二年かけてやっと成立した「未成年者飲酒禁止法」である。法案の成立は、若い頃から面識のあった徳川家達貴族院議長の強力な議事運営に助けられている。また、水郡線敷設、利根川治水、高層気象観測所設置、貧困者対策などにも大きな功績を残している。

根本正は、一貫して潔癖な反金権体質の政治家であり、庶民派政治家であり、大衆政治家である。田中正造が天皇に直訴して捕らわれた時には真っ先に面会に駆けつけた政治家でもある。根本は水戸の弘道館精神とキリスト教信仰を根幹に骨太に生き抜いた政治家なのである。根本の業績の中には、「公立幼稚園の保姆に恩給を与える法律案」の成立もあって、幼稚園関係者にとっては興味深いものがある。

（五）芙雄と東京府高等女学校

芙雄が渡航直前に勤務していた東京高等女学校は、男女師範合併で分離独立後、明治二十三年三月、再び、旧東京女子師範学校の後身女子高等師範学校の附属高等女学校となった。当校は、芙雄が帰国するまで教師の籍は空けておくということであったが、いつの時代でも口約束の人事ほどあてにならないものはない。当校でも、幼稚園部なら空いているということで、芙雄もかつてのように幼稚園教師をやってみようかと思ったりはするが、滞欧時代に見学した寄宿型女学校（日本の家塾に似ているが一層整備されたもの）設立の構想を抱いていたため、再び幼稚園に勤務することはなかった。

豊田芙雄には、明治二十二年（一八八九）十一月十二日、文部省より電報で女子教育取り調べ嘱任の一時金として六〇〇円を交付する旨通知され、翌々日支給されているが、芙雄の帰国が急で文部省としても慌てて事務処理をしたのであろう。芙雄は、帰国後、約一年間は教職に就くことはなく、洋行決算報告書を文部省に提出したり、根本正・徳子の結婚の媒酌人をしたり、婦人雑誌『貴女の友』の論説を書いたりしたことなどが記録に残るくらいである。

芙雄の嗣子伴は、明治二十年（一八八七）三月、東京大学古典講習科を卒業し、翌年から私立宮城英学校（同志社仙台校）で国語と漢文の教師をしていたが、明治二十三年（一八九〇）、茨城師範学校（現・茨城大学教育学部）に採用されている（後、伴は東京大学に勤務するようになる。また、さらに後には渋沢家文書の整理に従事している）。伴の就職について、手紙や日記など、芙雄の心境を綴ったものは見当たらないが、伴が郷里の師範学校に就職できたことは、芙雄にとっては大きな安心であっただろう。

豊田芙雄は、帰国から一年後の明治二十四年（一八九一）一月十四日、四十七歳の時、東京府高等女学校（後の東京府立第一高等女学校。現・都立白鴎高等学校）の教務嘱託を受け、家政科、漢文、作文、幼稚園保育法を指導するようになる。この学校は、明治二十一年（一八八八）に創立されたが、設立当初は、小学校教員の養成に力を注いでおり、教員養成と保姆養成の実績を持っていた豊田芙雄は、この学校の教師として最もふさわしい人物の一人であったといえる。

東京都公文書館の東京府高等女学校関係の資料によると、明治二十五年（一八九二）十二月十九日付けの「高等女学校教員勉勵手當ノ件」[十]の教員名の中に豊田芙雄（注：印刷された文書では名前が間違っていて豊田基雄となっている。豊田芙雄の名前は、英雄、芙蓉など、間違われることがしばしばある）がある。校長を除き教諭は三名で、嘱託教員（講師）が八名であり、府立とはいえ講師に依存した学校である。芙雄の教務嘱託の年俸は二〇〇円である。明治二十六年（一八九三）十月二十日、芙雄はこの学校を退職するが、自ら構想する学校を設立するためである。

二　翠芳学舎の設立

（一）　翠芳学舎設立申請書の概略

豊田芙雄が、麹町区有楽町一丁目五番地に、寄宿舎方式の私塾翠芳学舎を開いたのは、明治二十七年（一八九四）四月、五十歳の時であるが、翠芳学舎を各種学校枠として正規に設立申請書を東京府に提出したのは、同年八月三十日であり、同年十月十一日、東京府知事三浦安から認可が下りている。[十一]「翠芳学舎」と命名したのは、芙雄の義兄藤田健である。

東京都公文書館に残る翠芳学舎設立の申請書の概要は次の通りである。

一　設置ノ目的

小学高等科ヲ卒リタル者若クハ之ニ均シキ學力ヲ有スル女子ニシテ將來家事整理ノ實用ニ適スル高等ノ學科ヲ修メント

スル者或ハ年齢ヲ超過シテ學機修業ヲ爲シ難キ者一二ノ學科ヲ攻究セントスルノ便利ヲ與ヘテ教育ヲスルヲ以テ目的トナス

二　教則及教科用圖書

正科トシテ教授スヘキモノ　修身、國語、漢文、歴史、地理、物理、作文、家政、算術、和哥、習字、裁縫、編物、作法

別科トシテ教授スヘキモノ　仏蘭西語、水墨画、刺繍、茶式、挿花、

教科期限ハ學年ヲ三ケ年トシ一ケ年ヲ以テ一級トナス　學年ハ四月一日ヨリ始マリ翌年三月三十一日ニ終ル

學科課程表

省略

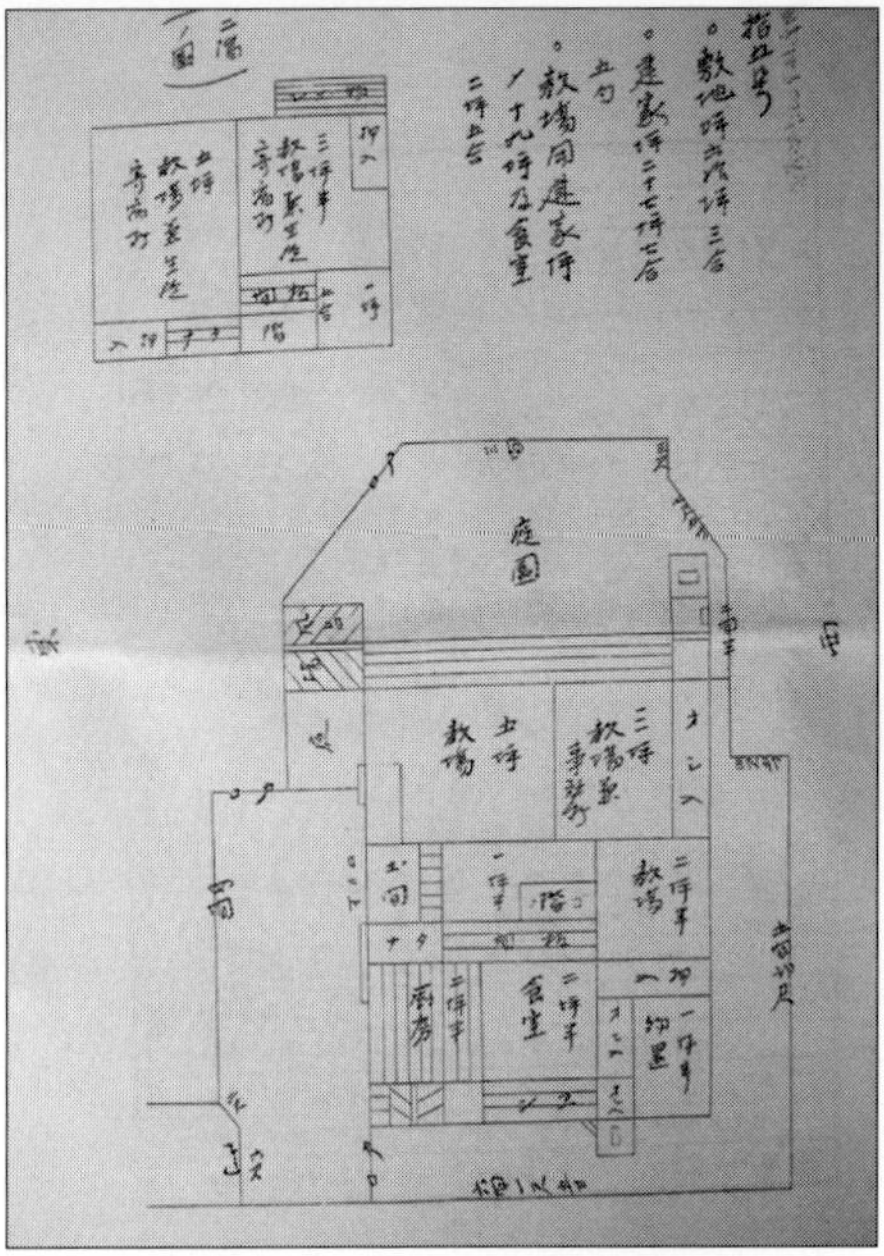

図10・1　翠芳学舎の建物図

三　位置及敷地建物圖面坪数并ニ構造法

麹町區有楽町壹町目五番地

敷地

建物圖面并ニ構造別帋ノ通リ（注：図10・1）

四　名称

翠芳学舎

五　入學退學規則及寄宿舎規則生徒心得生徒罰則ホ左之通リ

翠芳學舎規則

一　入學ヲ乞フモノハ府内居住ノ身許保証人ヲ立テ願書ニ學業履歴書ヲ添ヘテ申出ベシ

一　入學ノ生徒ハ中途ニシテ猥リニ退學ヲ許サズ然レ圧疾病其他止ムヲ得ザル事故アリテ退學ヲ要スルモノハ其事由ヲ詳記シテ申出ベシ

一　生徒居住遠隔ニシテ通學ニ不便ナルモノハ學

舎ニ寄宿セシメ専ラ其學業ヲ修メシム

生徒心得

一　勅語ノ御趣旨ヲ深ク奉體シ愛敬信實ヲ以テ旨トシ恭順勤儉ヲ守ルベシ

一　生徒本學舎ノ規則ニ背違シ教師ノ訓誨ニ従ハザルモノハ品行ニ欠點アルモノトシ保証人ニ通知シテ相当ノ所分ヲナスベシ

寄宿舎規則

一　寄宿舎ハ舎主自ラ其監督ニ任ス

一　寄宿舎生徒中年長ニシテ品行正シキ二三ノ輩ヲ選抜シテ舎中ノ細事ニ任ス

一　寄宿舎ヲ要スルモノハ食料トシテ一ケ月金三圓乃至四圓ヲ納メシム

生徒外出心得

省略

生徒面會心得

省略

寄宿舎細則

一　毎朝五時前ニ起キ出ベシ

一　晒掃、盥嗽（注：読みはかんそう。手を洗い口をすすぐこと）、結髪、身体整頓

此五個目ハ毎朝一時間半之内ニ終ルベシ

一　定時ノ學科終リテ后チ五時ヨリ六時マテノ間晩餐及ヒ適誼ノ運動トス

但シ運動ニ換ルニ晒掃ヲ以テスル乛アルベシ

一　夜七時ヨリ八時マテ（土曜日ヲ除ク）談話或ハ讀書輪講等ヲナサシメテ學業ヲ奨励セシム

一　午後八時ヨリ九時マテ寫字或ハ信書ヲ認メ及温習（注：復習のこと）ホヲナス

一　夜九時三十分徹燈就寝

箴言

一　起居出入共相互ニ必ス礼辞ヲ陳ブベシ

一　言語ヲ謹ミテ猥リニ他ノ品評ヲ爲ス可ラズ

一　他人ノモノヲ猥リニ使用ス可ラズ
一　金銭ノ貸借ハ堅ク為ス可ラズ
一　舎中ニ食物ヲ猥リニ持チ入ル可ラズ
一　猥リニ音讀ヲナシテ他ノ黙視ヲ妨ク可ラズ
一　高笑大聲ヲ發シテ他ノ誹謗ヲ招ク可ラズ
一　各自ノ秩序ヲ正シク物品ホ自他混入スヘカラズ
一　各自清潔ヲ旨トシテ衛生ニ注意スベシ
一　衣服髪飾等餘リ目ニ立ツハ禁スベシ
一　各自質素倹約ヲ守ルベシ
一　塾中ハ一家族ノ考ヲ以テ相互ニ補助シ親睦ヲ旨トナスベシ
一　塾中疾病者アル𪜈ハ相互親切ニ看護ノ労ヲ採ルベシ
一　週日従事ノ日割左記ノ如シ
　日　洗濯、親族見舞ホ外出　　木　午後四時ヨリ室内大掃除、
　月　　　　　　　　　　　　　金
　火　　　　　　　　　　　　　土　午後ヨリ沐浴、洗濯、
　水　午後四時ヨリ採（注：沐か）浴、
附
一　授業料及寄宿費トモ毎月十五日マテニ納ムルモノトス
六　日々開校止校時間及休業日左ノ如シ
一　修業毎日六時間トス
一　始業六月一日ヨリ九月三十日マテ午前七時始業止業午後一時トス
　　十月一日ヨリ五月三十日マテ午前九時始業午後四時止業
　○休業日　日曜日、土曜日午後、大祭日、祝日、皇后宮御誕辰日、夏季七月二十日ヨリ八月二十日マテ、冬季十二月
二十五日ヨリ一月七日マテ、
七　生徒定員及教員ノ数

一　生徒定員当分　五拾二名
一　教員定員当分　三名
八　教員及設置者ノ履歴書別帋ノ通リ
九　生徒授業料
一　生徒壹名ニ付一ケ月　金壹圓
一　別科専科生一ケ月　金四拾戔
右収入概算　一ケ年ニ付　金四百八拾圓
但シ授業料　十二ケ月分
内譯
一ケ月（本科生三十二名金三十二圓別科生二十名金八圓）
合テ金四拾圓　一ケ年金四百八拾圓
一　支出内譯
教員給料　一ケ月　金貳拾圓
家税　一ケ月　金拾五圓
雑費　〃　金　三圓
小使給料　〃　金　貳圓
一ケ年ニ付　金四百八拾圓
教科用器械
省略
以上設置規則及諸概算ノ如キヲ以テ開設仕度候ニ付御認可被下度此段奉願候ナリ
麹町區有楽町壹町目五番地寄留
茨城縣士族
豊田芙雄子㊞
明治二十七年八月卅日
東京府知事三浦　安殿
第二三三〇號

前書願出ニ付奥印候也
明治廿七年九月廿七日
東京市麹町區長富士重木　印

以上が、豊田芙雄が東京府に提出した設立申請書の概略である。

（二）　教員と学舎の特徴

申請書には、設立者兼教員の豊田芙雄子、教員竹澤里、同根本とく子の履歴書が添えられている。芙雄の履歴は、ここで紹介する必要はないが、なぜか生年が間違っており、嘉永五子ノ十二月廿日生となっている。また、この時の履歴書には何らかの手違いがあったか、二、三他の記録等とは異なる部分もある。芙雄の受持学科は修身、国語、漢文、歴史、地理、家政、作文である。家政の中には幼児教育論も含んでいたと思う。

竹澤は、文久元年（一八六一）二月、千葉県鴨川で生まれているが、東京女子師範学校の第一期入学生で、明治十三年（一八八〇）二月、同校小学師範学科を卒業している。もちろん豊田芙雄の東京女子師範学校での教え子の一人である。竹澤は、明治十七年（一八八四）六月、東京府内公立小川女子小学校（注：最初、この学校は神田小川町にあったが、竹澤が勤務した当時は神田淡路町に移っている）に三等訓導として奉職している。また、竹澤は小笠原清務に就いて小笠原流の礼式を修めているが、後に、小笠原清務は竹澤の女学校及び幼稚園設置の際の関係者の一人となっている。

竹澤は、明治二十年（一八八七）四月、男女師範合併後の高等師範学校附属幼稚園に勤務するようになるが、翌年九月、眼病のため辞職している。明治二十二年（一八八九）三月、伯爵松浦家で家庭教師をするようになるが、同年四月、松浦家での教授の余暇に私立東京女学校（現在の神田女学園）及び附属幼稚園を設置したと書いている。しかし、正確には同校設置は翌年四月であり、『東京の幼稚園』に掲載されている「資料　公私立幼稚園表」（明治三十二年東京府管内学事年報）にある明治二十三年（一八九〇）四月設置の「東京女学校付属幼稚園[十二]（神田）」がそれに該当する。

この学校は、明治二十三年（一八九〇）、初代東京市長松田秀雄、礼法家小笠原清務、衆議院議員角田真平の三人を設立者とし、竹澤里を初代校長とする、神田女学園の前身東京女学校である。竹澤は、明治三十七年（一九〇四）三月二十三日、東京女学校から神田共立女学校への校名改称を監督官庁に申請して認可を受け、さらに、明治四十二年（一九〇九）四月十三日、神田共立女学校から神田高等女学校へ校名改称を申請し、校舎建築を条件に認可されている。これが現在の神田女学園中学校・高等学校につながっているわけであるが、竹澤里は同校の最大の功労者といえる。竹澤は、東京女学校の校長として勤務しながら、翠芳学舎の手助けをしたものと思われるが、受持学科は物理、算術、作法である。

根本とく子（徳子）については、何度か触れているように、「茨城縣平民外務省官吏根本正妻」であり、慶応三年（一八六七）四月十七日生まれである。とく子の履歴書には、明治十四年（一八八一）八月、女子学院（注：この当時は桜井女学校。桜井女学校と新栄女学校が合併し女子学院となるのは明治二十三年（一八九〇）である）に入学、明治二十二年（一八八九）六月、女子学院全科を卒業したと記されている。とく子は、同年九月より十一月まで、同校附属小学校で教鞭をとり、同年十二月より明治二十三年（一八九〇）八月まで、姉妹校の新潟県高田市高田女学校で教員をしている。同校を辞めたのは、同年九月、根本正と結婚するためである。翠芳学舎での根本とく子の受持学科は裁縫、編物である。

翠芳学舎設置の目的は、「將來家事整理ノ實用ニ適スル高等ノ学科ヲ修メ」させること、すなわち良妻賢母の教育を第一義としているが、二義的には学習機会を逸した年長の女子に対して一二の科目を選択履修させることもその目的としている。入学資格は高等小学校の卒業者若しくはそれに匹敵する学力を有する者としているので、各種学校の枠での申請ではあるが、翠芳学舎は中等学校に相当する女学校である。

小学校令は、明治十九年（一八八六）、初代文部大臣森有礼の手によって発令され、六歳から十四歳までを学齢期とし、尋常小学校と高等小学校それぞれ四年を修業期間としていたが、明治二十三年（一八九〇）、いわゆる第二次の小学校令（明治二十三年十月七日勅令第二百十五号）において、「尋常小学校ノ修業年限ハ三箇年又ハ四箇年トシ高等小学校ノ修業年限は二箇年三箇年又ハ四箇年トス」(十三)というように修業期間を柔軟に扱うようになり、早い子は十一歳、遅い子は十四歳で高等小学校を卒業するようになる。これが翠芳学舎の入学者の年齢にすぐに影響を与えたかどうかは不確かであるが、いずれにしろ、翠芳学舎の入学者の年齢には元々かなりの幅があったかと思われる。

翠芳学舎では、生徒は当分の間本科生三二名、別科生二〇名、計五二名としており、教員は当分の間三名としている。修業期間は三年である。教科は正科として修身、國語、漢文、歴史、地理、物理、作文、家政、算術、和哥、習字、裁縫、編物、作法があり、別科として仏蘭西語、水墨画、刺繍、茶式、挿花がある。英語は見当たらないが、フランス語を置くというところに、ヨーロッパ帰りの豊田芙雄の意気込みが見て取れる。

敷地、建坪等はそう大きいものではないが、箴言中の「一　起居出入共相互ニ必ス礼辞ヲ陳ブベシ」や「一　塾中ハ一家族ノ考ヲ以テ相互ニ補助シ親睦ヲ旨トナスベシ」や「一　塾中疾病者アル𪜈ハ相互親切ニ看護ノ労ヲ採ルベシ」といったあたりに芙雄の寄宿学校の特徴があろうかと思う。

芙雄の翠芳学舎は、名家の子女の入学者も徐々に増え、学校経営は順調に進んでいったが、開校僅か一年で同校を閉じることになる。突然、時の文部大臣西園寺公望から、宇都宮の女学校（後の宇都宮高等女学校、現・栃木県立宇都宮女子高等学校）に赴任することを懇望されたからである。

西園寺公望と芙雄は、滞欧時代以来、面識があったのである。駐独公使をしていた公望は、時々、イタリアを訪れているが、次の文章に見るように、皆で一緒にローマ法王に拝謁したりしているのである。(十四)

そのころ西園寺公がドイツの公使をしてゐられて、ときどきイタリーへお見えになりました。皆で御一緒にローマ法王に拝謁に参つたことがございましたが、その時法王様のお足に口づけするのが禮法でございましたので、私はどうすればいいのかと案じてをりましたら西園寺公が「口づけしなくてもいいよ、ただ法王の足を手で戴くだけでいいよ」と仰言いましたのでその通りいたしました。

芙雄の翠芳学舎は発展の様相を見せ始めていたが、西園寺とは面識があるだけに、西園寺の強い要請に芙雄は困惑することになる。

三　宇都宮と水戸における女子教育者時代

（一）　宇都宮に赴く

宇都宮女学校は、明治八年（一八七五）、栃木町に栃木女学校（十年後宇都宮に移転）として創設された古い学校であったが、当時、学校経営は振るわず、毎年ごく僅かな生徒が入学する状態だったといわれている。宇都宮女学校長は男子師範学校長里村勝次郎が兼任していたが、学校の立て直しをはかるために、里村が当時の知事佐藤暢《さとうのびる》に依頼し、佐藤が西園寺に有力な女子教育者の派遣を頼み込んだのである。

この時、西園寺は徳川篤敬に「豊田をやつて呉れぬか」(十五)と依頼している。西園寺は、滞欧時代以来、芙雄が優れた女子教育者であることは知悉しており、芙雄なら佐藤暢の期待に応え得ると判断したのである。芙雄は、創設したばかりの翠芳学舎のこともあり、宇都宮に赴任したくはなかったが、時の文部大臣西園寺公望と「お殿様」の徳川篤敬から強く要請されたため、この時も本人の本意とは関係なく赴任を引き受けざるを得なかったのである。巻頭写真頁に掲載しているように芙雄の宇都宮時代には西園寺からの書簡も残っている。西園寺の手紙は、自身の病気のことにも触れている。西園寺は二度目の文部大臣在任中、病の悪化で国会開催中にもかかわらず大磯に引っ込み三ヵ月余りで大臣を辞任するが、幸い健康を回復した頃のものかと思われる。また、芙雄の当地での尽力と成果を高く評価している。

明治二十八年（一八九五）四月、五十一歳の時、芙雄は宇都宮に着任する。豊田天功・香窓・芙雄顕彰会の「会報第三号」（平成二十年七月一日）中の資料一によると、芙雄の同僚であった杉田勝太郎は「赴任の際には縣知事佐藤暢さんが態々停車場まで出迎へをしたといふ、恰も封建時代の藩侯が儒員を送迎した所謂藩儒の格式を以て待遇されてゐたといふ事を後から聞きました」と書いている。女学校の一女性教師を、縣知事が態々停車場まで出迎えるということは異例のことであったであろうが、西園寺公望や徳川篤敬が直々に推薦して送り込んだ人物であるから、縣知事佐藤暢も格別な礼を以て迎えたのであろう。

宇都宮では、芙雄は、栃木県尋常師範学校（現・宇都宮大学教育学部）教諭を兼任することになる。月俸は最初三五円で、四〇円、四五円と昇給している。宇都宮女学校の方では、教頭格として、里村からすべてを任され、芙雄は経営の才をいかんなく発揮している。自身「私は専心校務校風の刷新を圖り多数の卒業生を出しました」[十六]というように短時日の内に同校の立て直しに成功している。先の「会報　第三号」に寄稿している川田純之（栃木県立宇都宮女子高等学校教諭）が「栃木県高等女学校と豊田芙雄」の中で紹介している同校沿革史からの引用によると、「明治二十八年三月の在籍数は三九名であったのに対し、その数は翌年から増加の傾向をたどり、明治三十三年三月には三二七名にも達した」とあり、芙雄がいかに手際よく学校経営をこなしていったかを裏付けている。

安省三によると、宇都宮時代、「宮内省侍従山口正定より宮様御二方の教育をとの依頼を受けた。房子内親王の教育係ということなのである。先生思うに誠に有難いことではあるが、自分の志は夫小太郎の志である進歩的な民衆教育にあった。宮様の御養育に上京することを御遠慮申し上げたのである。」[十七]といったこともあったようである。

また、明治三十一年（一八九八）四月三十日には、日本赤十字社正社員となり、翌年、日本赤十字社栃木支部準備看護婦養成所講師の辞令を受けており、明治三十三年（一九〇〇）二月八日には、日本赤十字社終身社員認定状を受けている。また、同年十月六日には、小学校教員裁縫講習の講師を勤めている。生徒指導面では、女学校と師範学校の舎監を勤めたり、長期休暇に入る時には生徒に訓辞や心得を与えたり、卒業生には「心の栞」を与えたりしている。

また、宇都宮在任中、明治三十年（一八九七）九月には、『女子習字十二月帖　上・下』（版権登録）を著している。芙雄が宇都宮に滞在したのは約六年である。

（二）　水戸に帰る

これも安省三の記述であるが、明治三十四年（一九〇三）、芙雄の許へ、井上馨から「山口県三田尻に高等女学校を建てるから、学校創立について先生の力を借りたい」（十八）という依頼がきている。井上からは、病身の姉一家も寄宿舎に入れるよう配慮するとの申し出もあり、宇都宮は知事も師範学校長も変わって、力を発揮しにくい状況になっていたため、芙雄は山口へ行ってみようかと迷うが、同時期に、茨城県からも高等女学校教師就任の依頼があり、結局、芙雄は水戸に帰ることになる。

明治三十四年（一九〇三）二月一日、五十七歳になった芙雄は、茨城県立水戸高等女学校（現在の茨城県立水戸第二高等学校）教師として赴任する。月俸は宇都宮と同じ四五円であるが、翌年六月二十八日、四八円になり、翌々年三月二十日には、年俸六三〇円となっている。芙雄は、三十一歳の時、東京女子師範学校創立時の教師として抜擢されて上京して以来、二十六年ぶりに、再び故郷で暮らすことになった。

宇都宮の高等女学校から水戸の高等女学校への異動は、もちろん茨城県の強い要請があってのことであるが、水戸の姉立子は病身で、夫の藤田健と長男の秀雄は亡くなり、下の子息の熊雄は幼少であったという事情や、嗣子伴も病身であったということなどで、親族から水戸に帰るよう切望されたという理由もある。芙雄は、本心では、山口でもなく水戸でもなく、宇都宮から東京に転じて再び中央で活躍したいという望みを抱いていたのだが、この時も自身の本願とは異なる選択をせざるを得なかった。

明治三十三年（一九〇二）、茨城県高等女学校は旧弘道館演武場を仮校舎として発足するが、最初は校舎もなく、校長もない状態でのスタートであった。翌年二月には、茨城県立水戸高等女学校と改称され、現在地の水戸市大町に移転している。芙雄の赴任は、同校誕生二年目の二月一日であるが、芙雄の回想によると、移転前の旧弘道館での授業も体験している。これも巻頭の写真頁に掲載しているが、高橋清賀子家に残る、芙雄が弘道館で生徒を指導している写真は、おそらくこの時のもので、芙雄の貴重な授業風景の写真ということになる。

明治三十六年（一九〇三）四月九日、芙雄は五月に開校予定の茨城県女子師範学校から「兼茨城県女子師範学校教諭ニ任ス」の辞令を受けており、同年八月六日には、内閣より「茨城県立水戸高等女学校教諭兼茨城県女子師範学校教諭ニ任ス」の辞令を受け、奏任官待遇となっている。

免許状については、すでに明治十八年（一八八五）三月二十五日、女子師範学校幼稚園保育法及び家政科教員免許状を得ていたが、明治三十四年（一九〇一）三月十八日、高等女学校の国語漢文科の免許状、明治三十七年（一九〇四）十月六日、師範学校女子部国語及漢文科免許状が与えられている。

(三)『女子家庭訓　上・下』の発行と幼児教育観

この頃の芙雄の特筆すべき事柄の一つは、明治三十四年（一九〇一）三月、一八四ページからなる自著『女子家庭訓　上・下』(国立国会図書館蔵)を発行したことである。内容は女性にとって必要な教養の修め方、育児の方法、父母、夫に対する態度、病人の看護の基本（宇都宮時代、看護婦養成にも関わっていたためか、かなり詳しく記述している）、使用人に対する接し方など、当時の女性の生き方全般を述べた、芙雄の女子教育の集大成ともいうべき書である。

基本的に記述するところは、「夫は外に賢明に、婦は内に忍耐なれば、家政毎に平安なり」(十九)や「賢婦は其家政に停止す」(三十)に見られるように良妻賢母型の女子修養論であって、芙雄の明治十年前後の女子学生に対する訓示等から読み取れる進取気鋭の意気込みやイタリア滞在時の女性の社会的進出についての強い期待は消え去っているとはいえ、女性に対して常に学識を拡げ、道徳心を磨き、他者には慈愛を以て接すべきことを説いた良識的な一書といえる。

保育については、基本的には若いころ学んだ保育観をベースにしているが、時代を経、ヨーロッパの現場をも見て

きたためか、次に示すようにすでに十分こなれた持論となっている。[二十一]

追々知覺の發達するに隨ひ、小兒の心に逆らふこと驚かしむること等をば、殊に避けしむべし、この期、實に草木の嫩芽（注：柔らかい若芽。読みは、どんが）に異ならざればなり、こゝに大人の嚴に誡め置べき事は、小兒の目前にて、謂はゞ不行儀など示すべからず、大人の言語行動は小兒の心性の上に印章して、遂に除く可からざる、品性を表出するに至るものなれば、實に愼み恐るべき事也。

明治十年（一九七七）前後から、既に幼児教育にあたっては、急いではならない、急げばむしろ害が生じると述べているが、ここでも同趣旨の記述がある。[二十二]

四、五の誕生の年齢は、小兒は却て嫌悪又は狡智を引起すの時期なり、故に一般人の記憶すべきことは、先づ小兒の心性を耕さんには、善良なる躾の力を以て、正しく直ならん方に開發するを力むべし、世の母は、小兒に物の道理を言ひきかせ、其能力を形造らんがため、智識を與へしめんとして、頗る急なるが如し、小兒自身の忍耐勉強の力に由りて、讀事、書事、算る事を瞭解する迄の、時期を待ち能はざるの弊あり、之他なし、其母、小兒の年齢は斯く柔嫩（注：若く柔らかいこと。読みはじゅうどん。）なることを忘失し、所謂注入的の教法を採る、實に危険なりと云ふべし、茲を以て小兒の保育は、漸を待ちて、其最初の觀念より起る所の、小なる才能を應用する訓練に因り、自然と導き、而して兒心を樂ましむること又一教法也。

また、フレーベリアンらしく、恩物を用いることなどにも言及しているが、「小兒の好意」などについても次のように述べている。[二十三]

小兒の、其厚意を發達する機會を逃すべからず、例へば難渋者不幸者に對ひては、善を施し惠むことを知らしむ可し。慈善は利己心の反對也、貧人ありて吾が門戸を叩く、如何に可憐ならず乎、吾之に躊躇せず、我手より施與すべきの善なるを知らしめよ。

さらに、兄弟の長幼の序、学友への友情などに触れた後で、小動物虐待の戒めなどについても次のように述べており、現代人にとっても傾聴すべき内容となっている。(二十四)

又諸動物に至る迄、手荒く無慈悲なる所行を戒め、遊戯中小鳥を絞め、或は犬猫を傷くなどの行為を、兒童が為すまゝに捨置くときは、これよりして、遂に重大なる結果を来すことは、敢て疑ふに足らず、之誠に粗暴不善の萌芽となる。

芙雄は後進に道を譲るため、大正五年（一九一六）五月十三日、七十二歳の時、水戸高等女学校を退職する。当時、七十二歳まで、教師として活躍したこと自体驚異的であるが、同年同月三十一日には、同校講師嘱託を受け、大正十一年（一九二二）四月一日、七十八歳になるまで講師として同校に勤務している。

さらに、大正十四年（一九二五）、八十一歳のおりには、水戸の私立大成女学校（現在の茨城短期大学）の校長となり、昭和二年（一九二七）に至って、同校校長を辞職している。また、残されている文書等によると、昭和十年（一九三五）、九十一歳になる頃までは、随時、教壇に立っていたようである。芙雄は日頃から摂生を心掛けており最晩年に至るまで知力も体力もしっかりしていた。

（四）　小太郎への贈位

大正十三年（一九二四）二月十一日、芙雄八十歳の時、皇太子御成婚の祝典に際し、夫小太郎に従五位が贈られている。芙雄は「亡夫小太郎に御贈位下された時は、亡夫の赤誠始めて天に通じたかと私は感慨無量だった」(二十五)と語っている。夫小太郎の命をかけた幕末の活動がやっと評価されたのである。夫が斃れて六十年近い年月を経て、ようやく贈位されたのであるから芙雄の喜びはひとしおであった。

国立公文書館に残る、豊田小太郎の叙位関係文書には、履歴の他に業績として小太郎の「論變通（變通論）」、「辨惑論」、「論形勢（形勢論）」なども添付してあるが、叙位関係文書の文案はおそらく豊田伴によるものであろう。

小太郎の墓は事情もあって、長い間、京都の本圀寺の支院にあったが、昭和十年（一九三五）秋、芙雄は夫の墓を本圀寺より水戸の常盤共有墓地に移している。

（五）芙雄の叙勲・表彰等

芙雄は、明治四十年（一九〇七）十月十一日、従八位に、大正二年（一九一三）十二月十日、従七位に叙せられているが、大正五年（一九一六）九月、七十二歳の時、勲六等宝冠章を受章している。これも国立公文書館に残る書類によると、文部大臣高田早苗（早稲田大学創立者の一人）が総理大臣大隈重信に叙勲の裁可を仰ぐ形になっており、芙雄は宮内大臣で伯爵の渡辺千秋から受章することになる。

渡辺千秋は、大久保利通の勧めで、長野の地方官から東京上等裁判所判事に任じられた人物であるが、西南戦争が勃発すると、大久保は、前島密を介して、岩村通俊県令の補佐役として、渡辺千秋を大書記官に選んでいる。渡辺千秋の弟渡辺国武（後の大蔵大臣）も大久保が登用した人物であったが、当時、国武は高知県の権令（格下の県令）をしており、千秋は、もしもの場合は、後のことはよろしく頼むと、わざわざ国武に伝えるという赴任であった。実際、岩村県令一行は、五月二日鹿児島入りするが、翌日三日には、薩軍に急襲され、命からがら避難している。

渡辺千秋は、岩村が県令を辞めた後、鹿児島県令を引き継ぎ、鹿児島の戦後復興のために、赴任以来足掛け十四年も鹿児島に滞在している。

芙雄は鹿児島出張時代、大書記官の渡辺とは、幼稚園経営に関して、直接会話をする機会などもあったのである。

この叙勲を巡って渡辺千秋と豊田芙雄の二人の胸にはある種の感慨があったことであろう。芙雄の叙勲推薦文には経歴と功績が綴られているが、特に鹿児島時代については次のように記されている。[二十八]

就中鹿児島縣ニ出張シ幼稚園設立ノ任ニ當レルヤ時恰モ西南戦争ノ後ヲ受ケテ各般ノ施設困難ナルニ拘ラス拮据經營宜シキニ適ヒ遂ニ克ク同縣幼稚園ヲ創設シ教育上裨益スル所尠カラサルハ全ク同人ノ力ニ依レリ

また、末尾には芙雄の教育貢献は顕著であると書き、叙勲が先送りされないための配慮か、芙雄が老齢疾病の身で余命幾何もない状態とし、次のように結んでいる。[二十七]

同人六十六（注：この時の履歴書の生年月日は嘉永四年十二月二十一日となっている。翠芳学舎の申請書では嘉永五子十二月二十日となっている。実際は弘化二年生まれでこの時点で七十二歳である）ノ老齢ニ達シ加フルニ疾病ニ罹リ餘命幾何モナキ状態ニ在リ希クハ生前ニ於テ其功勞ヲ表彰セラレ特ニ頭書ノ通敍勲ノ榮ヲ與ヘラレンコトヲ茲ニ謹テ奏ス

若い頃から、表彰を受けることの多かった芙雄であるが、晩年に至っては、次のように各種の団体から、感謝状、功労賞等が贈られている。

明治四十年（一九〇七）　従八位に叙せられる。
明治四十一年（一九〇八）　知事より茨城県教育功労者表彰
明治四十五年（一九一二）　青森県知事より感謝状
大正二年（一九一三）　済生会会長桂太郎より感謝状

大正二年（一九一三）　従七位に叙せられる
大正五年（一九一六）　勲六等宝冠章授与
大正六年（一九一七）　帝国教育会より教育功労の記念章
大正七年（一九一八）　愛国婦人会より特別徽章
大正十四年（一九二五）　東京連合婦人会より長年の女子教育貢献に対する表彰
大正十四年（一九二五）　「新聞いはらき芙雄號」発行贈呈される
昭和七年（一九三二）　愛国婦人会長より感謝状
昭和九年（一九三四）　愛国婦人会より長寿お祝い
昭和十二年（一九三七）　水戸高等女学校より長年尽力の功績表彰
昭和十二年（一九三七）　賞勲局総裁より褒状
昭和十四年（一九三九）　茨城県保育会より慰労会
昭和十四年（一九三九）　日赤篤志看護婦人会より功労表彰
昭和十五年（一九四〇）　茨城県女子師範学校第一回卒業生有志より蒲団、正座椅子を贈られる
昭和十五年（一九四〇）　茨城県保育会、「豊田芙雄女史御慰安會」を催す
昭和十六年（一九四一）　愛国婦人会総裁より感謝状

また、次のように宮内省、宮家からの招待も度々受けている。

大正四年（一九一五）　宮内大臣より賜饌招待
昭和三年（一九二八）　東伏見宮家より御茶会招待

昭和四年（一九二九）　　宮内大臣より賜饌招待
昭和十一年（一九三六）　東伏見宮家より晩餐会招待

大正十四年（一九二五）十一月二十九日、芙雄は東京女子高等師範学校五十年記念式典に招待されるが、芙雄と棚橋絢子は特別に皇后陛下に拝謁し言葉を賜っている。

（六）「新聞いはらき　芙雄號」

大正十四年（一九二五）十二月十七日、芙雄八十一歳の時、いはらき新聞社長飯島丈三郎は、芙雄の功績を讃えるために三ページからなる「新聞いはらき　芙雄號」を贈呈している。内容は、芙雄の人生の聞き書き、略歴、諸氏の寄稿文、和歌、俳句など多彩であるが、芙雄の生涯と功績を紹介することが主体となっている。具体的な内容については、本書の記述と重なるので省略するが、この新聞があることで、現在でも芙雄の生涯のあらましが把握できるのである。いずれにしろ、一人の女性のために三ページからなる新聞の特別号を出すことは異例のことであり、芙雄の存在がいかに大きかったかということの証しである。

（七）倉橋・新庄の『日本幼稚園史』と豊田芙雄

昭和五年（一九三〇）、倉橋惣三と新庄よし子は『日本幼稚園史』を発行しているが、倉橋は、昭和三年（一九二八）八月、茨城県立女子師範学校における三日間に及ぶ講習会の中日、水戸市田見小路の豊田芙雄を訪問している。これは同校の大瀧、大河内両名の案内による表敬訪問であった。翌日、芙雄は同校を訪問して、倉橋が講習会を閉じるに際し、野島校長から紹介され、挨拶をしている。

倉橋は『幼兒の教育』（第二十八巻・第十一號）において「閉会に際し、野島校長より特に女史を講習會諸君に紹介し、惇厚なる敬意を表せられたことは、三日間の講習よりも、どの位意義深い感銘を、若き教育者諸君に與へたことかと思ふ」(二十八)と述べている。

また、この時の同誌の記事は三ページで、芙雄の略歴紹介が中心であるが、倉橋は、芙雄宅の座敷にある篇額に目をやって、誰が書いたものかと尋ねたところ、藤田小四郎です、という芙雄の返事があり、「余は更めて、東湖の姪の前に居ることを思ったのである」(二十九)と記している。

同年十一月二十九日には、倉橋らの企画で、東京女子高等師範学校記念日に合わせて、同日午後二時より「幼稚園懐舊談話會」が催されている。この日の談話会は、話し手として、豊田芙雄、小西信八、氏原鉦子、膳眞規子（氏原の妹・保育者）、下田（旧清水）田鶴子が呼ばれている。談話会の内容は、翌年の『幼兒の教育』（第二十九巻・第一號）一月号に、それぞれが寄稿している（最も若い下田分は翌月号に掲載されている）。

芙雄は、幼稚園創業時代のこと、特に唱歌に苦労したこと、鹿児島時代のことなどを中心に語っているが、「一七八《ママ》年頃」に、附属高女が東京高等女学校として独立し、上野に移ったが、明治十九年（一八八六）二月二十日、芙雄は同校へ異動するまで幼稚園教育に直接関わっていたことを自ら証言している。

また、茨城県における新しい動きとして、芙雄が関係していた愛国婦人会の主事柴沼興太郎の提唱で四〇カ所程の農村託児所が設けられ、芙雄も時には出向いて指導していることなどを語っている。芙雄は八十四歳になっても幼児教育に関わっているのである。

倉橋・新庄の『日本幼稚園史』と芙雄との関係については一言書き加えるべきことがある。倉橋は、同書の序文で、東京女子高等師範学校に勤務の傍ら同校倉庫に眠る貴重な幼稚園教育資料を調べながら、いずれ幼稚園史を書きたいという構想を持っていたが、のびのびになっているうちに、関東大震災に襲われすべてが焼失してしまって、いったんは半分諦めたことを述べている。

倉橋が、再び、幼稚園発足時代史を書こうと思い立つのは豊田芙雄に会ってからである。倉橋は次のように述べて

いる。(三十)

私をして舊い熱意を再燃せしめる機會が起つた。それは、豫てお話を聽きたいと思つてゐた我が國最初の保姆豊田芙雄女史を水戸の寓居にお訪ねしたことである。その時、種々未知の資料について得るところが多かつた以外に、我が國の幼稚園史が、今ならば生きた記憶を資料とすることが出來るといふことに、今更のやうに強く氣がついたのである。殊に一と度びそこに氣がついて見ると、その眞に貴重な生きた記憶材料が、次から次に與へられ得ることに氣がついた。倉庫の焼失によつて力を抜かれてゐた私の舊い志は、もう一度私を驅り立て、來た。

倉橋が再び幼稚園史を纏めようと思い立ったのは豊田芙雄に会ったのがきっかけであった。芙雄の存在が、倉橋が幼稚園史を書こうと再決意するのに力を貸したわけである。倉橋、新庄は、各種の公的資料を収集すると同時に、東京女子師範学校附属幼稚園の創業時代の資料等については、当時の保姆、見習生、練習科生など関係者の回顧談や回顧録を収集したりしているが、芙雄による当時の保育の内容、特に唱歌や恩物用法の実際に関する情報提供がなければ、同書はかなり内容の薄いものになったのではないかと思う。

豊田芙雄は几帳面な人で明治十二年(一八七九)の新聞代金領収書まで保存している程に徹底して資料を残している。しかし、膨大な資料を残していただけに倉橋に対する資料提供も一部に過ぎなかった。

また、同書には創業時代の保姆の手記も収集されているが、豊田芙雄の「保育の栞」や「恩物大意」(注：これも若干の編集はあるが内容はほとんどクララからの聞き書きと思われる)があり、氏原鋹「幼稚園手引き」(注：これは氏原の「幼稚園方法」を改題したか、あるいは倉橋が誤記したかのいずれかである。倉橋はクララからの聞き書きとしているが、クララから聞いた保育法を芙雄が再編集して講義したものを基礎にした手記である)などがある。

『日本幼稚園史』が出版された二年後、昭和七年(一九三二)十月、八十八歳の時、芙雄は自作歌集『思い出くさ』を編集、発行している。

四　最晩年の芙雄

（一）ヘレン・ケラーを水戸駅頭で迎える

サリバンの手助けを借りて三重苦を克服したヘレン・ケラーについては、改めて説明する必要はないが、障害者福祉を啓発するために世界中を講演して歩いたヘレン・ケラーは、昭和十二年（一九三七）、昭和二十三年（一九四八）、昭和三十年（一九五五）の三回わが国を訪問し、各地で講演をしている。最初の来日時には、水戸にも訪れているが、昭和十二年（一九三七）四月、芙雄は水戸駅頭でヘレン・ケラーを出迎えている。茨城県の教育界の代表としてヘレン・ケラーを出迎えるのに、芙雄が最も適任だったからである。

元々、豊田芙雄は障害者の教育や福祉にも理解があり、しばしば各地の施設に密やかな寄付行為をしている。弱者に対する理解は、苦労を強いられた芙雄の幼児期の家庭環境で育まれたものとも考えられるが、障害者の福祉と教育にも力を注いだ、東京女子師範学校の摂理中村正直（中村は津田梅子の父津田仙らと共に訓盲院の設立に貢献している）や同僚小西信八（東京女子師範学校を辞めた後、東京聾啞学校長となる）などの影響もあったかと思う。

（二）サンデー毎日の「生きてゐる歴史」

昭和十五年（一九四〇）秋、サンデー毎日編輯部から『生きてゐる歴史』(三十一)が出版されるが、豊田芙雄に対するインタビュー記事が「藤田東湖の姪」というタイトルで最初に掲載されている。この本は、週刊誌『サンデー毎日』が半年間、二八回に渡って掲載したシリーズ「生きてゐる歴史」をまとめたものである。

記事の中には、「西郷隆盛と江藤新平」、「大久保参議を暗殺」、「うらぶれの唐人お吉」、「晩年の清水次郎長」、「鳥羽伏見参戦の思ひ出」、「浦上切支丹殉教秘話」など、読者の興味をそそるようなタイトルが並んでいる。「藤田東湖の姪」は、一一ページに渡って書かれているが、写真は洋行時代の芙雄の顔写真と、藤田健（健二郎）の顔写真が掲載されている。記事は、もちろん東湖についての聞き取りもあるが、小太郎のこと、藤田小四郎のこと、幼稚園創業時代のこと、滞欧時代のことなど多岐に渡っており、芙雄の生涯を物語る内容になっている。記事の内容は「新聞いはらき　芙雄號」と同様本書の記述と重なるので紹介することは省くが、「藤田東湖の姪」のインタビュー記事の締め括りは次のようになっている。（三十二）

私との長い對座に刀自はやや疲れを見せて來た。そのとき、今年元旦（注：実際は元旦ではない）に生まれたといふ健彦氏の長女清賀子ちゃんが眼を覺ましてむづかりはじめた。よし子夫人がその赤ちゃんをだいて茶の間から濡縁まで出て來ると刀自は「眼がさめたのかい」といひながら、力一杯手をついて立上がると、「お、お、ボンヂユール、マドモワゼル――」と小聲で赤ん坊をあやし立てた。

「祖母は子供をあやすといつもフランス語が口に出るんですよ」と健彦氏が笑ふ。

烈婦の鑑ともいふべき刀自のこの打ちとけた姿を見ると僕は一層敬虔な気持に打たれたのだった。

文中の「健彦氏の長女清賀子ちゃん」は、本書の執筆者の一人、保育史研究者高橋清賀子である。健彦は芙雄の孫、清賀子は芙雄のひ孫にあたる。

写真は、ちょうど同じ頃、豊田家を訪れた山川菊栄（社会主義者山川均の妻。戦後、労働省に新設された婦人少年局の最初の局長）と、その母青山千世が一緒に写っている。

図10・2　最晩年の芙雄・右山川菊栄・左よし子と清賀子・左端青山千世（高橋清賀子家文書）

（三）「豊田芙雄女史御慰安會」と倉橋惣三

昭和十五年（一九四〇）十二月八日、水戸市教育会館に於て、茨城県保育会総会に際して、午前中「豊田芙雄女史御慰安會」が催されている。数え年で九十六歳、芙雄が亡くなる前年である。

総会講師は倉橋惣三であったが、この日、倉橋は芙雄と再会できたことの喜びと、芙雄の講話の様子、さらに、芙雄から見せてもらった、明治十年（一八七七）十一月二十七日の東京女子師範学校附属幼稚園開園式時の「皇后宮御清覧順序」の手記や、發櫻女學校時代に溯る辞令類を、貴重な生々しい教育資料として、『幼兒の保育』（第四一巻・第二號《（三十三）》）に七ページに渡って記載している。

この日、芙雄には孫豊田健彦のよし子夫人が付き添っていたが、芙雄はいつもと変わりなく矍鑠《かくしゃく》として上機嫌であり、講話と質疑応答に二時間近く費やしている。芙雄の懐旧談は、保育唱歌の「風車」、「いかばかり」、「ゆきやあられ」、「むろのとどてあそびなば」などに及びついには「てふてふ」（注：芙雄は、この日、加藤錦子の作と語っている。芙雄自身の作ともいわれるが、実際は、もう少し古く、明治初年中頃、伊澤が校長を勤めた時期、愛知県師範学校附属小学校において、野村秋足が校長の命を受けて一番を作詞し、わらべうたのメロディーでうたわれたということになっている。後、伊澤がこれにスペイン民謡の節をつけたものかと思う。「てふてふ」は幼稚園草創期には遊戯の伴う遊戯唱歌でもあったようである）を声高にうたったりしている。

この日、芙雄は「けふは昔に返つたようだ」と繰り返し語ったようである。芙雄は、謹厳実直なだけではなく、良く冗談を言っては人々を笑わせる人でもあったが、この日、すでに九十六歳という高齢の芙雄は、昔語りをする内にふと三十代前半に返ったような気分にもなったのであろう。

芙雄は、質問に応じて、松野クララの話や、娘時代に烈公になぎなたの型を見せたことなど種々話しているが、帰宅後も、今日は楽しかった、と家族に語っている。倉橋が見せてもらった辞令類の一部については、本書の巻頭写真頁に掲載している。

（四）芙雄の最期

昭和十六年（一九四一）十一月三十日、夕刻、芙雄はいつもと同じように孫の健彦と少量の晩酌をしている。その時は平常時と何ら変わった様子はなかったが、その夜の十一時半、寝床に就いた芙雄の額に発汗があり、家族が呼んでも応答がなかった。そこで、家人が、急遽、三の丸の山田医師のもとへ走り、往診を願ったが、芙雄の容体が良くなることはなかった。翌日、十二月一日午後七時二十分、芙雄は近親者に見守られながら静かに息を引き取っている。突然の死ではあったが九十七歳の長命であった。

先に記しているように、芙雄は、昭和十年（一九三五）の秋、夫小太郎の墓を京都本圀寺から水戸の常盤共有墓地に移していたが、没後、芙雄の墓は夫の墓の隣に並んで建てられている。小太郎と芙雄が静かに並び立つのは、夫の死後、六十五年を経てのことである。小ぶりで慎ましやかな好感の持てる夫婦墓である。

豊田芙雄は、夫小太郎が暗殺された後、「夫小太郎報國の念燃ゆるが如きも中途にして斃れたので私は女ながらも、これを紹がねばならじ」(三十四)と決意して、学問、教育の道を歩むが、東京女子師範学校創設時の教員として抜擢され、中村正直の推奨により、同校附属幼稚園保姆を兼ねることになる。

夫が暗殺されたり、鹿児島幼稚園を創設したり、イタリア全権公使徳川篤敬侯夫人のお相手役兼欧州の女子教育事

図10・3　小太郎と芙雄の墓（高橋操氏撮影）

情調査のためヨーロッパに赴いたり、芙雄の人生の前半は振幅が大きく劇的であるが、人生の後半、東京を離れて地方で静かに暮らすことは必ずしも芙雄の本意ではなかった。

しかし、宇都宮から水戸に帰った芙雄が、再び、東京に移り住むことはなく、晩年、芙雄のために特別に発行された「新聞いはらき芙雄號」において「到頭二十二年といふもの水戸に埋まつて了つて格別の仕事も出來なくなつたのです。其れもこれも私が一家の主として立つてゐかなければならなかつた故でありまして、これが自由に活動出來る身でありましたならばと思つて残念に感ずることが度々です[三十五]」と回想している。

さらに、同新聞において「明治八年同時に東京女子師範に教師となった棚橋絢子さんが後學校を退いてからは、一意棚橋女学校（注：棚橋の長男一郎が明治三十五年（一九〇二）創立した東京高等女学校のことであるが、芙雄より六歳年上の棚橋は百歳を過ぎるまで同校の校長を勤めている）を經營して今以て事に當つてゐるのに比べてはづかしい程です[三十六]」と語っているが、これには芙雄の本音と謙遜が同時に含まれているように思う。

芙雄は有能であっただけに、地方からの派遣依頼が舞い込み、それぞれ事情絡みで、結局、それを断ることができずに、やむなくその地へ赴いている。しかし、芙雄が鹿児島、宇都宮、水戸に赴任したことは、その地の人々にとっては、子女の教育のための掛け替えのない教育者を迎えることになったのである。

芙雄の謙遜はさておいて、芙雄の人生は、明治、大正、昭和に渡って、未だ未開拓状態の幼児教育及び女子教育の世界で果敢に生き抜いた人生であり、殊に、我が国にとってまったく未知のフレーベル主義保育の導入と定着のために全力を挙げて苦闘し、単なる模倣だけではなく、「ないものは創る」という保姆の創意を加えた、わが国の幼稚園教育の礎を築くことに最大の貢献をなした人物である。豊田芙雄の人生は、夫小太郎の遺志を紹いで、幾多の艱難を乗り越えながら、新しい時代と真剣な切り結びを持ち続けた、近代女性の社会的進出の一典型を見せた人生でもあったといえよう。

豊田芙雄という人は、女性ながらも文武両道の人で、薙刀の免許皆伝を受けたり、明治三十二年(一八九九)には、日本体育会会員徽章を贈与されたりしているが、亡くなるおよそ一月前、昭和十六年(一九四一)十一月二日の日曜日には、筆を題に文の人らしい最後の和歌を詠んでいる。

筆なくは何をよすかに書きなさん思ひ思ひの心々に

〔注〕

一　加藤純二『未成年者飲酒禁止法を作った人　根本　正　伝』けやきの街　平成十六年第三刷(第一刷は平成七年)六六頁

二　豊田伴日記　高橋清賀子家文書　茨城県歴史資料館寄託

三　根本正顕彰会調査研究委員会編『根本正の生涯』根本正顕彰会　平成十三年　八頁

四　前掲　加藤純二　四九頁

五　前掲　豊田伴

六　前掲　加藤純二　五一頁

七　同右　六三頁

八　同右　六七頁

九　前掲　根本正顕彰会調査研究委員会　八頁
十　「高等女学校教員勉勵手當ノ件」東京都公文書館蔵
十一　豊田芙雄「翠芳学舎設立申請書」東京府文書明治二十七年各種学校一　東京都公文書館蔵
十二　東京都編『東京の幼稚園』東京都　昭和四十一年　二〇六頁
十三　文部科学省『学制百年史　資料編』「一　教育法規等（一）小学校令」http://www.mext.go.jp/b_menu/hakusho/html/hpbz198102/hpbz19...
十四　サンデー毎日編輯部『生きてゐる歴史』教材社　昭和十五年　一〇頁
十五　新聞いはらき「芙雄號（三頁）」大正十四年十二月十七日
十六　同右　新聞いはらき
十七　安省三『豊田芙雄先生の生涯』、茨城県幼稚園長会、昭和三十二年、一五頁。これは昭和三十二年五月二十五日、水戸で、全国公立幼稚園長会水戸大会が催された際に参加者に頒布された冊子である。この日、参加者一同、芙雄の墓参をしている。
十八　同右　一五頁
十九　豊田芙雄『女子家庭訓』（上・下）吉川半七発行　明治三十四年　一〇六頁
二十　同右　一〇七頁
二十一　同右　九九〜一〇〇頁
二十二　同右　一〇一頁
二十三　同右　一〇二〜一〇三頁
二十四　同右　一〇三頁
二十五　前掲　新聞いはらき
二十六　「豊田芙雄勲六等寶冠章裁可願い文書」国立公文書館蔵。国立公文書館には、豊田芙雄関係では他に内閣発令の「茨城県立水戸高等女学校教諭兼茨城県女子師範学校教諭ニ任命ス」の辞令文書が残されている。
二十七　同右
二十八　倉橋惣三「我國最初の保姆豊田芙雄女史をお訪ねして」『幼兒の教育』（第二十八巻　第十一號）東京女子高等師範学校内　日本幼稚園協會　昭和三年　三三頁
二十九　同右　三三頁

三十　倉橋惣三・新庄よし子『日本幼稚園史』臨川書店　昭和五十五年復刻版（初版は昭和五年）序
三十一　前掲　サンデー毎日編輯部
三十二　同右　一一頁
三十三　倉橋惣三「豊田芙雄女史御慰安會に列して—併せて、貴重な幼稚園史資料の數々—」『幼兒の教育』（第四十一巻　第二號）東京女子高等師範学校内　日本幼稚園協會　昭和十五年　二八〜三五頁
三十四　前掲　新聞いはらき
三十五　同右
三十六　同右

〈前村　晃〉

〈豊田芙雄関係年表〉

年号	芙雄に関する事項	関連事項
一七八二年（天明二）		・4・21 フレーベル、ドイツに誕生。
一七九九年（寛政十一）	・桑原幾太郎、誕生。	
一八〇五年（文化二）	・豊田天功、誕生。	・8末 フレーベル、スイスのイヴェルドンのペスタロッチ学校を実地見学（2週間）。
一八〇六年（文化三）	・藤田東湖、誕生（熱烈な尊王攘夷論者。芙雄は姪）。	
一八〇八年（文化五）		・フレーベル、ホルツハウゼンの3児とペスタロッチ学校を再訪、2年勤務。
一八一六年（文化十三）		・フレーベル、グリースハイムに「一般ドイツ教育所」を開く。
一八二六年（文政九）		・フレーベル、『人間教育』を出版。
一八三四年（天保五）	・3 天功の子、小太郎誕生。	
一八三七年（天保八）	・6・12 桑原力太郎（芙雄兄）、誕生。	・2 大塩平八郎の乱。 ・9・29 徳川慶喜、誕生。
一八三九年（天保十）	・5・16 相原一雄（桜任蔵）、豊田（天功）へ、豊田天功父死去につき弔文。	・2 近藤濱、松前藩江戸藩邸で誕生。
	・7 東湖の嗣子、後芙雄の姉立子の夫、藤田健（健次郎）、江戸藩邸で誕生。	・6 フレーベル、ブランケンブルグに幼児教育指導者講習所を設立。6カ月ずつの講習。
一八四〇年		・1・8（9?）辻新次、松本藩で誕生。

（天保十一）		
一八四〇年（天保十一）		・2・24 牛尾田（棚橋）絢子、誕生。 ・6・10 岩村通俊、誕生。 ・6・28 フレーベル、一般ドイツ幼稚園を創設。
一八四三年（天保十四）		・1・20 関信三、一色町安休寺に誕生。 ・5・4 西郷従道、薩摩に誕生。 ・5・20 渡辺千秋、諏訪高島藩で誕生。
一八四四年（弘化元）	・東湖、幽閉。「回天詩史」成る。	・5 斉昭、幕府より隠居・謹慎。
一八四五年（弘化二）一歳	・3・12 幾太郎、天功、烈公の冤老中に哀訴。 ・3 天功、逼塞を命ぜられる。 ・10・21 桑原幾太郎を父、雪子（藤田東湖妹）を母に水戸藩で誕生。冬と命名される。	・3 伝馬町獄舎火災。高野長英脱獄。 ・6・12 田中不二麿、尾張藩で誕生。
一八四六年（弘化三）二歳	・父治兵衛、蟄居を命ぜられる。 ・天功、「明夷録」を著す。	・青山延寿、斉昭雪冤運動に絡み、弘道館訓導を免職。
一八四八年（嘉永元）四歳		・秋フレーベル、ドレスデンに保姆養成講習会を開く。
一八五〇年（嘉永三）五歳	・柴田政衛門夫人より手習いを始める。母雪子より詩歌を読み聞かされる。	・フレーベル、シュワイナに保姆養成所を設立。
一八五一年（嘉永四）七歳	・天功、「靖海全書」を完成させる。	・3・3 荻野吟子、武蔵に誕生。 ・6・2 伊澤修二、高遠藩で誕生。 ・6 松本荻江、誕生。 ・8・7 プロイセン政府、幼稚園禁止令を発布。 ・10・9 根本正、水戸藩に誕生。

一八五二年 （嘉永五） 八歳	・1 吉田松陰、水戸に一カ月滞在。正月、豊田天功、桑原幾太郎らを訪ねる。 ・1・23 黄葉（幾太郎）、晩翠（天功）に、蘭書採用の件につき書状。 ・天功4子友徳、小松崎恭の後を嗣ぐ。	・7・21 フレーベル、マリエンタールで没。70歳。 ・9・22 祐宮（明治天皇）、誕生。 ・11・25 武村千佐（耕靄）誕生。 ・フレーベルの保母養成所、カイルハウに移る。
一八五三年 （嘉永六） 九歳	・小太郎、京都へ赴く。 ・小太郎、江戸から浦賀へ。 ・7 天功、「防海新策」を著す。 ・9 天功、「合衆国考」を著す。	・1 横川楳子、八王子に誕生。 ・青山延寿、弘道館に復職。 ・6・3 ペリー艦隊、浦賀に来航。 ・7 斉昭、幕府の海防参与となる。 ・7 プチャーチン、長崎に来航。 ・8・2 クララ・チーテルマン、誕生。
一八五四年 （安政元） 十歳	・小太郎、京都へ赴く。 ・4・29 桜真金（任蔵）、豊田（天功）に、吉田寅次郎（松陰）入獄の件報知状。 ・5 小太郎、反射炉築造のため水戸に招かれた南部藩士大島高任（日本近代製鉄の父）について蘭学を学ぶ。 ・8 天功、「北島志」を脱稿。	・3・6 西郷、斉彬に従い江戸出府。 ・3 幕府、日米和親条約を締結。 ・4・4 桜井ちか（平野智嘉）、江戸日本橋にて、徳川御用商人、平野与十郎の長女として誕生。 ・4・10 西郷、初めて東湖に会う。 ・7・29 西郷、叔父宛に東湖に関する書簡。 ・12 幕府、日露和親条約を締結。
一八五五年 （安政二） 十一歳	・8 小太郎ら8人、水戸に招かれた下間良弼に蘭学を学ぶ。 ・10・2 藤田東湖、大地震に際し、老母の身代わりとなり圧死。 ・10・13 曾（治兵衛）、鳳（天功）に、江戸大地震の状況報知状。	・牛尾田絢子、学者、棚橋大作と結婚。 ・徳川篤敬、誕生。 ・フレーベルの教え子、カール・シュルツ、米で初の独語幼稚園を開く。 ・10・4 西郷、東湖の死を鹿児島の樺山三円に書簡で通報。 ・12 多田（榎本）常、和歌山に誕生。
一八五六年 （安政三） 十二歳	・2 小太郎ら、蘭学者栗原唯一（適塾塾頭経験者、京都の町医者）に学ぶ。 ・芙雄の弟政二郎（後、政に改名）、誕生。 ・6 天功、「北虜志」を脱稿。 ・7 天功、彰考館総裁となる。 ・8・19 母雪子、没。42歳。	・武田耕雲斎、桑原幾太郎ら、一橋慶喜将軍擁立問題で西郷と会う。

一八五七年（安政四）十三歳	・天功、「航海要録」（小太郎訳述）を斉昭に上呈。 ・3 小太郎、天文の資料収集の命を受け、京都へ行く。 ・閏5・28 吉田松陰とも深い親交のあった勤皇僧月性、入江九一への書簡で、豊田小太郎に触れる。 ・8・6～ 天功、「代笏録」を書く。 ・8・14 豊田彦次郎（天功）、豊田小太郎に、天文志料調査に精励すべきを諭す書状。 ・10 天功、「食貨志」五巻。小太郎、戻る。 ・12・29～ 天功、「代笏録（館勤之部）」を書く。	・青山千世（ちせ。後の森田千世。東京女子師範学校第一回卒業生。山川菊栄の母）、誕生。 ・4・15 吉田松陰、親戚の者数人との『孟子』の輪読会で、水戸の桑原幾太郎の言葉に触れる。 ・6・13 松陰の「講孟劄記（後、講孟余話とする）」完成。 ・12・1 大島高任、釜石の大橋高炉でわが国発の洋式高炉の出銑成功。
一八五八年（安政五）十四歳	・5 天功、「兵志」十三巻を書く。 ・芙雄、深作治十夫人筆子に書道及び女礼式を学ぶ（慶応2年まで）。裁縫術を修める。父、治兵衛に和漢の学を学ぶ。新井源八郎母に穴沢流薙刀の伝授を受ける。 ・9～12 豊田小太郎（香窓）、江戸滞在。	・栗田寛、彰考館に入る。 ・青山延寿、彰考館訓導となる。 ・6 幕府、日米修好通商条約に調印。 ・7 幕府、日露修好通商条約に調印。 ・8 水戸藩に戊午の密勅下る。 ・中村正直（甲府）、『洋学論』を著す。 ・9・7 安政の大獄始まる（翌年まで）。
一八五九年（安政六）十五歳	・2 豊田小太郎、江戸へ。 ・6 天功、斉昭に「息距編」編集を命ぜられる。	・吉田松陰、橋本左内、頼三樹三郎刑死。 ・2・15 西山明教、釻の長女、（氏原）鋹、誕生。江戸青木藩邸。 ・2 中村正直、甲府から江戸へ。結婚、28歳。 ・ビューロー夫人の活躍で、ヨーロッパ各地で幼稚園の開設の動きが始まる。 ・8・27 斉昭国許永蟄居。
一八六〇年（万延元）十六歳	・3 豊田小太郎、江戸在。 ・8 豊田小太郎、水戸へ帰る。 ・11 豊田小太郎、彰考館編修となる。	・3・3 桜田門外の変。 ・プロイセン政府、幼稚園禁止令を解く。 ・エリザベス・ピーボディー、ボストンでアメリカ人のための幼稚園を開く。 ・8・15 斉昭（烈公）、没。

一八六一年 （文久元） 十七歳	・3 姉立子、藤田東湖の嫡子藤田健（健二郎）と結婚。 ・10・10 父治兵衛、没。62歳。 ・小太郎、箕作塾、昌平黌等に出入りする。	・横川楳子、この年より元治元年まで4年間、阿部完堂に漢籍素読並びに習字を習う。 ・4・12 米国南北戦争始まる。 ・3 渡辺春子（後の鳩山春子）、誕生。 ・中村正直、箕作奎吾に英語を習う。
一八六二年 （文久二） 十八歳	・6・28 芙雄、豊田小太郎（29歳）と結婚。冬18歳。 ・閏8・4 藤田健、天功に、弟小四郎の史館雇周旋を謝し小太郎の結婚を祝う書状。 ・芙雄、「武家女誡全」写す。 ・小太郎、この年、「職官志」を起稿。 ・11・2 天功の4子友徳、養子先小松碕家で没、22歳。	・1・15 坂下門外の変。 ・2・11 家茂と和宮内親王、結婚。 ・4・8 土佐の開国論者吉田東洋暗殺。 ・4・16 島津久光、藩兵１０００名と上京。 ・4・23 寺田屋事変。久光の命で同藩尊攘派の有馬新七ら殺害。 ・8・21 生麦事件。 ・9・11 幕府の命で、西周助・津田真一郎・榎本釜次郎・赤松大三郎・伊東玄朴ら、オランダ留学へ出発。 ・11 上野彦馬、長崎で写真館開設。
一八六三年 （文久三） 十九歳	・1・26 小太郎、緒方洪庵の診療を受けに江戸へ。 ・2・3 友徳の子伴、誕生。 ・3・22 小太郎、水戸へ帰る。	・根本正、天功の家僕となる。12歳。 ・6・10 緒方洪庵、没。 ・7・2 薩英戦争。双方に損害。
一八六四年 （文久四元治元） 二十歳	・桑原家で藤田小四郎を預かる。 ・1・21 豊田天功、没。60歳。 ・3・15 小太郎、家督を相続。１５０石。（根本、天功死後、小太郎の学僕となる。） ・6・1 小太郎、大番組となり彰考館総裁代を兼ねる。 ・6・24 小太郎、藩政改革のため戸田忠則、藤田健らと嘆願書を持って江戸へ行く。 ・7・26 小太郎、藩主の命で水戸に帰る。 ・8 戦禍を避け七軒町から弘道館官舎に移る。 ・10 七軒町の家に戻る。 ・11・23 姑万子、没。57歳。	・3・27 藤田小四郎（東湖四男）ら天狗党、筑波挙兵。 ・6・5 池田屋事件。新撰組、吉田稔麿、宮部鼎蔵らを殺害。 ・7・11 佐久間象山、暗殺される。 ・7・19 蛤御門の変。 ・7・23 水戸藩内でクーデター。保守派台頭。武田耕雲斎、天狗党に加わる。 ・8・2 幕府、35藩に長州征討命ずる。 ・8・5 英米仏蘭艦隊、下関を砲撃。 ・8・8 長州、4カ国艦隊に和議申入。 ・8 水戸で乱（10月治まる）。 ・12・17 天狗党、加賀藩に降伏。 ・12・27 征長総督徳川慶恕、征討軍撤兵を命令。

一八六五年（元治二・慶応元）二十一歳	・小太郎、伊豆、信濃で病気療養。 ・2・4 武田耕雲斎、藤田小四郎ら処刑。 ・9・24 叔母、幾子、断食、牢死。	・2 天狗党、352人が処刑される。 ・3・22 薩摩藩、国禁を犯し、15名を英国へ留学させる。
一八六六年（慶応二）二十二歳	・2・20 小太郎、弘道館教職となる。 ・4 小太郎、彰考館総裁心得となる。 ・6・9 小太郎、渡井量蔵、加藤木賞三、関直之介等と脱藩し、江戸へ行く。 ・7 小太郎、京都に至る。 ・9・2 小太郎、京都で暗殺される。 ・12・12 夫の弟輝（朋来）、没。22歳。	・1・21 薩長極秘同盟締結。 ・1・24 坂本龍馬を捕方襲撃。負傷。 ・5 青山延寿、彰考館総裁心得となる。 ・6・8 幕府、長州藩に宣戦布告。 ・9・4 幕府征長軍撤兵開始。 ・10・26 中村正直ら、英国留学。35歳。 ・12・5 慶喜、将軍となる。
一八六七年（慶応三）二十三歳	・3・1 夫の末弟達（半之介）、没。17歳。 ・9・27 夫小太郎を追悼する長文を書く。 ・豊田家一人となり、桑原家に移り住む。兄、力太郎について学問を学ぶ。 ・夫の弟小松崎友徳の遺児、伴を嗣子とする。当時5歳。	・1・2（新暦2・2）森有礼、ロンドンで中村正直に会う。 ・根本、南御郡方の役人となる（16歳）。 ・4・17 桜任蔵の孫徳子誕生。 ・10・13 慶喜は京都にいた各藩の重臣を二条城に集め大政奉還を宣言。 ・11・15 坂本龍馬と中岡慎太郎、暗殺。 ・森有礼、アメリカへ留学する。 ・12・9 王政復古の大号令。
一八六八年（明治元）二十四歳	・この年末頃より、川崎巌の家塾で漢籍を習う。	・1・3〜4 鳥羽・伏見の戦い。戊辰戦争始まる。 ・3・14 五箇条の御誓文。 ・4・19 大鳥圭介率いる伝習隊、宇都宮城攻防戦。大鳥転戦へ。 ・4・23 宇都宮城奪取。 ・6 中村正直、帰朝。 ・6 森有礼、帰朝。廃刀令を拒否され、位記返上し、鹿児島に帰る。
一八六九年（明治二）二十五歳	・藤田健、水戸藩小参事就任。	・古市静子、森有礼の英語塾で学ぶ。 ・5・18 榎本武揚ら函館で降伏。 ・10 フェントン、初代「君が代」作曲。

一八七〇年（明治三）二十六歳	・2 自宅で開塾。漢学、国学、家庭の業務等を教授。 ・この頃（?）、名前を冬から芙雄に変える。	・横川楳子、この年より3カ年間、大竹政正に漢籍、丸東に筆算開方を習う。 ・6・8 東京府、小学校6つを設置。 ・棚橋大作、「自近館」を開く。絢子、近隣の子どもに手習い、素読を教える。 ・11・19 中村正直翻訳「西国立志編」。
一八七一年（明治四）二十七歳	・藤田健、茨城県典事。	・2・10岩村通俊、札幌に正式赴任。皇漢二学科の資生館を作る。 ・棚橋絢子、名古屋の十番小学校の教師となる。 ・横浜で亜米利加婦人教授所開始。婦人と幼児の教育を行う。中村正直、生徒募集のポスターを作成。自身、娘3人を同所に預ける。 ・7・14 廃藩置県。 ・7・18 文部省設置。 ・廃藩置県で藤田健、根本正失職。 ・7・29 太政官制を改正し、正院・左院・右院を設置。 ・根本、箕作秋坪の三叉塾で学ぶ。 ・7 横浜共立女学校設立（亜米利加婦人教授所の流れ）。福沢の娘ら通う。 ・9 東京師範学校開校。 ・11 岩倉具視遣外使節団と共に文部省理事官、田中不二麿、海外の教育事情調査に出かける。 ・12・2 文部省、学制取調掛11名を任命。
一八七二年（明治五）二十八歳	・5・2 後漢班姫伝女誡七章八葉を筆写。 ・8 藤田健、太政官正院八等出仕。	・2・2 関信三（安藤劉太郎）偽装受洗。明治新政府の邪教探索方蝶者を継続。 ・2 官立東京女学校設立。 ・8・3 学制発布。尋常小学の場合、上下二等に分かれる。8年就学を原則。 ・9 北海道開拓使仮女学校発足。 ・9・12 新橋～横浜間鉄道開業式。

年	豊田芙雄	関係事項
		・9 関信三、真宗大谷派の現如に随行しヨーロッパへ行く。 ・根本正、中村正直の私塾で学ぶ。
一八七三年 （明治六） 二十九歳	・11 發櫻女學校教師となる。月給4円。	・1・10 国民皆兵の徴兵令発布。 ・この年、第一回地方官会議、開く。 ・2・24 キリスト教が黙認される。 ・2 中村正直、小石川で家塾同人社を開く。主に英学を教授。 ・2 明六社。諭吉、正直、西周ら。格外会員に田中不二磨ら。 ・秩禄処分開始（～76年）。 ・3 田中不二磨、欧米視察より帰国。 ・武村耕靄、日本婦女英学校で学ぶ。 ・8 米人D・モルレー、文部省督務官となる（翌年10月学監に改称）。 ・8・27 中村正直、大蔵省翻訳御用。月給100円。
一八七四年 （明治七） 三十歳	・この年、根本正、立川弘毅に依頼し、仮葬の夫の亡骸を京都本圀寺支院墓地に改葬。 ・6 發櫻女學校内則を書く。	・1・4 田中不二磨、女子師範学校創立の伺い書を提出（1・20、認可）。 ・1・25 木戸孝允、参議と文部卿兼任、同年5・13、文部卿辞任。 ・2・1 佐賀の乱（佐賀戦争）、勃発。 ・3・13 女子師範学校設立の通達。 ・春、青山延寿、中村正直と面談。 ・6 西郷隆盛、鹿児島に私学校設立。 ・10 中江兆民、仏蘭西学舎開設。 ・12・25 中村正直、受洗。
一八七五年 （明治八） 三十一歳	・發櫻女學校で教育勉励手当を受ける。 ・發櫻女學校訓導試補辞令。月14円。	・横川楳子、この年より11年まで4カ年間、馬淵近之尉に筆算平三角まで習う。 ・2 愛国社（全国的民権組織）の誕生。 ・5 鹿児島に小学校正則講習所設立。 ・鹿児島市に小学校正則女子講習所を設立。 ・6・28 新聞紙条例、讒謗律の制定。

・11・6 發櫻女學校教員の辞職願いを出す。
・11・9 茨城県より辞職不許可。
・11・20 茨城県、「東京女子師範学校雇いに付」辞職承認。
・11・25 東京女子師範学校出校の通知。
・11・27 女子師範学校教員採用試験受験。
・11・28 合格。読書教員任命、月給15円。漢学・歴史・地理を受け持つ。
・11・29 東京女子師範学校開業式に出る。

・7・7 文部大輔田中不二麿、幼稚園開設伺い。
・7 関信三、『古今萬國英婦列傳』翻訳稿、出版は10年10月（序は中村正直）。
・7 伊澤修二、高嶺秀夫ら師範学科取り調べのため、米国へ留学（11年まで）。
・8 松野、ドイツより単身帰国。
・8・2 幼稚園設置の件、不許可。
・8・17 東京女子師範学校生徒１００名募集告知。
・8・20 田中不二麿、幼稚園開設の儀、再伺い。
・9・13 幼稚園設置、三条太政大臣より許可。
・小学校正則講習所を鹿児島師範学校と改称。附属小学校を置く。
・10 鹿児島の小学校正則女子講習所を女子師範学校と改称。
・10・20 東京女子師範学校入学試験。74名入学。
・11 明六雑誌、第43号をもって廃刊。
・11・18 小杉恒太郎校長離任。中村正直東京女子師範学校の摂理に就任。
・武村耕靄（ちさ・千佐子）、この年、英学及び絵画の助教として工部省製作寮に勤務する。
・11 新島襄、同志社英学校創立。
・11・29 東京女子師範学校開業式。皇后宮行啓。大久保内務卿らも随従。
・12 京都幼穉遊嬉場設立（1年数カ月で廃止となる）。
・『文部省第一年報』（明治六年分）。

一八七六年（明治九）三十二歳

・この頃、柴田ハマ（松本の女子小学校で多賀春子と同級生）、芙雄宅で家事手伝いをしながら、余暇に学問を習う。柴田は後に自由民権運動に関わる。

・1 桑田親五、「幼稚園 巻上」を翻訳。
・1・27 東京女子師範学校生徒30名募集を告知。
・2・2 同右追加募集に71名応募。25名假合格。最終18名合格。
・3・22 田中不二麿、米国出張。フィラデルフィア博の業務と米国教育事務取り調べのため。

・5・16 文部省に出頭通知。
・5・17 豊田、坪内、武村らと一緒に女子師範訓導の辞令を受ける（武村耕靄の日記にも同日の件、記述）。
・6・14 朝鮮国公使来校。授業参観。芙雄は十八史略を講義する。
・7 勉励手当支給される。
・舎中副監兼勤可致事辞令。
・7・4 太政大臣三條実美、伊藤参議、寺島参議、文部大輔代理ら来校。諸術参観。芙雄も講義（年報は4日。耕靄日記は3日）。
・7・10 武村耕靄、松本荻江、坪内墨泉らと三井で写真。
・9・25 皇后宮来校。授業参観。芙雄は輿地誌略を講義する。最後に芙雄一文章奉る。
・10・11 文部省に出頭通知。
・10・12 附属幼稚園保姆の辞令（本校と兼任）。増給2円。
・10・14 東京女子師範学校給与の辞令。1カ月17円。
・11・6 松野クララより保育法の伝習を受ける。この月17回に及ぶ。
・11・13 日本国婦人会議で講演。同日の講演者は他に棚橋絢子、関信三、浅岡肇（一）、星豊壽、松本万年らがおり中村正直も顔を見せている。聴衆500人余り。場所は女子師範学校内。芙雄は「母親の心得」を話す。
・12 松野クララより保育法の伝習。この月は14回。

・3・28 廃刀令。
・4 棚橋絢子、某華族家の姫君の監督及び学業指導ため、東京女子師範学校訓導を辞職。
・4 鹿児島県、東京女子師範学校に児島ツネ（旧姓平田）ら4名留学決定。後、兵乱により一時帰県（文部省年報）。
・4・27 東京女子師範学校、20名生徒募集（5月20日入学期生）、80名応募、9名合格。
・渡辺千秋、東京上等裁判所判事（大久保利通による優秀な地方官の中央採用）。
・6・1 東京女子師範学校別科開業式。入学者66名。
・6・21 日本国婦人之会議。関、中村らが講演。
・8・14 札幌農学校開校。クラーク、初代教頭。
・8・14 松野クララ（クララ・チーテルマン）、横浜港着。
・8 札幌学校開校（9月札幌農学校に改称）。
・9・26 松野クララ、この日より10カ月間の約束で、東京女子師範学校で英語を教えるが、附属幼稚園が開設されると主席保姆となる。
・10 神風連の乱、秋月の乱、萩の乱。
・11・4 東京女子師範附属幼稚園へ仮移転。
・11・6 同園竣工。
・11・14 附属幼稚園開設を布達。
・11・16 東京女子師範附属幼稚園開園。
・11・18 日々新聞雑報に中村正直訳の「ドウアイ氏幼稚園論の概旨」掲載。
・11・24 日々新聞雑報「フレーベル氏幼稚園論の概旨」。
・森有礼、福沢諭吉らを証人に、契約結婚。
・12・17 松野、クララの結婚披露宴。精養軒。木戸孝允、品川彌二郎、野村靖、長松幹及びその家族ら出席。入籍。

一八七七年 （明治十） 三十三歳	・1 松野クララより保育法の伝習。この月は12回。 ・1 工学寮が工部大学校（初代校長大鳥圭介兼務）となるに際し、芙雄の実弟政、ジョン・ミルン（日本地震学の父）教室の教授補となる。 ・2 松野クララより保育法の伝習。この月は14回。 ・3 松野クララから保育法の伝習。この月は14回。 「松野久良々口授聞書（元稿）」 「恩物大意（松野久良々口授聞書）」 ・4・6 芙雄の実兄桑原力太郎少佐、田原坂に近い木留の戦闘で戦死。 ・8・25 文部省に出頭通知。 ・8・27 東京女子師範学校助訓の辞令を受ける。1カ月17円交付。 ・9・22 寄宿舎副監兼務の辞令。	・1・10 田中不二麿、米国より帰国。 ・1・29 私学校徒、政府の火薬庫を襲う。 ・2 東京女学校廃止。女子師範学校特別英学科に生徒を入学させる（希望者）。 ・氏原、大阪西区堀江小助教となる。 ・2・15 西南戦争始まる。 ・根本、横浜局へ転任。ヘボン塾、バラ学校で学ぶ。 ・3・10 鹿児島県令、大山綱良、逮捕される。 ・3・18 大久保利通、山田顕義へ書翰。岩村通俊の「鹿児島県令就任方勧説依頼」の件で来宅を請う。 ・3・21 岩村通俊、鹿児島県令の辞令を受ける。 ・4・1 古市静子、東京女子師範学校入学。荻野吟子寄宿舎同室。静子、23歳、吟子、25歳。 ・4 東京大学、東京大学予備門創設。 ・中村正直、東京大学嘱託を兼任。 ・4・3 前島密、大久保へ書翰。岩村より大久保へ大書記官以下の人選依頼の件、回答。 ・4・12 鹿児島県大書記官に渡辺千秋を選ぶ。 ・5・2 岩村、鹿児島上陸。加治木及び桜島に仮県庁を置く。主要県官3人を除き148人を免官。 ・5・3 薩軍、県庁を襲う。 ・5・26 木戸孝允、没。 ・7 東京女子師範学校附属幼稚園規則撰定。 ・7 桑田親五訳・那珂通高・飯島半十郎校正「幼稚園巻中」。巻中は明治11年6月翻訳の部分もある。 ・8・6-8 クララ、前橋の桜井学校と廏橋小学校で幼稚園開誘式及び幼稚園設置の要旨を演説、9-10、高崎学校で同じことを行う（妊娠8カ月、夫松野同行）。 ・9・1 西郷軍370人が急襲。鹿児島城山に入る。 ・9・24 西郷、鹿児島城山にて自刃。51歳。 ・西郷従道、官を辞職する決意。大久保、留任の説得をし、イタリア公使行きを勧める。

	・11・13 遊戯唱歌「風車」（芙雄改訳）等、上申。 ・11 皇后臨啓奉祝文原稿。 ・三條太政大臣参観順序稿。 ・11・27 幼稚園開業式。皇太后・皇后幼稚園臨啓。浅黄絹下賜。 ・12 遊戯唱歌「家鳩」（芙雄改訳）、上申。	・西南戦争終結前後から、大久保は岩村通俊と戦後の鹿児島復興に関して書翰のやり取りをする。郷里の授産、開墾、牧畜、教育振興のため在京の鹿児島県人に募金することを発意。 ・10 私立華族学校（学習院）開校式。 ・10・12 松野クララ、女児文を出産。 ・11・6 式部寮伶人、保姆らに唱歌指導開始。 ・11・23 鹿児島市樋之口町松原小学校内に仮師範学校を設立。 ・11・27 東京女子師範学校附属幼稚園正式開業式。 ・12・24 大久保利通、岩村通俊から依頼の「勧農局員岩山外一人」を派遣するとの書翰。
一八七八年（明治十一） 三十四歳	・3・1「代紳録 全」の作成に取り掛かる。見習い生に幼稚園記及び保育法の講義。 ・3・8 物体教科、事業教科（オキュペーション）の意味などの講義の記述。 ・4・12 第一、第二恩物について講義。 ・4・24 反対物と統合について講義。 ・4・26 恩物と保育上の注意など講義。 ・5・8 第二恩物の説明の続き。 ・5・22 第三恩物の講義。	・1 西郷従道の子、従徳、誕生。 ・2・15 東京女子師範学校、唱歌の科を実施。幼稚園保姆、暫定的に、唱歌の教員を兼ねる。 ・2・23 保姆見習の仮規則編製。 ・2・27 大阪の氏原、木村末、八王子の横川楳子の3名、東京女子師範附属幼稚園の最初の保姆見習生となる。 ・3・25 鹿児島仮師範学校に附属小学校設立。 ・4・10 第二回地方官会議（第三回は明治13年）。 ・棚橋絢子、学習院の教師となる。40歳。 ・4 西郷従道、イタリア特命全権公使仰せつけられる（大久保暗殺事件で実現しない）。 ・4 関信三、「幼稚園創立法」の浄書完成。 ・4・28 大久保利通、本田親雄（太政官大書記官）への勧業、教育のための義捐金の取りまとめ方及び送金方法相談のため来宅を請う。 ・5 伊澤修二、米国留学より帰国。 ・5 京都の盲唖院開設。 ・5 根本正、受洗。 ・5・14 大久保利通、暗殺される。

・6・14、第三～第八恩物の講義。
・6・28 第三～第九恩物の講義。
・7・3 第四恩物について講義。
・7・5 第四恩物と三式について講義。
・8 東京女子師範学校助訓の辞令。
・8・21 田中不二麿夫人、関信三、松野クララ、近藤濱、氏原らと共に西郷従道邸の食事会に招待される。従道の長男、従理、東京女子師範学校附属幼稚園に在園。
・9・12 出頭通知書。
・9・13 月俸20円交付の辞令を受ける。
・10・7 唱歌「兄弟の友愛」、「野山の遊」（改訳詞）、上申。
・10・15 フレーベルと幼稚園について講義。
・10・22 第三恩物と第四恩物を交えた三式の講義。
・10・29 第五恩物の講義。
・11・12 第五恩物用法の講義。
・11・19 修学式、摘美式の講義（簡単な記述のみ）。
・11・30 豊田伴、根本正（横浜）を訪ね、共に伊勢山に登る。
・12・6 第六恩物の用法とその他の恩物の講義。
・12・13 第六恩物の用法の講義。
・12・24 保姆見習生の終了証書授与式で祝意激励を述べる（幼児の成長を樹木の生長に準えた内容を基に）。

・5・24 西郷従道、参議と文部卿兼任。
・6 桑田親五訳・飯島半十郎校正「幼稚園 巻下」発行。
・6・10 東京女子師範学校、保姆練習科の設置及び模範幼稚園への改称を文部省へ伺う。
・6・27 東京女子師範学校保姆練習科の設置。入学者の資格「年齢大約二十歳以上四十歳ノ者。修行年限一年」。応募者一両名。10月からの練習科開始困難。
・7・16～8・31 この間幼稚園休業。
・8・21 鹿児島県庁構内に師範学校校舎完成し移転。
・8・23 竹橋事件（近衛兵の反乱）。
・8・31 氏原、大阪に帰る。大阪府幼稚園取調掛兼第一番中学校勤務、国語を担当する。
・クララ、「小児養育實驗之説」を書く（代筆）。
・9・19 東京女子師範学校本校の唱歌の指導、保姆に代わって伶人が指導（月曜木曜の両日）。
・9・21 鹿児島師範学校内に女子師範を仮設。
・10 体操伝習所開設。
・10・23 氏原、男児出産。
・10・31 保姆練習科に給費生5名、自費生6名を置くことを決定。
・11・11 関信三著「幼稚園創立法」を文部大輔田中不二麿文部卿（西郷従道）の覧閲に供す（明治12年文部省年報）。関信三、「幼稚園創立法」を文部省『教育雑誌』に掲載。
・12・6 横川楳子、両親宛に手紙。中村正直より、鹿児島で幼稚園が設立されるので赴くよう度々説得される。
・12・24 保姆見習生修了証書授与式。横川楳子、この日東京女子師範学校附属幼稚園に採用。26歳。
・12・24 西郷従道、文部卿を辞め陸軍卿となる。
・この年末頃より、芝葛鎮はじめ数名が私的にクララにピアノ指導を受ける（三條實美邸のピアノ使用）。

一八七九年
（明治十二）
三十五歳

・1・12 伴、根本正が米国留学することを知る。
・1・14 第七恩物、その他の恩物の講義。
・1・16 唱歌「うなゐのみちびき」、「教えの道」（改訳）、上申。
・常盤神社境内に彰考館復活。伴、勤務。
・1・21 第七恩物用法の講義。
・1・22「代紳録二」を作成する。
・1・24 鹿児島幼稚園設立のための出張辞令（文部省）。当初は半年の予定。
・1・24 鹿児島県出張中給料旅費鹿児島県負担通知（文部省）。
・1・28 第八恩物の用法の講義。
・1・30 講義（但し自宅）。第八、第九、第十恩物の説明及び幼稚園教育の基本などの講義。
・2・1 恩物と天然との関係、第二十恩物模型法（粘土細工）について詳しい説明。
・2・3 武村耕靄、親友豊田のために、半切に梅の画を描き、「送豊田君赴鹿児島」の詩を書き添え贈る。
・2・4 第八恩物について追加講義。
・2・5 唱歌「こねづみ」（改訳）、上申。
・2・6 女教員数名による送別会。
・2・13 東京女子師範学校第一回卒業式。
・2・16 同僚らによる送別会に出る。
・2・19 前後鹿児島へ向かう。神戸にて実弟政に会う。
・3・11 鹿児島県に赴着。
・3・13 幼稚園開設に付該当業務申し付け辞令。1カ月50円給与。
辞令「東京女子師範學校訓導　豊田芙雄幼稚園開設ニ付
　該事業擔當申付一カ月金五拾圓給與候事　明治十二年三月十三日鹿児島縣」

・1・18 鹿児島女子師範学校山下町に建築移転。同時に幼稚園を設くの記述（「縣治年表鹿兒嶋縣」）。
・関信三、木村末に1月付けの「幼稚園創立法」の筆写を与える。
・2 木村、帰阪か。
・2・5 鹿児島女子師範学校本科生両名を東京女子師範学校保姆練習科に留学させる（桜川以智・堀フミ）。
・2・13 東京女子師範学校第一回卒業式。15名。
・3 伊澤修二、東京師範学校の校長となる。
・3 東京女子師範学校、保姆練習を開始する。
・3 鹿児島幼稚園新築竣功。文部省第八年報（明治13年。内容は12年）。幼穉39名保姆見習生10名の記述。
・3 根本正、アメリカ留学のため、横浜港を発つ。
・3・19 この日より、松野クララ、式部寮雅楽課の楽人、芝葛鎮、東儀季義、奥好義、小篠英一の4人にピアノの指導を始める。

	・4・1 鹿児島女子師範学校開業の祝辞。 ・5 芙雄の指示で、鹿児島幼稚園規模拡大のため開誘室新築着手。 ・5・10 唱歌「盲想遊戯（仮題）」、上申（作成は在京時か）。 ・6 鹿児島、さらに一宇の園舎竣功。芙雄、幼稚生70名を追加募集する。 ・9・19 鹿児島出張六カ月延長の通知を受ける。 ・11 関信三の急逝に対するお悔やみ文。	・4・1 鹿児島女子師範学校附属幼稚園開園。 ・4 根本、オークランド市の小学校入学（28歳）。 ・5 氏原らにより、大阪府立模範幼稚園開園。 ・5・16 東京女子師範学校、東京大学理学部教授米国人エフ、エフ、ヂユエットに洋琴（ピアノ）指導を委嘱。 ・6 仙台区木町通小学校付属幼稚園の開園式。 ・7・11 東京女子師範第二回卒業式。18名（8年入学者）。米国前大統領陸軍大将グラント及び夫人、子息出席。 ・8・14 横川楳子、3円増、月俸13円。 ・9・10 寺島宗則、文部卿となる。 ・9 伊藤博文、元田永孚の「教育義」論争。 ・9・29 教育令公布（田中不二麿、深く関わる）。 ・10 文部省音楽取調掛設置。伊澤修二、音楽取調御用掛兼務。 ・11・4 訓導（幼稚園監事）関信三、没。（4日は墓石による）。東京女子師範学校年報等では5日。 ・11 東京女子師範学校訓導兼監事、永井久一郎内務省へ移る。千葉師範学校長那珂通世、訓導兼監事となる。 ・11・14 神津専三郎、東京女子師範学校本校監事と附属幼稚園監事を兼務。 ・古市静子、肺病で退学。 ・11 古市、父の危篤で種子島帰郷。
一八八〇年（明治十三）三十六歳	・1か2 田中不二麿、鹿児島女子師範学校臨視祝文の下書き。 ・伴、栗原先生宅に寓居。 ・春、古市静子、鹿児島幼稚園で豊田芙雄の助手。	・1・7 文部大輔田中不二麿、学事巡視のため九州地方へ出張。 ・1・26 兵庫県、出石町公立弘道小学校諸規則改正並びに附属の夜学校と「幼穉園教則」に関して文部省に伺い。 ・2 楽善会訓盲院設置（前島密・中村正直・山尾庸三・津田仙・岸田吟香・ヘンリー・フォールズらの尽力による）。 ・田中不二麿、大分県下の学事視察中に文部省より電報で呼び戻される。

	・21 古義茶道入門（羽生招意）の文書。 ・5・24 鹿児島県令岩村通俊へ解任伺いを含む稿。 ・5 芙雄の実弟政、工部大学校鉱山科（二期生）を卒業。 ・5・31 保姆見習修了証書授与式（挨拶稿）。 ・6・1 鹿児島より帰京申し付けにつき御請書。 ・6・1 勉励賞賜受け取りに付き御請書。 ・6・20 豊田芙雄、鹿児島県より帰京する。 ・9・14 東京女子師範学校「寄宿舎副監兼務ヲ解ク」の辞令。	・2・28 文部卿、河野敏鎌に代わる。 ・2・28 松野クララ、東京女子師範学校附属幼稚園を辞任。 ・3・1 クララ、幼稚園員外保姆となる。体操伝習所のピアノ奏者に就任。 ・3・2 エフ・ダブリュウ・メーソン、来日。 ・3・12 田中不二磨、司法卿となる（事実上の文部大輔解任）。 ・3・23 フラング、エフ、ヂユエット、ピアノ指導の嘱託を解かれる（東京女子師範学校）。 ・4 桜井女学校、附属幼稚園を併設。 ・4・14 メーソンに、男女師範学校、同附属小の音楽指導の嘱託をする。 ・5・20 中村正直摂理辞職。那珂通世、摂理補兼訓導。 ・5・28 アメリカよりピアノ10台、バイエル教本20冊着。 ・6・1 愛珠幼稚園設立（大阪）。 ・6・5 神津、教場總監事兼幼稚園監事、辞任。 ・6・8 議官福羽美静、東京女子師範学校摂理を兼ねる（明治14年4月まで）。 ・6・25 岩村通俊、鹿児島県令辞任。渡辺千秋に代わる。 ・7・19 加藤錦子、東京女子師範学校附属幼稚園の保姆となる。 ・8 同校保姆練習科廃止。 ・9・14 小西信八、東京女子師範学校訓導就任。 ・10 横浜、ブリテン女学校附属幼稚園開設。 ・11・9 信太菊、東京女子師範学校附属幼稚園の保姆となる。 ・12・28 改正教育令。就学の最短規程16カ月を3カ年とする。
一八八一年 （明治十四） 三十七歳	・伴、増給50銭があり、3円の俸給となる。 ・藤田健、山形県西村山郡長就任。	・1・21 山田利瀬、東京女子師範学校附属幼稚園保姆を辞任。 ・1・31 府県立学校・幼稚園・図書館設置規則制定。

	・5・24 皇后陛下行啓。芙雄と横川うめ、一の組で「積體」、芙雄、本校で「修身學」の授業をする。 ・7・17 出頭通知書（文部省）。 ・7・18 本校雇、幼稚園教員勤務の辞令。月俸金20円。 ・8・11 伴、10日帰郷の桑原政（芙雄弟）に会う。 ・9・17 伴、論語の講義をする。 ・10・19 伴、桑原氏へ行き、夜、帰塾。 ・12・22 出頭通知書。 ・12・23 東京女子師範学校助教諭に任ずの辞令。同日、幼稚園教員兼務に付辞令。 ・12・23 年俸240円給与に付辞令。	・群馬県師範学校に幼稚遊戯場仮設。 ・3・1〜6・30 文部省教育品陳列場に東京女子師範学校附属幼稚園出品。 ・5 東京職工学校設置。 ・6・15 文部省所轄学校職員名称変更。摂理・訓導・助訓導を廃止、校長・教諭・助教諭・訓導及び書記とする。別に御用掛を置く。保姆名称を廃止、教員とする（監事は明治23年主事とする）。 ・7・11 保姆信太菊、病没。但し、保姆の名称は後も使われる。 ・7・18 小西信八、幼稚園監事となる。同日、植村花亭（書道）、東京女子師範学校教員となる。 ・7 保育課程を改正する。 ・8・8 多賀（鳩山）春子、東京女子師範学校附属女児小学校に採用。 ・中村正直、東京大学教授となる。 ・木村末、大阪模範幼稚園を辞める。 ・10・12 明治14年の政変。 ・11・10 神津専三郎、音楽取調掛監事となる。 ・11・16 近藤濱、東京女子師範学校附属幼稚園保姆を辞任。 ・11・24 多賀春子、鳩山和夫と結婚のため退職。 ・11・24『小学唱歌集初編』、『唱歌掛圖初編』、『唱歌掛圖後編』、文部省音楽取調掛編纂。
一八八二年 （明治十五） 三十八歳	・1 藤田健、山形県西村山郡長より茨城県警部長就任。 ・5・5 文部省より東京女子師範学校助教諭豊田芙雄除服出仕。 ・5・6 年俸金300円の辞令。	・1・30-31 昌平館にて、男女師範学校、附属幼・小、音楽取調掛生徒、助教など演奏会。 ・3・20 平松三木枝、東京女子師範学校附属幼稚園教員となる。同日、永井繁子に同校体操の音楽を嘱託。 ・文部卿示諭（簡易ナル幼稚園モアルベシ）。 ・堤きよ（後、高崎幼稚園保姆）、東京女子師範学校卒業。 ・7・1 午前音楽取調掛、午後昌平館にて、メーソン歓送

	・9 芙雄の嗣子伴、東京大学古典講習科に入学。	音楽会。 ・7・14 メーソン、休暇帰国。横川楳子、メーソンとの別れの歌。 「秋よりも先に露おく我が袖は人にわかるる涙なりけり」 ・7月、東京女子師範学校に附属高等女学校を設置。 ・7・28 平松三木枝、幼稚園を辞職。 ・鹿児島女子師範学校第一回卒業式。 ・10 東京専門学校（後の早稲田大学）の創立。 ・11 文部省、メーソン解雇文書発送。 ・12・7 農商務省東京山林学校開校式、校長松野（クララ夫）、祝辞農商務卿西郷従道。 ・12・13 永井繁子の体操の音楽の嘱託を解く。
一八八三年 （明治十六） 三十九歳	・7『幼稚園唱歌集』編纂（出版は20年12月。使用開始は16年）。芙雄関係では「風車」、「ここなる門」（3、4番作詞）が掲載。 ・8 催馬楽笙譜呂律調など同時期のものと思われる楽譜類を保存する。	・2・10 フランツ・エッケルト、音楽取調掛に就任（この日より17・3・31までの契約・海軍軍楽隊と兼任）。 ・2・27 賀古烈子、横川、加藤を幼稚園教員とする。 ・5・30 近藤濱、華族松平忠恕など5名連名で共立幼稚園の開業願いを出す。 ・6・14 大阪模範幼稚園廃園。 ・9 大日本教育会結成（辻新次会長）。 ・10・1 廃園の大阪模範幼稚園、私立中洲幼稚園として再開。 ・11・1 武藤八千（保姆練習科修）、函館師範附小内仮幼稚園の保姆に就任。
一八八四年 （明治十七） 四十歳	・藤田健、茨城県警部長を辞める。東茨城郡長に就任。月報80円。 ・2・8 文部省より舎中監事兼勤申付の辞令。 ・2・16 卒業証書授与式。8時50分、北白川宮、小松宮御息所、三條太政大臣、同北の方、文部卿、吉原夫人、西村、辻両書記官その他の人々来校。 ・3・13 夜、文部省にて幻灯会。皇族並びに勅任方ご夫	・1・6 横川楳子、舎中取締兼勤申付の辞令。 ・1・25 松本荻江、舎中監事兼勤を解かれる。 ・2 学齢未満の幼児の小学校入学禁止通達。 ・2・20 小西信八、文部省普通学務局兼務。 ・2・25 賀古、幼稚園教員に再任命。 ・3・1 福島益子、本校附属幼稚園採用。 ・6・2 鳩山春子、附属女児小学校に再就職。 ・6・14 加藤錦子、助教諭に任命。幼稚園兼務。

	人の「御とりあつかひ」に豊田、武村、松本の三名出頭命令。幻灯映画の説明者、手島精一、箕作佳吉、富士谷孝雄、大沢謙二、菊地大麓。	・古市静子、時習女学校を廃し、桜井女学校の幼稚園に勤務する（矢島楫子のすすめ）。受洗。 ・12・19 横川楳子、父逝去のため、辞職。福羽美静送別の書を贈る。 ・鹿鳴館盛況続く。
一八八五年（明治十八）四十一歳	・3・25 文部省より女子師範学校幼稚園保育法、家政科教員免許状を受ける。 ・4・26 年俸金360円となる。 ・9・7 任東京師範学校助教諭の辞令。 ・9・10 生徒取締幼稚園教員兼務に付辞令。（右辞令共、男女師範合併による）	・4・3 武村耕靄、松野クララ邸で「西洋服着付の事」上野氏と承る。 ・西郷従理、ワシントンでチブスで没。10歳。 ・5・1 東京女子師範学校に於いて舞踏演習会始まる。鍋島直大はじめ貴顕の男女参会。 ・6 下田（清水）田鶴子、大阪西区幼稚園に赴任。 ・8 飯島半十郎著「幼稚園初歩」。 ・8 東京師範学校と東京女子師範学校合併。校長、高嶺秀夫（明治19年3月まで）。 ・8・27 助教諭松本荻江、秋田縣女子師範学校三等教諭に転任。 ・12・22 森有礼、初代文部大臣となる。
一八八六年（明治十九）四十二歳	・1・2 武村来訪。年賀挨拶。 ・2・20 依願免本官。 ・2・20 高等女学校掛雇申付の辞令。月給金20円。幼稚園との直接の関係なくなる。 ・4 公務の余暇共立女子職業学校（共立女子学園）の設立発起人29名（後5名参加計34名）の一人となる。舎監となる（嘱託）。 ・この頃、ゴルトアンメル（ゴルトアマー）の書の翻訳を試みる（序文あり）。 ・藤田健、茨城県会計主務となる。	・2 女子師範の附属高等女学校、文部大臣官房附属東京高等女学校となる。 ・2・11 西群馬郡高崎第一尋常小学校に高崎幼稚園開設（保姆堤きよ）。 ・3 帝国大学令公布。 ・4 師範学校令、小学校令、中学校令公布。師範学校令で、師範学校が尋常と高等に区分、東京師範学校が高等師範学校となる。山川浩、校長となる。 ・5・10 教科用図書検定条例公布。 ・6・4 長崎県師範学校女子部附属幼稚園設立。 ・9・7 雅楽調の『幼稚園唱歌（保育唱歌）』（鴻盟社）発行。 ・松野クララ、学習院、音楽嘱託となる。 ・11・27 古市静子、ミセス・ツルーの後援により私立駒込幼稚園を設立する。

一八八七年 （明治二十） 四十三歳	・伴、東京大学古典講習科卒業。 ・9・16 依願解雇。 ・9・16 文部省より東京高等女学校雇豊田芙雄子に勉励手当支給状。 ・9・16 文部省総務局長辻新六より、欧州より女子教育上有益なる事項を本国へ連絡する旨の通知。 ・10・6 旧藩主徳川篤敬、イタリア全権公使総子夫人のお相手役として随行する。在欧中は夫人の相手をしながら、フランス語を習ったり、パリ、スイスなどへ旅行。 ・女子職業教育の他に高等女子教育、幼稚園保育、家庭教育上の実況を視察。	・2 第二火曜日、松野クララ、獨逸學協會婦人懇親會にて演説（4回の1）。 ・4 第二日曜日、松野クララ、獨逸學協會婦人懇親會にて演説（4回の2）。 ・熊本市立幼稚園設立。 ・6 第四水曜日、松野クララ、獨逸學協會婦人懇親會にて演説（4回の3）。 ・6 武藤八千、仮幼稚園廃止のため、私立函館幼稚園保姆となる。 ・7 幼稚園唱歌集、文部省音楽取調掛編纂。 ・10 第四水曜日、松野クララ、獨逸學協會婦人懇親會にて演説（4回の4）。 ・10 図画取調掛を東京美術学校、音楽取調掛を東京音楽学校と改称。
一八八八年 （明治二十一） 四十四歳	・3・8 伴、私立宮城英学校（同志社仙台校）国語科漢文科教員仮免許状を受ける。 ・夏季伊太利北部地方視察。 ・12 伴、『現代社会1号』に原稿を書く。	・東京府教育会付属保姆講習所設立（紆余曲折を経て、現・竹早教員保育士養成所）。芝麻布共立幼稚園内。園長近藤濱、教員を兼ねる。 ・東京府高等女学校設立。 ・横川楳子、私立八王子女学校を設立（23年7月廃校。25年10月31日女学校・幼稚園設立）。
一八八九年 （明治二十二） 四十五歳	・8 仏蘭西パリに行き教育を取り調べる。 ・11・12 女子職業教育取調の為一時金600円交付に付き通知（文部省より電報）。 ・11・14 600円交付。 ・12・12 篤敬の聡子夫人及びその長男に伴い帰国の途へ。アメリカ留学を終え、英、独、仏、伊を巡ってきた根本正も同行。	・2・11 大日本国帝国憲法、発布。 ・2・11 森有礼、殺害される。 ・5・3 幸田延子（文部省米国留学生・ピアニスト、バイオリニスト。幸田露伴の妹。バイオリニスト安藤幸の姉）、米国へ発つ。夏期休暇をメーン州のメーソン宅で過ごす。 ・6・26 根本正、バーモント大学卒業。38歳。 ・9 根本正、アメリカから欧州へ行く。 ・10 神戸頌栄保姆伝習所設置。 ・11・13 棚橋絢子の長男一郎、郁文館中学設立。

一八九〇年 （明治二十三） 四十六歳	・1・12 洋行決算報告書（女子教育及幼稚園保育係ル取調復命ヲ文部省ヘ提出）。 ・1 帰朝。 ・8・30 伴、尋常師範学校尋常中学校高等女学校国語科教員免許状を、文部大臣吉川顕正より受ける。 ・9 根本正、徳子の結婚の媒酌人となる。 ・9 伴、茨城縣尋常師範學校助教諭となる。月俸18円。 ・10・2 伴、知人より茨城師範学校就職祝いのはがきを受け取る。（後、伴は東京大学文学部に勤務）。 ・10・23 婦人雑誌『貴女の友』に論説『貴女の友第六十八號を讀みて』を書く。	・森田菊栄（後の山川菊栄）、誕生。 ・高等師範学校より分離し、女子高等師範学校となる。 ・3・29 根本正、東京禁酒会設立。 ・棚橋絢子、金聲小学校を閉鎖。 ・4 竹澤里、東京女学校及び附属幼稚園を開く。 ・7・1 根本正、第一回総選挙、落選。 ・9・4 渡辺千秋、鹿児島県知事を辞める（鹿児島勤務足掛け14年）。行政裁判所評定官となる。 ・9 根本正、幕末の勤皇家、桜任蔵の孫羽部徳子と結婚。 ・10・30 教育勅語を発布。 ・11 東京禁酒会、安藤太郎会長、根本正副会長。 ・12 古市静子、吉村幸次郎と結婚。
一八九一年 （明治二十四） 四十七歳	・1・14 東京府高等女学校教務委嘱に付の辞令。報酬1カ年200円。 「家政科漢文作文幼稚園保育法ヲ教授ス」 ・4・18 伴、小学校教員検定委員となる。	・1 内村鑑三、不敬事件。 ・メーソン、ドイツで音楽教科書発行。 ・5 渡辺千秋、滋賀県知事となる。 ・6・7 中村正直、没。60歳。 ・6 渡辺千秋、北海道長官となる。 ・11・21～12・25 田中正造、足尾鉱毒問題で質問書。
一八九二年 （明治二十五） 四十八歳	・伴、雨谷直長女幸と結婚。伴30歳、幸18歳。	・10・31 横川楳子、私立八王子女学校及び幼稚園を設立。 ・11 辻新次、文部次官辞任。
一八九三年 （明治二十六） 四十九歳	・3 伴、豊田小太郎著『松岡先生年譜』（松岡は豊田天功の號。小太郎が元治元年4月22日に書いたもの）を出版。 ・10・20 東京府高等女学校依願解雇。	・棚橋絢子の夫大作、没。 ・7・7 根本、移民地調査のためメキシコへ。
一八九四年 （明治二十七） 五十歳	・4 寄宿舎方式の翠芳学舎を開く。 ・10・11 翠芳学舎設置認可（東京府知事三浦安）。教師芙雄の他、竹澤里、根本とく子。	・1 渡辺千秋、貴族院議員となる。 ・3・1 総選挙、根本正、再び落選。 ・7・16 根本、中南米視察へ出発。 ・8・1 日清戦争宣戦布告。 ・10・3 西園寺公望、文部大臣となる。

	・12 伴、『茨城県教育家略伝下』に記載される。	・11 渡辺千秋、京都府知事。
一八九五年 （明治二十八） 五十一歳	・4・1 文部大臣西園寺公望の懇請により宇都宮高等女学校の教諭となる。教頭格を勤める。月俸30円。 ・4・12 栃木県尋常師範学校教諭兼任。 ・10・31 伴、『新撰日本文典上巻』を著す（版権登録）。	・1 高等女学校規程制定。 ・3・6 根本、視察旅行から帰国。 ・4 日清講和条約成立。
一八九六年 （明治二十九） 五十二歳	・4・1 月俸35円給与。 ・5・21 栃木県高等女学校並びに尋常師範学校の舎監をする。 ・弟政、九州の地方財閥総師安川敬一郎及び松本重太郎（第百三十国立銀行頭取）設立の明治炭坑の初代社長となる。 ・7「生徒帰省するに臨みて告げ与える辞」を書く。 『新編教育唱歌集』（第一集）に「風車」掲載。	・フレーベル会発足（東京女子師範学校附属幼稚園内に置く）。 ・4 棚橋絢子、名古屋市の高等女学校長となる（後の市立第一高等女学校）。翌々年辞職。 ・7・4 根本、北米、中南米の商工業視察に出発。 ・7・14 メーソン、没。78歳。
一八九七年 （明治三十） 五十三歳	・3「心の栞（栃木県高等女学校卒業生に与ふ）」を書く。 ・4・1 月俸40円給与。 ・尋常師範学校教諭及び舎監を辞める。 ・5・20 感謝状（栃木県知事）。 ・9『女子習字十二月帖上・下』（版権登録）。 ・10・26 仙台市松操学校学事取調の出張。	・5・18 メキシコ移民始まる。 ・6 京都帝国大学設置。
一八九八年 （明治三十一） 五十四歳	・3・15 実弟政、衆議院議員となる。 ・4・1 月俸45円給与。 ・4・30 日本赤十字社正社員となる。 ・8・10 実弟政、衆議院議員選挙落選。	・1・12 西園寺公望、二度目の文部大臣、前年渡仏中再発した盲腸炎、さらに悪化し、四月には辞任。 ・3・15 根本正、衆議院議員となる。以後当選10回。
一八九九年 （明治三十二） 五十五歳	・1・20 西園寺公望、芙雄に手紙。 ・3・24 日本赤十字社栃木支部準備看護婦養成所講師ヲ嘱託スの辞令。 ・日本体育会会員徽章贈与される。	・徳川篤敬、没。43歳。 ・2 実業学校令、高等女学校令公布。 ・2・15 根本正の国民教育授業料全廃建議案、可決。 ・8 私立学校令公布。 ・12・6 根本、未成年者喫煙禁止法案可決。 ・12 武村耕靄『女子画帖（八巻）』（高等女学校・師範学校女子部用）発行。翌年文部省検定済。

一九〇〇年（明治三十三）五十六歳	・2・8 日本赤十字社終身社員認定状。 ・3・31 兼栃木県高等女学校舎監ヲ免スの辞令。 ・10・6 小学校教員裁縫講習講師嘱託。 ・10・26 日本赤十字栃木支部準備看護婦養成所講師を辞める。	・2・8 根本、美術奨励の建議。 ・3 教員免許令公布。 ・9 津田梅子、女子英学塾創設。 ・幼稚園保育及び設備規定。 ・棚橋絢子、愛敬女学校校長となる。
一九〇一年（明治三十四）五十七歳	・1・31 栃木県より長年勤続功労金の支給。 ・1・31 感謝状（日本赤十字総裁）。 ・2・1 新設茨城県高等女学校教諭となる。赴任時は弘道館演武場仮校舎（2月中に新築移転）。月給45円。 ・3・10『女子家庭訓』（上下）を出版する（国立国会図書館蔵。幼児教育にも言及）。 ・3・18 高等女学校、国語漢文科教員免許状。 ・4・23 感謝状（栃木県知事）。 ・12・20 茨城県より職務勉励手当の支給。	・佐々城豊壽、没。 ・フレーベル会「婦人と子ども」創刊（大正7年に「幼児の教育」に改題）。 ・2・9 根本、未成年者飲酒禁止法案初提案。 ・武村耕靄、文部省検定済『小學女子畫帖』を興文社から出版。 ・4 成瀬仁蔵、日本女子大学校開校。 ・5 上海に東亜同文書院設立。 ・12・10 田中正造、天皇直訴。 ・この年J・デューイ『学校と社会』訳。
一九〇二年（明治三十五）五十八歳	・6・28 月俸48円。 ・7・21 愛国婦人会茨城県副幹事嘱託。 ・8・10 実弟政、衆議院議員選挙当選。 ・天功、従四位を贈られる。 ・12・25 茨城県より職務勉励手当を受ける。	・3 広島高等師範学校創設。 ・7・18 西郷従道、没。 ・棚橋絢子、愛敬女学校校長を辞める。 ・9 東京専門学校、早稲田大学と改称。 ・12・17 教科書疑獄事件で検挙始まる。
一九〇三年（明治三十六）五十九歳	・3・1 実弟政、衆議院議員選挙当選。 ・3・20 愛国婦人会通常会員の認定状。 ・3・20 年俸630円。 ・政、国会の「奉答文事件」で中正党33名の代表として異議申し立てをする。 ・4・16 兼茨城県女子師範学校舎監茨城県立水戸高等女学校舎監ニ任ス但シ手当ヲ給セスの辞令（5月、茨城県女子師範学校が水戸高等女学校内に併設による）。 ・8・6「茨城県立水戸高等女学校教諭兼茨城県女子師範学校教諭ニ任ス」の辞令（内閣発令。奏任官待遇。国立	・棚橋絢子、長男一郎創立の東京高等女学校の校長となる。 ・4・13 小学校教科書国定化決定。

	公文書館蔵）。 ・12・25 職務勉励手当支給される。	
一九〇四年 （明治三十七） 六十歳	・1・21 愛国婦人会茨城支部副長を嘱託される。 ・10・6 師範学校女子部国語及漢文科免許状。	・2・10 日露戦争始まる。 ・3・23 東京女学校を神田共立女学校へ名称変更（竹澤里申請）。 ・9 愛国婦人会創立。
一九〇五年 （明治三十八） 六十一歳	・8・1 婦人雑誌『女鑑』の詞苑に「老人（短歌）豊田冬子他」がある。	・9・5 ポーツマス条約調印。
一九〇六年 （明治三十九） 六十二歳	・1・16 愛国婦人会功労者として七宝金色製友功章を受ける。	・日本キリスト教幼稚園連盟創立。 ・根本正提出の公立幼稚園保母に恩給を与える法案成立。 ・11森田菊栄、青山家を継ぐ。
一九〇七年 （明治四十） 六十三歳	・政、大阪高等工業学校（現大阪大学工学部）校長の勧めで、発動機製造株式会社（現・ダイハツ）設立。 ・7 鈴木全太郎より穴沢流薙刀免許状。 ・10・11 正八位に叙せられる（宮内省）。	・3 義務教育を6年に延長。 ・6 東北帝国大学設置。
一九〇八年 （明治四十一） 六十四歳	・1・4 知事より茨城県教育功労者表彰。 ・1・15 賞与50円。 ・3・31 年俸660円。 鈴木全太郎より穴沢流長太刀相伝。	・4 奈良女子高等師範学校開設。 ・4・1 女子高等師範学校を東京女子高等師範学校に改称。 ・5・14 松野クララの夫、硼、没。
一九〇九年 （明治四十二） 六十五歳	・武村耕靄、中村秋人著『名媛と筆蹟』で、豊田芙雄の往時の鹿児島出張を語る。 ・4・10 茨城県教育会裁縫講習会講師。	・2・1田中不二麿、没。 ・3・18 根本、ローマ字普及の建議。 ・4・13 神田共立女学校を神田高等女学校に改称申請（竹澤里）。 ・6 根本、翻訳『日々の力』出版。
一九一〇年 （明治四十三） 六十六歳		・3 鹿児島の男子師範学校新築移転。その跡に、女子師範学校を設立。 ・4 茨城県女子師範学校、水戸高等女学校併設状態から

		分離独立。 ・12 九州帝国大学創設。
一九一二年（明四十五・大元）六十八歳	・実弟、政、没。 ・4・7 茨城女子師範学校舎監解かれる。 ・感謝状（青森県知事）。	・3・9 棚橋絢子、勲六等寶冠章。 ・4 近藤濱、没。 ・7・30 明治天皇、没。
一九一三年（大正二）六十九歳	・日赤篤志看護婦人会より看護学修業証書。 ・8・10 感謝状（済生会会長桂太郎）。 ・12・10 従七位に叙せられる（宮内省）。	・6・23 荻野吟子、没。 ・11・22 徳川慶喜、没。 ・松野クララ、孫二人、姉と共にドイツへ帰る。
一九一四年（大正三）七十歳		・7・28 第一次世界大戦始まる。
一九一五年（大正四）七十一歳	・7 舎監兼務願。 ・11・1 賜饌招待状（宮内大臣）。	・2・20 岩村通俊、没。76歳。 ・12・3 辻新次、没。
一九一六年（大正五）七十二歳	・3・23 水戸高等女学校舎監兼職免の辞令。 ・5・13 水戸高等女学校免職の辞令（内閣）。 ・5・31 水戸高等女学校講師嘱託の辞令。 ・9 勲六等宝冠章、受章。	・7 東北帝大で我が国初の女性学士2名誕生。
一九一七年（大正六）七十三歳	・帝国教育会より教育功労の記念章。	・4 沢柳政太郎、成城小学校開校。 ・5・3 伊澤修二、没。 ・11 山川均、青山菊栄結婚。
一九一八年（大正七）七十四歳	・5・6 愛国婦人会より特別徽章。	・4 北海道帝国大学創設。 ・4 東京女子大学開校。 ・フレーベル会を改称し、日本幼稚園協会とする。 ・11 第一次世界大戦終わる。
一九一九年（大正八）七十五歳		・2 デューイ、来日。 ・4 山本鼎ら第一回児童自由画展。

一九二〇年（大正九）七十六歳		・1・10 国際連盟発足。
一九二一年（大正十）七十七歳		・2 慶応大学、早稲田大学、大学令により設立認可。 ・7 高等女学校令改正。 ・8・27 渡辺千秋、没。 ・9 根本、中国、満州、朝鮮を旅行。
一九二二年（大正十一）七十八歳	・4・1 水戸高等女学校講師解職の辞令。	・3・25 根本正の未成年者飲酒禁止法成立、4・1、施行。
一九二三年（大正十二）七十九歳	・9・1 田見小路自宅で関東大震災にあう。 ・正風流投入瓶華草伝許状。	・9・1 関東大震災。
一九二四年（大正十三）八十歳	・2・11 夫小太郎、特旨により従五位を贈られる。	・5・10 根本正、総選挙で落選、政界引退。 ・8・27 安藤太郎、没。
一九二五年（大正十四）八十一歳	・水戸の大成女学校（現・茨城女子短期大学）校長となる。 ・10・10 東京連合婦人会より長年の女子教育貢献に対する表彰。 ・11・29 東京女子高等師範学校五十年記念祝典に招待。 ・12・17「新聞いはらき芙雄号（3頁）」が出る。	・小林宗作日本リトミック運動始まる。 ・治安維持法、普通選挙法公布。
一九二六年（大正十五）八十二歳		・1・26 横川楳子、没。 ・4・22 幼稚園令公布。 ・4・22 幼稚園令施行規則（第二条幼稚園の保育項目ハ遊戯、唱歌、観察、談話、手技等トス）。
一九二七年（昭和二）八十三歳	・大成女学校校長を辞める。	・昭和金融恐慌発生。

一九二八年（昭和三）八十四歳	・5・3 御茶会招待状（東伏見宮家）。 ・8 倉橋惣三、水戸の芙雄を訪ねる。 ・11・29 上京。2時より、東京女子高等師範学校附属幼稚園遊戯室にて、幼稚園懐舊談話會。出席者は、芙雄の他小西信八、下田田鶴子、大久保介壽、和田實、雨森釧子、氏原鍒子、膳眞規子ら。最後に「家鳩」を合唱。	・棚橋絢子、勲五等瑞寶章。 ・3 台北帝国大学設置。 ・3 大阪商科大学設立認可。 ・4 各帝大の社会科学研究会解散。
一九二九年（昭和四）八十五歳	・1『幼児の教育』（第二十九巻第一號）に「幼児教育の今昔」掲載。 ・9『幼児の教育』9月号に「保育の栞（承前）開誘の方法」を掲載。 ・11・5 賜饌招待状（宮内大臣）。	・米国に端を発する世界恐慌発生。 ・4 東京工業大学、大阪工業大学、東京文理科大学、広島文理科大学、神戸商科大学等を設置。 ・4 小原国芳、玉川学園創設。 ・6 教員俸給不払い、減俸、馘首等全国に起こる。
一九三〇年（昭和五）八十六歳	・倉橋惣三、新庄よし子共著『日本幼稚園史』に功績が詳しく紹介される。 ・7・7 豊田伴、没。	・11 日本教育労働者組合創立。
一九三一年（昭和六）八十七歳		・4 大阪帝国大学設置。 ・7・18 松野クララ、ドイツで没。 ・11 満州事変。
一九三二年（昭和七）八十八歳	・1・11 感謝状（愛国婦人会長）。 ・10 自作歌集『思い出くさ』を編集。	・5・15 五・一五事件。 ・10 大日本国防婦人会結成。
一九三三年（昭和八）八十九歳	・秋、米寿のお祝い。	・1・5 根本正、没。82歳。 ・2・24 日本、国際連盟脱退。 ・4 児童虐待防止法公布。 ・4～11 京大滝川事件。 ・7 古市静子、没。
一九三四年（昭和九）九十歳	・4・29 愛国婦人会より長寿お祝い。	・3 愛育会創設。

一九三五年（昭和十）九十一歳	・この頃まで随時女学校の教壇に立つ。 ・秋、夫小太郎の墓を京都より水戸常盤共有墓地に移す。	・4 青年学校令公布。 ・4 天皇機関説事件。
一九三六年（昭和十一）九十二歳	・5・15 晩餐会招待状（東伏見宮家）。	・2・26 二・二六事件。 ・10 保育問題研究会結成。
一九三七年（昭和十二）九十三歳	・愛国婦人会茨城支部第三回総会で総裁梨本宮より言葉を賜る。 ・2・23 水戸高等女学校、永年尽力の功績表彰。 ・4 水戸駅頭でヘレン・ケラーを迎える。 ・褒状（賞勲局総裁）。	・7 日中戦争始まる。
一九三八年（昭和十三）九十四歳		・4 国民総動員法公布。 ・7・12 鳩山春子、没。 ・10 榎本（多田）常、没。
一九三九年（昭和十四）九十五歳	・春、茨城県保育会より慰労会。 ・11・20 日赤篤志看護婦人会より功労表彰。	・3 名古屋帝国大学設置。 ・9 棚橋絢子、没。101歳。
一九四〇年（昭和十五）九十六歳	・5・19 茨城県女子師範学校第一回卒業生有志より蒲団、正座椅子を贈られる。 ・週刊誌サンデー毎日「生きてゐる歴史」に掲載される。 ・サンデー毎日編輯部『生きてゐる歴史』、昭和15年、出版される。豊田芙雄が筆頭に掲載される。 ・11・8「豊田芙雄女史御慰安會」（水戸市教育會館・茨城縣保育會総會共催）、大座布団贈られる。	・3 義務教育国庫負担法公布。 ・3 学校給食奨励規程制定。 ・10 大政翼賛会発会式。 ・12 生活綴方教師の検挙始まる。
一九四一年（昭和十六）九十七歳	・2『幼児の教育』（第四十一巻第2號）に、倉橋、「豊田芙雄女史御慰安會に列して」を掲載。 ・3・2 表彰状（愛国婦人会総裁）。 ・11・2 筆の「題」で最後の和歌を詠む。 「筆なくは何をよすかに書きなさん思ひ思ひの心々に」	・3 国民学校令公布。 ・8 民間教育運動関係者、全国一斉に検挙される。

	・11・30 夕刻、平常の如く孫と少量の晩酌をする。その夜、午後11時半、寝床の額に少々の発汗、呼んでも応答なし。家人三の丸の山田医師に走る。 ・12・1 午後7時20分、近親者に見守られて逝去。	・12・8 太平洋戦争始まる。
一九四三年（昭和十八）没後二年		・山川菊栄、『武家の女性』（三国書房）出版（小太郎に関する記述などある）。 ・10 学徒壮行大会挙行。 ・11・30 根本徳子、没。
一九四四年（昭和十九）没後三年		・6 帝都学童集団疎開実施要領制定。 ・堤きよ、没。
一九四五年（昭和二十）没後四年		・8・6 広島に原爆投下。 ・8・14 ポツダム宣言受諾。
一九四六年（昭和二十一）没後五年		・第一次アメリカ教育使節団報告書。 ・11・3 日本国憲法発布。
一九四七年（昭和二十二）没後六年		・3・31 教育基本法。 ・3・31 学校教育法。 ・5・3 新憲法施行。 ・9 山川菊栄、労働省婦人少年局長。
一九四八年（昭和二十三）没後七年		・国連、世界人権宣言採択。 ・保育要領（幼児教育の手引き）。
一九四九年（昭和二十四）没後八年		・湯川秀樹、ノーベル賞受章。 ・中華人民共和国の成立。

一九五一年（昭和二十六）没後十年		・サンフランシスコ、対日平和条約、日米安全保障条約に調印。
一九五六年（昭和三十一）没後十五年		・2・7 幼稚園教育要領。 ・12・13 幼稚園設置基準。
一九五七年（昭和三十二）没後十六年	・5・25 全国公立幼稚園長会水戸大会開催。参加者一同、墓参。安省三著『日本幼稚園創設功労者、豊田芙雄先生の生涯』が頒布される。	・南極観測隊上陸に成功。
一九六四年（昭和三十九）没後二十三年		・3・23 幼稚園教育要領。 ・10・10 東京オリンピック開催。
一九六八年（昭和四十三）没後二十七年	・4・20 日本保育学会「日本幼児保育史」第一巻で豊田芙雄の功績の記述。	・全国の大学で学園紛争広がる。 ・11 三派系全学連、佐藤首相訪米反対を叫び、羽田闘争。
一九七〇年（昭和四十五）没後二十九年		・3・15 日本万国博覧会開幕。
一九七六年（昭和五十一）没後三十五年	・7・1 樫村勝著『茨城女子教育百年の歩み』に豊田芙雄の項記述される。 ・11・6 NHK関東ネットワークで、「豊田芙雄子と茨城県保育まつり」紹介される。 ・11・13 渡辺宏編「豊田芙雄子先生と保育資料」（保育の栞に解説、「芙雄号」、「生きてゐる歴史」復刻）頒布。幼稚園百年記念切手とスタンプと共に家鳩の遊戯図（耕靄作）の絵葉書等が発行される。	・1 専修学校法施行。 ・5 最高裁、学テ裁判で判決。

一九七九年（昭和五十四）没後三十八年		・1 初の国公立大学共通一次学力試験実施。
一九九三年（平成五）没後五十二年	・3・1 財団法人常陽藝文センターの『常陽藝文』3月号に、豊田芙雄の紹介（10頁）が掲載される。	
二〇〇七年（平成十八）没後六十五年	・11・4から6まで、「里美文化祭」の一環で、豊田天功、香窓（小太郎）、芙雄の業績を讃える遺品展（里美文化センター）開催。 ・11・6 最終日、高橋清賀子、講演。 ・「広報ひたちおおた12月号」に特集記事掲載される。	

〈高橋清賀子・前村　晃〉

〔ら〜ろ〕

〔わ〕

人名索引

〔ま〕

〔み〕

〔め〕

〔も〕

〔や・ゆ〕

〔よ〕

〔ら～ろ〕

〔わ〕

事項索引

野里房代（のざと・ふさよ）

・青山学院大学文学部教育学科卒業／同大学大学院文学研究科教育学専攻修士課程修了／同大学大学院文学研究科博士課単位取得満期退学

・元青山学院大学文学部教授

・「自然物と宗教的感性—フレーベルが目指したもの、それの日本への応用」(『乳幼児の教育』キュックリヒ記念財団)／「アニミズムと人間形成」（『乳幼児の教育』キュックリヒ記念財団）／ウルズラ・ツイリエン著『ヒューマニズムの教育観と福音主義神学の教育観』市民セミナー出版部／エーレンフェルト著『ヒューマニズムの傲り』中央書房／「フレーベル理解の鍵—その神観・自然観・人間観」(ペスタロッチ・フレーベル学会発表）／「人間観と教育観—プロタゴラスとソクラテス」（教育哲学会発表）／キェルケゴールのソクラテス解釈と教育の根本問題」（同学会発表）

清水陽子（しみず・ようこ）

・西南学院大学文学部児童教育学科卒業／福岡教育大学大学院教育学研究科修士課程学校教育専攻修了

・西南女学院大学短期大学部保育科教授

・単著「キリスト教主義幼稚園における個性尊重の保育に関する歴史的考察—Japan Kindergarten Union の年報を手がかりとして—」(『保育学研究』) 1990／共著『子供の人権大辞典』エムティ出版　1997／共著『幼稚園実習（保育ライブラリ)』北大路書房　2004／単著「鹿児島女子師範学校附属幼稚園開設期の一考察」(『保育学研究』第44巻第２号）2006／単著「豊田芙雄と鹿児島女子師範学校附属幼稚園保育見習科に関する一考察」（『乳幼児教育学研究』第17号）2008／共著『遊び・生活・学びを培う教育・保育の方法と技術—実践力の向上をめざして』北大路書房　2009

<執筆者紹介>

前村　晃（まえむら・あきら）

・佐賀大学教育学部特設美術科卒業／東京学芸大学大学院修士課程教育学研究科美術教育専攻修了／早稲田大学第一文学部哲学科教育学専修卒業／九州芸術工科大学大学院（現・九州大学大学院）博士後期課程芸術工学研究科視覚伝達専攻中退

・佐賀大学文化教育学部教授

・共著『現代美術教育論』建帛社　1985／エリオット・アイスナー著・共訳『美術教育と子どもの知的発達』黎明書房　1986／「豊田芙雄とフレーベル主義保育」（早稲田大学哲学会『フィロソフィア』）1988／「恩物中心保育の導入と造形教育史的意義について」（『美術教育の課題と展望―村内哲二先生退官記念論集―』）彩信社　1988／ＢＢＣ放送大学製作・監修・翻訳『イタリアルネッサンスの美術（ビデオ20巻）』ジェムコ　1991／単著及び共著「豊田芙雄と草創期の幼稚園教育に関する研究（１）～（６）」（『佐賀大学文化教育学部研究論文集』第12集　第１号他）2007～2008

高橋清賀子（たかはし・すがこ）

・青山学院大学文学部教育学科卒業

・私立幼稚園、東京都公立小学校教諭／保育者養成校非常勤講師／東京都青少年問題協議会多摩市第三地区会長、多摩市体育指導委員として、地域コミュニティセンター建設・運営にかかわり、青少年の健全育成の為に地域各団体や小・中学校と連絡を密にし、三世代で協力して、楽しむ行事を実施。

・保育学会に於て保育史研究会として「豊田芙雄の研究」（１）～（９）を発表／単著及び共著「今日の幼児教育に語りかける日本の幼稚園草創期の事々」等（キュックリヒ記念財団『乳幼児の教育』第78号　第79号　第86号）1997　1997　1999／共著「豊田芙雄と草創期の幼稚園教育に関する研究―豊田芙雄年譜の全容と作成の趣旨―」（『佐賀大学文化教育学部研究論文集』第12集　第２号）2008

豊田芙雄《とよだふゆ》と草創期の幼稚園教育

定価9,660円（本体9,200円＋税）

2010年（平成22年）3月1日　初版発行

執筆者代表　前村　晃
発行者　筑紫恒男
発行所　株式会社 建帛社 KENPAKUSHA

112-0011　東京都文京区千石4丁目2番15号
電話（03）3944－2611
FAX（03）3946－4377
http:/www.kenpakusha.co.jp/

ISBN 978-4-7679-7048-6 C3037　亜細亜印刷／ブロケード
Printed in Japan